名师工作室
品牌建设论坛

图书在版编目（CIP）数据

名师工作室建设指南 / 胡继飞主编. -- 北京：北京教育出版社，2023.7

ISBN 978-7-5704-5430-3

Ⅰ. ①名… Ⅱ. ①胡… Ⅲ. ①中小学－师资队伍建设－指南 Ⅳ. ①G635.12-62

中国国家版本馆CIP数据核字（2023）第080772号

名师工作室建设指南

胡继飞 主编

*

北 京 出 版 集 团
北 京 教 育 出 版 社 出版

（北京北三环中路6号）

邮政编码：100120

网址：www. bph. com. cn

京版北教文化传媒股份有限公司总发行

全国各地书店经销

河北宝昌佳彩印刷有限公司印刷

*

710 mm × 1 000 mm　16开本　27印张　389千字

2023 年 7 月第 1 版　2023 年 7 月第 1 次印刷

ISBN 978-7-5704-5430-3

定价：78.00 元

质量监督电话：（010）58572525　58572393

名师工作室建设指南

胡继飞　主编

MINGSHI GONGZUOSHI
JIANSHE ZHINAN

北京出版集团
北京教育出版社

编 委 会

全国名师工作室品牌建设论坛 组织编写

主 编：胡继飞

编 委：李余仙 詹海洲 胡枝子 郭鲲鹏

肖小亮 谢晓霜 李文送 樊景新

陈洪义 刘志伟 肖春琳 李晓耘

这是一部专门论述名师工作室建设的教育专著，由十几位教育研究专家和省、市级名师工作室主持人分工合作完成；这是一本理论与实践融合并以案释理的工作指南，以期为推进全国各地教师专业高质量发展贡献良策；这是一项颇具开创性的学术研究，得益于各专题的撰著者多年的理论思考与实践探索。

这里所讲的名师包括名教师、名班主任、名校长和教育专家等，所以名师工作室不是仅限于名教师工作室，而是包括名班主任工作室、名校长工作室、名园长工作室、教育专家工作坊、跨地域学科教研联盟、跨学校的高校课程建设教师团队等教师学习共同体；也不仅限于基础教育，还包括职业教育和高等教育。

专业学习共同体（Professional Learning Community，PLC）是由具有相同价值观与目标追求的教育相关专业人员（教师、教育管理者、教研人员）自愿组成的、旨在促进专业发展的团队，但一般不包括企事业单位内设的常规实体机构，如学校的学科教研组、教研室和教育局下属的教育研究院、教师发展中心等。

专业学习共同体的理念被引入教育领域后，已经成为促进学校和教师专业发展的新模式。正式提出专业学习共同体概念的是美国西南教育发展中心（Southwest Educational Development

Laboratory，SEDL）。从20世纪90年代中期开始，以霍德（Hord）为代表的美国西南教育发展中心开始在一些学校推广实施专业学习共同体，并在1997年首次发表对专业学习共同体的学理阐释。他们认为，专业学习共同体是促进教师发展的有效途径和促进学校变革的重要策略。

教育领域的专业学习共同体在我国发展迅猛。从2000年开始，我国一些地方教育主管部门开始尝试建立不同类别的名师工作室，包括名教师工作室、名班主任工作室和名校长工作室，也包括跨地域的学科教研联盟和教研基地。现在，我国除了港澳台地区之外，其余各省、直辖市和自治区都建立了不同类别和不同级别的名师工作室。2018年，教育部还启动了“国培计划”中小学名师名校长领航工程。不仅仅是中小学，近年来高校也建立了不少类似的专业学习共同体，如黄大年式教师团队、院士工作室、产学研一体化工作室等。广东省于2009年启动省级中小学名师工作室建设，遴选了第一批省级名师工作室主持人，建立了“三位一体”的省级骨干教师培训体系和“四主四环”的骨干教师培训操作模式。笔者在2009年受广东省教育厅委托，成为广东省省级名师工作室建设方案和“三位一体”省级骨干教师培训方案的主笔人。应该说，该项目已经成为广东省中小学教师培训的一张名片，培养了一大批名教师、省级骨干教师和教育专家。近年来，名师工作室在全国呈遍地开花之势，这活跃在全国各地的一个个专业学习共同体，正成为培育骨干教师的“特种部队”、教学改革的“试验田”和区域教育均衡的“催化剂”。[①]

随着名师工作室在全国各地的蓬勃发展，官方媒体也开始给予其相当的重视。《中国教育报》在2020年专门就名师工作室推出了大型系列报道，采访团队历时两个月进行调研，了解全国各省份的名师工作室建设情况，采访了多位名师工作室主持人、教育主管部门领导和知名研究专家学者，最终形成一系列共五篇新闻观察，包括2020年7月22日的《“名师孵化器”在行动——全国名师工作室建设情况调查》，2020年7月25日的《半熟的“桃子”怎么熟起来——透视名师工作室培育成员教师专业成长》，2020年7月27日的《“塔楼”的光可以照多远——聚焦名

① 赵秀红，林焕新，梁丹，等.“名师孵化器”在行动：全国名师工作室建设情况调查［N］.中国教育报，2020-07-22（1）.

师工作室的引领辐射功能》，2020年7月28日的《一个人何以带动一群人——对名师工作室组织运行的反思》，以及2020年8月5日的《构建教师专业成长的学习共同体——中国教育报“名师工作室”系列报道在教育战线引热议》。笔者作为广东省名师工作室建设研究领域的代表也接受了采访。《中国教育报》有关名师工作室建设的系列专题报道，旨在描摹出我国名师工作室的发展轮廓，并深入组织内外部观察、研究名师工作室的运行机制以及名师工作室如何引领青年教师专业成长、发挥引领辐射作用，分析较为全面、系统和深刻，值得广大教育工作者尤其是名师工作室成员细细研读。

名师工作室建设也受到一些民间学术组织的关注，全国名师工作室科研联合体、名师工作室联盟等机构应运而生。这些机构通过出版名师名校名校长系列图书，组织全国名师工作室学术论坛，为加强全国各地名师工作室之间的交流做出了重要贡献。北京智培教育科技研究院还组织出版过系列图书《中国名师工作室名录》，分工作室简介、主持人简介、经验总结、主要成果概述、团队骨干名录五个模块对部分名师工作室进行了简要介绍。

毋庸置疑，我国的名师工作室建设在促进教师的成长、教科研的开展和教育教学质量的提升方面已经取得了明显成效，但仍存在诸多问题。这些问题主要包括目标指向偏差、人员遴选不严格、制度建设不完善、部门配合不协调、考核回馈难落实、培养过程流于形式、示范引领不到位、投入产出效益不佳等。鉴于此，编写《名师工作室建设指南》一书就显得尤为必要。

本书旨在对多年来我国名师工作室建设的理论研究与实践经验进行系统总结，以进一步推动我国名师工作室建设。全书分为基础篇、运作篇和资源篇三大部分：基础篇包括前面的五个专题，侧重于名师工作室初期需要了解的理论与策略，也兼顾操作方法与案例，具体包括教师专业发展的理论概述以及名师工作室建设的背景、目标、管理机制和实施策略等；运作篇包括后面的七个专题，侧重于名师工作室运行过程中的操作性方法与实践案例，也兼顾理论与策略探讨，具体包括制订发展规划、提升教学素养、指导课题研究、指导论文写作、指导学生活动、组织成果申报以及打造特色品牌等重要活动项目的实务性方略；资源篇则为读者提供相关的学习参考资料，提供了名师工作室管理办法示例、名师工作室管理制度示例、名师工作室建设方案示例、学术论文编写规范指要、教育专著编写规范指要共五个资源型附件。本书侧重于中小学名师工作室建设，但也兼顾中小学名校长工作室、名班主任工作室、教育科研专家工作室、家庭教育专家工作室、学前教育名师工作室、科技教育名师工作室等，相关的理念与方法同样适用于中等职业技术学校、特殊教育学校、教育教学研究部门和高等学校的教学团队、教研基地和科研团队建设。

本书是集体创作的成果。各专题作者绝大部分为省、市级名师工作室主持人，也是名师工作室建设项目的直接受益人，其中大多已经荣获全国劳动模范、全国教学名师称号，或正高级教师、特级教师职称，或国家级、省级教学成果奖等。各专题的执笔人分别为：前言——胡继飞，专题一“教师专业发展思想概说”——李余仙，专题二“名师工作室建设的背景”——詹海洲，专题三“名师工作室的功能定位”——胡枝子和胡继飞，专题四“名师工作室的管理机制”——郭鲲鹏，专题五“名师工作室活动的组织”——郭鲲鹏和李晓耘，专题六“如何制订发展规划”——肖小亮，专题七“如何提升教学素养”——谢晓霜，专题八“如何指导课题研究”——胡继飞和肖春琳，专题九“如何指导论文写作”——李文送，专题十“如何指导学生活动”——樊景新，专题十一“如何组织成果申报”——陈洪义，专题十二“如何打造特色品牌”——刘志伟和胡枝子。各专题均采用“内容提示—正文—活动与思考”的编写体例。此外，资源篇由胡枝子和郭鲲鹏负责搜集和整理。笔者负责全书框架的设计以及全书的统稿与修改工作。

一个人可以走得很快，但一群人可以走得更远；一花独放不是春，百花齐放春满园！名师工作室作为一种专业学习共同体，已经成为促进教师专业发展的新模式和提升骨干教师课程领导力的新途径。祝愿我国的名师工作室建设能够笃行致远，既要开出情感之花，更要结出理性之果！

胡继飞

基础篇

运作篇

基础篇

专题一

教师专业发展思想概说

对于名师工作室而言，“教师专业发展”无疑是最重要的专业名词和理论基础之一。本专题分别就教师专业发展的内涵与意义、教师专业发展的规律与促进策略、我国中小学教师专业标准解析、教师专业发展的问题与建议等四个话题进行了评介与讨论，重点讨论了促进教师专业发展的意义和实践策略。其中实践策略包括：立足关键事件，激发内在动力；立足“伙伴式”，让成长不寂寞；立足阶段实际，在观察思考中成长；立足创新，在变化中不变。同时，本专题就工作室指导教师发展提出了若干建议：规划好成长的“出发点”；滋润好成长的“发展点”；反思好成长的“质变点”；记录好成长的“支撑点”；咬定好成长的“立足点”；实践好成长的“爆破点”；发展好成长的“五个力”。

在2023年2月11日召开的第二届中国基础教育论坛暨中国教育学会第三十四次学术年会上，教育部部长怀进鹏强调：一是在办好人民满意的教育上下功夫，深入贯彻以人民为中心的发展思想，在公平上持续用力；二是在遵循教育规律、全面提升育人质量上下功夫，深化新课程改革、教育教学改革、教育评价改革；三是在着力加强教师队伍质量建设上下功夫，从战略高度认识教师工作的极端重要性，把加强教师队伍建设作为教育事业发展最重要的基础工作来抓；四是在持续深化经费保障上下功夫，健全财政教育投入机制，不断优化经费支出结构，不断提高人民群众对教育的满意度。[①]名师工作室的主要任务就是促进教师的专业发展和提升教育教学质量，“教师专业发展”无疑是名师工作室建设中的关键词之一。如何建立教师成长的长效机制，如何让教师将丰富的教育理念转化为教育教学行为，是目前需要解决好的重大教育问题。

一、教师专业发展的内涵与意义

按照中共中央、国务院《关于全面深化新时代教师队伍建设改革的意见》的要求，新时代教师专业发展就是要立足造就党和人民满意的高素质专业化创新型教师队伍的战略目标。这是实现文化传承、思想传播、价值塑造、教育公平的需要，是促进学生健康成长和全面发展的需要。

（一）教师专业发展的内涵

“古之学者必有师”，作为人民教师，我们应当具有高远的精神追求、高深的专业素养、高尚的道德情操。韩愈在《师说》中对教师的表述为：“师者，所以传道受业解惑也。”这是对教师性质比较全面的描述。《辞海》对“教师”的定义是“在学校中担任教学工作的人员”。此外，从教师的各种尊称（老师、先生、园

① 中华人民共和国教育部.第二届中国基础教育论坛暨中国教育学会第三十四次学术年会召开［EB/OL］.（2023-02-11）. http：//www. moe. gov. cn/jyb_zzjg/huodong/202302/t20230211_1043888. html.

丁、春蚕、人类灵魂工程师）也能看出其工作的重要性及其社会地位。其实，不管教师的称谓如何多样，教师的工作宗旨都是为党育人、为国育才，都担负着一种其他职业无可比拟的特殊责任，它对学生个体、家庭、社会和国家都将产生极为深远的影响。少年强则国强，立足国家使命、助力教师专业成长不仅仅是教师个体不能忽视的问题，也是各类行政部门要共同承担的责任。

在当前背景下，要对教师专业发展的内涵进行“中国式”表达，可以采用描述而非定义的方式。首先，中国最早期的教师专业发展是以儒家文化为主体，并以此为基础所建构的具有中国特色的师范教育传统，其核心理念就是强调教师的道德教育、社会责任感、人文情怀，强调教育中人际关系的亲密性、协作性，关注“人师”的特征。在中国传统文化的渗透下，教师的专业发展会有浓浓的“人情味”，体现“人文关怀”“共同成长”等理念，而西方文化更加注重教师职业的理性素养和知能素质。其次，中国文化更强调集体力量对发展的作用，更强调教师组织化的学习，而西方文化更强调教师个体的自主权利与发展，更强调教师个人化的学习。最后，中国文化更强调“修身、齐家、治国、平天下”的理念，也就是把教师的家国情怀和社会责任、教师的作用价值放在国家民族的命运、社会的长治久安、学生的终身发展等这样的层面去认识的。①

对比中西文化中“教师专业发展”侧重点的差异，可以帮助我们把握“中国式”教师专业发展的内涵，更好地助力我们在中国特色的沃土下促进教师的专业发展。

（二）教师专业发展的意义

纵观人类历史，任何时代、任何国家的繁荣富强都离不开教育的支撑，而教师是教育发展的核心力量，没有教师的专业发展，就不可能有教育的未来。所以，促进教师的专业发展的重大意义是由多方面的需要决定的。

---

① 迈克尔·富兰. 变革的力量：透视教育改革［M］. 北京：教育科学出版社，2004.

1. 教师专业成长是由教师性质和工作特点决定的

如果说性质决定了教师的重要性，那么教师的工作特点则决定了教育的专业性。教师的工作特点简单来说可以概括为“五性”，即复杂性、连续性、长期性、突发性和创造性。[①]此“五性”决定了教育是一项专业性很强的工作，并不是任何人都可以从事或是胜任的。我们知道，要成为一名教师，必须经历教育学、心理学等方面知识的系统学习和“五性”的系统考验（教育实践不断积累的过程），下面我们就从“五性”来分析一下教师的专业特点。

（1）复杂性。

复杂性是指受教育的对象（教育个体）千差万别，个体差异决定了教学手段差异化；教育教学任务复杂丰富，在不同地域、不同时期，教育的方式和方法都相差很大；教育个体背后的个体更是千差万别，这里“背后的个体”指的是家长群体（家长的素质参差不齐，家长的要求千差万别）。我们知道，现在的教育不仅指教师要在校完成好立德树人的根本任务，更要把正常的、科学的教育理念和方法传递、渗透给家长，让家长理解学校的理念，支持教师的做法，与学校形成合力、共同育人，这样才能使教育效果达到最大化、最优化。此外，时空特点也是教师工作复杂性的重要体现。教师工作空间的延伸体现在教师的工作不只局限在学校“一亩三分地”的范围，还要经常打破时空限制，在多元的时空中开展教育教学工作。例如，教师要经常家访、约访甚至在节假日借助网络平台开展常态性的教育工作，如禁毒教育、法制教育、安全教育、健康教育、爱国教育、感恩教育等。

孩子的健康成长，离不开家长的关爱与支持，而支持的前提是亲子间良好的沟通，这都增加了教师工作的复杂性。为增进亲子沟通，融洽家长与孩子间的情感，教师还要设计开展多样化的亲子活动，努力同社区、科普基地等社会平台建立合作

① 周文叶，崔允漷. 何为教师之专业：教师专业标准比较的视角［J］. 全球教育展望，2012，41（4）：31-37.

关系，搭建除学校之外的多元亲子沟通平台。由此可见，教师的工作是一种融合多项技能的心智劳动和专业技术复杂的社会工作。

（2）连续性。

连续性也是我们要考虑的教师工作特点。连续性是指教师工作时间的不间断、难固定。简而言之，教师工作没有严格的交接班的时间界限。尤其是班主任，工作时间比较长，工作的连续性和强度更大。另外，新时代“双减”政策的推广对教师工作的连续性又提出了新挑战，如“双减”要求提升课后服务质量，满足学生多样化选择的需求，每周开展“5+2”的课后延时服务，这意味着很多教师要投入更长时间去提供基础服务和素质服务，教师下班以后，还要待在学校开展课后延时服务。这些都是切切实实摆在我们面前的难题，也是教师不得不扛在肩上的责任。

（3）长期性。

长期性是指教师培养人才不是一件立竿见影的事，育人无痕，效果要用时间去累积。教师的工作特点是不直接创造物质财富，而要以学生为媒介来实现其工作价值。漫漫人生路，教育是一场漫长的人生修行，教师需要静下心来，在润物无声中静待花开。“十年树木，百年树人”便是对教育长期性的最好诠释，教师对学生施加的影响往往需要很长时间才能见效。教育的长期性导致教师无法立竿见影地看到学生对自己付出的回报。教师今日的汗水不是明日或后日就可以折射出阳光的晶莹，就像化茧成蝶的蛹、破土而出的笋，需要静心等待，急躁不得。时间，是教师付出的考验者与最后成效的见证者。

（4）突发性。

突发性是指教师面向的教育个体经常有不可预见的各种行为、各种矛盾、各种纠纷，对教师的应急处变能力有着极大的挑战。在不同的时代背景下，学生永远都是在变化的，永远都是新的。即使同一个学生，今天的行为和昨天的行为可能都不一样。所以教师要时刻关注学生的情绪、意识和精神状态，也要追上学生“思想境界”变化的步伐。

（5）创造性。

创造性更是体现教师工作价值和专业成就的特点。它要求教师在教学过程中注重因材施教，在教学方法上做到“教学有法，教无定法”。面对水平参差不齐的学生，如何因材施教？如何用科学的方法让每个学生都得到发展？这对教师是一种挑战，要求教师的教育教学工作不能千篇一律，必须有创造性。

国家“双减”“五项管理”等教育新政策，让我们看到了国家教育改革的决心和力度。政策的出台让“还孩子一个快乐的童年”有了希望，也督促着我们教育工作者提升自己的素养，用更多行之有效的办法提升学校教育教学质量，助力国家政策落地生根、落实生效。教育不再是单纯地靠校外培训机构和机械的刷题，不再靠降低孩子的睡眠质量、减少孩子的运动时间来提升教学质量。新时代成长的孩子，不再喜欢那种“大一统”的作业布置，特别是那种“刷刷刷”的“机械化”“格式化”的作业，这样的作业打压的是孩子的学习兴趣与持续学习的动力。但作业的作用又不言而喻，它是课堂教学效果的检验，巩固当日之所学，拓展课堂之所用，铺垫明日之所需。那么，如何布置作业呢？这又是对教师工作创造性的检验。新政策要求作业不仅要体现检验性的功能，还要体现开放性和分层性，教师要根据不同孩子的能力水平设计基础知识与学科融合、自主探究、实践操作等个性作业，让作业成为教学效果的有趣检验、师生情感互动的纽带，让学生不再惧怕课后作业。学生作业量的减少换来学生锻炼时间和睡眠时间的增加。但这并不意味着教师的工作量和负担就减轻了，因为教育教学质量的考查依然存在，社会对孩子全面发展的期望不减，这对教师工作的创造性更是一种全新的考验。

最后，落实国家规定，让“减量不减效”“增质不增压”有好的用武之地；制订科学的评价方案，将“多元评价”“过程评价”“个性化评价”纳入学生成长的评价体制，也是教师要探索的新时代课题。①

① 叶颖.不同成长阶段教师专业发展的现实困境与对策：基于TALIS2018上海数据结果的实证分析［J］.上海教育科研，2020（8）：58-62.

2. 教师专业成长是适应社会发展变化的需要

古人云："世异则事异，事异则备变。"社会在变化中发展，在发展中变化。宇宙万物、芸芸众生皆如此，教育也是。教育教学的手段、途径、方式都要与时俱进，教师只有在困惑中碰撞、在痛苦中挣扎、在蜕变中重生，才能成为有智慧、有风格、有个性的新型教师。

理想丰满，现实骨感。放眼现实，我们发现在打造有效教育教学的过程中，部分教师在认识与行动上存在误区，存在种种消极对待的情况：不愿改不敢改、不屑改不会改、抵制躲避改。我们常说"教无定法"，但不少教师倚少卖娇、倚老卖老，公开课做做样子，常态课摆摆老样子，我行我素，怎么方便怎么来。试想，教师如果不与时俱进，何谈专业发展？何谈"站稳"自己的讲台？

讲台并不神秘，却很神圣。教师站稳讲台，需要具备一定的实力和魅力。一位教师最大的失败，就是在讲台站了好多年，却始终没有站稳，没有让人感到发自内心、笃定的稳。这种笃定是以心换心的笃定，把心交给学生的笃定，把心交给专业成长的笃定。稳的王道是教师不断提升自身的专业素养，教育理念与时俱进，教育策略与方法寻求与学生成长的深度融合，并且获得学生的由衷认可。

时代在发展，与时俱进的教学改革更是体现在方方面面，如"互联网+"思维下的大数据、云技术让我们切实感受到了处于正面冲击下的教育变革。在"互联网+"时代背景下，教师如何做到以核心素养为依托，适应信息化社会中学生的成长需求？教师如何根据大数据，形成自己的独到分析与研判？教师如何用检索收集、分析整理、总结归纳等手段获取自己开展教育教学需要的知识，并对信息进行评判和整合，制订个性化、私人化的学习方案？教师如何以多学科融合、多学段融合的思维助力学生的吸收、转化、应用和成长？以上问题都在考验教师适应时代变化的能力。

此外，人工智能、大数据、区块链等各种新颖手段的冲击，必将使传统的口笔传授的教学模式产生根本性的变化。如何立足教材目标，以书本知识为起点，将数字化学习环境，交互式学习、项目式学习等模式整合到课程内容中，不断丰富学生的学习资源，智能化地进行教学服务，也是教师要思考的问题。新时代、新理念、新技术、新视野、新文化催生着新教师、新课程、新策略、新评价、新机制，推动着新课堂的建构。如此，教育教学的变革，全面挑战着教师的能力与尊严。未来已来，坐以待毙，何谈发展？

“时移世易，变法宜矣。”天下没有一成不变的事物，不存在享用终身的技能和策略。教学改革，不只是当下提倡的“新课改”，还是与时俱进的“常态改”。想改不会改，是能力问题；能改不愿改，是观念问题；形改质不改，是方法问题；假改不真改，是态度问题；明改暗不改，是思想问题。当下的现实、当下的体制，教师确实不容易，心累大于身累；教师真的苦，心苦多于活苦。[①]但理性地想一想，世上哪有不累人的活，哪有不苦的工作？工作累、工作难、工作苦都不是懈怠、逃避、应付的托词和借口。船停在港口最安全，但那不是造船的初心和使命。

我们知道“要给学生一杯水，教师要有一桶水”，这句话在教育界曾一度非常流行。然而，随着科技的发展，时代的进步，教师原来的这“一桶水”已经不能满足新时代学生越来越广泛的知识需求，在信息化数据大爆炸的时代，学生的知识面和获取知识的途径超乎你的想象。新时代的教师需要的不能只是简简单单的“一桶水”，何况这桶水很多还是“陈年旧水”“陈年死水”。教育需要不断流淌、涓涓细流的“源头活水”，这“源头活水”从哪里来？唤醒内驱力、助力教师专业成长才是“源头活水”，教师观念深度转型只有从“形”走向“心”才是“源头活水”。而“源头活水”的取得，仅仅依靠教师个体是很难的，或者需要很长的时间，这就不得不借力打力，借工作室“团体”之力来唤醒成员和学员“个体”之力。

---

① 熊建辉，赵丽. 全球视野中的教师专业发展与能力建设［J］. 开放教育研究，2007（2）：18–28.

3. 教师专业成长是提高教师职业幸福感的有效途径

著名教育家乌申斯基指出："只有当你致力于自我教育的时候，你才能教育别人。"所以学而不厌，诲人不倦，是教师专业成长的良好精神状态，是教师幸福感的真实体现。

每一位教师在开始教育职业生涯的第一天，就应该思考一个问题，那就是：我要成为一位什么样的教师？这是教师自我发展过程中的观念问题。有的教师满足于为衣食而教、为生计而谋，将教书育人当成养家糊口的简单工作，这样的教师最终也只能成为一个教书匠。只有将教育当作事业的教师，才会去钻研教学，学习教育教学理论，研究教育教学规律，反思教育教学实践，不断地提升自己的教育教学理念和素养，提高教育教学专业水平，最终在不断提升中得到发展。所以要想成为一位高素质、专业化、创新型的优秀教师，首先要将自己的"职业"当作"事业"。

风光一时的摩托罗拉公司，开创性地提出了六西格玛管理中的"统计基线"原理，当你要对某个事物或项目进行改进时，首先要测量出现在的位置或情况。弄清楚自己的现在不仅有利于测量改进后的变化，更重要的是可以重新思考设定的目标的科学性。站在一个现实的地方，去远眺我们那个理想的目标，才能正确判断我们与那个理想目标真正的距离，从而走向幸福的彼岸。[①]

"认识你自己！"这是铭刻在希腊圣城德尔斐神殿上的著名箴言，后来的哲学家都喜欢引用来规劝世人。[②]人，最大的敌人就是自己。可是要认识自己又是何其难！部分教师不能准确定位，找不到自己的位置和努力的方向。我们如果不认识自己，就会拒绝理解一切不同于自己的想法与行动，以掩耳盗铃的心态自欺欺人，拒绝承认自己的不足与缺陷，对于他人的告诫或是真诚建议视而不见、充耳不闻，想当然地认为，年龄的增长和自己经验的增长是相伴而生的，把社会对教育、对学校

---

① 刘捷. 教师专业标准及其达成：以中国为例［J］. 课程·教材·教法，2011（2）：80-88.

② 周瑞平. 略论古希腊文化繁荣的原因［J］. 内蒙古电大学刊，2002（2）：93-94.

的诟病放大，投射到自己的内心，怨天尤人，失去理性而平和的心态，从教育中无法获得职业的尊严感和自我认同，内心长期存有自我认知的困惑与迷茫。如此一来，何谈幸福？

没有规划的人生叫拼图，有规划的人生叫蓝图；没有目标的人生叫流浪，有目标的人生叫航行！相当一部分教师没有自己的职业生涯规划，得过且过！许多教师一直生活在怨天尤人之中，没有反思自我，一直生活在照搬复制之中，没有开拓创新。殊不知，我们今天的生活是由三五年前的心态和选择决定的，而三五年后的生活又是由今天的心态和选择所决定的。

一个有理念认知、专业积淀、情感升华并且人格成熟的教师，内心深处追求更多的是责任的担当、思想的充盈，进而达到心灵的自由、情感的饱满，最终实现幸福和体验、生命的释放。

4. 教师专业成长是助推学生长远发展的需要

教师关注自己的成长，就是对学生长久的发展负责。只有教师成长了，他才能更好地输出所思所得，进行传道、授业和解惑，也才能更好地促进学生汲取与成长。

环顾四周，我们常常会发现，身边有的教师一旦没有了参考教案、课件等资料就会茫然不知所措，心神不定，甚至魂不守舍，很多教师养成了等待别人把研究成果送上门来的习惯，完全忽视了自己就是“研究者”，这是对学生成长不负责任的表现。

俗话说：“授人点滴，当有满怀。”教师要实现“满怀”的境界，就要重视自己“研究者”的身份，树立现代教育理念，努力研究学问，肯于钻研，善于学习，精通专业知识，既要了解所讲授课程昨天的历史，又要了解所讲授课程今天的发展和明天的方向，做一名“精通一门”的专家和“了解多门”的博学家。[①]因为只有

① 佐藤学. 课程与教师［M］. 钟启泉，译. 北京：教育科学出版社，2003：112-114.

具备坚实的专业基础和渊博的科学知识，才能有“资本”更好地服务教学，培养学生的良好素质和广泛的兴趣爱好，用学生兴趣之花丰富自身的专业成就。提高教师的专业品位，打造教师的尊严感、成就感，离不开对教师成长观的尊重。教师成长的核心是学生的长远发展，没有正确、科学的学生观的教师只能在立德树人的路上越走越偏、越走越远。教师只有在优秀组织或团队的科学引领下，形成正确的学生观，进而精通、融通自己的学识，才能助力学生长远、全面地发展。

5. 教师专业成长是提高孩子国际竞争力的需要

当今世界，地球可以浓缩成一个“村”。全“村”相互依存、互相作用，全“村”化的知识和技能是核心竞争力的关键。在时代大环境下，未来的教育更重视孩子的综合能力。全面发展与终生发展不仅仅是学生的发展目标，也是新时代新教育背景下的教师的专业发展规划。

教育是面向未来的活动，我们的教育需要传承，也需要创新。在中国快速发展的背景下，我们该培养孩子哪方面的品质？如何提高他们在全球范围内竞争、联系和合作的能力（这些能力可以浓缩成一个要点——国际竞争力），是每个教育工作者在学习和工作中应思考的问题。在世界范围内，各地教育工作者正努力尝试，重新定义和整合新时代发展所需要的技术组合、素养组合，为教育工作者提供更多的技能，更好地培养孩子的国际竞争力，以帮助他们适应日益变化的全球环境。

成长是由内而外，而不是由外而内。立德树人，孩子的品格就像大树的根部，虽然看不见，但却是大树赖以生存的根基，只有壮大根部，才能结出果实。正如生物学所讲，“植物的树冠与根系之间存在密切的相关性”。在全球一体化的背景下，社会对于高质量的课堂也有与时俱进的要求，不再简简单单地只要求教师会设计教学内容，还要求教师与学生互动，在课堂营造良好的学习氛围，以实现学生成长的持续化。

2020年10月26日至29日在北京召开的党的十九届五中全会总结了党在“十三五”时期取得的成就。“建设高质量教育体系，到2035年建成教育强国。”本次会议通过的教育领域方面的五年规划和远景目标，为教育中长期规划提供了基本遵循，这其中就包括提升教师专业素质中的培养孩子的长远素质，以适应未来国际风云变幻的复杂环境。①

党的十九届五中全会的五年规划让我们深受鼓舞，同时我们也深感重任在肩。作为人民教师，我们目睹了祖国大江南北翻天覆地的变化，我们是新时代的见证者和受益者，也要做好新时代的建设者和贡献者。

在21世纪新经济时代下，素质教育的实行是与国际接轨，着眼于未来世界去培养学生。没人拥有可以准确看到未来的全部的能力，但是随着时代的发展，总有一些可辨别的趋势可能成为影响社会和经济发展的主要作用力。而顺应这样的趋势可能需要不同的知识和技能，也需要教育者紧跟时代步伐，进行创新教育。教师的工作对象是有生命思维、有情感感知的生灵。如何让学生之灵在教师的手下“显灵”，就是对教师专业素养的检验。

二、教师专业发展的规律与促进策略

教师专业发展的过程本质上是教师个体成长的过程。从根本上来说，教师只有不断地思考、实践和再思考、再实践，才能真正实现自己的专业发展。所以说，教师专业发展也是有规律可循和有策略可依的。

（一）教师专业发展的阶段理论

教师的专业发展不是一蹴而就的，而是一个长期甚至是终身的过程，也是一个动态的、不断变化和革新的过程。这需要教师具有终身学习、终身发展的意愿，具备自主思考及规划职业生涯的能力，这是教师专业发展的必备条件。对比国内外具有代表性的理论，我们发现，它们对于教师专业发展规律都提出了相应的阶段性理论。

① 陈宝生. 旗帜建设高质量教育体系 加快建成教育强国［J］. 旗帜，2020（12）：8-10.

国外主要有以美国学者卡茨（Katz）为代表的教师专业发展四阶段理论：

（1）求生存时期（存活期）——在这一阶段，教师刚刚到岗位上来，主要关注自己在教学工作中各方面的适应能力，更需要各个方面的支持来发展其课堂教学的适应能力。

（2）巩固时期——这一时期的教师对课堂教学已经得心应手，能应对各种教学事件，并已经积累了丰富的教学经验，但已经没有了往日的兴奋与激情，教师专业发展处于一定的高原期。

（3）更新时期——在这一阶段，教师渴望得到专家的引领，实现自我更新，但过了这一时期教师专业就会得到快速发展。

（4）成熟时期——这一时期教师的教学经验和对教育事业的理解已达到一定境界，更多地关注学生的情感，也渴望其他教师的效仿和支持，但他们最担心专业发展上的边缘化体验。①

20世纪80年代，美国教授费斯勒和克里斯坦森（Fessler & Christensen）历时八年提出了动态的“教师专业发展周期模型”。在该模型中，他们将教师的专业发展分为八个阶段：①职前期（教师角色的准备期，即教师的培养期）；②职初期（教师努力学习教学日常工作，寻求学生、同事及领导的认可）；③能力建构期（教师积极寻找新的资料、方法和策略，学习欲望强）；④热心与成长期（教师已经具备较高教学水平，仍不断寻求进步，热心成长）；⑤职业挫折期（教师工作上遭遇挫折，工作满足感下降，有时出现倦怠现象）；⑥职业稳定期（教师只做分内工作，不主动追求教学专业上的成长，缺乏上进心）；⑦职业消退期（教师准备离开教育岗位的低潮时期，带着美好回忆或者是苦涩离开教育岗位）；⑧职业离岗期（教师离开教育岗位时期）。②

---

① Michael Fullan. 教育变革的新意义［M］. 武云斐，译. 上海：华东师范大学出版社，2010：105.
② 同①.

国内有张松多等提出的专业成长四阶规律[①]：

（1）准备期（新任教师）——教师在正式成为教师以前接受教育、学习和培训的阶段。这时主要以学习理论知识、提升理论素养为主，但其知识和经验主要呈现出表面化的特点，无法将其所学应用于教学实践。

（2）适应期（合格教师）——教师任职后可以适应教师角色的转变，初步解决教育教学中的各方面问题。

（3）发展期（骨干教师）——教师的育人能力和专业素养得到了进一步提升，会从单方面的教转向主动的学和思。

（4）创造期（专家教师）——教师在长期的思考和实践的积累中，形成自己的教学理论，具有自身的教学特色。

我国著名教育学家叶澜教授也就教师发展提出了“五阶段理论”：

（1）“非关注”阶段——在接受正式教师教育之前，个体在无意识中以非教师职业定向的形式，形成了较稳固的教育信念，具备了一些“直觉式”的“前科学”知识，以及与教师专业能力密切相关的一般能力。

（2）“虚拟关注”阶段——在师范专业学习阶段，所接触的中小学教育实际上带有某种虚拟性，对教育理论及教师技能进行学习和训练，有了对自我专业发展反思的萌芽。

（3）“生存关注”阶段——在新任教师阶段，个体产生了强烈的自我专业发展的忧患意识，特别关注专业活动中的“生存”技能，专业发展集中在专业态度和动机方面。

（4）“任务关注”阶段——随着教学基本“生存”知识、技能的掌握，自信心日益增强，由关注自我的生存转到更多地关注教学，以便更好地完成教学任务，获得良好的外在评价与职业升迁。

① 肖丽萍. 国内外教师专业发展研究评述［J］. 中国教育学刊，2002（5）：57-60.

（5）“自我更新关注”阶段——教师不再受外部评价或职业升迁的牵制，自觉依照教师发展的一般路线和自己目前的发展条件，有意识地自我规划，以谋求最大限度的自我发展。能关注学生的整体发展，积累了比较科学的个人实践知识，是教师专业发展的一个高境界，只有那些不懈追求专业发展的教师，才有可能进入这一发展的巅峰阶段。

此外，笔者认为，专业知识、教学技能、教学策略、教学模式、教学风格和教育思想就是教师的学科教学核心素养。根据教师学科教学核心素养培育和发展的内在规律，可将学科教师的专业成长过程确定为“专业知识积累→教学技能训练→教学策略优化→教学模式建构→教学风格形成→教育思想积淀”六个阶段，而且按照达到的难易程度和人数多少分为“合格教师→骨干教师→名教师→教育家（专家教师）”四个阶段，如此从下而上形成一种四段六层的金字塔形结构模型，如图1所示。[①]

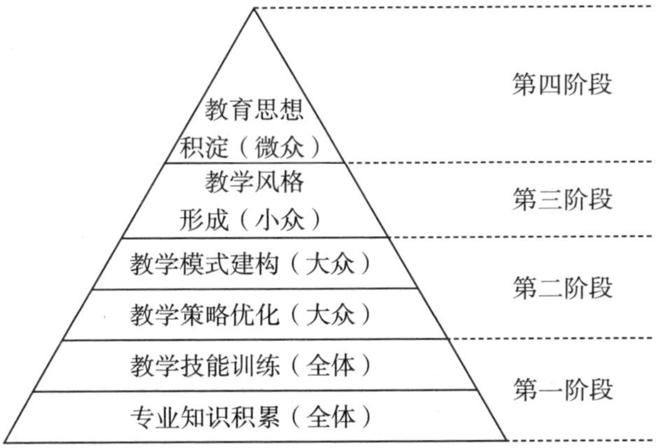

图1　基于教学素养的教师专业进阶模型

对比国内外，我们发现，教师的专业发展规律不仅仅体现在教师教学技能的不断进步上，还体现在教师在知识、理念、能力、情意、信仰等多个层面的发展上。

---

① 胡继飞.基于教学核心素养的教师专业进阶模型建构［J］.中小学教师培训，2019（2）：13-16，22.

不同的表述，都要求教师在整个专业生活中通过终身专业训练、专家引领等习得教育教学技能，实施专业自主选择，并且得到外界的认可，体现专业道德，逐步提高从教素养。

（二）教师专业发展的促进策略

建立名师工作室就是一种促进教师专业发展的有效途径与方式。鸡蛋从外打破是食物，从内突破是生命。教师专业成长亦如此，从外打破是压力，从内突破是成长。教师的专业化成长离不开自我觉醒、自设目标。教师在专业化成长的道路上要敢于冲破“雷区”和自我束缚的“高原区”。一个故步自封、单打独斗的教师不可能拥有教育智慧，一个教育思想错误、教育理念落后的教师不可能拥有教育境界，因为教育智慧与教育境界总是代表着先进的方向、优秀的结晶。

1. 立足关键事件，激发内在动力

教师的成长离不开过程的慢慢累积。培养专业素质就要提取教师成长的优秀因子，关注教师发展的关键事件，用这些关键事件激发他们的内在动力。

成长和事件是相伴而生的，不同阶段的教师要有不同层级的事件促进其成长。同时教师要以积极融入的心态，主动从各种渠道获取学习机会，从各种优秀的组织中获取成长的有利事件，丰富自己的平台，做一名学习型教师，从而把学习与实践当成自己的习惯。

如果一位教师仅为职称、工资、名誉、头衔去拼搏，那是外在的动机，一旦达不到，就会垂头丧气、怨天尤人。你无法叫醒装睡的人，即使是“王子之吻”。只有为了基于教育事业的自我专业成长，为了一种理想和信念去努力，才会有内在的动力。

2. 立足“伙伴式”，让成长不寂寞

教师的专业成长之路，是教师一步一个脚印踩出来的。要提升专业素养，感受成长，教师就要以研究的方式对待日复一日、年复一年看起来千篇一律的教学现象，要不满足于“放之四海而皆准”的一套做法，不停留在个人肤浅的认知和早期的经验上，坚持走教科研一体化的道路，进行“伙伴式”共同成长的研究。很多“伙伴”集几十年的实践积累、理论探讨于一身，对教育教学的内在规律谙熟于心、挥洒自如、游刃有余。只有当你融入“伙伴式”成长机制中，你才能借助团队的力量突破自身的困惑，在团队高屋建瓴的专家引领中、成员思辨碰撞中激起思维的火花，激活追求进步、主动提升的热情，从而实现专业追求，让成长不寂寞。另外，教师要多学习不同团队中不同教师的长处，逐步形成自己的教学特点和风格，在终身学习中不断进步，更好地开展教育教学工作。

名师工作室的团队合作需要“悦授”而拒绝“惜授”。“惜授”是指不舍得将自己拥有的东西给予他人的行为或意识，是教师教育研究中出现的一个新概念。教师的“惜授”有多种不同表现形式，包括“‘师—师’惜授”和“‘师—生’惜授”等。教师“惜授”的根源在于“爱惜”的常人心态和同行间的非理性竞争，是教师追求个人优越的一种成就需要。但教师“惜授”现象不值得提倡，破解的方法主要有三：一是社会和学校营造有利于“悦授”的教育生态；二是科组和社团建立“悦授”的教研文化；三是加强师德教育，提高职业认同。[①]

教师只有跟着优秀的团队或是优秀的同伴，才能“近朱者赤”。很多教育教学的方法都是教师亲身体验，通过实实在在的实践产生的，这也是体现人类创造性的一方面。我们可以清楚地看到，成长得越好的教师，他们通过实践获取成长因子的能力就越强。这类教师往往具有较广泛的追求发展的途径，即善于关注各种优秀的学术组织，具有较强的反思行动力，即会在执行中反思，这对教师而言是一个逐渐积累和发展的过程。

教育是一个生命影响另一个生命、一个灵魂触碰另一个灵魂、一种智慧点燃另一种智慧的伟大工程。要成为一名让家长和学生信服的新时代优秀教师，我们必须不断提高专业化，融入“伙伴式”成长。

---

① 胡继飞，胡枝子. 教师的“惜授”行为及其分析［J］. 上海教育科研，2016（6）：31-34.

3. 立足阶段实际，在观察思考中成长

在教育研究的历史上，我们发现许多重要的研究成果都与观察应用密切相关。这说明，教育观察是进行教育研究的有效方法。这就需要我们不断地在观察思考中学习和总结，向高素质、专业化的组织和个人看齐，从而实现自己的专业发展。不同阶段的教师应有不同侧重点的成长措施：初入职教师的知识结构要以原理知识为主，可以通过听课、教研活动、拜师等方式获取，我们称这种可以言传、可以用文字表达的知识为明确知识。经验型教师可以在教学实践中逐步积累案例知识（主要是学科教学的特殊案例、个别经验），丰富教学经验，全面提高处理教材的能力。学者型教师要具有综合运用各种知识的能力，借助教育教学反思力刺激内在成长的需求。因为只有经过反思的实践，才能打破固有的局限，让原始的认知通过不断的修正、强化得到重新界定或是完善，在不断升华中生成强大的理性力量，更好地应用于实践中。而这种自知自觉的反思力的产生，往往要借助学术组织或是团体的点拨、触动，将团队行为转化为个人行为，并且形成良好的惯性思维，助力专业的持续发展。

自我的成长是现代教育学的重要标志。这就要求我们确立一种新的意识或观念——教育即研究，教师即研究者，从而树立牢固、明确的研究意识。“学而不思则罔”，这句话是现在很大一部分教师的真实写照——只学习却不思考，只会感到迷惑而无所得。教师在自我发展的过程中会学习、接受很多先进的理论知识，而教师只有通过独立自主的思考，从自己理解应用的角度入手，指导自己的教育教学实践，才能够消化和吸收这些先进的理论知识。

教师要实现自我专业发展，就不能亦步亦趋地照搬别人，而是要揣摩其然之后的所以然，把握隐藏在其行为背后的理论精髓。教师对别人的教学行为要有自己独立的批判和思考，最终形成属于自己的一套教育教学理论，指导自己的教育教学实践。所以，教师作为素质教育的组织者和实施者、处于新课程改革最前线的执行者，其专业化的优劣直接关系到新课程改革的落实成效。

每一位教师都应该及早根据自己的专业特长、教育理念、教学方式等，给自己一个明确的定位，制订好自我发展规划，尽快成为一名高素质、专业化、创新型的优秀教师。

有心之人才有行动之力，相信时光不负有心之人。行走在路上的追求最接近梦想。成长离不开主动追求进步，离不开专业的提升。不发展，也许会舒服一阵子，与时代进步对抗，久而久之就可能痛苦一辈子！不要总想着不劳而获。没有经过破茧成蝶的阵痛，就没有成长和收获。教师的专业成长虽然在一定程度上受教师所处环境或氛围的影响，但更取决于教师自己的心态和所作所为。教师要做主宰自己命运的主人，就必须深刻认识到自己才是自己专业发展的第一责任人，自己才是创造成长的天使，进而主动开创条件去学习或是融入优秀的团队去汲取养分。

我们知道，学习不是单指读书，而是通过读书来获取知识和经验，找到自己成长的路径，但这不是唯一的途径。新时代的教师应该具有随时随地学习的意识，有通过各种方式和多种渠道获取知识的能力，有主动加入优秀学术组织的意愿。例如，参与学术组织聆听专家的讲座、观摩名师的课例、撰写赛课后的反思、参加教研活动的交流讨论等，都可以成为教师学习的途径、专业成长的手段。教师只有在学习的过程中观察与思考，才能将学习所得在今后的教育教学工作中加以应用。

4. 立足创新，在变化中不变

当今社会，创新是成为优秀教师的必要条件。有思想才能孕育精神，有精神才可以培养能力。要培养面向国际需求的创新型人才，教师本身必须具有创新精神和创新能力。这样我们创新的灵感才能源源不断，创新的源泉才永不枯竭。创新能力实质就是创造性地解决问题的能力，不因循守旧，不循规蹈矩，不故步自封。古人云："学起于思，思源于疑。"质疑问难是探求知识、发现问题的开始。教师在日常教学中应经常有意识地观察和思考一些问题，积极参加创新实践活动，尝试用创造性的方法解决教育实践中的问题，紧跟时代的发展。

教师要最大限度地满足学生的需要，创造机会促进学生的发展，就要实现自我的内化与成长。教育对象在更新变化，这就要求教师不断更新自身的知识结构，改变教育理念和教育形式。因此，教师只有成为研究者，借助各种形式的教育教学研究成长起来，才能理性地选择教育方法，从而适应学生终身发展的需要。

教师专业化成长必须顺应时代发展，立足新课标，以核心素养为导向，从“形”转向“心”，从一般的认识层面上升到理性的、科学的系统层面和行动层面，增加教育教学的深度、广度、精度，不断优化教学过程，这就要求教师持续不断地学习、创新、发展。

教师要有面向未来发展变化的格局观，要坚信“星星之火可以燎原”。教师的任何一点儿创新精神都可能成为点燃孩子创新火花的种子。教师的专业素养、教学艺术、教学技能是根本性的，无论课堂的组织形式、教学手段怎么变化，多么千姿百态，具体而言，都会涉及学生观、学习观、教师观、师生观、教学观、评价观和教育观等方面的转型。从教时间越长，越觉得教育细节性问题庞杂，不敢轻言“懂教育”；送走的学生越多，越觉得人生不可重来，不敢奢言“会教书”；看到的教育悲剧越惊心，越觉得生命不可辜负，不敢妄言“当老师”。

三、我国中小学教师专业标准解析

教师专业标准对提升教师素质具有重要价值。自20世纪80年代起，许多发达国家为创建专业化和高水平的教师队伍，纷纷制订教师专业标准。我国的教师专业标准制订相对较晚，早期内容涉及教师资格证制度，后教育部《2003—2007年教育振兴行动计划》提出“全面推动教师教育创新，构建开放灵活的教师教育体系”的要求。2012年，教育部颁布了《幼儿园教师专业标准（试行）》《小学教师专业标准（试行）》《中学教师专业标准（试行）》（三个标准以下简称为《标准》）。《标准》是国家对合格教师专业素质的基本要求，是教师实施教育教学行为的基本规范，是引领我国教师专业发展的基本准则。[①]

（一）《标准》是我国教育改革和发展的迫切要求

现代基础教育改革和发展的两大核心主题是质量提升和均衡发展。《国家中长期教育改革与发展规划纲要（2010—2020年）》（以下简称《纲要》）指出：把促进公平作为国家基本教育政策，把提高质量作为教育改革发展的核心任务。[②]知识经济时代的到来，对人才培养提出了新的要求和挑战，这使世界各国面临着基础教育改革的重大历史使命，需要树立新的教育质量观。然而，基础教育质量的提升关键在于教师质量的提升，如何对教师素质进行评价成为当下迫切需要解决的问题。同时，教育公平是社会公平的重要基础。我国幅员辽阔，学校之间、城乡之间、地区之间仍然存在教育不均衡的情况。教育公平的根本措施是合理配置教育资源，这是摆在我们面前的迫切要求。

（二）《标准》是教师在教育实践中的价值导向

《标准》明确规定了教师职业“师德优先、学生（幼儿）为本、能力为重、终身学习”的基本理念，不仅体现了我国未来一段时期教师群体长期坚持的基本追求，也包含了学习型社会背景下人们对教师素质的新要求。

1. “师德优先”主要体现在教师对待职业、对待学生、对待自己三个方面

职业操守是教师的核心价值体现，是树立社会尊师重道信心的标杆。为人师表已经成为我国历代教师的核心品质。专业发展的核心素养之一就是把学生和社会利益放在第一位的意识。同时，教师是教育的反思者，这是教师专业化发展的必然要求。这就需要教师在教育教学过程中不断进行反思，严以律己，不断规范自己的行为。

---

① 王颖华. 卓越教师专业标准的国际比较及其启示［J］. 西北师大学报（社会科学版），2014，51（4）：92-99.

② 中共中央，国务院. 国家中长期教育改革和发展规划纲要：2010—2020年［EB/OL］.（2010-07-29）. http：//www. gov. cn/jrzg/2010-07/29/content_1667143. htm.

2. “学生为本”是《标准》的最大亮点

“学生为本”体现了国家要求教师的课堂教学、对学生的管理和评价全面转向以学生为本。

“尊重学生权益，以学生为主体，充分调动和发挥学生的主动性”就是相信所有学生都有学习能力，平等地对待每一个学生。

3. “能力为重”强调教师的教学实践能力、教学组织与管理能力、专业发展能力

不论何种职业，能力都是判断专业程度高低的重要指标，“能力为重”不仅可以实现人与人之间的公平竞争、和谐发展的教育生态，而且是激活工作热情、提高工作效益的导向。

4. “终身学习”是教师实现专业化成长的重要途径

教师职业是复杂的专业化职业，需要不断学习和探索。同时，在当前信息化社会背景下，知识更新速度的加快使得终身学习成为人们所必需的基本素质。

（三）《标准》的动态发展性是教师理性理解的关键

《标准》的颁布是国家从顶层设计的战略高度出发构建教师质量保障体系的重要举措，用以推进基础教育和教师教育改革，提升教师质量。教师标准是一个动态的概念，不同阶段的教师专业标准也是不同的，同时专业标准也是顺应时代的产物，是国家基于现状或是针对未来人才发展的要求而制定的，存在一定的滞后性。因此，教师要把握不同时代不同个性特征学生的教育规律，理性对待《标准》的基本要求，与时俱进，不断更新自身的教育知识，不断提升自身的专业技能、职业道德及个性品质，形成不断追求卓越的人格特征。①

同时，教师可以在《标准》要求的基础上发挥自己的主观能动性和创造性，彰

① 卢真金. 教师专业发展的阶段、模式、策略再探［J］. 课程·教材·教法，2007（12）：68–74.

显自己的个性品质。或者可以这样说，《标准》不仅仅是一个约束教师的标准，更是一种激励教师积极、主动、创造性工作的动力。

总之，《标准》是时代发展对教育提出的迫切要求，顺应了教育改革与发展的国际趋势，在理念设计、框架分类和内容要求等方面进行了统一化、具体化的顶层设计，为教师教育改革和教师专业化成长指明了方向。

四、教师专业发展的问题与建议

教师专业发展是教师在充分认识教育教学工作意义的基础上，不断提升专业精神，增强专业修养，掌握教育教学规律，拓展专业知识，强化专业技能的过程，是教师成为一个成熟的教育专业工作者的必由之路。这里再谈谈我国中小学教师专业发展存在的问题，并相应地给名师工作室建设提出一些建议。

（一）教师专业发展的现状

当前，我国在整体脱贫的基础上正朝着第二个百年目标奋进，国际局势异常复杂，充满了各种不确定性。在这样的大背景下，党的十九届五中全会明确提出“建设高质量教育体系”的根本任务。未来，教育将更加注重公平、个性化，更加重视教师教书育人能力的提升。但长期以来受“外铄”型培训模式和学校文化等因素的影响，教师面临着专业发展不均衡、职业认同不够、反思能力不足、专业交往缺乏等困境。

1. 专业发展不均衡

通过解读教育部2021年发布的教育统计数据，我们发现：本科及以上学历的乡村中学教师占比为85.16%，较城区占比少9.39%；本科及以上学历的乡村小学教师占比为58.06%，较城区占比少23.53%。乡村与城区间师资力量的差距在小学阶段比初中阶段更为明显。

同时，沿海地区教师专业水平又普遍领先内陆地区，而北京作为中国的政治文化中心，拥有数量众多的顶尖高校，教育资源极其丰富，其初中、小学教师的专业素质在全国遥遥领先。四川、江西、新疆、广西等省份初中、小学教育水平整体相对落后，尚有较大的提升空间。为了缩小各地区教育差距，提高中西部欠发达地区的教育水平，国家实施了乡村教师计划、公费师范生、优师专项等一系列政策与举措，以提高教师的专业水准。

2. 职业认同不够

认同感是人与人之间情感稳固的基础之一，也是激励教师主动追求专业成长的行动力。放眼当前，一些教师对自己的职业认同度是不高的。究其原因，一是个别教师没有“事业”胸怀，只是把教师职业当作维持自己生活的工具，对于个人工作的意义更多关注的是教育之外的表现，如报酬、荣誉、职称，工作的积极性也是单一地与这些利益直接挂钩，一旦所得达不到自己的预期，他们就容易产生专业懈怠感，甚至专业反感；二是新时代国家对教育工作的要求不断提高，教育对象复杂，工作压力也大，个别教师在不适应或是不理解中更容易对自己的专业产生不认同，加上没人及时开解，很容易陷入认知的死胡同。没有主动融入事业的心态，何谈专业的发展?

3. 反思能力不足

反思是自主发展的关键，是教师在人生轨道上正确前行的“监控仪”和“导航仪”，是防止教师在专业成长轨道上“执迷不悟”“停车不前”“撞车出轨”的有力保障。教师反思能力不足主要表现为以下几点：一是缺乏批判性思考的意识。个人习惯于听从上级或专家的指挥，很少思考“所以然”。例如，这背后的理论或依据是什么？为什么只能这样做？这种做法适合什么样的学情？二是理论素养薄弱。反思的实质是理论与实践的对话，理论知识不够，反思就缺乏深度，有的教师甚至把反思写成总结。三是缺乏专业指导和支持。反思是思维与思维的对话，是自己对自己的提升。所谓“当局者迷，旁观者清”，自己很难客观评价、分析自己。外在点拨或提醒往往能一针见血地揭开问题本质、解开困扰自己许久的谜团、为自己打开不一样的视野。

4. 专业交往缺乏

学习是一种社会属性，学习者必须融入一定情境，借助外在的力量进行人与人、人与物的协作，才能建构自己的认知体系，提升思想境界，进而指导自己的实践行为。现实中，中小学教师专业交往还比较匮乏，主要表现为两个方面：一是缺乏同伴互助。受应试教育排名考核的影响，教师之间竞争大于合作，封闭大于对话，许多教师即使遇到难题或困难，也不愿意表露，不愿意主动向同事请教。虽然学校有教研活动，但受学校文化、教育资源、教师文化素养等多种因素的影响，常常流于形式，教师难以从同伴中获得支持和动力。二是缺乏专家引领。教师长期处在同一种环境中，思维认知同频化、知识结构同质化、层次水平同一化，而对各种教育现象和问题的理解又多元化。

5. 培训形式不科学

国家已意识到教师的专业成长对于教育质量的提高、未来竞争力的形成具有重要意义，也在不同的阶段设置不同侧重点来提升教师的专业成长。现阶段，我国对于教师专业发展的培训途径主要是以时间为主线：首先是入职前的师范教育，这是教师个体专业发展的起点和基础，它建立在教师的专业特性之上，为培养教师专业人才服务；其次是入职初的新教师培训，这是被人们广泛接受的一种促进教师专业发展的指导措施，通常是安排有经验的导师进行现场指导或是采用集中培训的方式进行岗前培训；最后是以校本研修为主要形式的在职培训，为处于不同阶段的教师的专业发展提供持续不断的继续教育。①

这样的专业发展培训形式，大大满足了教师由塑形到成形阶段的发展需求，但对于教师专业的深化发展与教育教学特色形成来说还是有不足之处。此外，不同的培训形式对教师专业成长能力点的侧重也不同。目前，教育部门比较注重的

① 陆宗智，王有升. 中英现行教师专业标准比较研究：一种对于文本表述形式与具体实施机制的分析［J］. 教育导刊，2018（7）：88–95.

教师专业发展能力点主有：设计教学的能力（教师在综合考虑教材、学生、教学时间、教学手段等因素的基础上，对教学目的、内容、程序、方法等进行整体构思的能力）、表达能力（包括语言表达、板书板画、运用多种教学手段进行演示等能力）、教育教学组织管理能力（如班级管理能力、课堂管理能力、课外学习管理）等。但对于教育教学交往能力（如理解他人能力、沟通能力、协调人际关系能力）、教育教学研究能力（如教师对学生、对教育教学时间和理论进行探索，发现问题并试图解决问题的能力）、教育教学自我认可能力（教师个体对自我从事教育教学工作的感受、接纳和肯定的心理倾向，这种倾向将显著地影响教师的教育教学工作效果）、创新能力（如创新教学思想、教学内容、教学方法、教学模式）等方面的重视程度还不够，有的充耳不闻，有的浅尝辄止、蜻蜓点水。

（二）教师专业发展的建议

名师工作室在促进教师专业发展方面应该有所作为。针对存在的问题，我们就教师专业发展对名师工作室提出一些建议。

1. 规划好成长的“出发点”

个人要形成专业自觉，在认知自我的基础上寻求突破点，利用自己的闪光点，挖掘自己的潜力点，用自己对自己的了解去规划好自己的人生，改变自己，而不是一辈子按着一个模子一天天重复“昨天的故事”。

2. 滋润好成长的“发展点”

“读书是最好的美容，阅读是最好的备课。”教育为主，博览群书。在人生的“出发点”多读教育经典，拓宽思考角度；多读教育报刊，了解同行在思考什么；多读人文书籍，拓展自己的人文视野。磨刀不误砍柴工，教师只有乐于阅读，把阅读和思考结合起来，才能在教育教学这片天地里走得更远。

3. 反思好成长的“质变点”

让反思形成一种习惯，让反思成为一种生活方式。教师的成长源于“经验+反思”。“没有反思的经验是狭隘的经验，至多能成为肤浅的知识。”经验（量的积累）是教师教学专业知识和能力最重要的来源，反思（质的飞跃）是教师教学专业知识和能力发展最根本的途径。

4. 记录好成长的“支撑点”

著名教育家叶澜说过：一个教师写一辈子教案不一定成为名师，写三年教学反思则有可能成为名师。文以载道，借以传情，让记录陪伴自己成长，让记录成为自己发展的“支撑点”。记什么呢？可以是日志（有感而发，有感而记）、故事（讲自己的教育故事）、读书笔记、教学反思、教学随笔、案例、总结等。怎么记呢？有话则长，无话则短，不管质量高低，只要动起笔来；可以记在本子上，也可以记在各种网络空间上；学会记录，带动思考，支撑成长。越是在信息爆炸的时代，越是在忙碌的每一天里，记录的珍贵越能彰显。

5. 咬定成长的“立足点”

课堂是教师的主阵地，课堂教学是教师最重要的才能。上好每节课，是教师专业成长的立足点。功在平时，利在未来。教师平时要多钻研教材，多关注细节（目标，问题，活动，练习，作业，言行，眼神，表扬方式），多尝试用“三次备课”体系：一备——个人揣摩（不看任何参考书和文献，全按个人见解准备方案）；二备——广泛涉猎（分类处理各种文献的不同见解，再修改方案）；三备——边教边改（在设想与上课的细节变化中区别顺利与困难之处，课后再“备课”）。咬定“立足点”，助力专业成长。

6. 实践好成长的“爆破点”

学习很重要，关键在实践。教师要大胆尝试，不断改进，立足长远，勤于实践，脚踏实地，做到在实践中探索，在实践中成长，在实践中走向专业；要珍惜每一次机会，精心打磨自己的家常课，争取上公开课，获得更多的指导与成长机会；要从教育教学实践中发现问题、提出问题，学习其他团队或组织的先进经验和方法，并加以移植和借鉴。

7. 发展好成长的“五个力”

基于现状，面向发展。教师的专业成长应该注重以下五个“力”：

（1）内需力。内需力让教师学会学习，获取源源不断的内驱力，让每个教师都成为终身学习者，不断地学习，不断更新观念和知识，提升能力，不断丰富和提高自己，更好地成为学生的“源头活水”。

（2）反思力。反思力是现在乃至未来促进教师专业提升的根本动力。反求诸己，在反思中才能修正，在修正中才能提升。

（3）研究力。研究的状态永远是最迷人的，研究的轨道永远是无止境的。从“研”字的组成，不难发现，坚持有力度的“研”才是打开思路的关键、提升专业的台阶。

（4）合作力。任何一种结果都是多种因素共同作用的，合力是工作效力的有效保障。加强交往与合作能力不仅是新课改的重要要求，也是多方面学习、提升专业素质的强有力通道，是未来人不可缺少的重要品质。

（5）创新力。创新是一个民族持续不断进步的灵魂，教师的创造力是引领学生更新观念、形成自主创造意识的源动力。教师应当在主动学习中强化自己的创新精神，并将其融入自己的教育教学实践、融入培育学生的核心素养的实践。

教育是用行动证明的一种信仰，我们要不动摇、不懈怠，不断地学习，实现从“他人认同”到“自我认同”的转变，从而感受到自身内在力量的积蓄，实现自我的成长。“有志者，事竟成，破釜沉舟，百二秦关终属楚；苦心人，天不负，卧薪尝胆，三千越甲可吞吴。”实现教育革故鼎新、教学迷途知返、课堂减负增效，教师需要追求成长，需要自我突围，需要完善或重构自身的教育素养、教育技能和教育态度。怎样完善现有的教师专业成长机制，实现教师专业发展，是每位有识之士都要思考的问题。

活动与思考

一、名师讲座——示范引领

邀请本工作室主持人或相同学科（岗位）的其他名师，开设《我的专业成长之路》专题讲座，并组织成员和学员畅谈学习心得体会。

二、笔谈会——助力思考

结合本专题内容组织一次笔谈会，谈谈学习的收获与思考，并将大家的文章编辑成册作为工作室的资料留存。

三、文献汇编——拓展性学习

组织工作室成员和学员采用分工合作的方式汇编“教师专业化”文献资料。围绕“教师专业发展”划分若干小专题，成立若干个编写小组，每个小组负责一个小专题。该汇编可以作为工作室重要的学习资源。

专题二

名师工作室建设的背景

名师工作室的产生与发展有其深层次的原因，也就是基于区域教师队伍建设和教育质量提高的需要，以及专业学习共同体的理念。随着国家和社会对教师素质和师资质量要求的提高，名师工作室建设已经逐渐成为我国教育界的热点事件。我国“名师工作室”借鉴了科技界和文艺界的“工作室”机制，将其应用于教师发展领域。如何透过表层的概念深入了解名师工作室？只有通过追根溯源、对比国内外现状等了解其产生，剖析其价值，才能理解其存在意义，更好地发挥其作用，为教师学习、研究、交流提供充分、多元的资源，最终促进教师的专业成长。本专题主要就名师工作室产生的背景、名师工作室建设的价值与意义、名师工作室的研究与发展现状、推进名师工作室建设的建议等进行初步探讨。

何谓名师工作室？从字面上理解无非是一个由“名师”和“工作室”组成的复合概念。所谓名师，教育部门并没有严格、准确的定义。作为一个约定俗成的称谓，“名师”通常是指在某一区域内具有一定知名度和影响力的教师，其外在表现往往是拥有一些公信力较高的、国家教育行政机构评选出来的学术头衔或专业荣誉称号，如特级教师、拔尖（紧缺）人才、有突出贡献或享受政府特殊津贴的专家等。“工作室”的概念，也没有一个明确的界定。英语中studio一词来自拉丁语studium，跟study（学习）同源。它最初使用是在1819年，指的是画家或雕塑家工作的房间。这个意思翻译成“工作室”毫无问题。20世纪初，又引申出了电影工作室等其他含义。所以，“工作室”从开始指同类人的创作空间（地点）慢慢演变成具有共同职业或是价值追求的人组成的团队。

一、专业共同体及名师工作室的形成

关于工作室的产生，目前比较常见的是“共同体说”。“共同体说”认为，名师工作室是工作室名师与工作室成员的学习共同体，其核心在于工作室名师与工作室成员在共同完成任务的同时教学相长，成员的成长与工作室其他教学科研产出均作为主要观测点。

工作室作为一种专业学习共同体，最早于20世纪90年代在英、美等国兴起。美国学者雪莱·霍德（Shirley M. Hord）在美国西南教育发展实验室多年研究的基础上，于1997年首次明确提出专业学习共同体，使其成为一个严格意义上的、被学界所认同的教育概念，极大促进了基础教育教师的成长，成为知识经济背景下一种新的教师专业成长模式。佐藤学与鲍尔曼等学者也各自沿着不同的研究理路得出了相近的结论，即专业学习共同体可以助力教师的专业成长，并以指向学生学业成就提升为旨趣。[①]更进一步，专业学习共同体亦是推进课程变革与学校综合改进的有效

① 秦晖．“大共同体本位”与传统中国社会（中）［J］．社会学研究，1999（3）：50-58.

路径。

20世纪八九十年代，教师专业学习共同体在我国才慢慢产生，并逐渐成为教育领域中的一个重要研究议题。我国最早提出“教师专业学习共同体”这一概念的是华南师范大学的商利民，他于2005年在论文《教师专业学习共同体研究》中通过对“教师专业学习共同体”发展的历史演进进行考察，建构基本理论体系，希望借此优化我国教师专业学习共同体的运作。

让人意料不到的是，在国内，“名师工作室”的建立先于“教师专业学习共同体”概念的产生。有据可查的最早文件，是上海市卢湾区教育局于2000年9月教师节前夕印发的《关于建立“名师、名校长工作室”的通知》。据此文件，上海设立了我国最早（目前确认）的名师工作室。随后，各种工作室如雨后春笋般出现在上海的各个地区，如2002年上海市宝山区教育局为了解决在教师队伍中出现的“名师断层”现象，首批集中命名了18个工作室。此后，北京、重庆、杭州、广东等地也相继出现了“名师工作室”的打造计划。城市辐射农村，工作室慢慢地又在全国广大的农村地区铺开，大有“星星之火”的燎原之势。工作室培养机制的建立，让名师不再是学校的私有资源，而是成为区域乃至社会共享的公众资源。

随着不同层次和不同类型的名师工作室在国内的慢慢兴起，名师工作室的属性又有了新的变化，它让教师专业成长从“我”变成“我们”，从“个体”走向“群体”，从“独乐乐”走向“众乐乐”。人们正是通过构建这样的培训发展机制，改变了教师专业成长的自然状态，从“散养”过渡到科学地“合养”，从而达到“规模培养”名师的作用。但任何一种事物的产生都不是一蹴而就的，需要慢慢累积，名师工作室在国内和国外的发展亦如此。

二、名师工作室建设的价值与意义

放眼当前，越来越多的地区或学校都开展了名师工作室的项目建设，希望以名师效应带动本地或本校的教师团队建设。实践证明，名师工作室的成长能够扩大名师和成员的教学效应，实现教育教学经验的有益辐射，进而实现资源分享的最大化，名师工作室建设有着它的价值体现。

（一）完善教育均衡发展的需要

《国家中长期教育改革和发展规划纲要（2010—2020年）》中指出："把促进公平作为国家基本教育政策。教育公平是社会公平的重要基础。教育公平的关键是机会公平，基本要求是保障公民依法享有受教育的权利，重点是促进义务教育均衡发展和扶持困难群体，根本措施是合理配置教育资源，向农村地区、边远贫困地区和民族地区倾斜，加快缩小教育差距。"并要求地方在提高教师业务水平方面"以农村教师为重点，提高中小学教师队伍整体素质"，"努力造就一支师德高尚、业务精湛、结构合理、充满活力的高素质专业化教师队伍"。[①]从此，"高素质专业化教师队伍""教师专业发展""教育均衡""教育公平"持续成为基础教育界的热门话题，无不在呼吁着一种有效的培养机制，以打造教师的专业成长。

不难发现，随着国家精准扶贫政策的落实、"扶贫必先扶智"等要求的提出，教育均衡发展已经慢慢实现，但均衡点主要体现在硬件方面，基本达标的也是硬件方面，而学校发展的决定性因素——教师素质、研究氛围、校园文化等软件方面亟须均衡，补齐不同地区乃至同一地区教育软件的短板是当务之急。而受地域、文化等条件限制，教师接收信息的能力、参加外出培训学习的机会、教师专业发展氛围等方面各不相同。有的教师只知低头看路、得过且过，不知仰望星空、追求成长；有的教师神疲乏力教得累、后劲不足懒得动，导致学生学得苦、不肯学……这样的现象实在让人担忧。如果缺少有组织、有氛围的专业引领，再加上长期处于封闭或是滞后环境中，个别教师容易产生懒散的惯性，成长意识必定受到影响，这势必导致很多教师专业素养难以提升。

① 张聪，韩爽. 名师工作室与教师专业发展——基于名师工作室成员的调查［J］. 教育理论与实践，2014，34（17）：24-26.

怎样让不同学校的教师找到示范引领的力量，让不同学校的教师都有专业成长的动力，从而破解不同学校教学发展不均衡的瓶颈，是摆在我们面前的一个难题。经过国家各部门不断摸索和实践，“成立名师工作室”成为划破朦胧夜空的一道曙光。名师工作室的成立，大大拓展了教师专业成长的教研平台，对实现不同学校间的教育均衡起着重要的作用。

名师工作室依托多元平台拓展输入和输出的渠道。送教下乡、送课上门，可以使有限的资源发挥出无限的价值；组成联盟、区域合作，可以实现区域性的资源互通，在整合中形成更大的合力；线上线下、双线并进，可以将影响输出到各个端口；聘请专家、学者，可以植入更优质的力量，为工作室成员或区域发展注入活力，实现成员多方面的成长……不管是对学校而言，还是对社会来说，名师工作室的作用都是很明显的，可以将名师效能发展到最大化，使其成为学校的核心竞争力和辐射点，最终可以打破教师之间、科组之间、学校之间、地区之间、城乡之间的壁垒，充分利用人力、财力、物力、信息力等资源，协同、整合资源，实现资源共享共利的最大化，促进教育的均衡化。

正如陶行知先生所说：“做先生的，应该一面教一面学。”因此，在名师工作室中，名师可以与其他成员同学共进，所有人“心往一处想，劲往一处使”，同舟共济，奔向“共同富裕”的未来成长之路。

（二）教师专业互助发展的需要

工作室是基于不同教师的专业成长需要而组成的一个团体，它可以搭建多元有效的平台，促进教师的专业成长。比如，工作室可以对某一学科或某一领域开展研修，部分工作室还组织开展跨学科、跨领域的研修。通过搭建多元的研修模式，突破单一培训、集中研讨或自主研修的局限性，在研修过程中使主题研修与自主学习相结合、专家引领与团队协作相结合、课题研究与成果评价相结合，让传统的培训在名师工作室的设计组合下产生结构性的变化，从而引领教师研修课程的设计与实施。例如，线上与线下组合式研修，线下研修围绕每学期成员研讨后确定的主题，以教学展示、课堂诊断、课题研讨和专题讲座为主，其间有成员的优秀经验分享、外请专家的引领、送教下乡和读书交流会等。线上研修主要是通过智能办公软件观摩学习全国名师的优秀课例、讲座，成员课例分享、读书交流、探讨一线问题等形式，为成员的专业化发展指明方向，并将研究与实践结合，驱动成员深度学习，形成系列研修成果。

名师工作室可以带领教师开展有效的研训活动，促进教师的专业成长。名师工作室之所以“名”，离不开“大”的格局观，因“大”才能发展。所以工作室一般都有“大教育观”，充分利用社会资源、网络信息资源，聘请教育专家、同行互动交流，对教师进行教育思想的引领，从而提升教师的专业素养和教育理念。

此外，工作室还可以以问题为驱动，组织开展课题研究。工作室主要是研究一线真实情境下的教育问题，并形成成果进行推广。从教学工作中发现问题，确立研究项目，有计划地研究寻找解决问题的有效策略，带动学科教研的深入开展，提高教师运用科学的、现代的教育教学策略的意识和能力，不断培养教师的科研能力。工作室通过内外联运，创设多元平台，每位学员又可以将自己的所学所得带回本校，自己变成一个新核心引燃点，最终引导本校教师关注每个教育细节，关注每个教学事件，从而形成欣欣向荣的美好局面。就像升腾到夜空的烟花，从中心向外散发出无数美丽的火花，从而照亮、照美整个夜空。

（三）成就“火车头”硬核作用的需要

搭建教师专业发展平台，让名师工作室成为教师专业发展的“孵化器”，需要增强导师的引领意识。所以从某种意义上说，一位导师就是一个工作室。导师要发挥好“火车头”的硬核作用，也离不开工作室这个平台。

名师工作室不仅仅通过主持人渊博的知识产生影响力，更通过主持人的教学风格、教学特质、教学主张等产生影响力。主持人引领成员成长，这个成长过程可以理解为一种自我蜕变，这是真正的孵化教育。在工作室示范运行的过程中，主持人辐射着自己的光和热，渗透着自己的理念，发挥着引领、指导作用，其实在发挥这些作用的同时，名师自身也在成长着，名师组织的每一项活动都是在推行自己的教育理念，成员在不同阶段的不同成长都是主持人的研究对象，影响和完善主持人本身的教育理念。因此，名师工作室也是彰显主持人的特质、风格和教学主张的场室。主持人在开展工作室建设时，会融入个性的教学思想、理念与追求，有机地把工作室的梦想、自己的梦想和每一个成员的梦想融合起来，最终实现梦想，聚焦理念，共同发展。

（四）名师和成员互促成长的需要

名师工作室有两个突出的特征：一是规模不能太大（几人到二三十人不等）；二是要有共同的理想、信念，并努力追求。很显然，工作室的“领头羊”——名师是共同体的组织者，是威望所在、灵魂所在。借助名师工作室，可以让教师群体之间在专业发展方面产生同频共振的效应。所以本质上讲，名师工作室是一种互助型的教师专业发展促进体，能够有效提升教师的专业发展。

从宏观意义来看，名师工作室不只是名师发挥本身的磁力，将一些优秀的教师吸引到一起，也是名师利用自身的吸引力，使整个名师工作室成为一个整体，这个整体就像一个汽车引擎，发动起来就会形成一股合力推动汽车向前行驶。汽车的每一个组成部分都发挥着协调、不可或缺的作用。因此，在这个引擎运行的时候，实际上也就是汽车的每个部件都在发挥作用的时候。所以，这种成长不是个体的成长，而是基于平台的成长。无论是名师还是学员，在成长的过程中，他们的目光不仅停留在自己身上，也停留在身边人身上；他们的目光不仅关注着自己，也关注着学生；他们的目光不仅观察着自己的学科，也洞察着整个教育生态。

名师工作室建设的核心就是促进教师的专业发展。教师专业发展可以分为这样三个境界：谋生—谋己（成就自己）—谋人（成就他人）。我们在教学教研的路上不断地积累、研究，成就自己的同时也成就了他人。教师的成长过程本身是一个不断自我反省、自我蜕变、自我超越的过程，这一过程体现了名师成长的阶段性规律——名师引领、团队共生。

名师工作室成立的初衷是为教师专业化发展搭建平台，创造一个有活力的学习共同体环境，让其在活动中得到专业上的成长。在名师工作室中，教师可以不断地向更加优秀的教师、前辈学习，也可以相互学习，遇到难以解答的问题时，相互探讨，共同解决，达到共同提升的目的。共同体是基于同一目标的组合体，成员的执行力和黏合力会更强，更容易有效地开展各种分工活动。比如，在课例研讨中，可以成立备课小组，辅助上课教师进行课前准备，依据新课程理念，采用多种教学方式，注意教学情境的创设和课堂探究理念的引领；课后，又可以组织团队帮助授课教师从课标、教材、学情、设计、教学环节、反思等各方面进行说课，工作室的其他教师开展评课、议课，成员们积极发言，发掘课堂亮点，提出优化建议。让智慧在研讨中交流，让思维在研讨中碰撞，让教学专业水平在研讨中提升，从而实现共同提高的目的。成员在不断研讨中及时调整策略，将已有经验、旧的认知、滞后的方式进行更新，在探讨中生成新策略，共享经验和成功。

借助工作室的力量，让教师的专业发展更有针对性。每位教师都会面对各种各样教育教学问题的挑战，这是教师专业成长要突破的瓶颈。然而，从时间、成本和效率方面而言，很多教师的专业发展机会过于宽泛，难以产生实质性的成效。想让教师的专业发展变得有意义、更有针对性，要注重的是深度而不仅仅是广度，以确保教师在成长过程中少走弯路，多采用有意义的教育教学方式服务于教学主体。加入名师工作室这个研究共同体是很有必要的，借助工作室，可以助力成员思考教学行为——由“被动”到“主动”，转变教学态度——由“终结性”到“全程性”，定位自己的角色——由“教学者”到“反思型”。当教师们在工作室获得持续学习的机会和专业发展的各种资源时，他们会有更大的机会成为优秀的教师。总的来说，名师工作室不但搭建了一个由名师主导领衔的优秀教师学科专业发展的平台，而且通过这个平台以点带面逐渐提升教师团队整体的专业化程度，推进各级学科教育均衡发展。

（五）完善教师专业知识结构的需要

如果进行细化，我们会发现教师的专业知识结构可以由三部分组成：本体性知识（特定的学科知识）、条件性知识（教育学、心理学等知识）、实践性知识（实际的教育教学工作中形成的经验知识）。

教师知识结构中的本体性知识和条件性知识，大都是求学阶段（各师范院校）学习获得，而实践性知识必须通过实实在在地践行累积形成，这个过程离不开一线的土壤，直面真实的情境。所以说，实践性知识是本体性知识和条件性知识的应用与验证，是教师专业发展的基础，是教育智慧的结晶。

实践性知识的获得有特定的条件。实践性知识无法在狭隘的、封闭的自我空间里凭空想象、靠个人意念产生，也无法通过被动的培训、个人的机械模仿有效形成。教师应当走出自我的空间，走向更开放的环境，在与他人真诚交流、互助合作中获得实践性知识，从而促进自己的专业发展。这就像恣意成长、纵情释放的植物离不开充足的水分、自由呼吸的空气、七彩的阳光。

名师工作室作为教师学习实践共同体，集实践研究、方法策略于一体。例如：为实现教学目标，教师采取了哪些有效的教学策略？在学生学习过程中，合作学习能否真正开展起来？教师如何关注、引导处于边缘状态的学生？如何判断学生的学习困惑，引导其突围？……分析视角很多，但都是要立足于一线的真实情境，在固定团体的思维碰撞、学术激发等手段下，最大限度地提炼问题和解决问题。即使是教学一线知识，也有两种不同的表现形式。有些是形成实体的显性学问，教师可以直接获取；但还有很多是隐性学问（实践性知识之下的深层次产物），不是每位教师都有获取的途径。很多“灵机一动”的交流、“机敏睿智”的问答、“计上心来”的实际教学策略、“只可意会，不可言传”的状态、打破“知其然”步入“知其所以然”的现场设计等，都是教育教学过程中弥足珍贵的隐性知识，却由于现场或是事后没有及时整理归纳成文字、提炼成语言，随着教师心境的改变、工作岗位的调动等，最终永远被尘封，无法在教师进一步的回味中、深层次的反思中再次提炼，成为可以推广实践的显性经验。

通过名师工作室的培养机制，使教学者、观摩者都处于思考状态，挖掘彼此的隐性知识；将成员的隐性知识转化为易于分享、有意识存储并能指导以后实践的显性知识；让成员在参与的过程中找到切入点，结合个体在其单位的一线实践，把学习观察和参与讨论中体会最深的感受表达出来，慢慢地完善自己的隐性知识，让隐性知识服务于我们教育教学的需要。

（六）教师感受到不一样幸福的需要

美国知名学者、领导学专家沃伦·本尼斯曾经说过："在人类组织中，愿景是唯一最有力、最具有激励性的因素，它可以把不同的人联结在一起。"①一位教师的专业发展不仅表现在专业知识、教学技能、科研能力、实践技能的提升上，更体现在职业道德、精神品质的提升上。通过名师工作室各项活动，可以提升教师专业认同、纾解教师职业倦怠、激发教师主体反思，从精神的内在需求促进教师个体不断追求自身专业发展。

1. 教师的幸福感离不开专业认同感

如果说，教师的自身认同是一种对"个性的认同"，它体现的是教师的个人属性。那么，教师的专业认同则是对教师职业的"共性的认同"，它体现的是群体属性。

哪些因素影响着教师的专业认同呢？首先，教师的自身认同必然会影响教师的专业认同，因为教师的专业认同始终是作为个体的"我"怎样看待教师这一职业的问题。每个人的成长路径是不同的，因为每个将要成为教师或已经成为教师的人都经历过学生时代，遇到过许多性格迥异、风格不同的教师，以往这些教师在教学中的情感、态度、价值观会成为个体的"早期实践经验"，潜移默化地影响着个体对

① 孙元涛. 教师专业学习共同体：理念、原则与策略［J］. 教育发展研究，2011，33（22）：52-57.

教师的专业认同。

其次，教师的组织认同影响教师的专业认同。现代教师职业的特点决定了教师不可能以单独个体的形式进行教育教学行为，“单打独斗”的教师个体可以走得很快，但走不远，因为他很快会累。这种独行的累会导致意志上的累，因为个体奋斗无法随时汲取组织的力量，无法获得其他成员的认可。只有团队赋予个体的使命感才能让个体获得更好的专业认同。

2. 实现自我社会价值的幸福感

一个人找到自己的理想、信念和使命，就找到了自己的人生价值和意义，浑身充满了力量和能量。让每位教师成就自我，找到自己的使命，找到力量和幸福之源，才是我们真正的目标。当名师工作室以学校中或学校间的一种文化组织的形式出现的时候，它正是表明教师个体正在用团队的力量追求自身专业发展的幸福，这种自身发展的幸福并不局限于教师个体本身，还弥散在教育的对象——学生身上。

如果你想让教师体会到日复一日付出的乐趣，让教师感受到走进课堂的意义不再是简单重复昨天的故事，周而复始、单调乏味，就要引导教师走上从事研究这条幸福道路上来。比如，课题是很多老师不知如何下手的一道“硬菜”，而它又是一位教师专业成长路上不得不迈过的一道门槛。如何以问题的解决为研究目标也是工作室成员考核的一项重要内容，更是促进教师专业成长的重要途径。加入工作室，成立研究共同体，在一批志同道合人员的扶持和激励下，成员可以从不知道如何入手到深入教学实践中发现可研究的问题，再到静下心来真正做研究，在获取认可的同时体会到教育的幸福感。

教师的专业发展可以持久下去，本质上离不开教育文化的发展。工作室不仅仅关注成员教学知识的完善、教育技能的提高等方面，更关注成员德、能、情、意的整体发展、协同共进。走进名师工作室，成员们可以一起感悟专业水平提高的快乐，一起聆听彼此在实践中成长的声音，像“竹子拔节”那样美妙动听，一起感受自己教育思想发芽、开花、结果的快乐，享受教育生活赋予的幸福。

（七）名师工作室建设——培育学生终身发展的需要

在教育改革新时代浪潮下，教师是国家对教育顶端设计最基础的执行者，是面向国家人才培养机制、培育学生长远发展最有力的践行者。借助工作室培养机制，加深教师对教育本质的认识，提高教师的专业素质，才能更好地渗透适合学生未来成长和终身发展的关键品质和必备能力，将教师的成长传递给学生，将教师的受益输出给学生。

课堂是教师的生命线，课堂演绎得是否精彩直接体现教师专业能力的强弱。通过工作室的学习，教师"以学生为主"的教育观念可以得到很好的贯彻和实施，教师可以慢慢地在课堂教学中实现从"灌输"到"体验"，由"关注部分"到"关注整体"，由"固定"到"灵活"的理念转变。[①]通过参与工作室的教育教学活动，教师能够浸入一个良好的教学氛围中，逐步加深个人对不同文化知识的理解以及认知，营造生动可感的课堂教学氛围，更会设身处地、换位思考，拓宽学生的认知面，深化学生的知识素养，为学生的终身发展奠基。

另外，作为教育教学中的重要组成部分，课堂管理也非常关键，考验着每一位教师的综合教学能力、协调能力和应变能力。在课堂教学中，教师需要在有效维持课堂管理秩序的同时关注学生的学习细节和思考状态，尽量避免各种不确定性因素给学生带来的负面影响；关注学生的个体差异性，营造良好的课堂学习环境，保障学生在自主学习的同时实现自我发展教育与自我养成。通过名师工作室的学习，教师自动调整自身的教学方向，构建属于自己的教育教学框架，了解学生的学习和成长规律。最终，教师会建立更全面的学生观，逐步确立"以生为本"的教育观念（这里的"生"不仅指大层面的学生群体，更关注每个学生的特点和个性），教师的教学设计也可以实现由"普遍"到"个性"、由"封闭"到"开放"的转变，教

① 全力. 名师工作室环境中的教师专业成长——一种专业共同体的视角［J］. 当代教育科学，2009（13）：31-34.

师在目标的设计上会更加注重学生的情感、态度和价值观，根据不同学生的不同个性特点，在教学方法设计上更加注重个性化，营造一个开放的学习氛围。在名师工作室环境影响下，教师的教育教学研究也会得到进一步发展，实现由"理论"到"实践"、由"随机式"到"科学式"的转变。其实，名师工作室开展工作的立足点和根基是教育教学效果的科学化、有效化，表面来说工作室是促进教师的专业发展，其实最终端的服务是保障学生的长远发展——不仅局限于当前学段的学习，更是着眼于未来孩子的终身发展。所以，工作室任何一种教育形式、教育变革都是为了更好地服务于学生，致力于课堂，如果脱离了这个根本，这种活动或者形式就是没有任何生命力的，这就是成立名师工作室的终极意义。

三、名师工作室的研究与发展现状

不论是"工作室"还是"学习共同体"，它们的产生都是源于教师学习提升和专业发展的需要。这里就名师工作室或专业共同体的发展现状进行初步分析。

（一）名师工作室在国外的兴起与旨趣

在查阅外文文献的过程中，我们发现国外有很多促进教师队伍建设和教师专业发展的学习型组织，例如"名师工作室""教师工作室（Teacher Workshops）""教师团体组织"以及"工作室研讨会"等，它们与国内的名师工作室无论是形式还是功能都高度相似。新加坡学者对其进行了这样的论述：名师工作坊方便了名师跨学科、跨学校进行交流、分享经验、积极讨论问题。[①]英国学者在2005年就充分肯定了教师工作室在教师专业发展道路上的重要性及积极意义。美国学者理查兹（Richards）曾说过，提高教师专业发展最有效、最普遍的方法之一就是运行"教师工作室"。教师工作室吸引有共同目标的教师，希望通过工作室的形式改进教学实践，通过举办动态综合研讨会，提高教师在设计适当的教学环节、选择和使用正

① 50 Teachers of 6 Pakistani School Attend Workshop［N］. KHDA News，2012-2-16.

确的教学方法以及进行更真实和富有成效的评估方面的专业能力。关于名师（教师）工作室理论方面，2004年有学者通过对建构主义的研究，以合作学习理论为基础，对教师工作室的建设和运行进行过论述，并指出工作室的模式在教师培训中得到过广泛应用，教师工作室也变得相当流行。关于工作室的成效，美国的一个学者利用模型形成了一个框架，设计了一个分类模式来分析参与者参加工作室研讨会后的论证陈述的质量。虽然对研讨会前后概念图练习的差异进行的分析显示，论文的数量没有显著变化，但质量确实显著提高。由于这些差异与整个研讨会使用的分布式学习方法同时发生，这些结果为支持专业发展研讨会活动中以分布式学习方法提高教师发展的论证质量提供了证据。

宾夕法尼亚大学的一项研究通过设立课程教师学习小组，利用定性研究方法收集参与者的看法。研究运用教学领导理论、成人学习理论、知识与实践的关系以及专业教师学习社区的视角，分析了这种特殊类型的教师学习的合理性，并强调了教师在自愿学习团体自我指导时可能遇到的领导困境，对教师团体组织的作用和建设的形式以及理论进了一定的论述。Vrieling 等作者在其文章中提出了一个维度和指标框架，并强调了教师群体中社会学习的基础方面和价值观。这一框架主要是基于社会网络、实践社区和学习团队的概念的视角确定了四个维度：实践、领域和价值创造、集体认同、组织。与这些维度相对应的指标是理解社会学习的基础。维度和指标的框架可以帮助研究者和教师小组评估他们对社会学习的看法，并分析这些看法是否符合小组的学习目标或是否需要进行调整。因此，教师小组内的学习可以得到改善。

（二）国内名师工作室的发展现状

虽然“专业学习共同体”不是由我国率先提出的，但我国的教育从不缺少“共同体”的影子。我国历来有教师合作的传统，在基础教育领域尤其如此，且不乏相关的组织与载体。例如，学校内部的教研组、年级组、师徒结对组、课题研究小组等；区域层面的名师工作室、教研联盟与项目合作团队，乃至延伸及网络的各类交互空间等。这些或实存或网络的对话平台在教师的专业发展中扮演着越来越重要的角色，日益成为教师聆听他人的教育见解、言说自己的教育理解、持续改进教育行动的公共空间。因此，我国中小学教师之间的交往带有较为浓郁的“我们”色彩，使得始于西方的“专业学习共同体”及其最核心的合作理念在我国落地生根时并无显著的水土不服之困。从某种意义上来说，恰恰是我国这一东方式的集体文化取向为“专业学习共同体”的本土化生长提供了可能性。①“专业学习共同体”理念与本土化的教师合作实践嫁接、转化与融通，渐次衍生出了具有中国烙印的“专业学习共同体”类型与策略。

在我国，名师工作室是健全我国教师专业培养机制强有力的补充，甚至可以说是一种强有力的支撑。我们知道，一个生命总是从呱呱坠地的啼哭中开始成长，这漫长的过程离不开科学的培养，教师的专业成长也不例外。

放眼当下，我国关于教师专业培养的部门或机构五花八门、良莠不齐，但经过梳理我们发现，对教师职业生涯发展影响较大的无外乎三类：一是以学校或教办为单位组织的研修；二是由专门培训机构（师范院校的继续教育学院、教师培训部、教师进修学院等）组织的培训；三是教研部门（教育教学研究室、教师发展中心、地市区教育局等）组织的区域性研培活动。②

以学校或教办为单位组织的研修，我们习惯称为校本研修。它的特点是基础成员稳定，大家朝夕相处，在学员特点、优劣性等方面彼此知根知底；加上培训空间比较固定，组织开展活动便利，可以随时以学校为单位，人数多少可依实际随时组织，可以以教研组、科级组、备课组等形式开展活动；研修内容可以充分结合本校实际，具体而微，系列化强，计划性也强。缺点是同质培训，参与人员单一，视野

① 鄂冠中. 区域性名师工作室运行策略摭谈［J］. 中小学教师培训，2012（6）：20–22.

② 王水玉，刘学伟. 依托“名师工作室”的教师网络学习模式探讨［J］. 当代教育科学，2011（14）：27–29.

局限性大，成员的水平固定且稳定，研修方向和内容容易有功利性倾向（各种考勤与教师绩效挂钩），行政强制学习的成分多。

专门培训机构组织的培训，优缺点也是比较明显的。优点是免去学校事务性、行政性任务的干扰，在相对较长的时间里和不同地区的人员汇聚在同一地方，更有利于静心学习；培训内容较广，有利于拓宽教师的知识面。缺点是容易面面俱到、浅尝辄止，培训内容往往和一线教师的实际问题脱节，理论指导实践的效果有限，又因集中时间较长，培训次数有限。

教研部门的培训具有明显的行政性，号召力强，往往和学分挂钩，容易组织；培训主题突出，彰显短、平、快的特点；可以根植一线实际鲜活的案例，开展丰富的研究。缺点是行政强制参加，参与者以完成任务的心态被动参与的居多，主动融入、深刻反思者较少；人员素质参差不齐，加上活动时间相对较短，存在研讨成果无法及时提炼、辐射推广影响范围有限等问题。

所以，有没有这样一种组织，它既具有校本培训的优势，又可以打破固有成员、固定时空的培训机制，让成员灵活地跨校、跨区域学习，既可以集中学习又相对灵活，强调理论学习的同时注重实践操作，在打破局部狭隘性的同时全面衡量教学的广度和深度，真切关心一线的实际问题？

名师工作室的培训正好弥补以上培训机制的不足，又可以和教研行政部门形成互补。不仅可以依托教研行政部门的优势平台发动宣传、组织动员，还可以细化和深入教研行政部门的活动，以自身小规模、人员素质较高的优势开展后续研究，而且便于多次研讨，形成“发现问题—行动解决—深入研讨—解决策略”的逻辑链条，符合教师专业成长的思维路径。

另外，从教师专业成长的角度分析，名师工作室在我国也有它存在和发展的必要性。我们知道，教师的专业成长主要有两个途径：一是教师个体自主探索、自学成才；二是教师群体共同前进、相伴成长。应当说，这两种途径都是非常重要的，前者意味着教师个体的自我觉醒，后者意味着教师在专业成长道路上的借力转变、抱团取暖，是从追求“走得更快”向追求“走得更远”转变。但从长远来说，个体永远是孤独的，团体（“团”不能太大）的力量才能让个体发展的心劲更强。

我们通过分析1992—2022年的网络资源（元数据类，包括期刊库、博士论文库、硕士论文库、报纸库、会议库）、关键字检索，生成知识图谱（图1）。分析后发现，“教师专业发展”从2002年至今一直是网络检索的热点。热点起始于2002年，正好和上海成立国内第一批名师工作室的时间（2002年）吻合，然后在2012—2013年达到了顶峰（相关文献近2000篇）。这十年的数据变化说明，名师工作室在一定程度上得到了教师的广泛认可，它服务于教师专业发展的价值得到了一定的体现。2002年后，为实现名师效益的最大化，加快构筑区域教育人才高地，国内一些地方相继建立了不同层次和不同类型的学习共同体或名师工作室。2020年，国内教师对名师工作室的重视达到了高峰，开始自上而下推动工作室的建设。

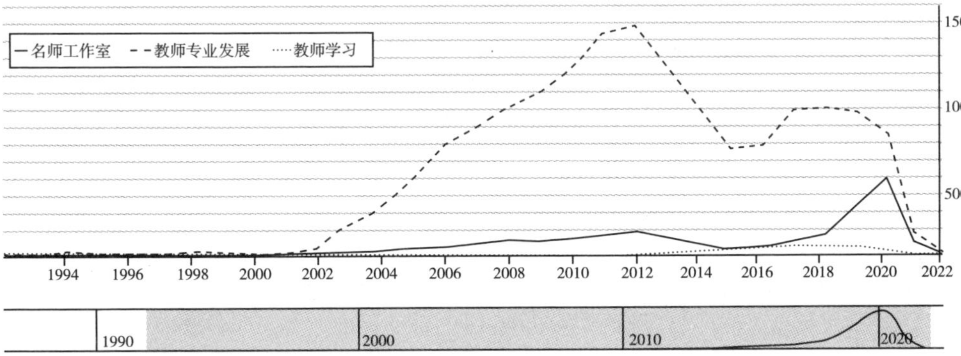

图1　相关概念的超星知识图谱

我们再分别以“名师工作室”和“名师工作室建设”为主题词进行CNKI检索，发现相关论文分别超过7700条和800条。其中被引用频次超过50的代表性研究论文，以发表时间为序，分别有胡继飞的《中小学名师工作室建设的问题与建议》，2012年4月刊载于《基础教育》；肖林元的《区域提升名师工作室建设实效性研究——以南京地区名师工作室建设为例》，2014年10月刊载于《中国教育学刊》；李华平的《名师工作室建设的问题与对策》，2015年1月刊载于《教育理论与实践》；韩爽的博士论文《以教师专业发展为指向的名师工作室运行研究——以吉林省中小学名师工作室为个案》，2015年11月公布于网络学术平台。由此可见，有关名师工作室的研究，已经成为我国教育研究的热点话题。

30年的数据变化，真实反馈了我国广大教师对于“专业共同体”“名师工作室”的探索热情，但不能否认的是其中也存在以下不足之处：

首先，我国现阶段对此的研究还处于译介、萌芽阶段，大多停留在借鉴国外研究素材、培养框架等思辨性的理论上，还没有形成自己完整的、适合国情的理论体系。研究又缺乏实践探索，即使有的研究取得了一定的理论成果，也缺少对教师专业学习共同体建设的实践性指导。加上研究方法简单（理论性、思辨性的研究多），对实证法、调查法等方法的综合运用较少，从量化积累到质变的研究仍显不足。教师专业学习共同体的构建困难重重，因为专业学习共同体的具体实践是一个相当复杂的过程，现实的芜杂以及改革者本身的局限性往往导致现实与理想脱节，致使变革的过程很容易变得负担沉重、琐碎，缺乏一致性。

其次，名师工作室在我国各地的发展也是极不平衡的，在不同地域的尝试进度和推广成效也不尽相同，将国外理论“本土化”的实践探索也是深浅不一。一般是城市高于农村，发达地区优于欠发达地区。

最后，各地在名师工作室建设过程中暴露出不少问题，有的甚至偏离了建设工作室的初衷。

综上所述，由于名师工作室提出时期较短，参照名师工作室的研究成果来看，对名师工作室的研究还远远不够，仅仅停留在建设的目标和成效等方面，研究方向和研究主题皆有待挖掘。并且从学术平台上的数据来看，在地域上研究主要分布在南方职业发展相对较好的省份，北方省份较少。进行外文文献梳理时，我们发现国外主要是对教师学习的组织及其学习小组等相关概念进行研究，有一定的参考价值。所以，未来名师工作室仍然是研究的焦点之一。

四、名师工作室建设的若干建议

2010年，国务院通过《国家中长期教育改革和发展规划纲要（2010—2020年）》（以下统称《纲要》），《纲要》提出“加强教师队伍建设”的重要目标，并明确指出“通过研修培训、学术交流、项目资助等方式，培养教育教学骨干、‘双师型’教师、学科带头人和校长，造就一批教学名师和学科领军人才”。

号角吹，万鼓擂。《纲要》提出以来，全国各地各级教育行政部门相继积极响应，不断提出和完善“三名”工程的建设。随着时间悄无声息地流逝，《纲要》虽已通过多年，当前国内关于名师工作室的研究成果却依然有限，关于名师工作室的研究工作开展得并不充分，以“名师工作室”为关键词搜索到的文章，陈述活动事件或细节的新闻报道较多，而对于实践系统化的描述、工作室的运行、成员具化管理、系统化的培养描述较少，有价值的指导理论探讨极少。如果以“共同体”一词进行检索，发现它在名师工作室研究文献中极常见，但围绕其展开的研究却往往比较宽泛，即仅从制度、研修形式等方面说明名师工作室如何作为共同体发挥作用。若要做到对研究内容精准、细致地把握，从名师工作室运行或教师参与的真实情境中去寻找研究要点还远远不够。而且大多数成果强调的是名师工作室的平台功能与重述活动流程，真正理念结合实践地对系统性培养模式研究的凤毛麟角。要促进名师工作室这类新兴的教师专业发展教育模式的健康发展，相关理论与系统的实践研究必须跟上。

吹响了号角还是有后劲不足的风险，作为有良知的教育工作者，我们会反思这种现象，也会在内心无数次地发问：为什么会出现这样的问题呢？这里基于存在的问题提出若干改进建议。

（一）各美其美，美美与共

本来名师工作室这种共同体应该具备两大功能：一是主持人的引领。主持人借助工作室平台验证自己的教学理念，反思自己的教学行为，总结自己的教育教学经验，提炼自己的教育教学成果，升华自己的教育教学思想，使之系统化、理论化、可执行化。二是再造名师，即通过创设活动让工作室成员以理论学习、教学示范、课题研究等方式，提高工作能力和研究能力，快速成长。可现实是，有些名师工作室只注重“功能一”的建设，完全只是成就主持人自己，让“大平台”沦为私人“小平台”，成员只能严格贯穿落实主持人的理念和要求，最好是按部就班、亦步亦趋。这些工作室表面来看有较浓的学术氛围，每次研讨活动气氛看起来很热烈，但出现分歧时（成员们思考问题有深度，发现的问题也有较大价值时），成员鉴于主持人的学术修养或权威，只能附和主持人的理念，无法打开思想层面，形成各美其美的工作生态。

此外，一些主持人抛头露面的机会比较多，一有好处就往自己身上揽。平时分配成员完成各种事务，关键时刻露脸出彩的永远是主持人。工作室没有实质性助力成员提升，尽管表面来看有计划、有总结，也有若干成员，甚至也有成员每年发表文章，但整个工作室仍然是毫无生机，成员们没有在工作室找到家的感觉。而由于归属感的缺失，工作室形同虚设，只剩没有灵魂的框架。

名师工作室是名师的教学思想、教学观念和教学成果的孵化器。在名师工作室中，要营造开放包容的氛围，鼓励成员积极探索、畅所欲言，实现“各美其美，美人之美，美美与共，天下大同”的大好局面。早在2000多年前，我国就曾有一个教学流派层出不穷的时代，那是百家争鸣的春秋战国时期，各种政治、学术思想流派并行，不同的学术见解或政治主张争鸣。那时各诸侯国的君主为了争得霸主地位，竞相招贤纳士，谁的治国理念、思想主张能使国家富强，维护君主的统治，就会被采纳，就能获得地位、利益与名望，这便创造了一个宽松的学术氛围和条件。诸子百家代表各自阶层利益的学者或思想家，都按照本阶层的利益和诉求，对世间事物做出解释，或发表见解，何况2000年后的新世纪？名师工作室是一位名师引领一批成员成长的研究组织，它是扎根于教师专业成长的土壤，发挥促进教师专业发展的职能。名师工作室要通过“走出去”“请进来”“沉下去”的方式，创造开放多元的平台，引领成员在共同研讨中“各美其美”，带领学员研究一线最真实的问题。研究真问题、问题真研究、成果真推广，实现“一花引来百花开”，最终通过名师工作室的带动、拉动、推动，诞生更多优秀的教师，达到“美美与共”的良好局面。

（二）创设有效活动，加强成员的辐射力

有些名师工作室虽然建立了比较严密的组织管理体系和纪律要求，但缺少相应的学习、学术和考察活动，辐射力有限，辐射效果仅仅局限于主持人本身。尽管这些工作室也开展了不少活动，但这些活动价值的体现往往也是主持人一人主演获得的满堂彩。比如，较常见的听课观摩活动，往往是主持人上一堂课，成员们夸赞一番；成员上一堂课，大家以“如果我来上”为题重构一番。成员们虽然也参与了活动，但却没有得到实际的收获，更别谈实际的辐射功能。久而久之，成员对活动也就感到味同嚼蜡。

在工作室中，无论是名师，还是一般成员，其实需要的都不是僵硬的纪律，而是富有吸引力、参与性的活动，只有这些才能大大发挥工作室的辐射作用。主持人要勇于承担共同学习的引领任务，通过“任务驱动”等方式促进成员的共同学习与成长。对内要确定好学习时间、制订学习计划、拟定研讨专题、评价学习成效等；对外主要联系上级部门，沟通外部关系，聘请专家指导等。①另外，主持人也需要发现成员中的积极分子，让他们成为自己的助手，慢慢地培养成员成为新的辐射点。

除此之外，工作室要多创造条件让不同的学员走出工作室，到更广阔的空间取经。利用不同活动的契机，有目的、有步骤地给不同的学员下达不同的任务、压不同的担子，让他们有梯度地成长。制定目标，让成员在全过程中边实践边检讨，不断反思、实时修正，逐步完善符合每一位教师特色的、独特的专业成长路径。

立足内部，辐射外部。这好比太阳产生核聚变反应式的燃烧，从内部将氢气不断地向外散发，最终形成巨大的能量，并在太阳系内不断地传播，发挥着更远、更

① 李华平. 名师工作室建设的问题与对策［J］. 教育理论与实践，2015，35（2）：29-31.

大的辐射效应。换而言之，名师工作室的结构应该是通过“内核”——名师，培养优秀教师，使之成为新秀力量、骨干教师、学科带头人，甚至成为特级教师。正所谓：“一花独放不是春，百花齐放春满园。”通过名师工作室的平台，可以创设丰富有意义的教研活动，通过专题研究、师徒结对、课例引领、教学示范等丰富多样的形式，在群体作用力下带动成员有效成长，成员成长了，工作室就发展了。来自不同学校的成员在工作室学习研修后，又可以像种子一样，回到原学校传递他们汲取到的力量，引领更多教师成长，这就是共同光芒——辐射的力量。

可以说，一旦工作室的成员养成合作共赢的教研习惯，就会渐渐培养自身的发展意识，从而在一定的时间段内形成属于自己的科研习惯，进而在自身日常教学实践中开始自身的科研教学之路。实践和时间已经证明，这批成员即使毕业后脱离工作室，那种好学乐研的气质也会陪伴他们一生。①这种成员外释的力量最终又拉动同一区域内教师的专业发展，这才是百花齐放的工作室效应。

其实，名师工作室发挥的引领辐射作用要远远超过教研组或者备课组。为什么呢？从关系本质上说，教师所在单位几乎都存在上下级关系，上级通过行政指令下放任务给下级教师完成，接受任务者往往会有一丝丝抵触的念头，但又不得不完成。而名师工作室成员是自愿选择参与的，成员之间是互助合作的学术研究团体，成员之间自主进行思想与理念的交融、碰撞，并不依靠行政指令完成教育教学任务。名师与学员之间属于自我约束、相助成长的师徒协作、帮扶关系，不存在上下级领导关系。这种内在的和谐关系，更能激发成员的发展源动力，所以成效会更明显，可以更大地限度地使每位成员都绽放光芒。

工作室是由一个又一个依托于团队的个体组成的，个体要依托团队的研究氛围、教研形式、展示平台等来成长。反过来说，团队的发展也是基于个体的不断提

① 田应仟，李辉朋，潘晓波.行动学习：基于“名师工作室”的教师能力提升策略［J］.教育理论与实践，2019，39（26）：39-41.

升与成长。个体与团队是在互相促进中影响与发展，最后达到辐射引领的作用，影响工作室之外更多的个人或群体，更多的学校和区域，为一线的教育教学改革提供范例。名师工作室是教师专业成长、专业发展的媒介，是一个区域拉动教师专业发展的手段、方式和工具。

优秀的教师自带光芒，不只是自己发光，还会放射光和热，让别人感觉到亮堂和温暖，这才是自带光芒的最大价值。名师工作室就是借助这种培养机制，带动成员拧成一股绳，心往一处想，劲往一处使，实现一个人引领一个团队，一个团队影响一个区域的教育发展之路，最终实现区域均衡发展。

（三）着眼乡村，均衡发展

近年来，由于教师专业发展的需要，加之教育政策的支持，各地名师工作室如雨后春笋般出现。但通过分析不难发现，乡村名师工作室的发展仍步履艰难，面临“鱼塘效应”的困境，即“资源限制”“资源同质性”制约着乡村教师的发展。乡村教师在名师工作室成员中占比又微乎其微，乡村名师工作室亟须进行本土化建设。

经济水平的限制和天然地理位置的限制，导致很多优质的资源集中在城区，这种不平衡约束下产生的教育资源是不对等的。怎样跨越这种障碍，让优质发展资源传递至更广阔的空间？我们觉得有以下两点可以尝试：其一，网络辐射，资源共享，实行一对一帮扶，针对实际问题定期进行网络教研，利用线上资源进行督导。当然农村学校要真正重视起来，定期或不定期检查实施效果，及时反馈问题。其二，一一对调，交换学习。城区的工作室成员去农村（几个月或一年），农村工作室成员对调到城市，这样既可以发挥优质学员的现场帮扶作用，实现稳定的、长期的辐射，又借助对调培养农村名师，生成新的辐射力量，两全其美。

（四）要树立“按规律出牌”的培养观

我们知道，教师除了要博闻强识之外，树立科学的培养观尤为重要。放眼四周，我们会发现，有些工作室在培养成员专业成长方面存在不少误区，这些误区会影响成员的长远发展，这种影响最终又会传递到学生身上，进而影响到学生的长远发展。比如，我们经常会看到、听到不少工作室各种响当当的宣传、报道，什么全员科研、全员参与的课题研究，什么让全体成员都“动”起来、研无止境。乍听起来，似乎非常令人欢欣鼓舞。正所谓“外行看热闹，内行看门道”，稍微有点教育观的人都会发现，参与科研的工作室成员很多是刚入职不久的青年教师（特别市、区级别的工作室），他们很多连课堂教学的基本要求，学生调控、思想教育工作的基本做法，家校沟通的手段等都不了解，就直接步入了工作室，走进了科研殿堂。戏剧性的是，最终居然很多人在工作室有点儿名气的主持人带领下获奖了。这些青年成员可能会飘飘然而找不到方向，或是自我感觉良好，以为找到了方向——这个更容易让他出名、出成绩的通道。玄而又玄的科研，比日复一日、周而复始、简单枯燥的课堂说教更有滋味啊。“全员科研”就这样带领他们“玩”了起来，“玩”了一些对他们来说不知所云的东西。

久而久之，这些成员的重心就会偏移，课堂的主阵地就会失守。这样会对成员的全面性、根本性发展产生影响。一个只知围绕功利而行、心中只认奖的成员会在内心留一点儿位置给孩子吗？即使可以留，又能真正留多少呢？留出的位置也是“借力获利”而已，借助孩子的“力”获取自己的“利”。这种教育观成长下的成员最终影响的是国家的下一代、教育服务的终极对象——孩子的全面、长远发展。

反思原因，这种情况的出现是因为我们并没有弄清应该让青年成员（也有部分老成员）去何方。如果我们能对青年成员的成长做一个理性的、科学的判断，这些问题就不再是问题了。三年之内甚至五年之内应该是他们苦练基本功的关键时期。从钻研教材的功夫到驾驭课堂的能力，从板书的艺术到提问的技巧，从研究课标的重难点到研究学生心理的变化，从家校沟通的技巧到个案处理的方式……这些事情一一做完了，他们才能在基本素质的加强中慢慢生成正确的学生观，他们才有可能进入下一个成长期。[①]如果我们把全部成员都当作教育家来培养，到头来不知会毁掉多少真正的教育家。

教育是一项事业，是一种讲究科学性的系统工程，是一项培养社会主义建设者和接班人的伟业。既然是一项事业，就不能搞泡沫活动、虚假研究，就不能追功逐利、舍本求末，而应该追求真理、追求真实。追求真理和真实，就要规范研究过程，就要端正研究风气，就要提高研究素质，就要尊重青年成员的成长规律，一定要从成员的发展实际出发，根据不同成员不同的知识、水平、能力等方面开展行之有效的教研，在实践中反思，在反思中研究，真正做到在成就学生的同时成就教师。学生的成长讲究规律，教师的成长也讲究规律，不按正常规律成长的教师是很少能培育出符合认知规律的学生的。

（五）梯度培养，唤醒成员的内驱力和归属感

参加名师工作室的成员不是同质性的群体，而是为了一个共同的愿景从不同单位集合而来的，每位成员都有不同的学习、成长环境，都有独自的教学经验或理念，而工作室的独特功能就是为不同质的教师提供质变的平台。这就像一团熊熊燃烧的火焰，吸引不同的人围在一起取暖，从而获取继续前行的力量。所以从精神层面上说，工作室不仅赋予专业的提高，更铸造温暖向上的团体力量。

既为团队，因何而“团”？既为联盟，因何而“盟”？教学的艺术不单单是传授，还在于唤醒、激励与鼓舞。其实，教师的专业成长也是这样。因为，教育的艺术不单是传授，更在于唤醒。如果工作室的培训一味注重教师的专业知识传授，忽视对教师内在需求的唤醒，忽视教师对于未来的期待，让教师一味在现实中苦苦坚守，那专业成长就会慢慢地陷入死胡同。唯有唤醒，才是持久的源动力。[②]

---

① 刘振娟. 义务教育区域内教师均衡流动政策实施情况的研究——基于上海市P区的调查分析［D］. 上海：华东师范大学，2014.

② 杜静，常海洋. 教师专业学习共同体之价值回归［J］. 教育研究，2020，41（5）：126-134.

在名师工作室推进的过程中，个别专业发展程度较高的成员，由于人力资本使用和个人的机遇与悟性，往往拥有更多专业学习的机会和资源，呈现出积极参与状态，形成对工作室的高度认同感。而专业发展程度较低的教师，人力资本的欠缺使得他们多是求教者，往往处于工作室关系网络的边缘位置，一般做着枯燥无聊的幕后工作，以游离者的状态在工作室中徘徊，心理上也无法产生组织认同感和归属感。其实，每次工作室组织的活动，都不可能让所有人得到全面的展示机会，一般情况下都会选择经验更为丰富的教师做正向教学展示，以保证活动的效果和影响力。因此，集体活动对于工作室中教学突出的教师更为有益，而对于正处于发展期的教师则效果欠佳。这时，主持人就要有梯度培养的策略，对于不同的层次的成员要开拓不同的平台，让暂时落后的成员在小平台中培养经验，树立展示的信心，进而慢慢地将其引领到大平台中来。也可以考虑建立成员的组内捆绑机制，强弱联手，帮扶成长。当然，主持人平时也要多和落后成员单独沟通，多用激励的措施助力其成长。

既然是“名师工作室”，只有“名师”，那也只是“光杆司令”，自然无法形成群体效应力。名师必须通过不同学员的成长来验证自己的教育理念，而工作室的学员就像是一个个小齿轮，这些小齿轮都因为同一目标组合在一起。没有加入工作室之前，每个齿轮都是在自己的轨迹上自由转动，优劣势和特点自然各不相同。比如，有的齿轮凸出部分（优点）明显，有的齿轮凹陷部分（缺点）明显，导致有的齿轮自带动力，有的齿轮动力不足或是没有动力。而工作室的主持人可以被看作一个自带动力并且能控制方向的大齿轮。特别是工作室成立前期，大齿轮的模范作用尤其重要。加入工作室后，每个小齿轮在大齿轮引领下，根据齿轮组的功能重新组合，形成新的唇齿相依的齿轮联盟。齿轮虽小，作用不小。合力后的齿轮联盟是同进共退的学习共同体，任何一个小齿轮出现问题，都会影响共同体的运行节奏。所以，主持人要有梯度地培养“小齿轮”的大格局观，让每个“小齿轮”都可以找到他的位置，实现他该有的价值，让不同的“齿轮”在“大齿轮”的引领下共同转动，朝着一个方向一起努力，节奏统一、步伐一致，这样才能推动整个工作室向前发展，唤醒成员的内驱力和归属感，最终形成合作发展的学习共同体。

“问渠那得清如许，为有源头活水来。”现代教师的“活水之道”便是要学会“引水”。只有教师“引”好“水”，学生才能有好的“源头”。除了自己“引”，教师还要借助工作室的力量“引”。这样教师才能在精通自己所教学科的基础知识上研究掌握本学科发展的历史与现状，从而更好地了解本学科的结构以及知识之间的内在联系，最终才能反作用于学生，指导学生在探究实践、交流总结、创新应用中形成各种能力，从而适应未来的竞争。

活动与思考

一、“说3点”——带动全员思考。

讨论主题：建立名师工作室的意义何在。

活动安排：每次活动在总结交流环节时，建议以轮流或随机点名的形式要求成员“说3点”，就是“1点正面评价+2点建议”，并且要求前面成员说过的，后面的成员不能重复，即使是同一观点也要从不同层面进行解析。这样可以督促所有成员以“有备无患”的积极心态参与工作室的活动，真正带着眼睛来观察，带着头脑来思考自己的所思所感、所得所失。

二、小团队评课议课——“伙伴式成长”。

活动目的：体验专业学习共同体的分工合作。

活动安排：让不同资质的教师以4~6人为一组，形成“伙伴式”小团队，进行评课议课。每个团队观察同一节课的不同要点——教学设计要点、学生成长机会要点、教学效果要点、核心素养要点等。每个小组内评后再请代表在大组内发言，每次交换不同的要点或组员，带动工作室不同教师在合作中提升专业，形成思辨能力。

三、阅读分享——“智慧漂流”。

活动目的：体验专业学习共同体的分工合作。

活动安排：让成员根据需求，选购对自己成长有帮助的书籍1~3本，然后以漂流的形式进行阅读，并要求简要记录阅读笔记。每次工作室活动前10分钟组织成员进行分享交流，以电脑点名或随机抽签的形式选取数名成员。让阅读形成习惯，让智慧漂流起来。

专题三

名师工作室的功能定位

名师工作室建设仍存在定位不明、功能不清、管理不善、考核不严等问题。结构上，名师工作室是由一批学科相近、志趣相同的人自愿组成的专业共同体，一般由主持人（名师）、成员（骨干教师）和学员组成。功能上，工作室集教学、科研、培训于一体，应致力于教改教研和人才培养，要服务于教学中心工作，促进地区和学校的良性发展。名师工作室建设应兼顾六大功能定位，即名师展示的舞台、骨干培养的基地、教学示范的窗口、科研兴教的引擎、学校发展的智库和教育改革的论坛。其他类型的名师工作室同样要兼顾这六大功能定位。同时，名校长工作室更侧重通过学校整体建设促进区域教育发展，名班主任工作室更侧重通过优化班级管理创新区域德育工作，教研基地（联盟）侧重通过教研机制与体系创新促进区域教育发展。

心理控制论认为，人脑和神经系统都是在有目的的状态下运行的，人脑就是一个目标搜索系统，当人在潜意识中为自己确立了成功的自我意象之后，就会按照这个指令朝目标行动。我们的名师工作室建设何尝不是如此呢？工作室成员首先必须明确工作室建设的宗旨、目标和任务。长期以来，工作室存在目标不明、任务不清、定位不准等问题，甚至一些名师工作室主持人将工作室视为个人资产。北京师范大学教育学部教师教育研究所教授桑国元认为，一些名师工作室往往变成了名师个体的资源整合平台，未能凸显共享、合作、分享、共同成长等重要理念，未能真正成为有效的专业学习共同体。①本专题先讨论名教师工作室的任务、目标与定位，然后简述名校长工作室和名班主任工作室的相关话题。

一、名师工作室的宗旨与使命

这里先谈两个观点：一是教育之难。家家都有小孩子，人人都有麦克风，老幼都有话语权，遍地尽是教育家！所以，我们做教育面临的是众口难调的窘境。二是教育之责。教育是生命对生命的尊重，人格与人格的平等，心灵与心灵的相通，小爱与大爱的交融，智慧对智慧的启迪，文明对文明的润泽！所以，我们做教育面对的又是一份沉甸甸的社会责任。名师工作室既要破解教育之难，又要承担教育之责。

教师学习共同体是由具有共同兴趣和学习意愿的教师自愿组成的，以提高教师专业化水平、促进教师专业化发展为目标，能为团体中每位教师的专业发展提供良好环境的团体。②名师工作室建设的宗旨与使命，就是要让工作室成为名副其实的教师学习共同体，而有效专业学习共同体的核心要素包括共同的目标、协同开展活动、关注学生学习、分享实践成果以最终实现工作室成员的共同成长。

---

① 王家源，林焕新，梁丹，等. 构建教师专业成长的学习共同体——中国教育报“名师工作室”系列报道在教育战线引热议［N］. 中国教育报，2020-08-05（1）.

② 王京华，李玲玲. 教师学习共同体——教师专业发展的有效路径［J］. 河北师范大学学报（教育科学版），2013，15（2）：39-42.

从全国范围来看，大多数名师工作室已经成为其他组织和机构不可替代的教师专业发展的平台或途径，不仅培养了大量优质的教育人才，还为区域教育发展带来品牌效应。名师工作室旨在创设一种相互支持和相互协作的学习环境，致力于帮助教师培育职业精神、优化知识结构、提高科研能力、提升教学智慧，打造一流的专业团队、创建学科教育的特色和品牌。①

名师工作室的根本任务是打造区域教育人才高地。名师工作室是一个社群概念，它让教师专业成长从“我”变成“我们”，其价值取向，是通过建构一种培养机制改变教师成长与名师产生的自然状态。“规模培养”名师是教育的第一要素，工作室要致力于名师与骨干教师协同发展。“一个人带动一群人，一群人推动一批人”“让名师更有名，让骨干更能干”，也许这就是对名师工作室建设宗旨的草根式表述。这里的“一个人”就是担任工作室主持人的挂牌名师（名教师、名校长、名班主任等），“一群人”是指工作室成员和学员，“一批人”则是那些与工作室主持人、成员和学员有工作关联的更多的教育同行者。

建立名师工作室的目的：一是发挥名师的引领作用，名师是优质的社会公共资源，为了让名师的社会效益最大化，由名师挂牌成立名师工作室，已成为知识经济时代背景下一种新的学校发展模式。二是致力于专业共同体建设。名师工作室在结构上是由一批专业相近、志趣相同的人自愿组成的专业共同体，一般由名师、成员和学员共同组成，既要有分工又要有合作，创设一种相互支持和相互协作的学习环境，打造一流的专业团队，创建学科教育的特色和品牌。三是促进区域教育高质量发展。名师工作室在功能上要集教学、科研、培训于一体，应致力于教改教研和人才培养，要服务于教育教学中心工作，促进地区和学校的良性发展。教研可以滋养教学，科研可以引领教研。不论是上课磨课，还是开展教科研活动，名师工作室最

① 赵秀红，林焕新，梁丹，等.“名师孵化器”在行动——全国名师工作室建设情况调查［N］.中国教育报，2020-07-22（1）.

终的落脚点都应是教师的专业成长和学生的全面发展。

广东省在2010年正式启动省级教师工作室项目并制定工作室管理办法，基于高校、名师工作室和县区级教师培训机构的“三位一体”省级骨干教师培训模式，已经取得良好的成效并成为广东省教师培训的品牌项目。在既有经验的基础上，2021年广东省又出台《广东省中小学名教师、名校（园）长、名班主任工作室的管理办法》，旨在更好地贯彻落实中共中央、国务院关于全面深化新时代教师队伍建设改革的有关部署要求，加强全省中小学教师队伍建设，进一步发挥省级名教师、名校（园）长、名班主任（含幼儿园、特殊教育，下同）的引领、示范和辐射作用，适应新时期中小学教师、校（园）长、班主任培养培训工作要求。

《广东省中小学名教师、名校（园）长、名班主任工作室的管理办法》明确提出了名师工作室建设的宗旨：通过工作室的建设和培养，进一步提高我省名教师、名校（园）长、名班主任的专业水平和综合素养，打造一批“师德好、业务精、能力强、善创新”的领军教师、校（园）长、班主任，带动一批骨干教师、校（园）长、班主任群体研修，形成整体推进、共同提升的专业成长良性发展机制。

二、名教师工作室的目标定位

如上所述，名师工作室是由挂牌名师和若干相近学科或领域的骨干教师共同组成的教育教学专业机构，是集教学、研究、培训于一体的教研共同体。

（一）名教师工作室的目标和职能

基于名教师工作室的性质，我们可以对其目标和职能进行如下定位。

1. 名师展示的舞台

《教育部办公厅关于实施新时代中小学名师名校长培养计划（2022—2025）的通知》明确提出实施新时代中小学名师名校长培养计划，“旨在培养造就一批具有鲜明教育理念和成熟教学模式、能够引领基础教育改革发展的名师名校长，培养为学、为事、为人示范的新时代‘大先生’……为全面落实立德树人根本任务、推动基础教育高质量发展提供有力支撑”。名师工作室要给名师提供展示的舞台，正如华东师范大学教师教育学院院长周彬教授所说，“双名工程”应该研究名师、成就名师，研究出名师的思想、经验和路径。但东北师范大学于伟教授认为，有关“名师”的问题仍是名师工作室最大的阻力，有些名师已经远离教学一线，有的名师挂牌收徒，很少组织教研活动，工作室形同虚设，也有的名师教学经验非常丰富，呈现鲜明的个性，却无法形成辐射力。①

名师工作室一般都是用名师的姓名来命名的，名师是第一责任人，他除了负责工作室的日常管理，主要还是起示范、引领作用。正因为如此，挂牌名师个人更需要发展，工作室要让名师更有名，这样才能更好地发挥榜样示范作用。应该说，工作室为名师及其合作团队搭建了一个施展才能的舞台，也为名师及其合作团队自身的发展提供了学习和实践的机会。挂牌名师及工作室成员应通过自身的不懈努力和彼此的团结协作，提升名师工作室的社会影响力和社会认同度。

笔者认为，在现有的中小学教师荣誉体系和专业等级评价中，名师并非处于金字塔的顶端。一是部分名师工作室主持人可能还不是特级教师或正高级教师；二是党和政府为中小学教师搭建了很多的专业发展平台，包括国家级教学名师、特支计划名师、省级以上教育教学成果奖和全国优秀教师、全国劳动模范等。作为主持人的名师也要持续学习和不断进步，这样才能成为青年教师专业的标杆和人生的导师。名师工作室蓬勃兴起之后，加强管理和发挥其效能是当务之急。名师工作室建设需要将立德树人置于首位，要将服务于学校和区域学科教育发展作为首要任务。②

名师是怎样炼成的？《中国教育报》曾刊发过李新翠博士的一份调查报告。③

---

① 赵秀红，林焕新，梁丹，等.“名师孵化器”在行动——全国名师工作室建设情况调查［N］.中国教育报，2020-07-22（1）.

② 王家源，赵秀红，林焕新，梁丹.构建教师专业成长的学习共同体——中国教育报“名师工作室”系列报道在教育战线引热议［N］.中国教育报，2020-08-05（1）.

③ 李新翠.从大数据看名师如何炼成［N］.中国教育报，2018-09-05（10）.

调查者通过对300位名师的调查（包括10人深度访谈），获得了这样一组数据：87.9%的人入职时就有明确的职业发展目标，81.8%的人会根据实际及时调整发展目标；60.6%的人认为成为名师靠个人努力，75.8的人认为同伴交流更重要，87.9%的人认为专家引领很重要；90.9%的人会主动跟进学科新进展和学习教育理论，81.8%的人会经常进行教学反思，87.9%的人会经常反思学习收获（新知识、新理念）；81.8%的人承担过10节以上区级以上公开课，87.9%的人参与过3项以上区级以上课题，81.8%的人主持过1项以上区级以上课题。

我国各级名师工作室项目已经培养了一大批名教师、名校长和名班主任。以广东省为例，特级教师和正高级教师大多出自名师工作室主持人。这里不妨提供两个实例——刘志伟和李祥明两位教师学历起点都不高，但都已经成为享誉省内外的名师，这就得益于名师工作室为他们提供了专业展示的舞台。

刘志伟是省级初中生物名师工作室主持人，现任佛山市九江镇初级中学名誉副校长，主要担任初中生物学教学和科技教育工作。作为省级名师工作室主持人，他获得了中小学教师可以获得的大部分职称、荣誉，包括特级教师、正高级教师、省劳动模范、全国五一劳动奖章、国家“万人计划”教学名师、国家高层次人才等，其成果多次荣获国家级、省级教育教学成果奖和教育创新成果奖。他现兼任教育部国培计划专家、广东省中小学知识产权教育专业委员会副主任、华南师范大学等多所大学的兼职教授。

李祥明是省级高中语文名师工作室主持人，先后在湖南和深圳从事高中语文教学。作为省级名师工作室主持人，他先后获评特级教师、正高级教师以及深圳市名师和教育科研专家，并兼任深圳大学教育硕士研究生导师和广东省教师继续教育学会常务理事等。他出版专著7部，发表专业论文80多篇（5篇被人大复印资料全文转载），创立的“新经验语文”在2019年荣获广东省教育教学成果奖一等奖，并在全国产生较大影响。

从“名师”到“教育家”无疑是一次质的跨越，名师工作室主持人的发展目标就是成为“教育家”。那么，教育家有何特质？2017年，中国教育学会、中国教育报刊社等多家单位联合评选了一批中国“当代教育名家”，当选者需同时具备以下四个条件：一是饱含赤诚的爱国情怀和教育情怀，有强烈的使命感和责任感；二是积极践行社会主义核心价值观，品行高洁，充满大爱，是社会道德的模范；三是具有丰富的教育思想，理论建树丰硕，有教育界认可的代表作，对一定时期和范围内的教育理论、实践产生了重要影响；四是具有人格魅力和学识魅力，在社会上享有崇高声誉，具有深远影响力，受到教育界的拥戴和社会的认可。我们认为，在这些推选标准中，“具有丰富的教育思想”是教育家的核心特质。教育思想是人们对人类特有的教育活动现象的一种系统和深刻的理解与把握，这种理解和把握常常以某种方式加以组织并表达出来，其主旨是对教育实践产生深远影响。

2. 骨干培养的基地

作为专业学习共同体，名师工作室就是为促进更多教师获得专业成长而设立的，培训、指导骨干教师和青年教师，尤其是薄弱学校的师资是工作室的首要职责。工作室要定期承担各级骨干教师培养对象的培训和指导工作，参与地区教师培训和校本培训工作，真正成为骨干教师培养的实践基地。例如，成立于2012年的广东省丁玉华小学数学名师工作室，培养了特支计划名师、特级教师、省级名师工作室主持人、省“百千万人才工程”名师培养对象数名以及一大批省市级教学名师和骨干教师。

名师工作室要真正成为骨干教师培养的基地，尤其要做到以下几点。

（1）要懂得教师专业成长规律，掌握教师培养的方法。

教师培养是一项专业性的活动，工作室成员除了要具备扎实的本学科专业知识与能力外，还要懂得如何指导和促进青年教师的专业发展。教师专业发展是教师从一名新手逐渐成长为具备专业知识、专业技能和专业态度的成熟教师及其可持续专业发展的过程。关于教师专业发展阶段，较早的研究当推富勒（F. Fuller）的关注阶段论，他将教师的专业发展概括为：任教前关注→早期求生存关注→关注教学情境→关注学生。此后其他学者也提出了不同的发展模式，包括教师职业周期动态模式（费斯特）、教师生涯发展模式（可德菲）和教师职业周期主题模式（林伯曼）等。关于教师专业发展的内容，我国的教师专业标准和教师培训课程标准等都建立了较为完整的体系，比如我国的《中学教师专业标准》对教师的专业发展提出了三维度和十四方面的框架，即专业理念与师德（职业理解与认识、对学生的态度与行为、教育教学的态度与行为、个人修养与行为）、专业知识（教育知识、学科知识、学科教学知识、通识性知识）和专业能力（教学设计、教学实施、班级管理与教育活动、教育教学评价、沟通与合作、反思与发展）。

（2）要建立协同共进的工作室文化，让工作室成为教师专业成长的文化栖息地。

组织文化之父埃德加·沙因教授认为："如果我们不能将文化作为应对变革的首要资源，所谓的组织学习、组织发展、组织变革都无从谈起。"广义而言，文化是人类在社会实践过程中所获得的物质、精神的生产能力和创造的物质、精神财富的总和，可以分为物质文化、制度文化和精神文化，包括工作室的办公场所及其设施、管理制度、共同理想与目标、教研成果等；狭义理解则只包括精神生产能力和精神产品，包括一切社会意识形式（自然科学、技术科学、社会意识形态）。名师工作室需要什么样的文化？笔者认为，应是倡导协作共进的社群文化，即合作性文化、竞争性文化、辩论性文化、榜样示范文化、职业理想文化、专业精神文化……工作室成员如何协同共进？工作室的文化演替可以概括为：构筑共同愿景—推动深度合作—关注共同进步—营造社群文化—打造特色品牌。它强调成员彼此之间经常进行学习交流，分享各种学习资源，共同完成学习任务，因而在成员之间形成相互影响、相互促进的人际关系，这样才有利于青年教师的培养。

工作室具体应该如何组织和开展青年教师的培养工作？本书前面的专题一和后续的专题五就此进行了更为系统的陈述和讨论。

3. 教学示范的窗口

教学是学校的中心工作，工作室的工作要聚焦课堂，促进学生素质培养。名师工作室需要有自己的科研项目，但决不能将自己定位成一个单纯的学术机构。名师工作室是教育教学改革的试验场，必须兼顾研究和实践。工作室要发挥名师的教学示范和辐射作用，要团结一批本学科的精英和骨干，创建教学模式甚至形成教学风格，对本地区乃至全省、全国范围内的学科教育改革和教学实践起到示范、引领作用。

工作室要树立学科育人和为素养而教的理念。以问题激活有效课堂，以反思提升教学智慧。求知的欢乐和自我实现的愿望，是推动课堂教学发展永恒的内在动力。过去我们常说："给学生一碗水，教师得有一桶水。"今天看来并不完全对。事实上，如果用"一桶水"来代表教师的应知应会，那我们的教师很难真正做到"有一桶水"。作为一名语文教师，你能通读多少经典名著和现代时文呢？作为一名生物学教师，你能知晓多少种动植物和日新月异的生物科技新进展呢？从学科素养来讲，应提倡教师具备"一桶水"的专业知识积累；从教育素养来看，更应提倡教师具有"一碗水"的教育教学理念。前者侧重于教育的本体性知识和一般文化知识，属于学者型；后者侧重于教育的条件性知识和实践性知识，属于师者型。新时期的教师既要成为一名学者，更应成为一名教者，这样才能具备现代教育所需要的知识结构。"问渠那得清如许，为有源头活水来。"重要的不在于教师是"一碗水"还是"一桶水"，而在于教师是"死水"还是"活水"。在大力倡导核心素养的今天，我们更应倡导"一碗水"的教育理念和教学行为方式，更应提倡教师用自己的"源头活水"引来学生源源不断的"汩汩清泉"。

关于教师的教学素养以及教学的理念与方法，PCK和TPACK算是当下最重要的专业行话之一。PCK在国内被翻译为"学科教学知识"或"学科内容教学化知识"，TPACK则被翻译成"技术化的学科内容教学知识"。我国教育界近些年对这些概念给予了关注和重视，文献检索发现，PCK出现的频率正在逐年攀升，已经由早期的一般性评介转为学科化应用。

早在1972年，学者Aspy和Silverman在一项研究中发现，教师的课堂教学行为与教师拥有的教育学、心理学知识之间没有明显的相关性。[①]此后的1974年，另两位学者Dunkin和Biddle则对教师的学科知识与学生成绩之间的关系进行了研究，结果表明，教师的学科知识与学生成绩不存在统计学上的相关性。也就是说，对某学科教师而言，教师对学科专业知识掌握的多少与学生学习成绩之间没有直接关系。学科教学知识的基本内涵或核心价值就在于“基于学生立场，实现知识转化”。具体到某学科，那就是教师要善于将该学科的学科逻辑转化为学生学习的心理逻辑。某学科教师的PCK不是单一的该学科的专业知识，也不是跨越学科的一般教学法知识，而是二者的有机融合。可以说，某学科教师的PCK是该学科教师独有的和使教学最有效的知识，也是区别学科教学专家与学科专家、专家教师与新手教师的关键。因此，从PCK的角度来研究学科教师和学科教学，对促进教师专业发展和提升教学的有效性具有重要的现实意义。

如何让名师工作室真正成为教学示范的窗口，从而有效提升教师的教学素养?本书将在专题七和专题十进行较为详细的讨论。

4.科研兴教的引擎

教科研往往是中小学教师尤其是青年教师的短板，名师工作室要成为科研兴教的引擎，就要引领学员和区域其他教师开展教育教学研究，尤其是工作室要以课题研究为抓手带动工作室成员和其他教师开展基于实际工作需要的教科研工作。因为课题在科研工作中具有统领性的作用。

一般而言，工作室必须有自己的研究课题，最好获得一定级别的立项，而且课题的选题要基于教育教学的现实需要和工作室特色建设的需要。工作室要组织一批力量开展教育教学研究和专项攻关，在行动中研究，在研究中行动，积极倡导和营造科研兴教、科研兴校的学术氛围，成为本地区学科教育研究的发动机。比

① 李伟胜.学科教学知识（PCK）的核心内涵辨析［J］.西南大学学报（社会科学版），2012，38（1）：26-31.

如，名师工作室可以把转化学困生作为研究课题，这是一个很有现实意义但较少有人涉及的研究领域。一般认为，在学生群体中，学困生会占比8%~10%，甚至在美国，“偏离文化常模”的学生占比可能达到10%~20%。日本也有“学困生七五三”之说，是指学困生在高中、初中、小学分别占比七成、五成和三成，这说明跟不上学业的学生的数量会随着年级的上升而递增。再如，由于我国教育研究存在思辨有余而实证不足的问题，应该鼓励我们的名师工作室多做实证研究，也就是基于对事实、客观现象、数据进行系统的验证进而得出问题结论的研究，具体包括教育实验研究、教育调查研究、教育行动研究、课堂观察研究、案例研究、叙事研究、文本分析、话语分析和民族志研究等。

工作室要树立以研促教、研教合一的科研观。工作室要真正成为科研兴教的引擎，前提是工作室要具备良好的教科研指导能力。首先，工作室主持人和成员要具备基本的教科研知识，包括教科研的目的和意义、教科研的方法与规范、课题的申报与结题、论文的撰写与投稿、成果的提炼与申报等，因为工作室主持人和成员以及工作室的顾问、导师经常需要解答教师们与教科研相关的各种问题。比如，什么样的文章才算是论文？论文发表在什么样的刊物上才算有效？著作中的专著与独著有何不同？这些都是经常被教师问及的话题，发问者不仅来自一线教师，也可能来自同为专业评审的评委。

论文是描述某学术领域研究成果的文章，有广义和狭义之分。广义的论文包括研究报告、理论探讨、应用研究和专业评论等不同类别，教育教学就是其中一个重要的学术领域。这里不妨就平时教师们比较关心的几个问题进行一些讨论。

（1）关于教研论文的字数要求。

作为专业性的论文，自然应该有篇幅上的要求，但具体要求达到多少字符，长久以来并没有统一的规定，尤其没有来自权威部门的统一规定。直到2021年中宣部的一个通知，这个问题终于有了官方的统一答案。2021年10月9日，中宣部颁布了《关于开展期刊滥发论文问题专项检查的通知》，明确规定学术期刊发表文章要达到三个版面和5000字以上，而且这两个条件必须同时满足。[①]此规定势必对我国的学术研究产生重要影响，不仅对那些靠发表劣质论文收取巨额发表费的报纸杂志形成有效的约束，也对论文的写作者提出了更高的要求。可以预见，过去那种小篇幅、没内容、缺创新的所谓学术论文将大幅减少。

（2）关于报纸刊发论文是否有效。

对于不少人来讲，发表论文是为了职称晋升和获得学术认定，那么发表在报纸上的论文有效吗？对此的确存在两种截然相反的说法：一种认为只有发表在专业期刊上的论文在评职称时才有效，发表在报纸上的无效，因为一些地方教育部门文件上的表述是“在期刊上发表论文”；另一种认为发表在专业报纸上的论文同等有效，而且某些重要报纸的论文视同权威期刊的论文。甚至有些高校对报纸论文在字数上降低要求，将重要报纸发表1500字以上有核心观点的论文等同于一篇核心期刊上的论文。

笔者认同第二种观点。事实上，多数单位或部门是认可专业报纸上的学术论文的。这里有一个关键问题——我们所说的报刊、期纸、杂志等概念之间是何关系？目前我们对这些词汇的使用不太规范，导致有些人死扣文件上的“期刊”一说。我们常说“报纸杂志”，也就是刊物可以分为报纸和杂志两类。报纸是“刊载新闻和时事评论为主的定期向公众发行的出版物”，杂志则是指那些“装订成册的连续出版物”。报纸和杂志都有定期出版的和不定期出版的两类，但今天来讲，这些刊物基本上都是定期连续出版的。那么期刊是什么？有两种理解，一种认为是指“定期连续出版的刊物”，这应该是“期刊”的本义，在这里期刊是包括那些定期连续出版的报纸；另一种专指“定期出版的杂志”，这已经是今天大家一种习惯性的理解。由此观之，某些官方文件上“在期刊上发表论文”的表述，并没有排斥报纸之意。

从另外一个角度看，我们有什么理由不认可专业性报纸上发表的论文呢？《光明日报》《中国教育报》《中国科学报》《中国教师报》等报纸上发表的论文有些

① 关于论文的字数，在实际工作中基本是以3000字为下限。也就是在成果统计和职称评审中，要求杂志上的论文必须在3000字以上，报纸上的论文则可以适当降低字数要求。

质量甚高，许多高校是给予高度认可的。其实，报纸也是有分类的，其中专业性报刊就是为专业发展服务的，具有专业性和学术性，如教育类、科技类的报纸。因此，省级以上专业性和行业性的报纸发表的有较高质量的学术论文，在学术认定和职称评定中应该被认可。

（3）发表在增刊等刊物的论文是否有效。

毫无疑问，发表在非法期刊的论文不被认可，但发表在增刊、内刊和套刊上的论文是否有效呢？这得看具体针对什么而言。在这类刊物上发表论文，也是有意义的，如至少是在一定范围内得到公开交流并享有著作权，当然如果用于职称晋升或学术认定，一般不被认可。套刊的问题有些复杂。套刊就是一号多刊，就是未经主管部门批准私自增加出版期数和拓展业务范围。套刊问题也是在中宣部《关于开展期刊滥发论文问题专项检查的通知》的整顿范围之列。一种是私自将月刊改为半月刊、旬刊甚至周刊出版，使得论文发表数量激增；另一种是超出业务范围，每一个刊物都有自己的专业定位，不得随意跨界拓展业务，如一本财经类杂志私设“教育版”专发中小学教育教学研究类的论文，一份科技类报刊发表人文社科类教研论文，就属于套刊行为。

（4）期刊数据库是否可以作为论文有效的凭证。

网络上有众多的中文期刊数据库，专门收录中文期刊的论文信息，为研究者们进行文献检索提供了极大便利。那么，是否可以将期刊数据库的收录情况作为论文有效性的依据呢？笔者认为，大体上可以作为重要参考，但也不能一概而论。原因之一，这些期刊数据库并没有收录全部的专业性报纸和期刊上的论文，如少数期刊和一些省级专业性和行业性报纸的论文没有收录在列；原因之二，一些学术会议、专辑、套刊和增刊的论文可能被收录在内。鉴于此，对于包括CNKI在内的期刊数据库收录的论文，还需要结合其他信息进行更为具体的鉴别、分析与判断。

（5）学术论文的质量如何评价。

夫智者，创新也，也就是言前人未成之言，行前人未成之举。论文要发现新问题、研究新问题和解决新问题，其本质在于发现和创新，所以原创性、独创性和实用性是评价论文质量的主要指标。目前主要有三种评价方法：一是根据发表刊物的等级来推定论文的质量，专业期刊一般由高到低分为四个等级，即权威期刊、CSSCI期刊、核心期刊和普刊；二是根据论文被引用（他引）的频次来评判论文质量，一般而言被引用越多论文的质量或价值就越高；三是专家评价，组织相关专家对论文质量进行评价，那种行文畅达、文辞雅驯、史料丰盈、结构完整、脉络清晰、逻辑严谨、观点明确并富有创建的论文自然能够获评较高等级。应该说，三种方法都不尽完美，各有利弊。

有关教科研的问题，这里只能略做讨论，具体将在本书的专题八、专题九和专题十一等部分进行系统论述。

5. 学校发展的智库

名师工作室与所在学校是共生共荣的关系，名师工作室的建设离不开名师所在学校的大力支持，包括办公场地、活动设施和教学工作安排等，所以工作室应该为学校的发展出一份力。那种只是“墙内开花墙外香”的工作室是走不远的。得不到所在学校的支持，工作室很难开展工作，其实在我们身边这样的情况也不乏其例。所以，工作室要主动为学校的发展出谋划策和出汗出力，为师资队伍的建设搭建平台，为教学质量的提高贡献良策，为学校品牌建设打造精品，要让学校领导和教师感受到“近水楼台先得月”。

仍以前述的广东省名师工作室主持人刘志伟老师为例，他的工作室在服务学校品牌建设方面具有良好的示范性。刘老师就职于佛山市南海区九江镇初级中学，该校无论是生源还是所处地理位置应该说是“先天不足”，但该校在佛山市甚至在整个广东省都算得上是一所名校。该校不仅科技教育成绩斐然，而且中考成绩和各项评比在南海区甚至佛山市都名列前茅。刘老师指导学生获国家专利75项、国际金奖15项，使这所农村学校收获了不少荣誉和上级部门的资金支持。此外，刘志伟老师多次获得省级和国家级基础教育教学成果奖、教育创新成果奖，也为作为成果申报单位的学校赢得了莫大的荣誉。有为才有位，学校也为刘志伟老师个人及其名师工作室提供了非常好的办公条件，同时在工作安排上为其提供政策倾斜。

又如，湖北省咸宁职业技术学院依托“省级职业教育技能名师工作室”，推动园林专业的品牌示范（特色）专业建设：名师工作室与校办企业合作搭建协同育人的平台，建设了校企合作运行机制；以“三联共建，实体运作”为主线，以“工作室＋校办厂”为平台，构建了“双员四段”人才培养模式；工作室对接职业资格证书要求和职业技能竞赛标准，创立“学校课程＋企业课程”的双线交融现代学徒制培养课程体系；通过实施“四依托”的双师培养模式，进一步提升师资队伍的实践能力与双师素质；以工作室为平台开展项目化教学，以学生为主体实行“三会”递进训练，以技能竞赛为载体促教促学，强化综合实训，提高学生职业综合素养。① 可见，该省级名师工作室首先立足和服务于学校专业建设的需要，自然能够得到学院的大力扶持，也能够取得实实在在的成绩。

6. 教育改革的论坛

名师工作室除了要服务于成员所在学校外，还应为更大范围的区域教育发展提供帮助，尤其是乡村学校。名师不再是学校独有的部门资源，而应成为区域乃至全社会共享的公众资源。建立名师工作室，旨在实现名师效益的最大化，加快构筑区域教育人才高地。工作室主持人要利用自身的资源优势，积极为学校和地区的教育教学改革建言献策，组织专题探讨，使工作室成为激发创新思维、评点教育现实的平台。需要强调的是，与高校的研究所或研究中心的职能不同，名师工作室不能将自己定位为一个学术机构，而应成为教育教学改革的实践基地和实验场，应在一定区域成为推动教育实践和教学改革的排头兵，成为学院式研究与实践推广的桥梁。

举例1：由广东省吴向东科学名师工作室和广东省李余仙科学名师工作室具体策划和实施的跨地域学术论坛。论坛由深圳和中山两地的小学科学教学名师担任专

---

① 周艳丽，孟洁，兰頔. 基于职业教育技能名师工作室下的园林特色专业建设［J］. 中南农业科技，2022，43（4）：131-134.

题主讲，安排两个省级名师工作室的成员进行项目式学习和STEM教育案例分享，并邀请多位高校专家进行点评。三天的线上论坛云集了来自全省的14位专家和名师以及12位名师工作室成员进行专业分享，吸引了全国各地的众多科学教师观摩学习。这种跨地域的学科教育教学论坛，打通了异地同行之间教育交流研讨的通道，很好地发挥了名师的示范、引领作用和工作室服务社会的教育功能。

新课标　新理念　新课堂

——“深圳—中山”科学名师讲坛活动

一、活动目的

为落实《义务教育科学课程标准（2022年版）》，促进两地科学教师的互动、交流，提升两地科学教师的核心素养，探索“深中”教育一体化深度融合发展的新模式，特举办本次活动。

二、活动时间

2022年12月14日至12月16日。

三、活动形式

线上。

四、指导单位

广东省中小学教师培训中心、华南师范大学省级中小学教师发展中心、中山市教育和体育局。

五、活动主办

中山市教师发展中心。

六、活动承办

广东省吴向东科学名教师工作室、广东省李余仙科学名教师工作室。

举例2：科技教育名师工作室承办大湾区科技教育高质量发展策略研讨活动。来自清远市的省市级名师工作室联合开展跨地域教研活动，初步形成了低成本运作和高质量协同发展的“清远模式”，带动了区域科技教育事业的发展。在清远市教师发展中心和当地科协等部门的支持下，广东省汤锦洪科技教育名师工作室牵头联合其他多个省市级名师工作室常态化开展跨地域的教研活动，包括送教下乡和组织学术论坛。最近的一次是2023年1月14—15日召开的由8个省市级名师工作室联合承办的“大湾区科技教育高质量发展策略研讨活动（清远分会场）”，该活动由东莞市科协资助，广东教育学会科技教育专业委员会和东莞市青少年科技教育协会等主办，各工作室主持人在大会上还进行了经验分享（表1），活动受到《人民日报》平台、“南方+”、中国青少年科技教育工作者协会公众号、广东教育学会官网、清远市电视台和《清远日报》等媒体的关注。近些年来，清远市尤其是清城区的青少年科技教育取得了不俗的成绩。应该说，省级科技教育名师工作室为推进清远市科技教育高质量发展做出了重要贡献，也得到了当地科协和教育局的重视、肯定和支持。

表1　各工作室主持人的大会交流主题

姓名	工作室	工作单位	交流主题
余宇宙	省级科技教育名师工作室	清远市教师发展中心	实践探索铸就梦想　融合创新引领未来——清远市学生信息素养能力提升实践与发展
汤锦洪	省级科技教育名师工作室	清远市清城区大观小学	顺势而为　开启清远科技教育新征程
欧阳君	省级科技教育名师工作室	清远市清新区第三中学	探索悦纳成果　分享科技魅力
梁焕初	省级科技教育名师工作室	清远市清城区飞来湖小学	开展校园科技活动　提升学生科学素养
陈路兴	省级科技教育名师工作室	清远市职业技术学校	融合推动　赋能师生全面发展
朱　熠	省级科技教育名师工作室	清远市清新区教育局（科教专干）	让STEAM教育在清新流行起来
黄咏俏	市级语文名师工作室	清远市清城区平安学校	巧借小学语文里的科技元素培养学生的科学素养
蔡小花	市级语文名师工作室	清远市清城区新城小学	重视自我发展　促群体共生——教师专业发展培养策略

名教师工作室侧重于学科教师素质和学科教学质量的提升。这里再以《广东省中小学名教师、名校（园）长、名班主任工作室的管理办法》为例，进一步说明名教师工作室的职责与任务。

1. 发挥示范引领作用

（1）以工作室主持人为责任人，与入室学员共同制定培养方案，指导入室学员制定职业发展规划，规定双方职责及义务等。

（2）帮助入室学员剖析教育教学、专业发展等方面存在的主要问题，传授教育教学经验，指导开展课题研究，通过听课、磨课、讲学、论坛、网络交流等方式，指导入室学员成长。

（3）承担培训授课、教育帮扶、教学改革和各级培训项目的跟岗学习等相关任务。

（4）主持人以工作室为平台，积极参与规划、组织所在学校的校本研修和教师专业发展工作；工作室入室学员积极推动所在学校的校本教研和学科教学改革工作。

（5）以中小学教师信息技术应用能力提升工程2.0为指导，推进智慧教育教学改革，在教育信息技术与学科教学融合方面发挥示范作用。

2. 培养骨干教师

（1）每个名教师工作室每周期培养8~10名骨干教师。

（2）工作室主持人和入室学员每人每周期至少与2名乡村中小学教师结成互助帮扶对子。

（3）建立网络工作室，开展协同研修，每个名教师工作室每周期培养省内外网络学员不少于100人。

3. 组织开展工作室活动

（1）工作室每年通过听课磨课、跟岗实践、交流研讨、课题指导、举办读书分享会等方式组织入室学员集中研修不少于15，可根据工作实际多次进行（不少于2次）；主持人每年面向团队成员开设公开课、研究课或专题报告等不少于5次，对每位入室学员开展听课评课不少于1次。

（2）入室学员每年开设公开课、研究课或专题报告等不少于2次，每学期撰写1篇教学反思或案例分析。

（3）组织入室学员参加省级及以上学科教研活动。

（4）工作室每年至少组织工作室成员开展1次支教活动或送教下乡活动。

（5）工作室主持人每年组织开展面向本校或区域的名师工作坊或教研教学成果展示交流研讨活动不少于2次，鼓励跨区域开展活动；工作室入室学员每年组织开展专题研修活动或教学成果展示交流研讨活动不少于2次。

（6）工作室每年组织入室学员和网络学员参与的集体网络研修活动不少于5次；每年通过名教师工作室网络空间发布生成性教育教学资源（包括课件、案例、教学方法、教学总结、学习心得、教学改革探讨等文字或图形资源）数量不少于200条。

（7）工作室要制定教育信息技术与学科教学融合年度计划；每年建立至少1个微型课题，开展教学改革实践；完成不少于20个能体现名师教学风格、教学特色、教学成果的专题系列学科微课；建立不少于10个混合式教学案例（含有教学设计、课堂实录等配套资源），开展信息技术与学科教学融合展示研讨会不少于1次。

（8）加强与省内外名教师工作室之间的交流协作。

4. 开展课题研究

（1）结合我省教育改革与发展实际，围绕立德树人、教育教学改革、教师专业发展等问题开展研究。

（2）工作室每周期指导入室学员开展教育教学研究，区（县）级以上教学研究课题不少于3项，并形成5项以上成果（含正式刊物公开发表的论文、教学成果奖励和公开出版著作等）。

5. 为教育发展建言献策

工作室要重视开展基础教育调查研究，关注教育教学中的热点、难点和焦点问题，发现和提炼本校或所属区域教育教学改革的先进经验和做法，为教育行政部门制定相关政策提供科学建议或方案。

（二）名教师工作室目标定位案例分享

名教师工作室包括两类，一类针对传统学科，如语文名师工作室、数学名师工作室、音乐名师工作室等；另一类针对领域，如科技教育名师工作室、德育名师工作室、教育科研专家工作室等。无论哪一类工作室都要重视本工作室目标与任务的设计，既要对接上级主管部门的要求，又要体现本工作室的任务和特色。记得有位工作室主持人曾说过：教师要择高而立——有高尚睿智的教育情怀；就平而坐——有脚踏实地的工作作风；登高而望——有开放灵活的科研视野；顾盼而行——在不断反思中共生教研。

这里再分享若干名教师工作室的目标定位设计。

举例1：浙江省绍兴市虞金龙高中数学名师工作室。主持人虞金龙现任绍兴市第一中学正高级教师和特级教师，绍兴市专业技术拔尖人才，浙江师范大学兼职教授、硕士生导师。

建设理念：在实践中体验，在体验中创新。

建设宗旨：工作室集研究性、前瞻性、务实性、辐射性于一体，发挥名师示范引领作用，促进青年教师快速成长，秉承相互学习、相互督促、相互提升、共同发展的宗旨，打造一支具有鲜明教学风格、专业素质不断发展，并在省内外有一定影响力的高中数学教师优秀群体。

建设目标：使本室骨干成员具有较深厚的教育理论素养和学术功底，掌握现代教育方法和教育技术，具有独立承担教育科研的能力，能有效利用各种教学资源，基于数学思想和数学思维熟练撰写教学案例并进行研讨和反思，敏锐观察和把握学情，独立处理教育教学中出现的问题，做领导放心、学生欢迎、家长赞许的数学骨干教师。

举例2：广东省高小兰小学英语名师工作室。主持人高小兰现任深圳市龙华区教科院附属小学副校长，正高级教师，全国基础教育教学指导委员会小学英语组成员。

指导思想：以《广东省中小学名教师、名校（园）长、名班主任工作室管理办法》为指导，以理论学习、课堂教学研讨观摩、主题沙龙、教学论坛、专家引领、网络讨论为主要研修方式，通过成员自主研习和集中研修，切实提高工作室成员的个人研修成效和专业素质，努力培养成员逐步成为省、市、区级有一定知名度和影响力的名师，并努力打造一支擅长小学英语教学、充满教学智慧的骨干教师团队，为提升我省小学英语教学水平贡献力量。

工作室定位：研究的平台、示范的基地、名师的加工厂。

工作室性质：学习共同体、研究共同体、实践共同体、发展共同体。

工作室格言：成就他人，成长自我。

工作室任务：专业引领、教育研究、提炼成果、示范辐射。

工作室愿景：出高徒、出成果、出实效。

工作室精神：和乐共生，圆满完美。

工作室目标：花开结子，桃李满园。

工作室口号：Better and Better。

举例3：深圳市何泗忠悬念语文名师工作室。主持人何泗忠为深圳市第二高级中学语文正高级教师和特级教师，广东省名师工作室主持人，华南师范大学、深圳大学兼职教授。

工作室定位：工作室立足二高，覆盖全市，努力成为科研的中心、课改的中心、质量提升的中心、教师共同发展的中心。

建设目标：工作室坚持“引领提升、互学共进、创新求真、弘扬个性”的宗旨，致力于“找出一些教育的弊端，树立一种先进的理念，创建一类奇异的教法，带出一批优秀的教师，形成一个独特的流派，闯出一片个性的天地，造福一方求学的弟子，留下一道美丽的风景”。以广东省“十二五”规划课题“教育信息化背景下的语文‘待完满’课堂教学模式的设计研究”为中心，开展教育教学研究，改革课堂教学，采用悬念教学法手段，创设“待完满”课堂教学模式，最大限度地让学生在“活动”中学习，在“主动”中发展，在“合作”中进步，在“探究”中创新，最终在耳濡目染、潜移默化中达成语言核心素养发展的目标。

举例4：教育部名师领航工程吴爱姣中学英语名师工作室。领衔名师吴爱姣为海南省海南中学英语正高级教师，特级教师，海南省拔尖人才，兼任海南师范大学校外研究生导师。

指导思想：工作室倡导“润心”英语教学。“润心”英语教学致力于打造充满文化内涵、富有生命张力、触动学生心灵的英语课堂，倡导“以文化人，润心启智益行；以言致事，得语得意增能”，引领学生深析文本，理解主题知识，挖掘主旨要义，形成价值判断，达到以“文”化人、触动心灵、启迪智慧的目的。强调教学活动设计联系生活，让学生在具体生活情境中用英语做事，在做事的过程中学习语言、表达生活，达到提升认知、增长才干、智慧处事的目的。育“德”育“能”二者融合，实现Enlighten（启智）、Empower（赋能）、Enact（益行）的目标。

建设任务：工作室以“提升自我，成就学生，助推同伴，领航未来”为研修理念，采用立体多维研修模式，即理论+实践、线上+线下、省内+省外、既定+临时学习任务相结合，给学员创造多层次、全覆盖的学习、研讨、交流、实践机会。

工作室课程设计聚焦教育前沿热点，使学员具备最先进的理念，掌握扎实的理论，进而集百家之长，应用于实践，形成自己的教学主张，逐渐从“碎片化”走向“整合化”，形成以语篇分析为前提，以意义探究为统领，以活动为途径，将语言、语用、思维培养融为一体，让学生在语言学习活动中学会做人处事、提升学习能力的整合化教学思想。

举例5：江苏省无锡市王荐名师工作室。主持人王荐为无锡市第一女子中学教科室主任，博士，正高级教师，特级教师，江苏省教学名师，无锡市有突出贡献中青年专家。

目标定位：通过课题研究、项目实践，倡导开放教学、学科育人，追求“科学本质的生物学教育”，建设无界的生物学课堂，通过教学内容的优化设计，体现生物学学科的理性思维和实验证据相结合的特点，实现科学性与人文性相结合，让学生充分领略生物学学科的内在魅力和科学思想的生命力。工作室致力于发挥示范、引领和辐射作用，为教师发展和共同体建设树立榜样，为全体成员提供平等对话、学习研讨的机会，使每位教师在课堂教学和理论修养上都有不同的进步，在骨干教师阶梯上都有提升。全体成员互相促进，将共同愿景和个人发展计划有机融合，使自己和团队具有鲜明的教学特点和风格，为苏派教学增添新的光彩。

以上列举的几个名师工作室对目标定位的表述风格各异，但都专注于本学科或领域的课程与教学，体现了“研训教合一”的工作室建设理念，以提升本学科或领域教师专业素养、打造优秀教师团队和促进区域教育教学质量提高为目标。好的教师应该宽严相济、奖惩分明、管教同步。2014年，习近平总书记在北师大师生座谈会上提出了好教师的四个标准：有理想信念、有道德情操、有扎实学识、有仁爱之心。

关于名师工作室建设的目标与任务，本书在专题六和专题十二将进行系统论述并提供完整的工作室规划案例。

三、名校长工作室的目标定位

名校长工作室旨在培养造就一批品德高尚、办学思想先进、精通教育、善于管理、富有改革创新精神、办学有特色、所在学校教育成效显著、在一定区域内享有较大美誉度和传播力的校长。

（一）名校长工作室的目标和职能

根据《教育部关于进一步加强中小学校长培训工作的意见》和《中小学名校长领航班培养管理办法》的指导意见，教育部设置了全国性的中小学名校长领航班名校长工作室。

指导思想：名校长工作室建设作为中小学名校长领航班培养的核心环节，旨在以工作室为载体，通过名校长的专业引领和辐射带动，营造名校长、中青年校长团队合作和共同发展的良好环境，积极探索名校长培养和辐射带动作用机制，培养造就一批具有共同教育理想与追求、较强研究与创新能力的高素质中小学校长队伍，带动全国中小学校长队伍整体素质提升。

目标定位：一是打造名校长团队。通过开展教育教学研究和学术活动，进一步彰显名校长引领教育发展的使命、责任，提升名校长思想引领、实践创新和指导培养中青年校长的能力。二是培养中青年校长。遴选有培养潜力的中青年校长进入名校长工作室学习研究，加大培养力度，努力促使其向更高层次发展，培养一批教育家型校长后备梯队人选。

省市级的名校长工作室旨在充分发挥名校（园）长示范引领作用和打造一批引领区域教育改革发展的专家型学校（幼儿园）管理干部，建设一批高水平教育管理团队和教学团队，形成一批教育教学研究成果及培养一批业务能力强、教育教学水平高的校（园）长和优秀教师团队。名校长工作室的职能更侧重于学校（幼儿园）管理的创新和学校（幼儿园）优秀管理者的培养，同时兼顾本校（幼儿园）教师培养。《广东省中小学名教师、名校（园）长、名班主任工作室的管理办法》也进一步明确提出了名校（园）长工作室的职责与任务。

1. 发挥示范引领作用

（1）以工作室主持人为责任人，与入室学员共同制定培养方案，指导学员制定职业发展规划，规定双方职责及义务等。

（2）帮助入室学员剖析学校发展存在的主要问题，传授学校管理经验，指导开展课题研究，通过下校诊断、讲学、论坛、网络交流等方式，促进入室学员成长。

（3）承担培训授课、教育帮扶、教育教学改革和各级培训项目的跟岗学习等相关任务。

（4）以工作室为平台，规划组织开展校本研修，持续提高本校教师专业发展水平。

（5）推进学校教育信息化建设，在智慧（智能）校园方面发挥创新引领作用。

2. 培养骨干校（园）长

（1）每个名校（园）长工作室每周期培养5~6名骨干校（园）长。

（2）工作室主持人和入室学员每人每周期至少与2名乡村校（园）长结成互助帮扶对子。

（3）建立网络工作室，开展协同研修，每个名校（园）长工作室每周期培养省内外网络学员不少于50人。

3. 组织开展工作室活动

（1）工作室每年通过跟岗实践、交流研讨、读书分享会、课题指导、学校管理诊断等方式组织骨干校（园）长集中研修不少于15天，可根据工作实际多次进行（不少于2次）；主持人每年面向团队成员开设公开课、研究课或专题报告等不少于5次，对每位入室学员开展下校诊断指导不少于1次。

（2）入室学员每学期撰写1篇教育管理反思或案例分析，每年汇报学校管理改革情况不少于1次。

（3）工作室每年至少组织工作室成员开展1次支教活动或学校问题诊断活动。

（4）工作室主持人制定本学校3年教师专业发展规划和校本研修方案并组织实施；组织制定年度教师专业发展和校本研修方案并组织实施；工作室学员在主持人的指导下，制定本学校3年教师专业发展规划和校本研修方案以及年度计划并组织实施。

（5）工作室每年开展集体网络研修活动不少于5次；每年通过名校（园）长工作室网络空间发布生成性学校管理资源（包括课件、案例、教育反思、管理总结、学习心得、管理改革探讨等文字或图像资源）数量不少于100条；每年完成不少于10个能体现学校办学理念、办学特色的学校管理系列案例资源。

（6）加强与省内外名校（园）长工作室之间的交流协作。

4. 开展课题研究

（1）结合教育改革与发展重点任务和实际，围绕立德树人、教育教学改革、学校管理创新和教师专业发展等问题开展研究。

（2）工作室每周期指导入室学员开展教育管理研究，围绕凝练办学思想和办学特色的区（县）级以上课题不少于3项，形成研究成果不少于3项（含在正式刊物发表的论文、教育教学成果奖励和公开出版著作等）。

5. 为教育发展建言献策

工作室要关注基础教育改革发展中的热点、难点和焦点问题，重视开展基础教育调查研究，发现和提炼本校或所属区域教育改革的先进经验和做法，为教育行政部门制定相关政策提供科学建议或方案。

（二）名校长工作室目标定位示例

举例1：甘肃省兰州市白志军名校长工作室。主持人为兰州市榆中县恩岭中学校长、高级教师，其工作室的目标定位如下：

全面贯彻党和国家的教育方针，以《国家中长期教育改革和发展规划纲要（2010—2020年）》为指导，以促进学校发展、教师发展为重点，把促进师生成长作为一切工作的出发点和落脚点，遵循教育规律，深化教育改革，推进教育管理的科学化、民主化、规范化建设。

工作目标：校长成长体系化、团队化，学习管理专业化、规范化，教育发展均衡化、优质化。工作室以学校管理为平台，以课题研究为依托，以教育实践为立足点，探讨校长在学校管理中的难点、重点、热点问题，利用科学的方法解决管理中的实际问题，努力促使工作室成员和学员成为理解教育、研究教育、实践教育、创新教育的优秀管理人才，从而形成一支胸怀教育理想、具有先进办学理念、富有较强研究和管理能力、办学风格鲜明的优秀校长团队。通过专题培训、观摩研讨、课题研究、校长论坛等活动，推广研究成果，带动全县乃至全省学校管理水平有较大提升。

举例2：浙江省衢州市廖小英名园长工作室。主持人廖小英为江山市城东幼儿园园长，特级教师，高级教师。其工作室的目标定位如下：

工作室愿景：为幼教发声，为江山学前教育城乡均衡发展助力。有坚实的目标，有导师的引领，朝着共同目标，我们将扬帆起航，携手前行，全力奔跑，用心感受漫漫的幼教之路，共同见证彼此的成长，与所有的美好不期而遇！

工作室宗旨：基于孩子，进而成就孩子。

工作室定位：共融、共享、共研、共进。

工作室理念：博学之，审问之，慎思之，明辨之，笃行之。

举例3：贵州省王培莉小学名校长工作室。主持人王培莉为贵州省都匀第六小学校长，特级教师，小学高级教师，贵州省语文骨干教师。其工作室的目标定位如下：

秉承“引领、示范、带动、辐射、合作、共赢”的理念，以党的教育方针为统领，以“发展自己、成就他人、服务教学”为目标，积极发挥名校长工作室的引领、辐射作用，以工作室研修活动为载体，以专业引领和能力提升为抓手，理论与实践相结合，致力于优秀学校管理者和教学名师的培养，带动成员、学员共同成长，促进学校优质发展，使工作室成为优秀校长和优质学校的孵化基地。搭建平台助力成员和学员良性发展，整合资源助力学校优质发展。

举例4：教育部中小学名师名校长领航工程李明工作室。主持人李明为河南省淮滨高级中学校长，正高级教师，享受国务院特殊津贴专家，全国优秀教师，特级教师，河南省中小学校长协会副会长。其工作室的目标定位如下：

工作室追求“为生活幸福奠基、为生命精彩引航、为使命担当铸魂”的教育价值，以“叩问教育本质，追求生命自觉”为宗旨，以“提升自我、发展学校、示范辐射、带动区域”为目标，立足思想引领、个性培育、开放培养，通过生命对生命的影响，实现精神的点燃、心灵的点悟、智慧的点化，促进校长自身成长；通过理论研修和实践研究，凝练办学思想，丰富教育内涵，推动学校发展；通过促进教师互帮互助，发挥示范辐射作用，推动区域基础教育改革，实现高位优质发展。

举例5：教育部中小学名师名校长领航工程朱毛智工作室。主持人朱毛智为江西省南昌三中教育集团理事长，南昌三中校长，中学正高级教师，全国优秀教育工作者。其工作室的目标定位如下：

工作室以“全人格教育多元化发展”及“核心基础、思维课堂”的实践研究为抓手，在学校核心发展力方面，围绕学校的文化力、管理力、学习力、创新力开展研究。以“全人格教育”核心理念为统领，以学生为本，秉承“教育即服务”的理念，办人民满意的教育，提高学校服务意识、服务水平和服务质量，即学校领导服务教师，教师服务学生和家长。以未成年人思想道德建设为重点，积极实施素质教育，培养学生良好的行为习惯，努力塑造学生健康的人格，倡导教师努力工作，学生努力学习。

四、名班主任工作室的目标定位

（一）名班主任工作室的目标和职能

名班主任工作室旨在加强班主任队伍建设和德育管理工作，健全和完善班主任激励机制，充分发挥名班主任的示范引领作用，打造一支师德高尚、业务精湛、爱生敬业、充满活力的班主任团队。名班主任工作室更侧重于班级管理创新和优秀班主任的培养。《广东省中小学名教师、名校（园）长、名班主任工作室的管理办法》也进一步明确提出了名班主任工作室的职责与任务。

1. 发挥示范引领作用

（1）以工作室主持人为责任人，与入室学员共同制定培养方案，指导入室学员制定职业发展规划，规定双方职责及义务等。

（2）帮助入室学员剖析中小学德育和班主任专业成长等方面存在的主要问题，传授班集体建设、班级活动组织、学生发展指导、综合素质评价、沟通与合作等经验，指导开展中小学德育课题研究，通过听课、讲学、论坛、网络交流等方式，促进入室学员成长。

（3）承担培训授课、教育帮扶、德育改革创新和各级培训项目的跟岗学习等相关任务。

（4）主持人以工作室为平台，参与规划、组织所在学校的校本研修和班主任专业发展工作；工作室入室学员推动所在学校的校本教研和班主任工作发展等工作。

（5）以中小学教师信息技术应用能力提升工程2.0为指导，推进智慧班主任工作改革，在教育信息技术与班主任工作融合方面发挥示范作用。

2. 培养骨干班主任

（1）每个名班主任工作室每周期培养8~10名骨干班主任。

（2）工作室主持人和入室学员每人每周期至少与2名乡村中小学班主任结成互助帮扶对子。

（3）建立网络工作室，开展协同研修，每个名班主任工作室每周期培养省内外网络学员不少于100人。

3. 组织开展工作室活动

（1）工作室每年通过班级活动、读书分享会、跟岗实践、交流研讨、课题指导等方式组织入室学员集中研修不少于15天，可根据工作实际多次进行（不少于2次）；主持人每年面向团队成员开设公开课、研究课或专题报告等不少于5次，对每位入室学员开展听课评课不少于1次。

（2）每位入室学员每年开设班级活动公开课、研究课或专题报告等不少于2次，每学期撰写1篇班主任工作反思或案例分析。

（3）组织入室学员参加省级及以上班主任工作的教研活动。

（4）工作室每年至少组织工作室成员开展1次支教活动或送教下乡活动。

（5）工作室主持人每年组织开展面向本校或区域的班主任工作成果展示、交流研讨活动不少于2次，鼓励跨区域开展活动；工作室入室学员在本校的班主任工作校本研修中发挥重要作用，每年组织班主任工作成果展示、交流研讨活动不少于2次。

（6）工作室每年开展入室学员和网络学员参与的集体网络研修活动不少于5次；每年通过名班主任工作室网络空间发布生成性班主任工作资源（包括课件、案例、班主任工作方法、班主任工作总结、学习心得、德育创新探讨等文字或图像资源）数量不少于100条。

（7）工作室要制定教育信息技术与班主任工作融合年度计划；每年完成不少于20个班主任工作专题系列微课资源；建立不少于5个混合式教学、活动案例（含视频等相关配套资源）；开展信息技术与班主任工作融合展示研讨会1次以上。

（8）加强与省内外名班主任工作室之间的交流协作。

4. 开展课题研究

（1）结合我省教育改革与发展实际，围绕立德树人、中小学德育热点难点、班主任工作理论与实践创新、班主任专业发展等问题开展研究。

（2）工作室每周期指导入室学员开展班主任工作研究，区（县）级以上德育科研课题不少于3项，并形成5项以上成果（含正式刊物公开发表的论文、教学成果奖励和公开出版著作等）。

5. 为教育发展建言献策

工作室要重视开展中小学德育及班主任工作调查研究，关注中小学德育及班主任工作中的热点、难点和焦点问题，发现和提炼本校或所属区域中小学德育及班主任工作创新的经验和做法，为教育行政部门制定相关政策提供可行的方案或建议。

（二）名班主任工作室目标定位示例

举例1：甘肃省兰州市陈煜金城名班主任工作室。主持人为兰州市二中数学高级教师，其工作室的目标定位如下：

认真贯彻落实《兰州市“金城名班主任”工作室管理办法》的整体目标和要求，以建设班主任研修平台和班级管理进步阶梯，发挥名班主任的辐射引领作用，带出更大的优秀班主任队伍为指导思想，努力打造名班主任团队。通过专家引领、课题研究、校本培训等多层次、多形式的班主任学习实践活动，学习先进教育方法，优化班级管理手段，提高班主任综合素质，不断探索针对目前中学生实际情况的有效德育途径，力求各位学员都能够发展成为具有高品质、高素质，在学校范围内发挥示范、带头和辐射作用，懂得教育管理艺术，有独特教育风格的名师型班主任，成为学生爱戴、人民满意的好教师，进而促进学生的全面发展。

举例2：广东省肇庆市辜娟名班主任工作室。主持人为广东省肇庆市高要二中教研处副主任、高级教师，其工作室的目标定位如下：

紧紧围绕党和国家立德树人的教育根本任务，培养一批师德高尚、专业能力强、富有教育智慧、在本区有一定影响力的知名班主任。坚持“研究提升、引领示范、辐射推广、智慧分享”的工作理念，推广热点教育方法，优化班级管理手段，不断提高班主任综合素质，探索有效的德育途径，使学员成为班级管理的能手、德育研究的先锋，并通过名班主任博客、工作室网站、微信群、微信公众号等，使工作室成员发挥示范、带头和辐射作用，从而打造出名班主任团队。

举例3：浙江省杭州市杨开智名班主任工作室。主持人杨开智为杭州市滨江实验小学高级教师，杭州市教坛新秀，浙江省“百人千场”送教名师团队成员。其工作室的目标定位如下：

以“用心养育，育己育人”为理念，以“提升新入职班主任胜任力”为研究主题，聚焦“问题解决式研训”，以“源于实践的问题与解决问题的实践”为主线，优化班主任专业成长路径，增强班主任胜任力。

举例4：山东省王朝霞优秀班主任工作室。主持人王朝霞为山东省德州市北园小学高级教师，齐鲁名师，山东省教学能手。其工作室的目标定位如下：

以促进班主任团队的专业化发展为目标，以专家引领、案例分析、辐射带动、共同成长为理念，以定期交流、集中研修等方式为依托，提高工作室成员的专业素质，务实创新，努力打造一支品德高、素质优、业务强的班主任队伍，通过工作室的引领，为区域班主任工作提升品质再攀新高贡献力量。

五、教研基地（联盟）的目标定位

为贯彻落实中共中央、国务院及省委、省政府关于全面深化新时代教师队伍建设改革和教育教学改革有关部署要求，落实立德树人根本任务，充分发挥教研工作对保障基础教育质量的重要支撑作用，推动基础教育高质量发展，广东省教育厅从2021年开始组织开展广东省基础教育教研基地项目建设工作。

（一）教师基地（联盟）的目标和职能

教研基地建设目标：通过基础教育教研基地项目建设，深化教研机制创新，推动教研体系建设，推进课程教学改革和育人方式变革，全面加快高素质、专业化、创新型教研队伍和教师队伍建设，整体提高基础教育教学质量。

该省级教研基地项目包括学科教研基地、校（园）本教研基地和县（市、区）教研基地三大类，其建设任务各有侧重（表2）。

表2　三类省级基地项目建设主要任务

基地类别	主要任务
学科教研基地	学科育人研究与实践；课程教材教学研究与实践；学科教学规范研究与实践；基于学科核心素养的课堂教学评价与学业质量评价研究；优化作业设计的研究与实践；信息技术与学科教学深度融合研究与实践；学科教师成长规律与培养路径研究与实践；优质教研资源开发与应用
校（园）本教研基地	学校（幼儿园）教研机制建设与创新；教研组及研究型教师队伍的建设与研究；五育并举育人体系构建的研究；校（园）内外、跨学段协同育人研究；提高课堂教学质量的研究；校（园）本课程开发与实施的研究；跨学科的综合学习、综合教研的研究与实践
县（市、区）教研基地	县（市、区）教研工作机制和方式创新研究与实践；教研员专业发展的制度与机制研究；课程教学改革实验研究；命题考试与质量监测结果的应用研究；引领学校开展育人方式改革研究；区域内教师专业发展机制与培养方式研究；薄弱学校的教育教学质量提高研究

（二）教师基地（联盟）目标定位示例

举例1：广东省基础教育学科教研基地（广州）。负责人马学军为广州市教育研究院小学科学教研员，小学科学正高级教师。以下是该基地项目建设目标与拟解决的关键问题：

建设目标：借助对科学学科教材和课堂教学的研究与实践，在提高学科教学质量的同时，优化学科教研体系，促进学科教师的专业化发展，探索区域教学高质均衡之路。①构建新时代小学科学学科教研体系，创新教研方式，打造高素质教研团队，为提高学科教研有效性，实现区域教育教学高质均衡提供专业支撑。②立足广东本土特点与课堂教学需求，开展本土化科学教学理念研究，依据最新的《义务教育科学课程标准（2022年版）》，开展基于课程核心素养的小学科学课程实施研究，促进学科教育质量进一步提高。

关键问题：①构建新时代小学科学学科教研体系，促进超大城市区域科学学科教育教学高质均衡发展和科学教师专业发展。②开展本土化科学教学理念研究，进一步梳理并完善具有本土化特征的小学科学教学理念，形成理论支点；构建科学教材与教学研究共同体，开发基于科学课程核心素养的小学科学课程资源，促进科学课程实施质量进一步提高。

案例评析：该基地的建设目标较好地对接了主要教学任务，具有良好的适切性。建设目标包括两大方面，一是构建新时代小学学科教研体系，二是开展具有地域特色的课堂教学改革与研究。这样的目标设定聚焦目前广东省小学科学教学改革关键问题，也是教研基地建设的旨趣所在。同时，该项目没有将教研基地建设项目简单视为课题研究，而是致力于解决学科教研中的实际问题、提高学科教研质量。

举例2：广东省基础教育校（园）本教研基地（清远）。负责人陈建锋为清远市教育研究院副院长，清远市教师发展中心副主任，生物学高级教师。以下是该基地项目建设目标与拟解决的关键问题：

总体设计：以基地为平台，着眼于开展“学校教研机制建设及创新研究与实践”和“校（园）本课程开发与实施研究与实践”的研究。一方面，对清远市校本教研基地学校及合作学校现有校本教研实施现状进行调查，针对校本教研组织缺引领、研究内容缺主题等问题做归因分析。找寻区域教研推动校本教研及个性化校本教研实践的有效路径。突出教师教研的主体地位，提高教学研究的内容质量，拓展教学研究的形式渠道，增强教研制度的灵活弹性，形成区域教研推动普通高中校本教研的运行机制及创新策略。另一方面，为四所参与研究的学校提供课程研究支撑，坚持贯彻落实国家课程方案，构建以夯实文化基础、强化自主发展、鼓励社会参与、发展学生核心素养为目标的特色课程体系。根据四所学校的特点，开展“传统文化、科技创新、体艺融合、综合实践”校本特色课程研发实践，充分发挥课程的育人功能，促进学生积淀人文底蕴，培养科学精神；指导学生学会学习，懂得健康生活，进而提升责任担当意识及实践创新精神。总之，项目研究将聚焦学校发展、师生发展，通过指导、培训、联合教研等方式，培养一批市级教研骨干，打造具有凝聚力、专业性的教研团队，推动清远市普通高中学校深化教研组织改革、研发校本课程、优化教师队伍，进而实现教育教学优质发展。

具体目标：①全面提高基地成员教科研水平，培养一批在本地区有一定影响力的高素质、专业化、创新型教研管理人员。②创新校本教研机制建设，建立科学、规范的校本教研制度，促进校本教研活动逐步制度化、科学化、规范化，激活教师教研动力，形成区域特色校本教研模式，提高当前校本教研的效益和水平，并在本区域内发挥示范和辐射作用，带动本地区学校教育科研工作的开展。③实践校本课程规划与开发，丰富现有课程资源，形成有助于全面培养学生德智体美劳的校本课程体系，形成一批可借鉴、可推广的有效经验和成果，在推进普通高中育人模式变革、促进学校多样化特色发展方面发挥示范引领作用。

关键问题：①解决校本教研存在的研究表面化、活动形式化、主题随意化的问题。②解决区域教研对校本教研指导性不够、主题针对性不强、活动效益不高的问题。③解决校本课程开发与实施存在的系统性规划不足、忽视学生主体性和课程开发能力较弱的问题。

案例评析：该基地的建设目标较好地对接了主要教学任务，目标明确，定位准确。该项目体现了省级教研基地可以完善省、市、县、校学科整体教研体系，创新教研机制体制，全面支撑基础教育高质量发展。该项目把省级教研基地建设项目作为推进承担地区和单位教育改革发展的重要抓手，加强顶层设计、统筹协调，进一步明确具体目标任务，整体、系统、创造性地推进实施。同时，该项目没有将教研基地建设项目简单视为课题研究，而是致力于解决校本教研中的实际问题和提高校本教研质量。

活动与思考

一、对照上级主管部门的要求和本工作室的实际，组织一次专题研讨会，对工作室建设目标与工作任务进行认真分析，最终形成更为具体和相对成熟的工作室建设目标方案。

二、对照本专题提出的名师工作室六大目标定位，分析本工作室的优势与劣势，并讨论出一个“扬长补短”的工作实施计划。

三、有人认为名师工作室主持人需要“二次成长”，而且成长的目标应该指向教育家型教师。你认为名师的“二次成长”需要从哪些方面发力?

四、本专题提到名师工作室“要让骨干更能干”，对此你有何建议?

专题四

名师工作室的管理机制

名师工作室要发挥其应有的作用，需要教育行政部门建立完善的管理机制。名师工作室的管理机制包括名师工作室的组建（含名师工作室人员组成及选派方式、名师工作室主持人遴选条件、名师工作室入室学员遴选条件与要求、名师工作室主持人及入室学员的变更等）、名师工作室的管理、名师工作室的职责任务（含名师工作室成员职责分工、名师工作室主持人的职责、名师工作室任务安排等）、名师工作室的保障措施以及名师工作室的考核评价等。

名师教学经验丰富，有传播、分享自己教学理念、实践经验的想法；教师们有发展的需求和成长的渴望。名师工作室的引领辐射很好地对接起了各方需求。名师工作室就像星星点点的火种，如何让它的火光映照得更高更远？既需要内部的努力，也需要外部的支持和帮助，内外都有了共同的愿景和行动，才能让星火燎原。名师工作室要发挥其应有的作用，需要教育行政部门的顶层设计和政策支持，只有建立起了相应的机制和制度，内部有动力，外部有支持，才能更好地激发出名师工作室的影响力。下面以《广东省中小学名教师、名校（园）长、名班主任工作室的管理办法》为蓝本，阐述名师工作室的管理机制，包括名师工作室的组建、管理、职责任务、保障措施以及考核评价等内容。

一、名师工作室的组建

名师工作室是由教育行政部门领导组织协调，在名师的主导下，以凝练现代教育思想、提高教学质量和办学品质为主旨，以同一学科领域优秀中青年骨干教师为入室学员，以师带徒为主要培养形式，通过同伴互助、专家引领、校际交流和区域协作等途径，利用公开课展示与研究、论文撰写指导、读书心得交流、外出学习考察等方式，以先进的教育思想和管理方式开展教师研修、课题研究、教学研讨等教育教学研究活动，共同开展基于线上和线下的学科研究、教改探索和教学反思的实体与网络相结合的新型工作室。

（一）名师工作室人员组成及选派方式

名师工作室由三部分人员组成：一是工作室成员，名师工作室成员包括工作室主持人1人、工作室助手2人、理论导师1人、顾问1人、教研员1人；二是工作室入室学员，每个名师工作室每周期培养8~10名骨干教师；三是工作室网络学员若干名。工作室一般三年为一个周期，但学员原则上以一年为一个培养周期，也就是每个工作室在一个周期内最多可以接受三批学员。选派方式如下：

（1）理论导师根据工作室发展需要并结合主持人意愿选择，原则上由高校专家担任。

（2）首次建立的工作室原则上需配备顾问。顾问原则上从名教师顾问库中聘请，双方进行双向选择。

（3）主持人为非教研员的名师工作室需配备教研员。

（4）工作室助手原则上由主持人所在单位选派。确有非主持人所在单位的人员，愿意且能够承担工作室助手的职责，完成工作室主持人交办的任务且不影响自身的学习任务（工作任务）的可以考虑安排。工作室主持人为教研员的，工作室助手可由主持人自行联系当地中小学校一线教师进行双向选择。

（5）工作室入室学员由教育管理部门统一组织遴选，在所属教育行政部门推荐的基础上，主持人与符合条件的优秀骨干教师按照自愿原则进行双向选择。

（6）工作室网络学员由名师工作室遴选，工作室可自行制定遴选细则。

（二）名师工作室主持人遴选条件

名师工作室的设置需要得到学校和地方教育主管部门的支持——学校和教育主管部门要愿意为工作室提供制度保障和物质保障；工作室主持人要具备相应的专业素质——包括资历、组织力、影响力和号召力，更包括教学能力和教科研能力；要有明确的工作目标和专业的合作团队——在本地区范围内能组建一支素质优良的合作团队，并拥有自己明确的工作目标。

以省级名师工作室为例，主持人需要具备以下条件：

（1）认真贯彻落实党的教育方针，热爱教育事业，师德高尚，具有一定的教育教学理论修养、先进的教育教学理念和较强的改革创新意识。

（2）具有大学本科及以上学历，从事教育教学工作10年以上，教育教学经验丰富，教学科研能力强，教育教学成绩突出，近年的公开课或示范课获好评，或在某级别的教学类重要比赛中取得优异成绩，或教学效果优异，学生素质显著提高，得到同行公认，具有副高级及以上职称。

（3）具有较强的教学科研能力。近五年内持续开展教育教学研究并取得较好业绩成果，同时达到下列条件之一：主持并完成地市级以上教育科研项目1项或作为主要成员完成省级以上科研项目1项以上（排名前三）；获得地级市教学成果奖1项（主持）或省级教学成果奖1项；在省级以上公开刊物发表学科研究论文2篇（第一作者）或者出版学术著作1部（排名前三）以上。

（4）在本地区是公认的学科带头人，并在本地区之外的本学科领域有较高的知名度。具有较强的指导和示范能力，能够组织、培养和指导县级以上骨干教师开展教育教学和课题研究。

（5）在职在岗，工作热情高，责任心强，能够胜任工作需要；身体健康，距离法定退休年龄至少3年。

优先推荐对象：国家“万人计划”教学名师；省市优秀教师；省市“百千万人才培养工程”名教师培养对象；市级以上名师工作室主持人；具有正高级职称或特级教师称号的教师（教研员）。

（三）名师工作室入室学员遴选条件与要求

以省级名师工作室为例，对工作室入室学员的基本要求包括：

（1）认真贯彻落实党的教育方针，热爱教育事业，师德高尚，有扎实的理论基础和初步的教学主张。

（2）在教学教研一线的在职在岗教师，身体健康，年龄原则上不超过45岁。

（3）具有较强的教学科研和实践能力，参与过市级以上课题（排名前三）或在省级刊物上发表过文章，获得市级以上与教育教学相关的奖项或表彰，具有中级及以上职称。

（4）能够熟练应用现代信息技术，承担工作室的相应职责和任务，具备培训和指导其他教师的能力。

（四）工作室主持人及入室学员的变更

在学习周期内，入室学员原则上不允许替换。工作室成员原则上不允许替换，确因特殊原因，工作室成员需要替换的，主持人须将替换信息及时报送教育行政部门，说明具体原因，由教育行政部门审批备案。

在任期内，名师工作室主持人调到非教学教研单位或因故不能继续承担工作室任务的，其主持人资格自动终止，入室学员依申请重新调配，由教育部门发文确认；工作室主持人县（市、区）内调动的，由县（市、区）教育行政部门协调有关工作室经费划拨等问题；跨县（市、区）调动的，由所在地市教育行政部门协调有关工作室经费划拨等问题；经费下达前跨地市调动的，由上级教育行政部门协商调出市和调入市教育行政部门后协调经费划拨等问题，经费下发后，工作室主持人可回原单位据实报销相关费用，入室学员原则上保持不变。主持人单位变更情况要及时报送至教育行政部门备案。

二、名师工作室的管理

省市或区县级教育部门做好工作室统筹管理工作，负责制定名师工作室管理规定，开展工作室团队高端研修，负责工作室网络平台研发、建设和管理及工作室周期考核等工作。

省市或区县级中小学教师发展中心做好工作室的业务指导和日常管理工作，制订周期培养计划和年度培训计划；每年组织工作室主持人开展不少于3天的集中培训；负责协助理论导师的选派；指导主持人制订工作室工作计划和人才培养计划，开展教师培训工作，提升主持人的培训能力；组织开展不同区域间工作室的交流学习和研讨；等等。

教育行政部门按属地管理原则负责做好工作室的日常管理和指导；负责教研员和入室学员的选派；负责对工作室开展有关研修等活动的审核，经常性地对工作室进行检查指导；负责工作室年度考核，协调解决工作室遇到的困难和问题。工作室组织开展的教学研究、送教下乡、支教等活动纳入市、县教育行政部门管理，计算工作量。

三、名师工作室的职责任务

关于名师工作室的职责任务，本书专题三从工作室整体目标定位的角度已经进行了较为翔实的阐释，这里主要谈谈工作室主持人和成员的职责分工。

工作室主持人全面负责工作室建设、管理和组织实施等工作，对工作室的运行状态和目标完成情况进行过程性的检查和评估，负责组织年度总结和终期总结，并定期向上级主管部门汇报；理论导师和顾问指导制订工作室工作计划和培养方案，指导开展教育教学研究或管理研究，开设学科、学校发展或班主任工作讲座等；教研员参与制订工作室工作计划，指导开展教学和课程改革、班主任工作创新、送教下乡等活动，将工作室教研活动纳入当地教研计划并督促和协助主持人组织实施；等等。

工作室成员协助主持人培养青年教师，发挥专业指导和带头示范作用。协助主持人建立名师工作室专业交流平台（网站、公众号或其他）并进行日常管理。

工作室助手协助主持人做好工作室的日常管理、线上和线下的研修活动，以及有关材料整理归档等工作。

案例1

MINGSHI GONGZUOSHI JIANSHE ZHINAN

重庆市小学语文刘小红名师工作室三年规划①

一、指导思想

根据《重庆市中小学（幼儿园）中等职业学校名师工作室建设实施意见》，本工作室以“在教育事业中成就幸福人生”为愿景，以“理论与实践相结合、自主与合作相结合、学习与应用相结合、反思与提升相结合”为原则，以“搭平台、练内功、重辐射、共发展”为工作策略，以“专业引领、同伴互助、交流研讨、自主研修”为基本

① 刘小红. 重庆市小学语文刘小红名师工作室三年规划［J］. 今日教育，2015（12）：31.

研修方式，着力培养和打造在本市乃至全国有一定知名度的个性鲜明的名教师。

二、工作目标

力争让每位工作室成员都成为研究型、智慧型教师，成为教学内容的研究者、教学艺术的探索者、科研沃土的开拓者、学生潜能的唤醒者、教师成长的引领者。力争让工作室成为：登高望远、极目远眺的“瞭望台”，丰富知识、积蓄动力的“充电房”，激荡心灵、碰撞思维的“激情谷”，找出差距、发现问题的“检验所”，锤炼素养、孕育名师的“孵化器”。在三年内，力求形成一支有厚度、有温度、有高度、有力度，能起引领辐射作用的小学语文教师团队。

三、工作理念

（1）培植成功心态。塑造教师相信自己、积极进取、追求卓越、实现自我的成功心态。

（2）修炼个人魅力。学识魅力和人格魅力同步修炼。

（3）追求个性发展。根据每位教师在专业领域的最佳发展区和最近发展区，使其在专业领域成为最好的自己。

（4）拓展课程视野。将教室、校园和社会与学生生活、学习、成长密不可分的空间有机整合，实施整体育人。

（5）砥砺实践智慧。逐步从经验和技术层面上升到智慧的层面。

（6）提升职业境界。感悟和追寻“在教育事业中成就幸福人生”的美好愿景。

四、工作策略

1. 明确三个抓手，有序推进研究

（1）聚焦课堂。多上课、多听课、多议课、多赛课，在课堂中生长出原生态的、本土的教育思想，形成自己独有的教学风格。

（2）抓实课题。以课题为载体，找寻学员的专业突破点，结合学员研究现状与兴趣，分别确定研究子课题。

（3）开发课程。根据课题研究，开发系列校本课程，并推广运用。

2. 搭建三类平台，寻求专业共生

（1）网络学习平台：积极上传区域、学校教师的优秀教案、论文、随笔、课件等，及时上传收集的有价值的资料，及时推荐国内外教改动态和教育资讯。

（2）互动交流平台：通过QQ群、微信群开展读书分享会，举办学员论坛。

（3）锻炼展示平台：开展送教下乡活动，组织联合教研，举办专题讲座，参加各类竞赛，从教学到科研，搭建多类型多层次展示平台。

3. 集聚三大力量，合力促进成长

（1）主持人资源整合力：整合高校资源、市内外专家资源，特别是成效显著的名师工作室主持人资源。

（2）学员发展内驱力：通过探寻名家名师成长路径，实行任务驱动，运用表彰激励，激发内心需求，形成专业自觉。

（3）工作室的吸引力：打造“包容、赏识、互助、共进”的团队文化，注重人文关怀与专业引领，体验前行路上相携相扶的累并快乐着的奋斗过程。

五、工作任务

工作室重点围绕“教学理论的积淀、教学风格的形成、研究成果的物化”三项目标，提出每学年的工作任务。

（1）名著研读。每学年阅读2本以上文化经典或教育名著，进行2次读书分享。

（2）论文撰写。每学年撰写2篇以上论文（案例），并有1篇以上在市级以上公开发行的刊物上发表。

（3）课题研究。每学年主研1个市级以上立项课题，三年中有1项市级课题结题，有1项课题获市级以上奖励。

（4）课堂教学。每学年上研究课不少于1节，公开的研究课必须有详案设计、课后反思。每学年点评公开课1次，点评后必须整理点评稿，进一步提高评课能力。

（5）专题讲座。每学年承担1次公开讲座任务。讲座长度不短于半个小时，讲座必须有文字讲稿和PPT讲稿。

（6）学习体会。每学年结合深刻理解的观点与真实的学习体验，写1篇不少于1000字的学习体会，做到内容具体，有感而发。

（7）成果展示。一是围绕学习主题，形成主题之外的延伸阅读材料。二是编印学员论文、案例1本。三是编印学习心得1本。四是根据研究开发系列校本课程。

六、具体规划（略）

七、预期成果（略）

八、工作制度（略）

基于本专题系统性的考虑，上面列举了重庆市小学语文刘小红名师工作室发展规划案例。有关名教师、名校长、名班主任工作室如何制定发展规划，将在本书专题六进一步讨论。

（三）名师工作室的任务安排

工作室需按规定完成在3年培养周期内以及每年度工作职责中必须完成的任务。

1. 第一年度

第一年度是工作室工作起步阶段，需完成工作室基础建设、建章立制和本年度工作任务。

（1）开展工作室建设。

落实工作室场地、人员组成、职责分工；构建工作室理念，形成工作室制度和相关计划（包括周期工作总计划和年度工作计划）。

（2）开展培养培训。

工作室对入室学员进行培养培训需求诊断，剖析入室学员在教育教学、班主任工作、专业发展等方面存在的主要问题，制订有针对性的培养方案；指导入室学员制订个人职业发展规划方案，方案内容包括学习周期内及年度的发展目标、途径，明确双方职责和义务等。

工作室主持人安排入室学员到其所在单位跟岗，学习主持人的办学理念、教育教学思想、班主任工作及管理智慧。本年度每位入室学员实际入室跟岗学习不得少于10天，跟岗期间应全程参与工作室所在学校的行政管理、班主任工作或教学教研活动；通过听课磨课、交流研讨或学校管理诊断等方式开展集中研修不少于5天。

依托省市教育资源公共服务平台建成辐射当地乃至省内外的网络工作室，接收网络学员进入工作室学习，按照要求完成本年度的协同研修任务。

（3）开展课题研究。

工作室团队共同确立工作室课题研究的方向。鼓励和支持工作室积极申报国家、省、市、县（市、区）等各级教育教学科研课题。

（4）开展送教下乡活动。

工作室自主联系确定帮扶的薄弱学校，主持人和入室学员每人至少与2名乡村中小学教师、校（园）长、班主任结成互助帮扶对子，本年度至少组织开展1次送教下乡或下基层活动。

2. 第二年度

第二年度是工作室夯实发展阶段，需逐步完善工作室建设、凝练工作室理念、形成工作室品牌以及完成本年度工作任务。

（1）完善工作室建设。

通过市内外工作室互访、案例分享与分析等形式，加强与其他工作室之间的学习交流，促进对工作室建设与管理理念的反思，完善工作室制度建设；在教育教学改革、学校管理实践或班主任工作中不断凝练工作室理念，促使主持人形成品牌建设思路与策略，初步形成工作室的品牌。

（2）开展培养培训。

根据实际情况检视和优化培养方案，明确本年度及培养周期的发展目标、途径；根据实际情况，开展多种形式的集中研修，时间不少于15天，可分段多次开展（不少于2次）；完成本年度的网上协同研修任务。

（3）深化课题研究。

通过课题研讨、专家指导、同行互评等方式，针对工作室在第一年度确立的课题研究方向，进一步明确研究问题，深化研究层次。

（4）开展送教下乡活动。

本年度至少组织开展1次送教下乡或下基层活动。

（5）接受中期检查。

省市教育行政部门对工作室进行中期检查评估，加强工作管理和业务指导。

3. 第三年度

第三年度是工作室深化建设、总结宣传阶段，应进一步加强工作室建设、总结工作室理念、宣传工作室品牌，扩大名师工作室影响力以及完成本年度工作任务。

（1）深化工作室建设。

通过工作室研讨、总结，案例分享与分析等形式，促进对工作室建设与管理理念的反思，深化工作室制度建设；通过工作室主持人及入室学员研讨、总结等形式，进一步明确工作室理念，形成工作室在所在专业领域的独特品牌。

（2）开展培养培训。

根据实际情况检视和优化培养方案，明确本年度及培养周期的发展目标、途径；根据实际情况，开展多种形式的集中研修，时间不少于15天，可分段多次开展（不少于2次）；完成本年度网上协同研修任务。

（3）凝练及推广成果。

总结工作室建设经验，提炼课题研究成果，通过课题研究成果汇报等方式，促进主持人形成教育教学、班主任工作或办学思想；通过发表论文或出版著作等形式，提高主持人总结提炼办学成果和撰写论文的能力，以及指导学员撰写的能力，促进工作室相关成果的沉淀和转化；加强工作室市内外交流研讨，可召开研讨会、座谈会，分享工作室经验，提高工作室成果展示度和影响力；可在市内外新闻媒体、学术刊物等进行教育教学、办学思想或班主任工作的创新成果宣传展示。

（4）完成入室学员结业考核并接受工作室周期考核。

（　　　　）工作室（　　　　）年工作计划

前言

一、工作目标

二、主要任务

三、主要措施

四、经费使用安排

计划支出月份	计划支出项目名称	主要内容	计划支出金额（元）	1～12月累计支出金额（元）	备注

五、工作计划表

月份	日期	地点	活动内容	参加人员	预设成果

四、名师工作室的保障措施

名师工作室要发展良好，就需要得到环境建设、制度建设、基础设施、经费支持等方面的有效保障。这里主要谈谈以下几个问题。

（一）名师工作室的文化建设①

名师工作室文化指工作室在长期发展中形成的一种文化积淀，这种文化积淀最终反映在工作室所有成员一致认同的价值追求、精神意志、行为准则以及行为方式上。有特色和辨识度的工作室文化，能促进工作室成员专业内涵的发展和教育资源的辐射，引领工作室团队自觉成长。

名师工作室文化建设内容包括制度文化、理念文化、形象文化和行为文化四个方面。制度文化是“纲”，是规范工作室行为的准则；理念文化是“魂”，是工作室的精神内涵；形象文化是“形”，是工作室理念的外显表达；行为文化是“基”，是工作室的气质流露。

1. 制度文化

工作室制度是指被每个成员所认同和接受，并对其行为产生影响和作用的规章制度，是保障工作室有效运行的行为准则和要求。制度是“纲”，具有强制性，强调执行力，是“要我做”。将工作室制度烙上文化印痕，强调感染力，旨在提高工作室管理水平，从“制约”到“自觉”，从“要我做”到“我要做”，包括工作室学员的培养方案、职责分工、个人发展规划以及工作室的管理条例及配套措施，如考勤制度、研讨制度等，让工作室活动的开展有据可依，规范化运作。

2. 理念文化

工作室理念文化是高度概括价值观、理想信念、教育思想等共同愿景，以简洁、明确的文字呈现出来。工作室要精准定位，确定发展目标，从而确立正确的努

① 钱勇. 价值引领文化铸人——以浙江省温州市钱勇体育名师工作室文化建设为例［J］. 体育教学，2022，42（10）：59-61.

力方向。理念文化回应了名师工作室“我是谁”和“我要到哪里去”两大问题。理念文化建设指向工作室发展方向，引导工作室行为，是工作室文化建设的价值核心和灵魂，包括工作室理念、工作室目标、工作室宗旨、工作室室风、工作室教学主张等。

3. 形象文化

工作室形象文化是对工作室共同信念、价值与理想的外显表达。比如，室徽标识、字体颜色、文创产品等方面的设计，使工作室理念内涵可视化、简洁化、符号化，更有辨识度。形象文化是“形”，回应了工作室“做成怎样”的形象，有效、快速、准确地传播工作室理念。形象文化建设应体现学科性、独特性和创造性。

4. 行为文化

行为是工作室文化的体现。文化归根结底是要以“文”化“人”，进而以“人”弘“道”。工作室学员的待人接物、举手投足、只言片语及团队的精神风貌，就是工作室文化气质最真实的反映。行为文化主要体现在阅读行为、教学实践研究行为和成果表达行为三个方面。

东莞市刘厚仰名师工作室文化建设[1]

刘厚仰名师工作室标志

① 作者为刘厚仰，东莞市中小学名师工作室主持人，东莞市石碣镇袁崇焕中学副校长。

刘厚仰名师工作室场地布置

刘厚仰名师工作室是东莞市初中生物学学科名师工作室，工作室的室训是“扎根厚土，仰望星空”，即脚踏实地，扎根课堂厚土，仰望教育星空，明确目标和方向，巧妙地将工作室主持人的名字“厚仰”两个字嵌入其中。工作室根据东莞市“慧教育”的战略重点，积极推进“互联网+”的探索，着重于教学实践，深化初中生物学教学生活化的研究，着力发展学生生物学学科核心素养。

工作室的标志总体围绕着“扎根厚土，仰望星空”的室训来设计。标志中的树是生物学学科的特征，充满了生物学学科的味道。标志相关细节解释如下：

室名：东莞市刘厚仰名师工作室——由广东省“五一劳动奖章”获得者刘台芳同志题字。

星空：表示教育的愿景和发展的方向。

树：是生物学学科的特征，喻意生命的生长和师生的成长。

树的主体：由三颗紧密联结的爱心组成，三人成众，代表工作室是一个团结统一的整体。

树干：由“厚仰”拼音的首字母HY组成，表示主持人甘为人梯，起支撑、引领和示范作用，助力团队的共同成长。

底部：形似书本的大地，蕴意向书本汲取营养，培根塑干。

江苏吴江唐秦历史名师工作室文化建设[①]

一、工作室愿景

宗旨：研究的平台，成长的示范，凝聚的核心

理念：突出一个“主题”，即“教师专业成长”，争当科学发展的“人师”、学养丰厚的“经师”和人民满意的“名师”。立足一个“转型”，即“课堂教学转型”，重构课堂模型、凝练教学特色、优化教学行为、提升课堂品位。优化两项“行动”，即“研究推进”“学术支撑”，通过共读提升学养，透过研究推进转型，援引学术丰厚课堂。

口号：课堂为中心，研究为平台；价值为引领，学术为支撑；成长为动力，育人为追求。

二、工作室制度

（一）组织管理

（1）工作室为成员建立档案，成员每年完成“八个一”：开设一节精品课、设计一个课题课例、撰写一篇教育随笔、原创一份优秀导学案、撰写一篇活动体会、读一本史学书籍、研究一本教育书籍、研读一年期刊、撰写一篇教学论文。

（2）教育局人事科对工作室以三年为一个周期进行评估。工作室每学期做中期小结，每学年做年度总结。

（二）职责内容

1. 团队建设，促进专业成长

研究与探讨骨干教师成长规律，造就具有学科研究特色的骨干教师队伍。实行名师负责制，领衔人与每个成员签订培养责任书，根据

① 唐秦. 江苏吴江唐秦历史名师工作室简介［J］. 中学历史教学，2016（3）：2，4-5.

各自特点，制定专业化发展目标、途径及评价办法。工作室骨干教师要指导所在学校2~3名青年教师。

2. 理论学习，提升学术水平

领衔人带领工作室成员系统学习历史学科的前沿理论与课程改革理论，并在课堂教学实践中不断提升自己的业务水平和理论修养，做好读书笔记，定期在工作室网络平台发表读后感言，交流心得体会，以同伴互助的方式共同成长。

3. 科学教研，发挥示范作用

积极参加本校、本地区的教研活动，包括校际交流、各级学科会议、学科培训、各类论文与经验交流活动等，有效发挥名师的示范辐射作用。积极主动帮助所在学校培训中青年教师。

4. 有效教学，提高学科质量

以领衔人的特色、专长为基础，以全体成员的智慧为依托，以历史有效教学为主要研究对象，以提高教学质量为根本目标，进行“新课程背景下高中历史‘探究—建构’型教学的实践研究”和“时代性价值取向：‘探究—建构’型教学的深化研究”的研究。采取个别指导、案例分析、专题讲座、沙龙研讨、观摩展示等形式，在实践中反思总结和开展研究，以论文、精品课等为成果呈现形式。

（三）成果辐射

以网络平台为依托，设置名师论坛、成长感悟、释疑解惑、教改前沿、成果共享等栏目，传播教育理念、交流教学方法、推进课程改革、彰显品牌效应。以论文、专著、研讨会、报告会、公开教学、专题讲座、兴趣小组等形式引领、示范、辐射。

（二）名师工作室的经费保障

省市财政在建设周期内每年安排工作室经费补助，补助资金按年度下发到工作室所在单位。工作室主持人所在单位对补助资金实行专账核算，专款专用。工作室主持人要严格按照相关财务管理制度统筹安排资金，并受所在单位监管。鼓励和支持地市、县（市、区）对所辖的工作室给予一定的经费和条件支持，将其纳入本地相关人才支持计划予以扶持。

工作室经费主要用于工作室软硬件配置和培训研修活动组织等，包括教学设备、图书资料、办公用品配置，网络线上支持以及学习资源建设；工作室组织开展的集中研修、跟岗实践、学术交流等活动期间的食宿费用（含工作室成员和入室学员的食宿费，不含差旅费）和其他费用（含会务、场地、课酬等）；工作室成员及入室学员外出交流学习、培训研修的培训费、食宿费等；工作室研究成果的宣传、论文发表和著作出版等开支。

各地行政部门和学校可结合实际制定名师工作室经费具体管理办法，确保经费支出使用规范有序。工作室主持人所在学校要严格管理财务和资产，定期进行收支核算统计。主持人按年度向主管教育行政部门报送工作总结及绩效自评报告。

（三）名师工作室的平台搭建

教育行政部门要协调、落实有关政策，将名师工作室作为本地优秀人才培养、教育教学研究和教学成果推广示范的主要基地，组织安排相关任务和活动。省市教育部门组织搭建名师工作室网络学习空间，扩大名师工作室的影响力。

教育行政部门应完善高校、地方教师培训机构、名师工作室“三位一体”管理机制，对工作室主持人进行培训和指导。建立“省—市—县”工作室三级联动机制，充分发挥区域内各级工作室的示范引领作用。

工作室的理论导师、顾问和教研员要积极推荐工作室主持人及学员加入专业学会、参加学术活动、担任专家和评委，帮助宣传和推广工作室的研究成果，提供展示的机会，如开设名师大讲堂、开展名师送教下乡等活动。

“莞邑良师”沙龙助力名师工作室发展[①]

“莞邑良师”沙龙是由东莞市教育局主办，东莞市中小学教师发展中心承办的高水平研修平台。旨在发挥东莞市名师、名班主任、名校（园）长工作室主持人的示范引领和辐射带动作用，扩大“莞邑良师”的影响力，更好地输出东莞教育的成果经验，擦亮“莞邑良师”品牌。

“莞邑良师”沙龙自2021年1月启动，截至2022年12月，共举办了62期，300多个工作室的3000多位主持人和培养对象参与了活动。活动邀请了省内外知名专家、嘉宾百余人，产生了良好的社会影响力，初步成功搭建起了“莞邑良师”示范、展示、输出成果的新平台和新品牌。

沙龙通过主题分享、专家微讲座、工作室汇报、圆桌论坛、世界咖啡、小组研讨、案例分析、观摩交流、现场答疑等多种形式聚焦教育的重点、热点、难点问题。每期主题和参与人员不禁锢在某一学科、某一学段或某一领域，改变了传统工作室活动单一的特点，打破了工作室的壁垒，实现了跨学科、跨学段、跨界的交流，使教育的触角延伸到不同领域，延伸到社会。通过收集、汇总、传播名师的教育经验、教育智慧，沙龙成果惠及全市教师，带动了整个教师队伍的发展，形成了莞邑良师研修新模式。例如，第6期“畅谈古典诗词　构建品质语文”成功衔接了小、初、高，实现了跨学段的交流；第12期“讲好党史故事　传承红色基因”，融合了语文、政治、历史三个学科，实现了跨学科的交流；第7期“普特融合共成长”，石碣人民医院钟向阳书记、东莞市残疾人福利基金会理事长叶宝维，就如何推动普

① 东莞市教育局，东莞市中小学教师发展中心编印《莞邑良师沙龙2021—2022》。

特教育融合建言献策，实现了跨界的交流。

萧伯纳说：“你有一种思想，我有一种思想，彼此交换，我们就有了两种思想，甚至更多。”每期沙龙，我们精选贴近教育教学的重点、热点、难点问题，在观点交流、思想碰撞、畅所欲言中，实现着多元思想的交换。教师们可能会从一句话、一个观点中衍生出一个研究、一项课题。每次沙龙都像一次播种，我们期待着种子发芽并枝繁叶茂。雅思贝尔斯说：“教育的本质意味着一棵树摇动另一棵树，一朵云推动另一朵云，一个灵魂唤醒另一个灵魂。”我们把这句话放在每期视频的结尾，是想表达教育的本质就是摇动、推动、唤醒。我们利用公众号、视频号、录播等形式对沙龙活动进行报道、宣传，在主场地用背景墙展示每期活动内容，为东莞的教育挖掘了增长新动能。

沙龙主场地设在市中小学教师发展中心的1956学员活动中心。随着活动不断深入、影响力不断扩大，沙龙开始走进镇街、步入学校。第16期“建党百年系列沙龙之二：培育四有好教师　献礼党的教育事业”，在东莞寮步中学以“世界咖啡”的形式举办；第28期“坚守初心　遇见未来——教育应有的样子”，走进东莞市松山湖北区学校，在“移步换景”中，研讨着教育应有的样子；沙龙还走出了东莞市，第27期“‘双减’政策下的学校特色课程建设”受邀在潮州城西中学举办；我们还与韩山师范学院广东省中小学教师发展中心、潮州市教师发展中心，联合举行了“莞潮涌动　扬帆远航——‘七棵树’莞邑良师沙龙暨粤东基础教育学科群‘名师工作坊’，广东省基础教育学科校验基地联合主题活动”，树立了“七棵树”莞邑良师沙龙良好的品牌形象。

沙龙主场地容纳量有限，更多的教师无法到现场参加活动。项目伊始，我们就确定了以公众号、视频号、录播等形式对沙龙活动进行报道、宣传，打破了沙龙场地的禁锢，让沙龙成果惠及更多的教师；我们不断完善视频号，力求宣传形式多样。同时，加强与媒体的深度合作，如和《广东教育》、“南方+”、东莞电视台等合作，开展多方位、多角度、多样式的宣传与推广。第18期教师节特期“我为什么当老师”和“南方+”合作，录制之后的全市播放，再现了整场沙龙活动，将五位教师代表的初心与坚守的故事讲给千家万户，影响广泛。

此外，工作室主管部门也应为名师的成长和工作室建设提供帮助。以广东省为例，为了给名师工作室主持人更多的展示舞台，2009年，广东省教育厅教师继续教育指导中心还与《师资建设》编辑部合作开设“广东名师”专栏，由胡继飞和王增海负责定期推出教育厅遴选出来的中小学名师。后来，因杂志改刊和停办等问题，合作没有继续下去，但下面这篇刊发在2009年第5期《师资建设》上的文章就是最好的见证。

仰望理想的天空　走稳现实的脚步

——再评广东名师张云鹰和游彩云

文/胡继飞

《师资建设》第1期以《云天翔鹰　扬帆西海》为题推出了“广东名师”专栏开篇主人公——来自深圳西乡中心小学的张云鹰，拉开了专为我省名师建设工程量身定做的“广东名师”栏目的序幕。随后，第3期又隆重推出了另一位南粤才俊——来自广州市体育东路小学的游彩云，以一篇《名师天空彩云飘》再为“广东名师”栏目涂上了浓墨重彩的一笔。也许是机缘巧合，两位名师的名字中都有一个“云”字，无论是“云鹰”还是“彩云”，意境旷远而大气，透射出理想价值之精神执着的文化性格，大有“仰望理想天空”的深刻寓意。两篇人物传记的作者也没有错过机缘，巧妙地将两位主人公的名字融入文题之中，为专栏平添了不少意境和厚重感。

读过两位名师的传记，发现她们有着很多的相似之处：同为女性，同为小学语文教师，都在发达的城市工作，都有特级教师的头衔，同享众多的社会荣誉，还都位居校长的领导职位。成功者成于不舍的追求，失败者败于无能的学步，透过表象我们不难发现，两位名师更大的相似之处还在于，她们共同拥有作为未来教育家所需要的职业理想、专业素养和开拓精神，两位名师堪称师德的模范、教学的表率、教研的能手和管理的行家。

先说说来自深圳的张云鹰，她长于科学治校，重于言传身教。所谓开拓和创新，就是善言前人未成之言，究前人未究之理，举前人未成之举。张云鹰校长有着多年从事教育科研和教师培训的专业背景，所以她的学校管理工作体现出更强的目的性和计划性。她在富有智慧的思考中逐步建立了“以人为本”的学校管理体系，在现代教育理论的引领下找寻到既有时代气息又有校本特质的教育实践之路。

张云鹰校长能言前人未成之言，她提出将成为“终身学习的示范者、现代教改的参与者、现代城市的建设者、职业生涯的幸福者”作为“教师第一战略”，可谓高度、宽度和温度兼备；她将“争创省内一流、国内知名的现代化学校”作为学校的二次创业目标，更显露“云天翔鹰”的大气魄；她的“教学不精彩，人生也不精彩”的名言，给“教学是学校的中心工作”做出了更具人文情怀和实践旨趣的注解。张云鹰校长善究前人未究之理，她开专题讲座与同事一起探讨“教师不是为校长工作而是为自己的履历工作”的道理；她用“正因为你没经验，可能更容易出新”来鼓励新手上示范课；她认为，校长应具有高超的课程领导力，应成为校本规划专家。张云鹰校长敢举前人未成之举，她敢于置自己于“众目睽睽”之下，亲自给教师上不同层次和不同类型的示范课；为提高教师教育教学能力，她经常开设讲座来对教师进行校本培训；为提升教师的职业修养，她以身作则引导教师通过服饰扮靓自己的外表，通过读书提升自己的内涵；她创立了“人格、升格、风格”和“外环、中环、内环”的“三三制”立体化培训模式；她在推行情感管理的同时重视管理制度建设，建立了涵盖核心管理、岗位管理、德育管理、教学管理、后勤管理共5大板块83项的管理条例或工作细则。

张云鹰是一位优秀的管理者，首先在于她亲自倡导和践行的“情感管理”。作为管理者，校长要俯下身段来倾听教师的诉求，要努力让教师感受到职业的快乐和幸福，而不是高高在上、傲慢冷漠。在这个过程中，学校为教师创造激励性的环境很重要，因为寻找模式和意义的过程中，激励性的环境能够使教师的工作状态达到最佳。

张云鹰是一位成功的管理者，首先在于她的自身素质和言传身教。作为管理者，你首先应努力成为师德的楷模、教学的专家和教研的能手，你的示范和引领不仅能带给教师们实实在在的帮助，还能带给自己靠行政职权难以建立的职业威信。好校长首先是一位好老师，张云鹰就是这样一位好老师，她对教育事业的热爱，她所追求的教师职业理想，她具有的课堂教学技能和专业引领能力，她的钻研精神和取得的教研成果，在社会上得到了高度认同，她自然也赢得了同事们的敬佩和尊重。

“云天翔鹰”常有“彩云相伴”。“一个好汉十个帮”，好校长没有一群好教师相佐将一事无成，来自广州天河区的游彩云正是我国千千万万好教师中的杰出代表。对于身兼副校长一职的游彩云，我更愿意将她视为一名穿梭于学生中、行走于课堂上的语文教师。

彩云老师年轻，但业绩突出。看着那张略带稚气的脸庞，我很难将她与广东特级教师、全国模范教师、公开课“超百节”教师等称谓联系在一起，因为她实在太年轻了。

游彩云是为教师职业而生的，因为她有较为优越的先天条件：外表清秀，性情温和，感情细腻，嗓音甜美，还有那常挂在脸上的孩子般的笑容。对于这样的形象，孩子们很容易产生天然的亲近感。游老师上语文课的最大特点是有激情，有浓郁的诗意，有畅达的言语，有一唱三叹的情感融合，最能够调动起学生的无意识学习心理。

游彩云是为教师职业而活的，因为她深深爱上了教师这个神圣的职业，并为此而孜孜以求。游老师明白，先天条件只是成就事业的基础，后天的努力才是成功的关键。她是个有心人，从走上教师岗位开始，就有针对性地进行自我修炼，如写下水文、练习普通话、阅读儿童文学作品、训练朗诵技巧、观摩优秀教师教学和开展教学研究。正是这样一步一个脚印，她练就了一身过硬的教学基本功，对于如何领会课标、如何驾驭教材、如何整合资源、如何导入新课、如何过渡转接、如何强化巩固、如何讲解演示、如何提示点拨、如何设疑激兴、如何拓展延伸，她已经是驾轻就熟、运用自如。如今，她在圈内的名气越来越大，她的公开课开到了省外，先后在上海、浙江、香港等20多个地区进行教学示范和经验交流。

教学风格是评价名师的一个重要指标，而彩云老师也初步形成了自己的教学风格。她擅长情境教学，善于运用朗诵、音乐、舞蹈、图画、视频和观察活动来创设轻松愉快、生动活泼的学习情境，她的语文课犹如一段轻松的旅程，让学生享受学习的快乐。她还在实践中摸索出“情境—主动—交互—发展”的基于网络的情境教学模式。她擅长课堂设问，问题教学是以提出问题和解决问题为核心，其前提是课程内容要问题化，也就是将教学内容以问题的形式呈现给学生，让学生在解决问题的过程中拓展认知、获得情意体验。她认为，课堂的成功很大程度上是由课堂提问的有效性决定的，因为教学内容问题化是有效教学的核心，问题是产生学习的根本原因，没有问题的教学是粗浅的和被动的。她重视课堂的互动性，互动性教学体现了教学的本质特征，也是课堂生活的一个重要组成部分。她认为，课堂互动既包括人与人之间的互动，如师生互动和生生互动。也包括人与物之间的互动，如教师与文本间的互动和学生与文本间的互动。为此她注意创设民主和谐的互动氛围，让学生、教师和文本三者之间进行情感对话和思想交流。好的课堂教学应注重学生的主动发展，“发展”是一种良性变化的状态和过程，“主动”则表明这种变化的原因和方式。互动性教学无疑有利于学生的主动发展。

总之，课堂成就了游彩云，课堂也因游彩云而生动、精彩，富有诗意。彩云老师的课堂呈现给我们的，是一种生活的真实和一份愉悦的心境，是一幅多姿多彩的优美画卷。同时，年轻是财富，彩云老师有更多的时间和空间磨砺自己，我们期待她进一步实践和积累，而后建立自己的教学理论体系、确立自己的教学风格，早日成长为一名国家级教学名师和实践教育家。

“八月桂花九月香”，造就一批名师契合了这个时代的预期。分享过两位名师带给我们的感动，接下来就是希望这样的感动能够永远持续下去。作为“广东名师”专栏主持人（另一位是王增海老师），我们期待着有更多的南粤教坛精英相聚“广东名师”，希望广东的名师通过这个平台走向全国乃至世界，让更多的教育同仁一道聆听名师们的“高山流水”，一同分享名师们的“思想盛宴”！

（四）名师工作室的研修管理

承担培养任务的工作室主持人、工作室助手和入室学员，将按要求开展的年度培训研修任务纳入继续教育学时管理，可计算为当年全部个人专业学时和选修科目学时；理论导师、顾问和教研员按计划指导工作室开展研修活动，可计算为完成当年选修科目所需学时；网络培训学员按要求完成当年学习任务，可计算为完成当年选修科目学时。

工作室入室学员参加集中研修，研修通知可由工作室印发，工作室主持人所在学校（单位）代章，亦可由地市、县（市、区）级教育行政部门代为发放；工作室成员参加工作室活动的证明可由工作室主持人所在学校（单位）代章，工作室成员的有关证书及入室学员结业证书由工作室和教育行政部门共同制作和发放。

五、名师工作室的考核评价

名师工作室三年建设期满时，由教育行政部门统一组织评估考核。考核结果分为优秀、合格和不合格三个等级。对考核结果为“优秀”的工作室主持人及其成员予以激励，在评优评先、职务职称晋升、岗位聘任等方面在同等条件情况下给予优先权，考核优秀的比例不超过30%；“不合格”的撤销该工作室及其主持人的称号，取消该主持人再次申报名师工作室的资格。

（一）工作室年度考核

工作室所在地市教育行政部门负责工作室年度考核，具体流程为：工作室主持人填写年度考核表，连同相关证明材料经所在单位初核后报所属教育行政部门审核，考核结果由地市教育行政部门汇总报送至省市教育部门备案，年度考核合格的工作室才能核拨下一年度的工作室建设经费。

（二）工作室周期考核

由省市教育部门统筹开展工作室主持人的周期考核。

名师工作室考核的内容有：凝练教育教学思想、办学理念及特色等情况；工作室自身的建设和发展水平（硬件和软件）；工作室线上线下研修活动计划和完成情况；工作室建设，包括线上和线下的基础设施建设、管理制度、资金使用管理机制等方面的情况；工作室团队指导研修的情况和成效；教育教学科研成果和入室学员成长情况；在当地教育教学改革中所发挥示范和辐射作用的情况等。

名师工作室考核的方式有：提交自评报告和相关佐证材料；查看原始材料（含网络工作室原始数据材料，包括备课、听课、评课、上公开课和年度总结等原始记录，以及科研课题、获奖证书、论著等原件）；听取工作室汇报，主要是听取主持人和成员就三年来的工作所做的总结；听取学员评价；听取社会评价，主要是对兄弟学校、教师和培训学员等进行调查；听取当地教育行政部门汇报；现场考察工作室，包括考察办公场所，听课和参与教研活动等。

名师工作室考核的材料有：发展规划、研修计划及总结（含三年规划、学年计划、年度总结）、示范课或讲座（教学设计、讲座提纲及音像资料）、指导学科教研活动（活动记录、照片）、课题研究（研究过程记录及成果）、撰写或发表论文（发表刊物复印件）、学科课程开发（校本教材、讲课教案或课件）、教师继续教育或校本培训（讲义提纲和课时数）、工作室网页建设、学校支持名师工作室建设情况、名师工作室经费开支情况。

工作室及主持人考核材料提纲

一、工作室主持人基本信息更新

二、工作室建设情况

（一）工作室建设完成情况

（1）场地建设（场室和硬件）。

（2）团队组建（人员组成和分工）。

（3）制度建设（构建工作室理念，形成工作室制度，制订任期规划、年度计划等）。

（4）学员培养方案。

（二）工作室学员情况

三、主持人发挥示范引领作用情况

（一）主持人承担示范课、专题讲座情况

（二）主持人教育科研课题和成果情况

四、工作室培养效果和品牌创建情况

（一）集中研修等活动开展情况

（二）学员专业成长情况

（三）工作室品牌创建情况

（四）组织工作室学员参与培养效果的专题调查

五、工作室经费使用情况

（一）市级经费支出情况及主要支出项目

（二）配套经费供给及支出情况

六、工作室及主持人所在单位考核意见

<table>
<tr><td>工作室主持人姓名</td><td></td><td>工作室类别</td><td></td></tr>
<tr><td>工作室主持人所在单位</td><td colspan="3"></td></tr>
<tr><td colspan="4">对工作室主持人相关业绩材料的审核情况</td></tr>
<tr><td colspan="4">

负责人：（盖章）</td></tr>
<tr><td colspan="4">工作室研修活动开展情况（活动开展总次数：____）</td></tr>
<tr><td>时间</td><td>活动主题</td><td>参加人数</td><td>活动效果</td></tr>
<tr><td></td><td></td><td></td><td></td></tr>
<tr><td></td><td></td><td></td><td></td></tr>
<tr><td></td><td></td><td></td><td></td></tr>
<tr><td></td><td></td><td></td><td></td></tr>
<tr><td></td><td></td><td></td><td></td></tr>
<tr><td colspan="4">工作室在本单位内发挥示范引领作用的评价意见</td></tr>
<tr><td colspan="4">

负责人：（盖章）</td></tr>
<tr><td colspan="2">建议评定考核等次</td><td colspan="2"></td></tr>
</table>

七、工作室年度总结

（三）工作室入室学员的考核与评价

培养周期结束时，各工作室根据管理办法和本工作室培养要求，开展入室学员的结业考核。入室学员结业考核的结果分为优秀、合格和不合格三个等级，其中考核为优秀等级的入室学员比例不超过本工作室学员人数的30%。结业证书、优秀入室学员证书发放和学时录入等工作由各工作室协同教育行政部门完成。

活动与思考

一、请根据工作室的实际情况，与工作室成员一起制定或者完善名师工作室的各项管理制度。

二、请根据工作室的学段、学科特点及个人风格，与工作室成员一起完善名师工作室的文化建设，如形成共同的教育理想和价值观、提炼教育理念或教育信条、设计工作室徽标、编写工作室之歌等。

三、组织一次恳谈会，围绕“工作室成员的分工与合作”的话题进行研讨和交流。

四、有些名师工作室建立后业绩平平，工作室主持人也没有真正发挥示范引领作用，你认为原因何在？如何避免？

五、名师工作室应如何发挥顾问和导师的专业指导作用？

专题五

名师工作室活动的组织

高质量的活动是实现工作室发展目标的重要载体。工作室活动不仅要注重活动形式的丰富多元，更要注重活动的有效路径和实施策略。本专题从四个方面介绍名师工作室的实施策略：一是名师工作室常态活动的主要形式，主要包括专业阅读、集中研修、课例研究、课题研究、专题研讨、反思交流等形式；二是名师工作室创新活动的实施策略，主要有结对联盟式、辐射引领式、混合研修式、主题序列式、卷入式、“世界咖啡”式等活动形式；三是名师工作室如何实施教师培训，就教师培训活动实施的原则与策略进行探讨，并介绍了林伟名师工作室自创的“两线三阶十训式”工作室培训体系；四是名师工作室的综合实施策略，主要介绍广东省“三位一体”骨干教师培训的实践基础上建立的“四主四环”骨干教师培训模式的实施策略。

名师工作室的本质是集培训、研究、实践于一体的教师专业发展共同体。活动是名师工作室开展工作和常态运行的主要方式，丰富活动内容，完善活动路径，创新活动模式，形成工作室活动实施策略，是工作室建设与发展的核心。高质量的活动是实现工作室发展目标的重要载体。名师工作室研修活动应该如何设计和实施呢？名师工作室的活动绝不能只有单一、零散的研修形式，主持人应基于实际的教学问题对工作室活动进行科学、系统的规划和设计。同时，工作室活动除了要注重丰富多元的活动形式，还要注重活动的有效路径和实施策略，这样才能提高工作室活动的实效性，促进工作室学员在团队研修中获得专业成长。

一、名师工作室常态活动的主要形式

目前名师工作室的很多活动都以零散的听评课的方式开展，还有的以专家讲座的方式进行，缺少系统规划。出现上述问题的主要原因是主持人缺乏课程开发和研修活动设计能力，造成工作室活动的主题不够明确，活动设计不够系统，影响了工作室团队发展。名师工作室的常态活动是工作室开展研修活动的常见形式，工作室的常态活动主要有专业阅读、集中研修、课例研究、课题研究、专题研讨、反思交流等形式。

（一）专业阅读

读书是伴随教师一辈子的修习方式，是教师成长不竭的源泉。专业阅读是教师专业发展的重要途径。专业阅读主要有基础性阅读、主题性阅读、研究性阅读、写作性阅读、提高性阅读。配套活动有写读书笔记、分享读书心得、举办读书报告会等。

新教育研究院新阅读研究所研制小组历时三年半，经过采集大量的资料，科学筛选，专家论证，反复修订，推出了“中国中小学教师基础阅读书目”。这份教师阅读书目共100本，包含30本基础书目和70本推荐书目，每一大类分职业认同类、专业发展类和视野拓展类三小类。此外，《中国教育报》每年都会公布“教师喜爱的100本书”，中国教育新闻网每年都会评选年度“影响教师的100本书”。工作室可以参考以上推荐书目，或者通过专家推荐、学员自荐、互荐书籍精选阅读书目，从教师专业理念、专业知识、专业技能三个维度入手，坚持问题导向、全程开放、激励引领的理念，定主题、分阶段开展专业阅读研训活动，以自主学习、集中学习、阅读分享的方式分享学习，探寻问题突破的思路和对策。工作室引导学员将书面知识内化为个体教育知识积累，把专业阅读中形成的专业学习、专业反思、专业素养转化为工作能力，共同探讨阅读对教师专业成长和课堂实践的影响，并提出相关课堂教学改进策略。

案例1

以读促思　共同成长

——郭鲲鹏名师工作室读书分享会（第1期）

2022年9月6日晚上19：30—22：00，东莞市郭鲲鹏劳动教育名师工作室“阅读·分享”第1期读书分享活动在线上举行。忙碌的开学工作并没有减弱学员们的热情，大家相聚云端，分享读书心得，畅谈感悟，在思维的碰撞中学习，共同成长。

环节一　学员读书分享

活动由读书分享项目负责人钟巧芳老师主持。本期分享的两位学员是东莞市松山湖北区学校的劳动科组长朱柏霖老师和东莞市南城阳光中心小学的劳动科组长钟巧芳老师。

朱柏霖老师分享了读关春霞等主编的《劳动教育课程实施与评价》一书的心得体会，让我们领悟了“四个更新”以提升课程实施品质，领悟了“四个强化”以推动课程良性发展。他还学以致用，初步构建出本校的劳动教育课程体系。

钟巧芳老师分享了檀传宝的专著《劳动教育论要：现实畸变与起点回归》，让我们领悟了教育与生产劳动相结合的思路、劳动教育的中介地位和价值，通过反复琢磨，解决了心中很多的困惑。

环节二　学员交流学习心得体会

工作室的学员们结合朱老师以及钟老师的分享，分别就自己在暑假中的学习与思考进行了分享。例如：夏芳丽老师思考如何将传统美食文化与劳动课程融合；黎夏瑜老师思考如何有效利用好学校的劳动课程资源，劳动教师队伍建设如何才能发挥最大效用；张杰君老师对劳动评价进行了探索；祝志军老师认为劳动教育不仅要教会孩子劳动技能，还要培养孩子形成正确的劳动观念；刘惠芳老师探索项目化学习进行跨学科融合的策略……在分享交流中，学员们的智慧之火被点燃。

环节三　工作室主持人点评及分享

工作室主持人郭鲲鹏老师对每位学员的分享及努力方向进行了点评和指导以后，给大家展示了他最近购买的几十本劳动教育书籍和杂志，并结合自己假期的工作与学习情况，给学员们做了精彩的分享。

郭老师认为，工作越是忙，就越要加强学习，而阅读就是快速提升自己素养、提高工作效率的有效途径之一。他希望学员们能结合工作实践，带着问题去大量阅读专业书籍，并做到学以致用，解决工作中的问题。

郭老师指出：独行快，众行远。工作室的每位学员在自己的单位里都能独当一面，但工作室是一个学习共同体，大家必须多分享、同进步。他勉励学员：授者，奉其智慧；听者，思其异同，空杯归位。你有一个苹果，我有一个苹果，我们彼此交换，每个人还是有一个苹果；你有一种思想，我有一种思想，我们彼此交换，每个人可拥有两种思想。交流碰撞后，不只是每个人有两种想法，而是每个人原先的想法也得到修正、补充和提高，甚至产生更多的新想法。

最后，郭老师希望学员找准自我定位，做好个人的教师职业规划，有面对现实的重重困难的勇气，更有心怀光明的信念！

将近三个小时的分享，工作室学员们认真聆听、积极发言、收获满满。学员们通过分享自己的所思、所感、所获，彼此思维碰撞，对劳动教育和劳动课程有了进一步的认识。道阻且长，行则将至，愿我们在郭老师的专业引领下，做勇于思考、敢于实践的劳动人！

（二）集中研修

要全面提升工作室学员的专业素养，一个比较有效的方式就是专家引领下的集中研修，即依托名师工作室导师，围绕研究问题开设专题讲座，进行理论提升。工作室开展主题研修活动，围绕跨学科通识类、现代教育理论、学科专业类、学科教学类、学科教育研究类等专题开展集中研修，聘请专家教授讲学或根据成员的不同类型，分别组织相关学员参加各级各类高级研修班，促进专业成长，增强工作室学员自我发展、追求卓越的意识。

大连市高新区创新了名师工作室的“五位一体”培训模块，即专家进校沉浸式培训、名师示范牵动式培训、名校长跟踪式培训、名校案例分享式培训、线上云端自选式培训。同时，工作室在固定周期内做到四个“有”，即有明确的培养目标、有稳定的活动场所、有科学的主题任务驱动、有实在的研训效果。①

（三）课例研究

如何改进教学，是名师工作室研修的重要内容。一线教师的成长离不开课堂，单纯的教学理论难以被教师接受，教师需要结合具体的课堂案例，才能将其内化于心。即使再高端的培训，如果不能将之落地于课堂教学进行实践应用，也会成为一纸空谈。为了使理论与课堂教学实践有效结合，培训效果达到最优化，工作室要以

① 阎春红. 高质量教育背景下“三名工程”的体系构建与策略探析［J］. 辽宁教育，2021（22）：85-86.

课堂为主阵地开展课例研究。

工作室主持人和指导专家可以为工作室学员开设示范课，也可以让学员根据自己的感悟上汇报课，在导师或主持人的指导下开展评课交流。工作室可以在集体备课、观课议课、课堂观察、主题研讨等活动中，以不断探索实践应用中出现的典型问题为切入点，从备课、上课、评价层面设计不同的研究主题，将先进的教学法在课堂教学中实践运用，开发汇聚不同的关注点，全面提高课堂教学质量。工作室还可以通过研究课、接力课、跟进课，围绕着课堂观摩开展深度研讨，在观点碰撞中达成共识。图1所示为某初中英语学科名师工作室建构的指向教学改进的课例研修流程。①这种以课说事的活动，真正实现了课堂教学质量的有效提高，更能提高教师专业教学能力与专业实践能力，帮助教师学习新理念、新技术、新方法，不断提升自身专业素养。

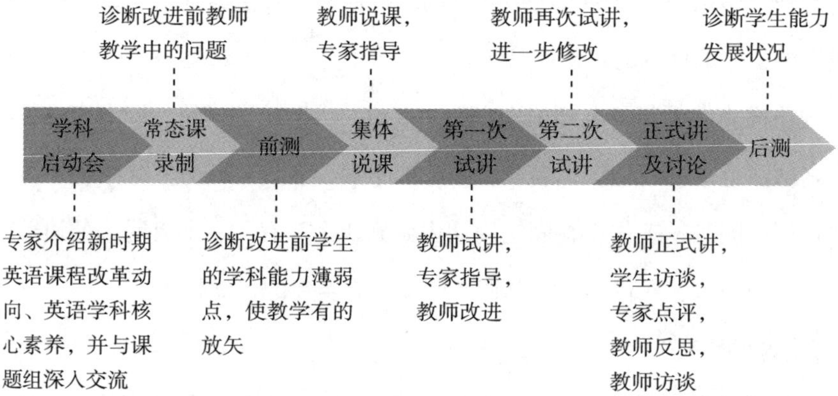

图1　指向教学改进的课例研修流程示例

（四）课题研究

课题研究对教师专业发展具有良好的促进作用。工作室主持人可聚焦当前教育

① 颜丽函.新课改背景下的名师工作室深度研修探索［J］.教学月刊·中学版（教学管理），2022（11）：42-48.

改革或学校教育教学中的热点、难点问题，集中攻关，申请教育科研课题，结合自己的教学主张，提炼和确定个人的教育教学研究专题。借助教育科研将这项研究行动课题化、深入化、精细化、成果化，通过科学设计、目标引领、细化过程，使工作室学员自觉参与教学实践与改革，在实践应用中发现问题、解决问题。在参与科研课题的研究过程中，工作室每位学员都必须完成一定量的常态课和公开课，以及撰写研究论文等研究任务。科研课题的实践研究对工作室活动的进一步深入开展起到积极的促进作用，真正实现教研、科研、培训一体化。

课题研究的后期，主持人要提炼形成提高课堂教学质量的系列有效策略，形成有价值的成果。形成成果后，要及时进行实践效果检验，开展多途径、多方位、多形式的交流推广。多途径包括各级教育行政部门及业务部门组织的各种培训、观摩、送教活动，也包括名师工作室自己组织的主题活动。名师工作室应有计划、有主题、有目标地组织策划，充分挖掘工作室学员的优势资源，在有效发挥辐射引领作用的同时，促进工作室学员的专业化成长。多方位是指辐射引领的方式多方位，包括扶贫送教、经验交流、培训讲座、教学观摩引领等。[①]多形式是指交流推广形式多样，具体包括学员论坛、访谈、微案例、主题研讨、深度会谈、观摩研讨、专家测评等。

（五）专题研讨

为帮助工作室学员突破发展瓶颈，打通专业再造的路径，整体推进工作室活动设计和实施的专业化，促进工作室的建设，引领学员的专业发展，工作室可经常组织研讨活动，形成研讨制度，如每周一次在线研讨、每月一次组内集中研讨、每期一次区域内主题研讨、每年一次专题学术论坛等。工作室可以以学术沙龙、工作坊、微讲座等形式，梳理问题解决的路径。例如，某工作室以“问题、原因、

① 罗曼. 音乐学科“四段式主题化”教学研究范式实践策略——名师工作室促进骨干教师成长研究案例［J］. 辽宁教育，2022（9）：21-26.

策略、实践、反思”等五个要素，概括问题解决的路径（图2），明确各要素的内涵，呈现各要素之间的关系。同时，采用逆向设计的思路倒推规划研修的路径，将教师在教学实践中的经验、智慧汇聚起来，与专家观点相碰撞、融合，从而实现问题的解决和学习共同体的专业发展，提升教师的体验和获得感。①

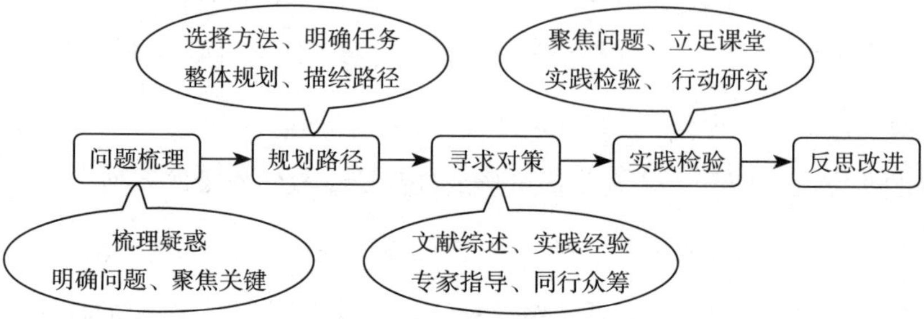

图2　问题解决路径

（六）反思交流

教师的成长离不开职前的系统教育和职后的同伴互助、专家引领，更离不开自己的岗位反思和学习。华东师范大学课程与教学研究所所长崔允漷教授认为，素养是教不出来的，他指出，学后反思是学生形成学科素养的关键环节。通过一系列的理论学习与一段时间的实践研究，大部分学员都会产生新的想法，对研究的问题有深刻的认识。工作室可以让学员以教学反思的形式进行梳理与提炼，以助于研究成果的固化。每学期以反思分享会的形式开展交流汇报，让大家分享不同观点，相互借鉴学习，让反思有成效、有品质、有新意，使工作室学员发散思维，开阔视野，提升专业素养。

二、名师工作室创新活动的实施策略

要使工作室发展具备持续动力，充分体现工作室的价值、品牌，需要建构常态

① 田成良，相丽. 名师工作室的科学规划与运营创新［J］. 中小学教师培训，2021（6）：1-4.

化、序列化的活动模式，以及多元化、特色化的活动模式。名师工作室创新活动的类型主要有以下几种：

（一）结对联盟式

结对联盟式活动模式有三种类型。一是不同层级（如国家、省、市、县、校级）同一领域或专业（学科）名师工作室间围绕某一主题或某项任务联合开展活动，集体攻关，促进研究的深入、知识与技能的普及；二是不同区域同一领域或专业（学科）名师工作室间联盟，实现资源共享、平台共建、成果互惠；三是不同领域或专业（学科）工作室间联盟，工作室与高校、教科研机构、优质企业、地方部门等结对开展活动，实现优势资源互补、跨界融合、智慧共生。①

案例2 MINGSHI GONGZUOSHI JIANSHE ZHINAN

如何提升劳动课实施能力？东莞这群教师联合教研探讨对策

2022年4月，教育部印发《义务教育课程方案（2022年版）》及《义务教育劳动课程标准（2022年版）》，今年（2022年）秋季开学起劳动课正式成为中小学的一门独立课程。

两个多月过去，一线教师在劳动课中做了哪些工作？面临哪些困难？2022年11月8日，东莞市石碣镇教育管理中心携手多个东莞市中小学名师工作室，联合举办“名师面对面|小学劳动课程实施：困难与对策”研修活动，共同探讨如何提高劳动课程实施能力。

来自东莞市综合实践活动名师陈淑华工作室、东莞市劳动教育名师郭鲲鹏工作室、东莞市松山湖姚菊容名师工作室、“粤派名师”郭鲲鹏劳动教育工作坊、“粤派名师”姚菊容小学综合实践活动工作坊的主持人与成员教师，通过阅读分享、工作分享、专家点评、互动交流等多环节，研讨劳动教育的实施与开展。广东省教育研究院劳动教

① 鄢春苗.职业教育名师工作室组建及运行的有效策略［J］.教育科学论坛，2022（9）：35-38.

育及综合实践活动教研员、广东省胡军苟名师工作室主持人胡军苟老师受邀进行点评分享。活动以线上教研的形式开展，吸引了200多位教师参加。

在阅读分享环节，郭鲲鹏名师工作室学员、东莞市南城阳光第八小学课程发展中心主任刘惠芳老师分享《劳动·创造·幸福——创造性劳动项目设计与实践指南》一书的阅读收获。

随后，陈淑华名师工作室学员唐瑶老师、姚菊容名师工作室学员何艺盈老师以及郭鲲鹏名师工作室学员祝志军老师，分别就石碣莞华小学、大朗镇鸣凤小学、常平镇第二小学劳动教育开展情况及课程特色进行工作分享。

东莞市石碣莞华小学作为广东省第二批劳动教育特色学校，在劳动教育重视度、劳动课程体系、师资队伍建设及劳动评价体系上都有出色的做法，目前学校形成了“4+6”劳动教育教育课程模式，同时开发了36亩耕地作为劳动教育实践基地。

东莞市大朗镇鸣凤小学提出“六年奠定一生”的办学理念，提炼出“劳动创造美好”的劳动教育理念，构建了劳动教育课程，形成“六年五园”的劳动教育体系，学校每年开展劳动月，进行作品展示、田间管理擂台赛、种植征文比赛等活动。

东莞市常平镇第二小学在校内建有七彩农场蔬菜种植基地和东圃杏林中草药种植基地，通过校企合作初步建立了农耕基地、锦鲤养殖场实践基地、服装针织厂职业体验基地等三个基地，围绕这些基地打造了基地成果公益义卖课程、中医药文化探究、中医药膳食探究、收获稻谷等课程。

有基地有课程有特色，劳动教育如何落到实处？活动中，围绕劳动课程实施中的困难，各工作室学员、与会人员进行互动交流。针对大家关注的劳动课程与其他学科的有机融合问题，受邀专家胡军苟老师认为，我们不仅要认识到各学科和劳动教育可以融合，还要去理解学科本身所蕴含的劳动育人要素，然后去充实学科课程中的劳动教育内容要素。

劳动种植实践可以从哪些方面进行突破，做出深度与特色？胡军苟老师建议，要在落实国家劳动指导纲要和课程标准的基础上再考虑建特色。他认为，种植作为传统农业，既有传统的传承又有时代性，在传承方面做文章，在现代技术中求灵感，这是特色的选材。此外，丰富教学资源、学习资源以及学生的学习过程资料，体系化呈现、充实化展现也是特色打造的途径之一。

通过搭建互动交流平台，教师们畅所欲言探讨问题、研究策划，干货满满的内容让教师们获益多多。来自南城阳光第四小学的林映红老师直言，通过本次研修活动受到很大启发，如劳动课要与其他科目建立联系，可以通过探究性探索、社会性实践、技术性实践、审美性实践等方式实现跨学科融合。

（二）辐射引领式

辐射引领式重在发挥名师的示范、辐射、引领作用。一是在组织上架构“1+X+N”的人员链条式结构，即由1个名师引领数名骨干教师专业发展，数名骨干教师再分别指导若干名教师成长；二是工作室组织开展的系列活动不局限于内部成员参与，鼓励有条件和需求的区域或学校组织教师参加；三是帮扶引领，如每个名师工作室每年组织不少于2次到贫困地区、民族地区学校进行送教帮扶活动、社会服务等。可以举办专题报告会，开展课堂教学示范；也可以充分利用工作室资源，搭建平台，在社会服务活动中激发工作室学员内生动力。①

① 鄢春苗.职业教育名师工作室组建及运行的有效策略［J］.教育科学论坛，2022（9）：35-38.

以教研公开课为纽带，东莞支教教师架起莞韶劳动教育交流桥梁

5~6名学生一组，通过创设情境，了解一枚饭团如何诞生。通过小组合作，学生们上手做饭团。近日，一堂别开生面的劳动课“小饭团　大挑战”在韶关南雄市第四小学上演，授课老师是来自东莞市东城第三小学的陈永香老师。在她的带领下，孩子们在寓教于乐中观“团”—探“团”—做“团”—赏“团”，感受动手参与劳动的乐趣。

今年（2022年）8月，陈永香怀着对教育工作和山区孩子的热爱，赴南雄市第三小学开展为期一年的支教。在南雄三小，她承担语文、信息技术、科学、道德与法治学科教学工作，并兼班主任，切实融入当地教育教学工作。

作为东莞市中小学劳动教育名师郭鲲鹏工作室（以下简称“郭鲲鹏工作室”）学员之一，陈永香以劳动教育为纽带，搭起两地劳动教育交流研讨的桥梁，让东莞劳动教育名师团队助力韶关市劳动教育开展，谱写莞韶教育帮扶新篇。

为促进南雄劳动教育教研发展，今年9月南雄教师发展中心劳动教育教研员张朝丽联系上陈永香，提出举办莞韶劳动教育教研互动交流活动，希望通过与东莞名师团队交流互动，给予南雄劳动教育先进的理念和辐射引领。

本月初，陈永香受邀在南雄第四小学进行了中小学劳动教育公开课课例展示及教研提升培训。为了培养学生的劳动兴趣、激发学生的创造力，她依据四年级学生的学情，结合当下热点劳动活动主题，为孩子们带来“小饭团　大挑战”劳动课。

她充分利用现代化技术，创设情境，激发兴趣，开展观“团”—探“团”—做“团”—赏“团”沉浸式教学，通过自主探究与小组合作探究的双重挑战方式，充分调动学生课堂参与的积极性与自主表

达。学生们在劳动的过程中，掌握了技巧、体验了快乐，有效地培养了劳动素养。

事实上，这一堂成功的公开课是莞韶两地一群老师共同努力的结果。为了更好地开展本次公开课活动，10月中旬，陈永香老师受邀来到南雄第四小学开展磨课指导。接到邀请后，她第一时间联系郭鲲鹏工作室主持人以及成员，研讨如何上出精彩的课例。带上集体的智慧，她前往南雄第四小学开展磨课指导，同时不断打磨自己参与的公开课例展示。

躬身践履显成效，知行相长促提升，对于此次公开课课例展示及教研提升培训活动的举办，韶关市教育科学研究培训与评估室副主任、劳动教研员钟勇老师直言，陈永香老师带领学生体验劳动、感受劳动创造美好生活，其专业素养的展示，也是对东莞市中小学劳动教育先进教育理念和学科内涵的最好诠释。

以教研公开课等为纽带，架起莞韶劳动教育交流的桥梁。东莞市中小学劳动教育名师郭鲲鹏表示，接下来将依托工作室的力量，持续深化莞韶两地劳动教育教研互动，并择机与工作室成员一起前往当地开展送教交流活动。

（三）混合研修式

这种模式围绕提升工作室成员的师德理念和教学实践、教研科研、专业实践能力等开展集中研修与网络研修，通过专家引领、同伴互助与自主研修相结合，教学实践、技能实训与课题研究相结合的多元混合式研修模式开展活动。

混合研修是个复杂的过程，学习的各种要素活跃于现实与虚拟之间，形成线上线下有机互动模式。根据研修的目的不同，可以将混合研修方式分为需求导向的混合式研修方式、项目学习混合式研修方式、任务驱动的混合式研修方式。基于需求导向的混合式研修，原则上其需求来源于教师教育教学中的实际问题，目的是解决教师教学的困惑；基于项目学习的研修实践主要为线上以微课程的形式自学新的知识，线下以专家面授、小组讨论的方式解决自学中出现的问题，混合研修需要组织者科学设计研修方案，针对不同层次合理安排不同目标；基于任务驱动的混合式研修实践任务来源于工作室主持人对学员提出的任务，网络平台提供了学员学习行为过程系统，记录学习发生情况和知识学习情况，包括在线时长、登录次数、任务阅读情况、是否完整观看视频、完成习题情况，形成教师专业成长电子档案。[①]

（四）主题序列式

这种模式一般由工作室围绕某一重要、先进的教育理念、教学主张、技术技能或工作室研究的重大课题等为主题，开展聚焦主题的序列活动。

抚顺市新抚区音乐学科“主题化”教学研究范式实践策略[②]

“主题化”指教学研究的专业发展主题化、教学实践主题化、科研提升主题化。

1. 专业发展主题化

以中央音乐学院的“素质型学校音乐教育新体系”为骨干教师专业发展的培训主题，将世界主流音乐教学法深度融入课堂教学，作为全面提高音乐课堂教学质量教学研究范式，使教学研究目标具体化，坚定共同的教学信念。

2. 教学实践主题化

课堂教学实践以“有效提高课堂教学质量的策略研究”为主题，

① 张淑嫦，陈适. 互联网背景下混合式研修推进区域教师专业发展的设计与应用［J］. 中国教育技术装备，2019（21）：14-16.

② 罗曼. 音乐学科“四段式主题化”教学研究范式实践策略——名师工作室促进骨干教师成长研究案例［J］. 辽宁教育，2022（9）：21-26.

展开阶段性主题式的教学研讨活动。典型的主题式教研活动包括："让课堂教学回归音乐本体观摩研讨"活动，旨在解决音乐教学偏离音乐本体的问题，成果提炼指向备课策略；"充分关注学生学习经历主题式观课议课"活动，旨在推动观课思维的变革，成果提炼指向备课策略；"充分关注学生学习经历之备课思维重塑主题教研"活动，旨在重塑以学生为主体的备课思维，成果提炼指向备课策略；"教学微视频案例设计与制作现场培训"活动，旨在反思课堂教学中对学生音乐体验学习经历的充分关注，成果提炼指向上课策略；"'双减'背景下探索实践新时代学校美育教学模式课堂观察"活动，旨在探索"艺术基础知识基本技能+艺术审美体验+艺术专项特长"教学模式，成果提炼指向上课策略；"课堂观察"系列活动，旨在重新定位教学评价，成果提炼指向评价策略；新时代学校美育教学模式引领学生深度学习名师大讲堂，旨在发现唱歌教学与欣赏教学中的问题与对策，成果提炼指向评价策略。

3. 科研提升主题化

借助科研将这项实践研究行动课题化、深入化、精细化、成果化是"四段式主题化教学研究范式"项目的研究亮点，其核心就是运用递进式、承接式的主题化科研行动，以大主题带动细化小主题，以区本教研主题带领校本教研主题，以省级科研课题带领区级个人课题，形成系列化、统一的教学研究共同体。

例如，区本教研的大主题为"充分关注学生唱歌学习经历的策略研究"，每位骨干教师设定校本教研的小主题，有"充分关注学生音准学习经历的策略研究"以及"充分关注学生音乐表现学习经历的策略研究"等。再如，省规划课题"基于音乐学科核心素养的学业评价策略研究"，团队成员设定子课题"基于音乐学科核心素养的唱歌学业评价策略研究”“基于音乐学科核心素养的感受与欣赏学业评价策略研究”等。这样将教学热点、难点问题立足于科研，进行系统性的实践研究，教学研究成果实效性强。

（五）卷入式

卷入式培训也是近年来颇受重视的培训方式。陈爱娟老师围绕“基于名师工作室的卷入式教师培训”这一主题，提出了“网络直播、专题讲座、主题论坛、同课异构、模拟教学、专家指导”六种卷入式培训形式，以及“与网络对话、与同行对话、与孩子对话、与寻找思维盲点对话、与成长对话、打开智慧大门”六大助推教师专业成长的路径，形成了“专业引领的前瞻性、同课异构的差异性、任务驱动的指向性、团队力量的凝聚性、数字资源的丰富性”五大培训特色。[①]

（六）“世界咖啡”式

“世界咖啡”是由美国著名管理学家朱安妮塔·布朗（Juanita Brown）和戴维·伊萨克（David Isaacs）等人提出的一种简单但强有力的、结构化的特殊谈话方式与交流活动过程。它帮助成员围绕关键问题参与建设性的对话、建立人际关系、促进合作学习以及获得解决问题的行动策略的集体共识，其本质是一个基于沟通和深度会谈的共同的“学习场”。[②]“世界咖啡”强调“跨界”：不同背景、不同职务、不同部门的一群人，针对若干主题发表各自的见解、进行观点碰撞，激发出创新点子。“世界咖啡”旨在让参与者抛开身份、专业背景和情感智商等的束缚，用新的视角来看世界，并在此基础上逐渐领悟学习型组织的真谛，以饱含意义的会谈，激荡出更多人内心的无尽智慧，真正建设起学习型组织。“世界咖啡”让工作室学员在一种轻松愉悦的氛围下进行群体互动、问题探讨和成果分享。“世界

① 陈爱娟.基于名师工作室的卷入式教师培训研究与实践［J］.宁波教育学院学报，2022，24（4）：57-60.

② 傅强，冯宗智.品尝变革：学习型组织的建设可以从“世界咖啡”开始［M］.北京：机械工业出版社，2013：24.

咖啡”需要注意以下几个原则：明确会谈内容，创造热情友好的氛围，探索相关问题，鼓励每个人的投入或贡献，吸收多元文化并接受不同观点，共同审议不同的模式观点和深层次的问题、收获及分享共同成果。

科学精神与教师专业成长“世界咖啡”[①]

一、主题

科学精神与教师专业成长。

二、对象

广东省“百千万人才培养工程”名师培养对象（初中理科）。

三、时长

2.5小时。

四、分组

采用异质分组的形式将全班35人分成7个小组，每组5人，选出1名组长负责组织组员开展活动。

五、过程

（一）“世界咖啡”背景介绍（5分钟）

主持人对“世界咖啡”的特点、理念、活动流程等背景做简单的介绍。

（二）主题提示，资料评介（15分钟）

主持人对本次“世界咖啡”的主题“科学精神与教师专业成长”进行提示，并请专家围绕这个主题做一个微讲座并提问点拨，激发全班学员的积极参与性。

① 本案例由广东省“百千万人才培养工程”初中理科名教师培养项目首席专家胡继飞教授提供。

1. 关于科学精神

课前先提供辅助材料“谈谈科学教育与科学精神”（PPT），然后专家对以下问题进行内容点拨。

（1）什么是科学素养和科学本质？它们与科学精神有何关系？

（2）科学精神的内涵是什么？它与人文精神有何关系？

（3）科学精神具体包括哪些内容？结合实例解析。

（4）请推荐一位你最敬佩的科学家，并评述其所具有的科学精神。

（5）你对科学教育加强科学精神培育有何建议？

2. 关于教师发展

课前先提供辅助材料“基于教学核心素养的教师专业发展”，然后专家对以下问题进行内容点拨。

（1）你对中小学科学教育的发展有何了解？分享你的见识。

（2）教师尤其是科学教师的专业发展有何规律？

（3）科学教师的专业发展包括哪些方面和途径？

（4）科学精神对教师尤其是理科名师的专业成长有何意义？

（三）组内研讨，绘制作品（20分钟）

各个小组的成员围绕以下两个任务，在小组长主持下进行小组“头脑风暴式”交流，记录员记录汇报成果，并通过研讨，把达成共识的研讨成果记录在海报纸上。

任务1. 用概念图呈现小组对科学精神的理解。

任务2. 用思维导图展示专业成长的途径与方法。

（四）组间互动，分头“淘宝”（5分钟）

每组组长留下，小组其他成员赴别的研修小组“淘宝”。各组组长热情接待来访者，介绍本组抽到的问题并阐释主要观点，来访者对相关问题发表意见和建议，组长记录、补充观点。

（五）组内交流，完善作品（5分钟）

各个小组的成员参观完其他小组的成果后返回本组，汇报交流“淘宝”的启示、收获，再次研讨本组问题，进一步完善组内的观点。

（六）各组展示，质疑分享（30分钟）

在成果展示环节，各个小组都通过多样化的方式展示集体智慧的结晶，并接受全班学员的质疑。

（七）评述与奖励（10分钟）

主持人在每个小组展示后要有针对性地进行回应，尽可能用更加凝练的话语或者上位的概念进行概括，并再次强调研讨成果中值得肯定的地方或有待进一步思考之处。最后对表现优异的小组给予适当的奖励。

三、名师工作室如何实施教师培训

这里继续就培训类活动进行一些讨论。名师工作室作为区域性的教师专业学习共同体，首要职责就是促进教师的专业发展。事实上，名师工作室已经成为我国教师培训体系中的一支重要力量。

（一）实施教师培训的指导原则

名师工作室要秉承师德为先、能力为重、学生为本、实践导向的原则，并体现工作室特色的培训理念，制订出既遵循国家教师培训课程标准要求又体现工作室实际的教师培训课程具体实施方案。①

1. 师德为先的原则

要优先落实社会主义核心价值观和教师职业道德规范，加强职业理想、敬业精神和专业精神的教育，引导教师将立德树人根本任务落实到教书育人全过程，注意

① 广东省教育厅. 广东省中小学、幼儿园教师、校（园）长分层分类培训课程指南［M］. 广州：广东教育出版社，2022：189-195.

依法执教、为人师表、关爱学生、团结协作，以及增强人格魅力、学识魅力和职业魅力，注意给学生传递学会做人、热爱科学、善于创新、乐于奉献的正能量。

2. 能力为重的原则

提高教师的专业能力（教学能力）是当下教师培训的主要任务和重点内容。教师的专业能力由一般能力和学科特有能力两部分组成。工作室要引导教师全面总结已有经验、加深专业理解、注重问题解决，全面提升以专业能力为核心的综合素养。

3. 学生为本的原则

教师培训重在促进教师综合素质提高，而教师综合素质提高的根本目的又在于促进学生更好地发展。所以教师培训的终极目标是学生的发展。工作室要将“通过教师培训来落实学生全面发展及学科核心素养培养”作为根本任务。

4. 实践导向的原则

工作室既要考虑学理的逻辑，也要关注实践的逻辑，培训的目标、分层分类、课程体系和绩效考评等要以实践为导向。这里的实践包括教师培训活动的实践和教学活动的实践，尤其是培训课程的设计与实施要符合培养对象的实际需要，要有利于教师综合素养的提升，要突出真实情境下的实操与训练，要融入做中学、研中学、岗位实践和学以致用等培训理念。

（二）实施教师培训的若干建议

其一，要明确教师培训的重要性。教师培训旨在贯彻落实国家有关“全面贯彻党的教育方针，坚持教育优先发展，聚焦办好人民满意的教育”的精神，着力推动高水平教师队伍的建设，努力打造具有可持续发展能力、素质优良、师德高尚、有一定业务能力的教师队伍。教师素质的高低直接影响教育水平，优化教师培训和提高培训质量是我国各级各类教育发展的必然要求。党和国家对师资队伍建设日益重视，教育高质量发展已经成为新时期我国教育改革的最高目标，这对教师素质提出了更高的要求。

其二，培训的内容要与时俱进并富有针对性。名师工作室实施教师培训的领域和内容非常广泛，但培训内容的针对性很重要，要重视训前调研和学情分析。同时，工作室主持人应与导师团队和本地教研员一起商讨培训方案，积极组织主题式培训的课堂教学实践运用与开发，可采取区域教研、主题教研、课例展示、项目研究等多种形式，满足不同教师的学习和发展需求。培训内容要与时俱进，如教育部发布的《教师数字素养》，旨在搭建教师数字素养框架，建立教师数字素养的培训与评价体系。因此工作室要积极响应，从数字化意识、数字技术知识与技能、数字化应用等方面促进教师专业发展。培训课程主要由课程领域、培训专题及其辅助教学资源组成，工作室应注意将自主开发、社会征集与购买引进三者相结合。

其三，培训的形式应多样化并具有一定趣味性。工作室可以借助数字平台线上线下结合的多元化混合式培训。工作室要积极推进培训模式改革，积极探索适合成人学习的组织形式与方法，多采用情境体验式、案例式、探究式、合作式、项目式、“世界咖啡”、观摩与研讨、跟岗实践、课题研究、网络研修、学习共同体、导师个别指导等多样化的培训方式，避免单一的说教式培训方法。

其四，培训学习需要进行绩效考核。要发挥评价在教师培训中的作用，评价具有诊断和甄别的功能，也有管理和激励的功能。绩效考核的对象除了学员，还包括培训管理工作和授课教师的教学工作。一是评价考核的方式要多样化，注意将过程性评价与终结性评价、量化评价与质性评价、即时性评价与后续性评价结合起来，要制订专门用于考查培训目标达成度的考核方案，将学员的出勤情况、学习参与度、作业完成情况、学习效果、岗位绩效等纳入考核范围；二是要重视对培训机构的组织管理工作和授课教师的教学工作进行评价，采用独立的无记名方式调查学员对培训管理和教学效果的满意度，以便为改进培训工作和优化专家资源提供依据；三是要解决好教师培训中的“学”与“用”的问题，通过跟踪调查与指导将培训延伸到培训后的岗位实践，建议将培训结束后的前三年作为跟踪指导和绩效考核的一个周期。①

（三）“两线三阶十训式”培训体系评介

教师培训是名师工作室最主要的专业性活动，工作室要注意培训内容与组织形式的创新。在这方面，不少工作室做出了有益的实践探索，如广东省林伟名师工作室构建的“两线三阶十训式”培训体系，值得我们学习和借鉴。

该模式针对教师专业发展的动力不足、方向不清晰，以及名师工作室培训方面存在的目标定位低、内容陈旧、机制不完善等共性难题，以名师工作室为平台创新培训体系。这里的“两线”是指学科专题研究线和专业素养提高线，两条线交替联动，起到协同作用；这里的“三阶”是指“教学实践力—课题研究力—教学反思力”三阶式分级递升；“十训”则包括“众筹型研训、浸润式研训、传导式研训、跟岗式研训、混合式研训、主题式研训、订单式研训、‘靶向’式研训、浇根式研训、课题式研训”这十大研训方式。下面简要介绍其中的十大研训方式②。

1. 众筹型研训

众筹型研训采取开放式、发散式的学习形式，集聚众人之力，以教师学习共同体为主体，将教师在教育教学实践中的心得、经验、智慧聚合起来，并邀请专家指导。教师们提出的见解与专家观点相碰撞，从而激发、汇集教师群体智慧，促进群体的共同发展。

2. 浸润式研训

浸润式研训指研修者沉浸于真实的学习环境中，通过参与体验、实践操作、反思体悟等形式获得直接的知识经验，并以后续的持续跟进、迁移应用等环节来改进教学行为。浸润式研修聚焦教学中的真问题，利用真实场景，让教师进行深度体验

① 广东省教育厅.广东省中小学、幼儿园教师、校（园）长分层分类培训课程指南（三）［M］.广州：广东教育出版社，2022：189-195.

② 林伟.名师工作室“两线三阶十训式”培训体系的10年探索［J］.中小学班主任，2022（18）：2，46-48，56.

和感悟，使研修理论不断得到强化和内化，最终达成理论在互动中内化、成果在互动中生成的效果。这种研训方式强调了实践的价值，能助力学员生成开放式、无边界的思维模式，有助于提升学员的思想境界。

3. 传导式研训

传导式研训指的是在普适性调研的基础上，针对教师当前的关键问题，聚焦一个学科研修主题，基于教师已有经验进行交流分享，并在过程中注重研究结构化、理论系统化、行动持续化的一种研修方式。这是一种基于个体经验，由实践体验传导到学科理论，再由学科理论传导到教学实践，群体传导于个体，个体再传导于群体的交互式研训。传导式研训更加注重骨干教师在研修中的主体地位，注重骨干教师在研修中的自我与群体性专业建构，注重骨干教师专业辐射生成的价值体验。

4. 跟岗式研训

在集中研训之后，一般安排参训教师到各工作室进行跟岗研修，这是将研修中的理论运用到教学中，对实践中出现的新问题、新方法进一步探索的过程。参训教师在“实践→研究→再实践→再研究”的螺旋式上升中实现研修效果落地的良性循环，工作室再辅以后续的跟进指导，从而帮助教师梳理、诊断、转化、深化研修成果，使研修效果更为有效，研修方式更为立体，研修内容得到落实，让学员有更多元的认知和体验，促进学员成长，提高研修的效益。

5. 混合式研训

混合式研训常常会综合采用面对面和网络两种不同的方式，努力追求线上、线下的优势互补，将线上研训的灵活、资源共享、互动广泛等特点与线下集中研训效率高、互动深入、现场感强等特点结合在一起，且这种融合具有系统性、一致性和关联性。混合式研训让教师不断地聚焦实践中的问题，并开展小组交流和讨论，有“短、平、快”的效果。线上与线下的充分融合既覆盖教师普遍性、典型性的问题，又能兼顾个性化发展需求。此外，教师还能体验教育技术推动学习交互的学习共同体发展新模式，通过研训获得问题解决的思路、路径与方法。

6. 主题式研训

这种方式要切准脉搏，有针对性地设计课程内容。每次开展研训活动时，都要确定研训主题、活动目标与实施方案，遵循“学习→实践→优化→再实践”循环往复、不断提升的研究思路，学习理论知识，梳理讨论问题，并提出解决问题的方案，以理论指导实践，最终形成经验总结和推进策略。

7. 订单式研训

这种方式要做到量体裁衣，教师将自身教育教学中迫切而又无法解决的问题梳理汇总起来，工作室根据需求“量体裁衣”，聘请专家“会诊把脉”，找问题，求对策，定方案。

8. “靶向”式研训

这种研训就是要对症下药，先由工作室积极开展立体化和多方位的需求调研，有效把握研训需求，再通过实地检查、问卷调查、互动式座谈、随堂听课、微信等渠道和手段访谈每一位教师，最终找出“病根”，合理地设置研训课程，进行“靶向”治疗。

9. 浇根式研训

浇根式研训是指在跟岗学习培训中，针对教师专业情意与学科素养进行“浇根”，即浇专业情意之根、学科文化之根、人义情怀之根、教育思想之根。这种研训方式以“依托课例、对话课堂、研究课题”为主体，从培训目标、培训课程、培训方式、培训价值四个方面切入，强化个性化、特色化、创新化和多元化，不断探索和实践，增强研训效果。

10. 课题式研训

这种研训是以课题为载体进行行动研究，研究成果以课题研究报告为主。这种方式讲究在研究中提升，在反思中推进，使工作室成员围绕高效课堂教学的策略和方法，结合自身专业特长，在自己擅长的领域内主持课题研究，形成一批科研成果。

可以看出，十大培训方式可以逐步拓展培训的深度、广度与综合度，同时通过“学科专题研究线”和“专业素养提高线”交替联动，促进十大培训方式协同发力、逐步强化，增强了培训的创新性、高阶性、体系化和综合化程度。此外，通过建立协同培训机制与基于产出导向的管理和评价机制，整合工作室内外培训资源，形成培训合力，实现教师能力的不断提高。

四、名师工作室的综合实施策略

广东省教育厅在2009年提出了“双名工程”和骨干教师培训的基本构想，即高校、区域教师培训机构和中小学名师工作室三方合作共同承担对骨干教师的培训。从2010年3月开始，广东省启动了首期“三位一体”骨干教师培训，经过近一年的酝酿和一年多的实践，初步建立了一套较为完整的“四主四环”骨干教师培训模式。

（一）“四主四环”培训模式的构成

1. “四主四环”培训模式的基本内涵

在该模式中，高校（导师）、中小学名师工作室（主持人）、区域教师培训机构和骨干教师培养对象四个方面共同构成了一个教师专业发展的学习共同体，培训活动中的这四个主体简称为“四主”（见图3）。应该说，采用“四主”的提法要比原来的“三位一体”的表述更能反映该模式的本质特点和价值追求。

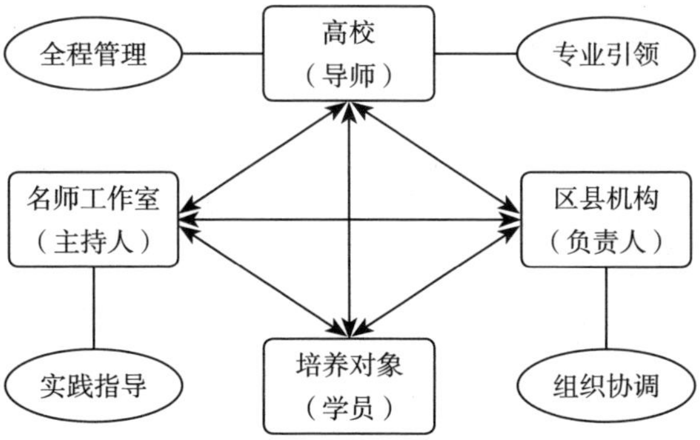

图3 “四主”的相互关系

主体之一的“高校”目前有华南师范大学和广东第二师范学院两所，按学段和学科分设学科导师（一般由学科教学论专家担任），导师全面负责整个学科培训的设计、组织、管理与指导工作。

主体之二的“中小学名师工作室”，同样按照学段和学科设置，工作室由一名主持人（简称名师）和若干核心成员组成，主持人通常由特级教师担任。广东省教育厅在2009年批准成立了90个省级名师工作室，主要承担省级骨干教师的实践培训任务。

主体之三“区域教师培训机构”，是指区县一级的教师进修学校或教育局的继续教育中心，负责指导和协调名师工作室的建设和骨干教师的培训。

主体之四的“骨干教师培养对象”，是指那些达到一定资质要求且有培养潜质的中小学一线教师，通过地方推荐与省级审核来确定，原则上按照每个名师工作室指导10名学员的比例来选拔和配置。

“四环”是指“集中培训—跟岗学习—岗位实践—成果展示”四个培训环节。“四主四环”培训模式的结构与流程如图4所示。

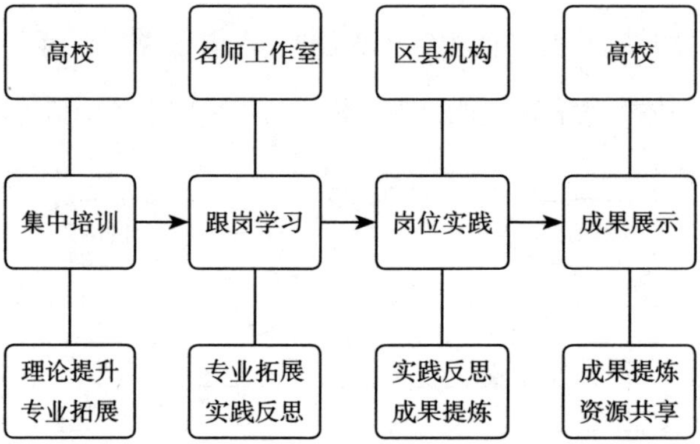

图4 “四主四环”培训模式的结构与流程

2. “四主四环”培训模式的操作程序

“四主四环”培训模式在实践中可分为四个阶段。

（1）基于专家引领的专业拓展。

全体学员脱产在高校进行集中培训，侧重于理论学习、理念更新和专业技能训练，为期1~2周。培训内容主要包括教育教学理论前沿、教育教学研究方法、学科新进展、学科技能训练、现代教育技术以及培训方案的解读与研讨等。教学方法应灵活多样，多采用参与式、讨论式、研究式和小组合作式等方法。在此期间，学员应完成教育教学研究课题的选题，并完成一定量的课程作业。

这一阶段分学科来设置培训班，学科导师负责全面管理和专业指导，班主任负责生活指导和班级日常管理。为利于各培训阶段之间的衔接，名师工作室主持人和区县教师培训机构也应参与其中。

学员阶段一的成绩考核表见表1。

表1　骨干教师省级培训学员成绩考核表（阶段一）

<table>
<tr><td>姓名</td><td></td><td>年龄</td><td></td><td>性别</td><td></td><td>工作单位</td><td></td></tr>
<tr><td>学历</td><td></td><td>职称</td><td></td><td>职务</td><td></td><td>任教科目</td><td></td></tr>
<tr><td rowspan="2">联系方式</td><td>通信联系地址</td><td colspan="6"></td></tr>
<tr><td>其他联系方式</td><td colspan="6">手机：　　　　　　　　电子邮箱：</td></tr>
<tr><td colspan="8">评分表</td></tr>
<tr><td rowspan="2">项目</td><td colspan="2">基本分</td><td colspan="3">素质分</td><td colspan="2" rowspan="3">责任人签名</td></tr>
<tr><td>出勤率</td><td>完成作业量</td><td>协助管理</td><td>课堂表现</td><td>作业质量</td></tr>
<tr><td>满分值</td><td>40分</td><td>20分</td><td>10分</td><td>20分</td><td>10分</td></tr>
<tr><td>自评30%</td><td></td><td></td><td></td><td></td><td></td><td colspan="2"></td></tr>
<tr><td>他评70%</td><td></td><td></td><td></td><td></td><td></td><td colspan="2"></td></tr>
<tr><td>合计</td><td></td><td></td><td></td><td></td><td></td><td colspan="2"></td></tr>
</table>

续表

阶段培训 自我小结	注：包括培训学习过程中的表现、收获和不足，600字左右

说明：①缺课（含请假）一节扣3分，迟到或早退一次扣1分；②作业缺交一次扣10分；③将学员分成若干小组，设小组长1~2人；④“他评”中的第二、三项由班主任负责，第一、四项由小组长负责，第五项由导师组负责；⑤由省级培训机构教学系加盖公章。

（2）基于名师示范的教育实习。

学员分小组进入名师工作室进行跟岗学习，为期1~2个月。学员按学段和学科分组，原则上每个工作室承担约10名学员的跟岗实习，区县教师培训机构应协助工作室安排好学员的食宿。这一环节主要采用师徒模式，由名师进行传、帮、带，学员与名师一同备课、上课、评课，一同开展课题研究，学员必须完成一定量的常态课和公开课的教学任务、听课和评课的见习任务以及结合课题研究的优秀课例开发任务。

在这一阶段，名师工作室主持人作为第一责任人，对跟岗学习要有一个整体设计，必须突出“教学实践”这个跟岗学习的重点，即把重点放在名师指导下的课堂教学和课例开发上。跟岗学习前，学科导师要组织相关的工作室主持人研讨和制订跟岗学习计划；跟岗学习期间，高校要指派专人进行跟踪指导。

（3）基于任务驱动的自主提升。

学员以个体为单位分散进行岗位实践。学员回到任职学校进行岗位实践，自觉进行教学改革并继续完成课题研究。一年中除去其他三个环节占用的时间，剩余时间都用作学员的岗位实践。期间，学员必须开设一定量的公开课，并承担至少一名新任教师的指导工作。区县教师培训机构要通过学员所在学校对学员的岗位实践进行过程性监管，高校和名师工作室则主要通过互联网进行远程指导，也可以根据需要到学员所在学校进行现场指导。

学员阶段三的成绩考核表见表2。

表2　骨干教师省级培训学员考核表（阶段三）

<table>
<tr><td>姓名</td><td></td><td>年龄</td><td></td><td>性别</td><td></td><td>工作单位</td><td></td></tr>
<tr><td>学历</td><td></td><td>职称</td><td></td><td>职务</td><td></td><td>任教科目</td><td></td></tr>
<tr><td rowspan="2">联系方式</td><td>通信联系地址</td><td colspan="6"></td></tr>
<tr><td>其他联系方式</td><td colspan="2">手机：</td><td colspan="4">电子邮箱：</td></tr>
<tr><td colspan="8">评分表</td></tr>
<tr><td rowspan="2">项目</td><td colspan="2">基本分</td><td colspan="3">素质分</td><td colspan="2" rowspan="3">责任人签名</td></tr>
<tr><td>工作态度</td><td>任务完成量</td><td>研究水平</td><td>示范效应</td><td>教学效果</td></tr>
<tr><td>满分值</td><td>20分</td><td>30分</td><td>10分</td><td>10分</td><td>30分</td></tr>
<tr><td>自评30%</td><td></td><td></td><td></td><td></td><td></td><td colspan="2"></td></tr>
<tr><td>他评70%</td><td></td><td></td><td></td><td></td><td></td><td colspan="2"></td></tr>
<tr><td>合计</td><td></td><td></td><td></td><td></td><td></td><td colspan="2"></td></tr>
</table>

续 表

阶段培训自我小结	注：包括培训学习过程中的表现、收获和不足，600字左右
学校评价	公章： 年 月 日

说明：①“任务完成量”包括听课、评课、上课、课例开发、课题研究等，缺一次扣3分；②“他评”中的第四项由任教班级的学生集体评分，其他各项由学校和教研组负责；③由学员所在学校对学员进行综合评价并加盖公章。

（4）基于资源共享的总结评价。

全体学员集中在高校进行成果展示，为期一周。学员回到高校进行最后阶段的总结与考评，学科导师应组织一些富有挑战性的活动项目，以便学员之间进行学习交流和考核评价。教学方面可以开展说课比赛、录像课展示等活动，科研方面可以举办论文答辩会、专题学术研讨会等活动。

这一环节具体由学科导师和班主任负责组织实施，采用分组答辩与集中交流相结合的形式，由高校专家、名师工作室主持人和区县教师培训机构代表组成的评审小组负责对学员的成果展示进行考评、鉴定。

学员阶段四的成绩考核表见表3，学员最终考核表见表4。

表3　骨干教师省级培训学员考核表（阶段四）

<table>
<tr><td>姓名</td><td></td><td>年龄</td><td></td><td>性别</td><td></td><td>工作单位</td><td></td></tr>
<tr><td>学历</td><td></td><td>职称</td><td></td><td>职务</td><td></td><td>任教科目</td><td></td></tr>
<tr><td rowspan="2">联系方式</td><td>通信联系地址</td><td colspan="6"></td></tr>
<tr><td>其他联系方式</td><td colspan="6">手机：　　　　　　　　电子邮箱：</td></tr>
<tr><td colspan="8">评分表</td></tr>
<tr><td rowspan="2">项目</td><td colspan="2">基本分</td><td colspan="3">素质分</td><td colspan="2" rowspan="3">责任人签名</td></tr>
<tr><td>出勤率</td><td>任务完成量</td><td>说课水平</td><td>教学能力</td><td>答辩水平</td></tr>
<tr><td>满分值</td><td>20分</td><td>20分</td><td>20分</td><td>20分</td><td>20分</td></tr>
<tr><td>自评30%</td><td></td><td></td><td></td><td></td><td></td><td colspan="2"></td></tr>
<tr><td>他评70%</td><td></td><td></td><td></td><td></td><td></td><td colspan="2"></td></tr>
<tr><td>合计</td><td></td><td></td><td></td><td></td><td></td><td colspan="2"></td></tr>
</table>

续 表

阶段培训自我小结	注：包括培训学习过程中的表现、收获和不足，600字左右

说明：①“任务完成量”包括说课、录像课、课例开发、论文及答辩等，缺一次扣3分；②“他评”中的第一、二项由班主任负责，第三、四、五项由小组（含学员和导师）集体负责；③由省级培训机构教学系加盖公章。

表4 骨干教师省级培训学员考核总表

姓名		年龄		性别		工作单位	
学历		职称		职务		任教科目	
联系方式	通信联系地址						
	其他联系方式	手机：		电子邮箱：			
成绩汇总	阶段	理论培训	跟岗学习	岗位实践	成果展示	成果鉴定	总分
	得分						
导师小组评语	签名：						

续 表

培训自我总结	注：包括培训学习过程中的表现、收获和不足，1600字左右，可附页

说明：①“成果鉴定”是由导师组集体对学员论文和课例等显性成果的质量做出评定；②各阶段的得分分别按20%计入总分；③“导师小组评语”由导师组集体填写，组长签名，并由省级教师培训机构教学系加盖公章；④班主任负责考核表的发放和保管，结束时总表和分表需合订成册；⑤总表和分表均一式三份。

（二）“四主四环”培训模式的行动策略

1. 通过分工合作明确主体责任

明确四方主体在培训各阶段的职责是该模式顺利实施的关键，同时学科导师作为项目负责人，要注意对整个培训活动进行规划、指导和检查。为此，培训中心制订了翔实的任务分工一览表（表5），使四方主体对彼此的分工及合作关系一目了然。

表5　骨干教师省级培训工作流程及各方主体职责

工作流程		学员任务	"三位一体"培训基地职责		
			省级培训机构	教师工作室	区县培训机构
前期准备	方案制订		1. 编制培训实施方案和学科培训方案 2. 编制课题研究方案	协助完成学科培训方案的制订	
	培训者研修		1. 组织对主持人、区级培训机构负责人的培训 2. 组织学科培训方案研讨 3. 启动二级课题申报工作	1. 参加培训学习，熟悉省厅文件和实施方案（含课题研究指南） 2. 协助完善学科培训方案	1. 参加培训学习，熟悉省厅文件和实施方案（含课题研究指南） 2. 协助完善学科培训方案
	开班准备	1. 初步了解本次培训的任务和特点 2. 填写调查问卷 3. 准备学习材料	1. 完成培训对象的资格审核和分配 2. 寄发开班通知 3. 完成二级课题的审核和立项工作	1. 做好工作室的各项筹建工作（人员、制度） 2. 做好接受学员跟师学习的各项准备工作 3. 完成二级课题的申报和立项工作	1. 指导和协助辖区内各工作室的筹建工作 2. 督促地方教育局和学校落实省厅有关文件的精神（办公地点、设施、经费）
培训实施	理论培训（10天）	1. 完成规定课程的学习 2. 进行研究课题的选题和研究计划的撰写 3. 完成规定的阶段作业 4. 完成阶段小结，协助做好阶段考核	主持本阶段培训工作： 1. 全面负责本阶段培训的组织、管理与实施 2. 组织主持人开题报告会 3. 负责对学员进行考核	协助和指导本阶段培训工作： 1. 可以视需要为学员开设一些专题讲座 2. 进行二级课题开题 3. 指导本室学员做好三级课题的立项和开题工作	协助本阶段培训工作： 指派相关人员对本阶段的培训进行观摩和跟踪

续表

工作流程		学员任务	“三位一体”培训基地职责		
			省级培训机构	教师工作室	区县培训机构
培训实施	跟岗学习（20天）	1. 教学实习：听评课不少于10节，上课不少于6节（含1节汇报课） 2. 课题研究：三级课题开题，并完成部分研究工作 3. 开发1节优秀课例（文字或光盘） 4. 写3篇教学反思和2篇读书笔记	采用现场指导、远程跟踪等方式指导本阶段培训工作： 1. 指导教学实习 2. 指导三级课题开题 （注：导师组长或副组长应参加每个工作室的开题报告会）	主持本阶段培训工作： 1. 负责做好入室学员的接待工作 2. 协助安排好入室学员的食宿和日常生活 3. 确保学员完成跟岗学习任务（含开题报告） 4. 负责对学员进行阶段考核	协助和指导本阶段培训工作： 1. 负责协调教育局、学校、工作室三方共同安排好入室学员的食宿和学习活动 2. 负责对工作室本阶段的工作进行考核 （注：培训处统一发函，各方具体联系）
	岗位实践	1. 教学实践：听评课不少于10节，上课每周不少于6节，开2节公开课 2. 进行课题研究 3. 开发2节优秀课例（其中1节必须为视频） 4. 写3篇教学反思和2篇读书笔记 5. 指导1名青年教师	采用现场指导、远程跟踪等方式指导本阶段培训工作： 1. 指导课题研究 2. 组织策划“名师讲堂”和“名师示范教学”活动 （注：每学科组织1次名师讲堂活动，内容包括示范教学、辩课、讲座等活动，原则上为1天。导师协同主持人进行活动设计，培训处协同区县培训机构进行活动组织）	采用现场指导、远程跟踪等方式指导本阶段培训工作： 1. 指导课题研究 2. 到学员所在地开设“名师讲堂”，进行“名师示范教学”	主持本阶段培训工作： 1. 组织学员开设公开课 2. 组织实施本地区的“名师讲堂”和“名师示范教学”活动

续 表

<table>
<tr><th colspan="2" rowspan="2">工作流程</th><th rowspan="2">学员任务</th><th colspan="3">“三位一体”培训基地职责</th></tr>
<tr><th>省级培训机构</th><th>教师工作室</th><th>区县培训机构</th></tr>
<tr><td>培训实施</td><td>成果展示（5天）</td><td>1. 完成1节教材的说课
2. 提交和展示1节自己的录像课
3. 提交1节教材的优秀课例（文字）
4. 提交终稿的论文，并进行论文答辩</td><td>主持本阶段培训工作：
1. 全面负责本阶段培训的组织、管理与实施
2. 负责对学员进行阶段考核</td><td>协助和指导本阶段培训工作：
1. 参与对学员成果展示的观摩和评价工作
2. 协助做好论文答辩工作</td><td>参与对成果展示的观摩和评价工作</td></tr>
<tr><td rowspan="2">后续工作</td><td>成果显示</td><td>最后整理和提交自己的显性成果</td><td colspan="3">三方共同完成：对学员和工作室主持人的显性成果进行评审，评选出优秀作品并推荐出版或发表</td></tr>
<tr><td>培训总结</td><td>提交个人培训总结</td><td colspan="3">三方共同完成：对学员的培训成绩进行综合评定；对教师工作室进行年度考评；对培训工作进行全面总结</td></tr>
</table>

注：学员课题研究与论文指导工作由学科导师组负责，根据实际情况确定指导模式。

2. 用课题研究来统合培训内容和过程

骨干教师必须具有良好的研究意识。教师的研究意识可以从研究的底气、研究的勇气和研究的朝气三方面提升。课题研究在该模式实施中具有举足轻重的作用，可以用来统整培训的内容和引导培训的进程。其中，理论提升、课堂教学、案例开发和教学专题研究等可作为阶段性成果纳入学员的子课题研究范围，以课题研究促进培训目标的落实和学习任务的完成。这就要求课题的设计体现前沿性、学科性和实践性，突出校本行动研究的技术路线和价值追求。具体实施如下：

一是设立工作总课题。为骨干教师培训专门设置工作课题是值得肯定的一种做法，为保证权威性，省教育主管部门可专门为骨干教师培训下达课题委托书。

二是设立二级子课题。各学科导师根据总课题的实施方案设计若干子课题，供各工作室主持人和学员参考。工作室主持人和学员都要填写子课题申请书，学科导师负责对选题进行审核。名师承担子课题的研究，一是有利于名师自身的发展，二是可以为学员提供课题研究的示范。名师的子课题研究时间跨度为3年，选题应兼顾理论研究和实践研究两个方面；学员承担的子课题研究时间跨度为1年，选题应侧重于实践研究（叙事研究、课例研究和行动研究等）。

三是组织开题报告和结题答辩。课题研究要善始善终，要让学员亲历完整的课题研究过程。在第一阶段的“集中培训”中，组织名师的开题报告会；在第二阶段的“跟岗学习”中，组织学员的开题报告会；在第四阶段的“成果展示”中，组织学员的结题报告与论文答辩会。学员的开题报告和结题答辩均按照工作室分组进行，由工作室主持人担任各评审组的组长。无论是开题还是结题，都要强调对学员的指导，多给学员指出问题和不足、提出修改意见或个人发展建议，而不是简单地给出一个等级或一个分数。

3. 用分段式评价来强化过程管理

对学员的考核评价要注意将过程性评价与终结性评价结合起来，要按照培训的不同阶段分别设计不同的学员学绩考核表。这些评价材料将成为评选优秀学员、优秀论文和优秀案例的重要依据。

不同阶段有不同的评价主体和考核内容，各评价主体必须严格按照各阶段的培训目标和要求对学员进行考评，导师和班主任还要对各阶段的材料进行归档和分析。例如，为每个学员设置“专业成长档案袋”，让学员自己收集、整理相关材料并开展自我评价。这种分段式的考核量表较好地体现了过程性评价和多元性评价理念，能够有效发挥评价的目标导向和过程性管理功能。

此外，加强学员对培训模式的认知、重视班级培训文化建设、发挥网络技术在远程指导中的作用、提升培训者的专业责任担当等，也是保证培训顺利开展和促进培训效率的重要途径。

“四主四环”培训模式的实施是一个系统工程，涉及较为复杂的社会关系，需要教育行政部门、培训院校、中小学校三者之间的相互支持，需要单位领导、学科导师、名师和学员之间的密切配合，更需要资金保障和配套政策的落实。

活动与思考

一、请根据工作室的实际情况，与工作室成员一起，制订一份系统科学、形式多样、切实可行的名师工作室年度研修计划。

二、请根据工作室的学段、学科特点及当前教育教学热点、难点问题，确定工作室课题的研究主题，并结合工作室学员的能力水平进一步细化每个学员的研究方向及内容，形成系列子课题。

三、认真研读本专题重点介绍的“四主四环”省级骨干教师培训模式，并将其改造和简化为适合本工作室的研训活动新模式（变式）。

四、请采用“世界咖啡”“主题序列式”或其他形式来设计甚至实施一项工作室的主题活动。

运作篇

专题六

如何制订发展规划

本专题是对专题四“名师工作室的管理机制”相关内容的进一步细化和深化，主要从工作室规划及其意义、制订规划的原则与方法、发展规划示例与分析等三个方面叙述如何制订工作室和学员个人的专业发展规划。提出了“基于实际、可操作性、前瞻性、彰显特色”的编制原则，归纳了结合实际的“学员需求调查分析、主持人自身SWOT分析、当前研究热点及未来发展趋势剖析、工作室特色定位分析”规划制订方法，并进行工作室团队发展规划和个人专业发展规划的案例分析。其中，工作室团队发展规划整体推进，彰显特色；个人专业发展规划求同存异，突出个性，尤其是“个人简介”自我激励活动与“个人标签”实践行动值得推广。

发展规划是单位、机构或个人制订的较为全面和长远的发展计划，是对未来工作进行的整体性、长期性、基本性思考与设计，是一套行动的方案和发展愿景。名师工作室的发展规划是名校长、名教师和名班主任工作室的纲领性文件，分量很重，决定着工作室建设的发展方向。在本书专题四“名师工作室的管理机制”的基础上，这里再就工作室如何制订发展规划的问题进行更为具体的探讨。

一、工作室规划及其意义

工作室规划分工作室团队发展规划和学员个人发展规划。前者是纲领，是在“面”上引领学员专业成长；后者是在“点”上践行团队规划，助力工作室团队目标的实践。两者相辅相成。工作室要快速上轨道，追求高质量发展，必须规划先行。

（一）工作室团队发展规划

工作室团队发展规划一般包括：指导思想、目标、主要任务、学习研究内容及方向、发展实施措施、预期目标及成果形式、规章制度、组织结构和成员组成等内容。不同工作室在撰写发展规划时，侧重点也会不一样，但目标与评价导向要求一定要突出。

（二）个人专业发展规划

个人专业发展规划一般包括：个人基本情况分析、专业成长总体目标、专业成长3年规划（含教师职业生涯设计）、实现目标的具体措施与策略等。不同教师在撰写时，侧重点也会不一样，但实现目标的措施是要求凸显的，且要有可操作性。

二、制订规划的原则与方法

发展规划的制订不能凭空想象，更不能随便移植，而是依据一定的原则和具体的方法。

（一）制订原则

1. 基于实际

“一切从实际出发”，这是放之四海皆准的道理。工作室团队发展规划的制订一定要遵循“基于实际”这一原则。根据工作室主持人自身特点、所招学员的专业发展现状、当地教育部门的要求、当地教师专业成长的现状、当地相关学科（工作室所属学科）的发展现状，尤其是学员的实际学习需求等来制订工作室规划，这样才具有针对性。

2. 可操作性

发展规划的制订不能天马行空，特别是要具有可操作性。例如，目标不能定得过高，像空中楼阁；任务要接地气，能落实；具体实施措施可操作。无论是工作室规划，还是学员个人规划，通过努力都能有效落地，可实现。

3. 前瞻性

规划具有前瞻性，能提前洞察教育教学发展方向，提前研究，引领广大教师的专业成长。例如，自2007年起，笔者对义务教育生物学课程的教学方向理解为拓展知识视野、增进实验技能、激活科学思维、培养积极人生①，紧扣“益智”与“养德”，并将其写在自己的处女作《小实验　大道理》封面醒目的位置上。这个理解与2017年公布的高中生物学学科核心素养和2022年公布的义务教育生物学核心素养基本一致，这就是研究的前瞻性。所以，笔者的第一届市（初中生物）工作室在2013年制订规划时，就开始聚焦科普与科技创新两手抓，探索馆校合作推科普；第二届市工作室于2016年开始聚焦实验操作的技能规范与创新改进；2019年聚焦居家生物实验与活动的研究；第一届省工作室于2018年聚焦馆校合作STEM课程的开发；第二届省工作室于2021年聚焦生物学习与劳育的创新融合……笔者每一次都要想方法踏准节奏，提早几年实践，学员也在前瞻性的实践中脱颖而出。

4. 彰显特色

前瞻性往往决定工作室特色的彰显。要扩大影响力，工作室必须有自身的特色，或者说标签。一提起肖小亮工作室，马上想到其特色：“馆校合作”“实验创

① 肖小亮. 小实验　大道理［M］. 广州：广东新世纪出版社，2012.

新”“智慧生物学”“莞式生物学教育跟岗”“居家生物学”……每一届工作室总会生成一个新的标签；反过来，如果有人想找“馆校合作”做得比较扎实有特色的工作室，自然会想起肖小亮工作室。这可以说是“标签效应”，正是工作室规划引领与发展的结果。所以，在制订教师个人的发展规划时，要关注教师个体差异，以“差异互补、抱团发展，动态管理、结对帮扶”为指导，根据团队成员的特点及个人期望，制订个性化专业发展规划。①

另外，也有名师从思维的角度提出了自己的建议，如江苏省常州市王丽珍老师建议教师在发展规则思维、共赢思维、公平思维的过程中一起学习、研究，制订合理规划，实现自主成长。②

（二）制订方法

1. 学员需求调查分析

需求诊断是教师培训培养的第一步。基于需求，满足需求，引领需求，这是教师培训培养所追求的目标和方向，对于教师成长工作室来说同样如此。③学员申请加入工作室一定是奔着学习来的，他们已经掌握了什么？想学什么？希望怎么跟岗学？这些信息的获取是需要对学员进行具体的调查的。实际操作中可以类比“KWL”教学模式。我们可以提出一种“KWL”工作室跟岗模式，基于学员的基础，尊重学员的需求，关注学员的学习过程与实践成长，让跟岗学习“真正”发生，且让学员的成长“看得见”。只有依赖对学员需求的全面调查与分析，才能制定出精准的“KWL”工作室跟岗模式。特别强调一点，“学员需求诊断”不能省，它对接下来的工作室发展规划和跟岗课程规划有很好的参考价值。

---

① 林秀朋. 基于“双工作室”平台的教师教学团队建设模式研究［J］. 广西教育，2020（22）：92-93，100.

② 王丽珍. “区块链”思维下教师成长工作室发展新路径［J］. 江苏教育，2022（6）：68-70.

③ 郝国强，黄悦. 成长共同体视域下的教师成长工作室实践研究［J］. 中国教师，2022（12）：31-33.

2. 主持人自身SWOT分析

SWOT分析是著名的企业营销理论，即基于内外部竞争环境和竞争条件的态势分析，就是将与研究对象密切相关的各种主要内部优势、劣势和外部的机会、威胁等，通过调查列举出来，并依照矩阵形式排列，然后用系统分析的思想，把各种因素相互匹配起来加以分析，从中得出一系列相应的结论，而结论通常带有一定的决策性。运用这种方法，可以对研究对象所处的情境进行全面、系统、准确的研究，从而根据研究结果制定相应的发展战略、计划以及对策等。

S（strengths）是优势、W（weaknesses）是劣势、O（opportunities）是机会、T（threats）是挑战。按照竞争战略的完整概念，战略应是一个组织“能够做的”（即组织的强项和弱项）和“可能做的”（即环境的机会和挑战）的有机组合。

主持人是工作室的灵魂人物，其各方面的特点直接且明显地影响工作室的每一个学员。主持人在制订工作室规划前需要对自身进行一个全面的诊断，SWOT态势分析法相对较为全面，值得尝试。自我诊断主要分析内部条件和外部条件，找出对自己有利的、值得发扬的因素，以及不利的、要避开的不足，发现存在的问题，找出解决办法，并明确今后努力的方向。所以，主持人要围绕自己的学历水平与进修状况、专业功底与教学能力、科研水平与改革创新能力、学习与反思能力、职业道德与职业感受、年龄与身体状况、专业职称与行政职务、教学效果与教学业绩、学生和家长及同行评价、经济生活与家庭支持、性格特点与人际关系等因素，从优势、劣势、机会、挑战等四个维度对自己进行全面的SWOT分析（表1）。

表1　工作室主持人自身SWOT分析表

优势（S）	劣势（W）
机会（O）	挑战（T）

3. 当前研究热点及未来发展趋势剖析

教育的发展是动态的，时常产生新的热点。例如，义务教育课程标准每10年修订一次，每次都会提出一些新理念，2001年提出关注科学探究、2011年提出关注科学实践、2022年提出关注跨学科实践……这些热点的提出，恰恰是工作室研究方向的最好选择；如果更有前瞻性一点，可尝试预判未来10年的研究方向。这样，能抓准教育未来发展的方向，在制订工作室规划时，方向性就非常明确，这会直接影响学员的专业发展。

4. 工作室特色定位分析

工作室特色定位与其文化密切相关。每个工作室都会研究自己的研究方向，对工作室进行特色定位分析，尤其关注其可持续性，并通过长期的迭代研究，将研究方向逐步沉淀成工作室的特色与文化。例如，“做中学，共成长”，是笔者工作室的灵魂文化，“做中学”既强调边学边做、边做边学，也点出了工作室的特色定位——“做中学”，强调动手做，聚集科学探究与实践，最终追求师生的共同成长。具体通过“搭建新平台，传递正能量；践行做中学，师生共成长”来实现。尤其是搭建馆校合作推广科普平台，坚持了十年，慢慢沉淀，对一届又一届的学员影响深远。[①]

在这里特别提一下工作室规划与教师个人规划的关系，特别是制订过程的先后顺序问题。南京师范大学冯攀静、程晋宽老师认为，工作室成员个人的成长规划及基于协商形成的整体规划聚合为工作室发展的共同目标，而共同目标的确立也响应着工作室的共同愿景。[②]实际上，刚招进来的学员，对工作室和个人的发展规划是没有任何概念的，十分依赖工作室的“顶层设计”，更期待主持人有一个明确的方向，这样，就得采用“自上从下”（主持人的预先设计）和“自下而上”相结合

① 肖小亮，卢懿健. 馆校合作在路上［M］. 广州：广东新世纪出版社，2019.

② 冯攀静，程晋宽. “草根”名师工作室的领导能量辐射过程研究［J］. 教学与管理，2022（6）：48-51.

（学员需求调查及个体专业发展分析）的方式，形成初步的方案再来讨论，更具可操作性。

三、发展规划示例与分析

（一）工作室团队发展规划

为扩大规划的覆盖面，现各选一些名校长、名教师、名班主任工作室的发展规范进行示范与分析。

广东省肖小亮名教师工作室团队发展规划

（2021—2023年）

一、指导思想

以《基础教育课程改革纲要（试行）》《全民科学素质行动规划纲要（2021—2035年）》为指导，根据《广东省推动基础教育高质量发展行动方案》等文件要求，以实施素质教育为核心，以促进教师专业发展为重点，以提高学生的生物科学素养为目标，以课堂教学和生物科技活动为主阵地，以开展主题明确、形式多样的研修活动为载体，充分发挥名师工作室团队的学习、研究、示范、指导作用，深化初中生物学课内外高效教育教学研究，努力提高我市初中生物学教育教学水平和学生的生命科学素养，实现师生的共同成长。

二、工作室的目标

本工作室首先着重于教育教学实践，着力于初中课堂内外的生物学教育教学改革与实践探索。主要研究在新中考形式下，用行动研究和案例研究探讨初中生物学教学实践中的热点问题，合作解决初中生物学教学实践中的困惑，促进学生科学素养提高；其次，要充分发挥名师工作室的示范和引领作用，在课内外教育教学上出成果，在课题研究上出成果，促进我省广大生物学教师专业水平提升；最后，希望通过三年的培养，使工作室成员快速地成长，并形成个人的发展方向与特色。在建设富有“生物科技教育”和“校馆合作实践”特色的省级名师工作室的基础上，进一步辐射全国，主要方向在于课内外的生物科技活动，尤其是生物科普及科技实践活动，形成工作室与学员个人的教育品牌。

三、工作室的主要任务

1. 加强师德建设。努力提升师德修养和敬业精神，使工作室成为师德建设的典范。言传身教，力求建设“学研”型成长共同体和“德才兼备”型青年教师团队。

2. 深入研究课堂。扎根课堂，研究探索初中生物学高效课堂教学行动策略，尤其是“做中学”的高效课堂。通过课堂提高学生的成绩和生物科学素养。

3. 开展课题研究。组织、参与相关课题研究活动，完成高质量的报告、论文或著作。

4. 致力特色发展。积极开展有特色的研究与实践，创立富有“生物科技教育”和“校馆合作实践”特色的工作室品牌。拓展课外活动教育，开展高效低耗的生物科普和科技实践活动，探讨高效的生物科普教育模式。

5. 承担培训任务。参与各种培训活动，引导学员专业提升，促进教师专业成长。侧重年轻生物教师的专业发展规划，引导跨学科发展，尝试走生物学科技教育之路，为我省生物科技特色教育发展培养后备师资力量。

四、学习研究内容及方向

1.“智慧”生物学课堂与“居家生物学”课程的建构（微课堂、

微课程，2021—2023年）。

2. 初中生物学实验创新设计与开发（微设计，2021年）。

3. 基于核心素养的生物学中考（含实验技能测试）备考策略指导（微备考，每年4—6月）。

4. 生物学学科活动项目开发与实践，重点是基于PBL的活动设计，即基于项目的学习和基于问题的学习（微活动，2021年）。

5. 校本课程开发与实践（微实践，2022年）。

6. 课题研究过程实践（微课题，2022—2023年）。

7. 基于STEM理念的初中生物学教学实践（微研究，2021—2022年）。

8. 基于本土资源的自然观察校本课程开发（微观察、微课程，2021—2023年）。

9. 非正规教育与非正规学习助力学生核心素养发展研究（微研究，2022—2023年）。

10. 新时代互联网+环境下的初中生物学“教”“学”“研”实践（微实践，2021—2023年）。

研究方向是基于生物学科核心素养的网络协同实践研究。网络学习基于自适应学习理论，学生通过微跟岗、微学习驱动，含微课堂、微设计、微备考、微活动、微课程、微实践、微研究、微课题。

五、工作室发展措施

1. 加强队伍建设，营造“共同成长”的文化氛围和青年团队发展文化。

以“做中学，共成长”为团队文化，沿“立足于课堂、成长于教研、创新于科技、成就于积累”的发展路径，谋求团队及师生的共同成长。首先，名师工作室要成为骨干教师培养的摇篮，按照“广东省名教师工作室主持人1人—省内跟岗学员10人—市跟岗学员5人—网络学员100人”的发展思路，充分发挥传、帮、带的作用，不断完善骨干教师队伍建设，壮大骨干教师队伍；其次，要使工作室成为教育教学的实践平台和枢纽，积极营造团结合作、民主开发的学术氛围，搭建创新实践平台，倡导敢于创新、勇于实践、善于总结提升的工作作风，使工作室成员能在研讨与实践中贡献智慧、分享智慧，多边共赢，共同发展；再次，要充分发挥团队中骨干教师的示范、辐射作用，引导骨干教师在承担专题讲座、教学点评、课堂示范、结对帮扶等工作时，发挥其作用和价值，为广大初中生物学教师提供学习和提高的机会；最后，打造青年教师跨学科发展文化品牌，为全市教师的跨专业培训和研修活动提供专业支持，为全省青年教师的专业成长和发展树立榜样。以工作室内部通信（季刊《生命教育·新实践》电子版）的形式，记录和展示工作室的成长点滴，交流学习研究心得，并通过邮件发送给每一位成员和相关单位，以叙事研究的形式推动工作室的成长。

2. 加强专业理论与技能学习，拓宽专业视野，更新教育教学观念和模式。

带领工作室学员（含网络学员）系统学习，努力提高道德修养和业务素养，不断提高师德和业务水平。要求每个成员必须坚持阅读一份以上专业杂志（工作室有订阅或到本校图书馆借阅），同时借助互联网经常性地阅读教育教学类刊物，分享阅读心得。特别是专业理论的更新，要求全体成员定期阅读不同版本的生物学教材（人教版、苏科版、苏教版、冀少版、北师大版，以及上海外语教育出版社的《外教社——麦克米伦中学双语教材系列·生物》），有条件可以阅读《美国初中主流理科教材·科学探索者》等，开拓视野，聚众家之长，融合广东本土实际开展教育教学实践；同时要求广大学员做好读书笔记和教学反思，并定期在工作室的QQ群平台、工作室网络平台或“生命教育·微实践”中发表读后感言，分享心得体会，以同伴互助的方式实现成员的共同成长。

3. 争取聘请专家引领，少走弯路，促进教师的专业快速成长。

主持人要想方设法提升工作室的水平，寻求著名专家学者的引领和支持，通过走出去请进来等途径，聘请专家进行现场指导，开设专题讲座，帮助学员提升教学理念和教学理论修养，加强教法创新等，引领工作室成员的专业成长和发展。

4. 通过开展课例和活动案例研究，在躬行实践中成长。

从关爱生命成长的高度，从教学目标的制定、教学内容的处理、教学方法和手段的优化、教学策略的选择、教学环境的优化，来实现课堂教学的“减负、低耗、高效”。同时，通过对授课教师课堂教学过程的观察、诊断、反馈、再实践，不断改进教师的教学行为，提升教师的课堂教学能力。同时，搭建生物科技实践活动开展平台，探索非正规教育，创造和提供教研及实践的合作机会，组织成员参加观摩与研修，外出学习考察等，落实教育理念，改进教育教学行为并应用至实践，让广大学员在学习互动和实践中取得进步。

5. 通过课题研究推动工作室和学员的专业迅速成长。

申报省“十四五”“强师工程”重点课题“生物学习与劳育创新融合实践研究”，在前期1年研究的基础上，拟进一步实施开发、应用、总结、交流、转化等程序，将课题研究与学科教研有机结合，提高学科教学研究的水平，不断优化学科教研工作。同时，生成新的课题项目，每年至少要撰写1篇与课题有关的教学专题论文，争取获奖，并争取2~3年内有1篇论文发表。

6. 通过共建博客交流学习研究成果、辐射影响广大年轻教师。

依托“省名师平台”建立“肖小亮名师工作室”团队网站，进行网络跟岗活动，通过微信群、钉钉群等不定时进行网络研讨，通过微信公众号定期辐射、推广研究成果，展示和推广学科带头人、名师工作室主持人等骨干教师的教学思想和经验，不断开拓“网上实时教研”等新的教研途径。工作室网站特别注意收集工作室成员的学习心得、教学设计、活动案例、教育反思、论文、试题等教学资料与科研成果，形成教学资源库，实现资源共享。其亮点是突出记录每个学员的点滴成长，展示教师的成长与发展历程，形成示范效应。

7. 继续探索“馆校合作”“校企合作”等平台，创造机会开展系列实践活动，争取在活动中促进自身的成长。

8. 通过规划与自我检查的反馈推动学员的专业迅速成长。实践是成长的最佳途径，只有通过足够的实践积累才能发生蜕变。这就要求工作室全体学员多实践，同时自觉做好活动记录，整体把握自己的学习成长情况。学员每学期都要记录和反省自己参与教研活动的数量及质量，持之以恒，相信专业会得到较快的成长。

广东省肖小亮名教师工作室学员活动记录表

学员姓名：______　　　　20____—20____学年度第____学期

内容	周次																			
	1	2	3	4	5	6	7	8	9	10	11	12	13	14	15	16	17	18	19	20
A读书打卡																				
B每月反思																				
C集体磨课																				
D听课评课																				
E上研讨课																				
F教学试验																				
G指导活动																				
H教师比赛																				
I论文发表																				
J课题研究																				

续 表

内容	周次																			
	1	2	3	4	5	6	7	8	9	10	11	12	13	14	15	16	17	18	19	20
K校馆合作平台实践																				
L校企合作平台实践																				

注：每学期按周反思记录自己参与工作室或学校科组的教学研讨的情况，有参与即打“√”，争取多打“√”。

六、工作室预期目标及成果形式

1. 隐性成果。全体成员的教育教学能力得到较大提升，并向上一“成长梯队”靠拢。每个学员都争取在3年内打造出若干节精品课或生物科技活动案例，并能在市级及以上进行展示或获奖；在市、区的知名度和影响力有较大幅度的提高，每人争取向上一梯队（新教师→骨干教师→教学能手→学科带头人→名师）迈进一步，并向省百千万名师培养对象、省名师靠拢，教育科研能力能得到较大提高。3年内每个工作室学员能撰写2篇及以上的具有一定科研含量的论文，争取在省、市获奖或发表；部分成员能独立申请主持课题研究。

2. 显性成果。完成省重点课题“生物学习与劳育创新融合实践研究”，出版《居家生物学》；延伸探索互联网+时代线上线下跨部门合力办公益性非正规教育，深入探索“智慧生物学”；形成系列“智慧生物学”成果集，打造“智慧生物学”品牌。通过网络工作室平台系统展示工作室研究成果，实现资源的全省（国）辐射与共享。成果多以电子稿的形式共享交流，条件成熟考虑出版。

七、工作室规章制度

为了不断提高工作室成员和学员专业发展的可持续性，根据教师专业成长与发展的规律和工作室成员、学员认定条件，特制定如下规章制度。

1. 建立考勤制度：本工作室建立考勤制度，成员和学员全年有3次以上无故不参加网络研修活动者，取消学员资格。

2. 建立学员档案：建立工作室成员个人专业化发展成长档案（纸质文档及电子稿），及时记录成员和学员在工作室中学习、成长的内容，包括学习安排、学习结果、阶段性成长变化、导师指导情况及评语等。

3. 建立考核制度：各成员和学员围绕工作室的核心工作自主开展工作，接受名师工作室领导小组的评估和考核，考核不合格者，退出工作室的学习。

4. 主持人职责：

（1）制订广东省肖小亮名教师工作室跟岗方案。

（2）确定工作室教育教学研究项目，撰写项目研究方案。

（3）制订工作室成员培养考核方案，负责对成员的评估考核。

（4）帮助学员制订个人三年发展规划并督促实施完成。

（5）完成省教育厅安排的相关培训任务。

（6）及时维护更新省网络工作室平台网站。

（7）组织工作室学员远程参与各类培训（含直播）和研究活动。

（8）及时总结，撰写好工作报告，组织好工作成果的收录、编辑和出版工作。

5. 学员条件：

（1）具有高尚德行、有正确的人生观和价值观。

（2）具有一定的现代教育理论基础和比较扎实的专业功底。

（3）必须具有一定的信息素养和熟练运用现代信息技术的能力。

（4）具有合作精神和交往能力，工作责任心强，富有奉献精神。

（5）热爱初中生物教育，有自我发展需求，乐于研究，善于反思和提炼。

（6）所在学校支持其工作。

6. 学员职责：

（1）制订3年个人成长规划（含发展目标和具体的实施计划）。.

（2）每人每年至少阅读2本以上有关本工作室研究主题的文献资料，交流学习心得；坚持参与工作室的读书打卡活动。

（3）每年每人至少在校级以上教研活动中进行一次探讨本课题的公开课或经验介绍。

（4）每人每年至少撰写有关本工作室其中一个研究主题的论文1篇。

（5）完成工作室规定的学习和研究任务，带好至少2名青年骨干教师。

（6）做好个人专业成长记录，及时撰写阶段性发展总结。总的要求是，基础比较好的学员争取3年内能逐一践行“十个一”：研究一个问题，设计一个案例，创新一个实验，展示一节好课，开发一门课程，辅导一个项目，参与一项助学（志愿服务），生成一篇论文，完成一个微课题，申报一个市课题。能力有限的十选七完成，且生成个人专业发展标签方可结业。

八、工作室组织结构和成员组成

1. 顾问：

黄志红：广东省教育研究院，课程学博士，正高。

2.（高校）理论导师：

胡继飞：广东第二师范学院生物与食品工程学院副院长，科学教育研究所所长，教授。

苏瑞龙：东莞市教育局教研室生物教研员。

3. 工作室主持人：

肖小亮：东莞市东莞中学初中部副校长，特级教师，华南师范大学兼职专业型硕士研究生导师。

4. 工作室助手：

罗彩珍：东莞外国语学校教师，东莞市初中生物学科带头人，中学高级教师。

孙微：东莞中学初中部级组长，东莞市初中生物教学能手，中学一级教师（助手兼学员）。

5. 跟岗学员：省级学员东莞5人、韶关3人、揭阳1人，潮州1人；市级学员东莞5人。

6. 网络学员（拟招100人），面向省内外招生，自愿申请，双向选择。

案例分析：这份工作室三年发展规划非常详细，覆盖面广，特别是工作室的学习研究内容及方向，“微跟岗”“微学习驱动”，含“微课堂”“微设计”“微备考”“微活动”“微课程”“微实践”“微研究”“微课题”……学习任务很具吸引力。全篇规划规范、清晰，值得学员反复研读与主动实践。

实践反思：工作室三年规划的制订与实践，一直紧紧遵循“整体推进，彰显特色”的原则，充分发挥工作室的“做中学，共成长”文化，不断“搭建新平台，传递正能量；践行做中学，师生共成长”。尤其是不断推出新平台，吸引了很多工作室外的教师中途要求加盟，并参与其中的公益实践，凝聚了一批教师一起做公益，传递正能量。

广东省陈洪义高中历史名教师工作室的发展规划

（2021—2023年）

一、目标定位

工作室定位：让工作室成为“成全别人成就自己”的平台，把成员成长、主持人成长和工作室品牌建设有机统一起来。通过多形式、多渠道的适切性专业引领，促进工作室成员更新教育教学理念、提升专业能力、发展个性化教学、形成教学风格，以此助力培育、培养一批区域名优教师，并以名优教师的成长，培育一批以实践为特征的教学成果，进而以此为基础培育和打造工作室的品牌，丰富和完善工作室主持人的教学思想。

二、基础分析

优势：

1. 工作室主持人经过20年的情思教育实践与研究，积累了大量的成功案例和教育教学经验，情思教育的思想体系和实践体系日趋成熟和完善。

2. 工作室主持人有10年的学校教研管理经验和20多年的一线教科研经历，坚持切实可行的教研实践，形成了一批有影响力的教研实践成果，同时，丰富了自己的专业成长经历，发展了以实践为特征的适切性教研理念。

劣势：

1. 工作室主持人作为一线教师，教育教学理论功底相对薄弱，专业和学术视野相对不足。

2. 工作室成员来自不同区域、不同学校，专业能力、理念发展情况参差不齐。

三、理念界定

理念确定：

以情思教育引领教师的教育情思（引领和托举学科育人实践），以适切教研引领教师的切实成长（引领和托举学科教研实践）。

内涵解读：

工作室品牌方向一是“情思教育”，二是“适切教研”。“情思教育”用以引领和托举成员的学科育人实践，“适切教研”用以引领和托举成员的学科教研实践。

四、行动方略

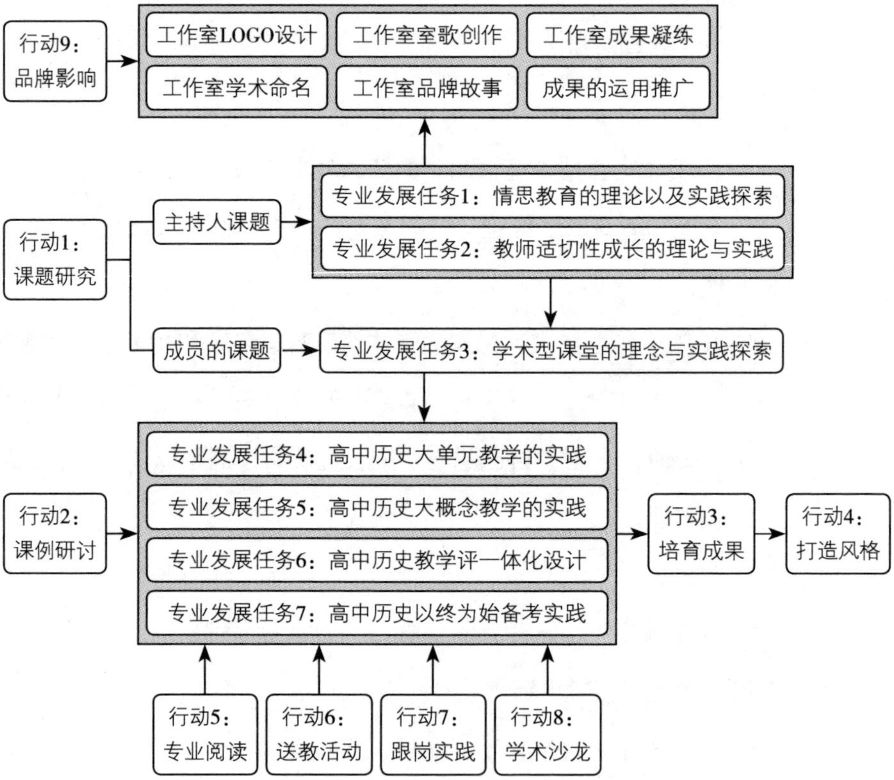

广东省陈洪义名教师工作室行动方略图

五、实施原则

1. 品牌意识的融入性原则

以工作室的品牌理念为引领，让工作室的每一项实践发展都成为品牌实践，坚持工作室的专业发展实践主题化、系列化、课程化，让成长看得见，让成果可以预见。

2. 聚力而行的实践性原则

分散的实践编整做，重要的实践深度做，关键的节点闪亮做。

六、成长规划

广东省陈洪义名教师工作室入室学员的专业成长规划表（2021—2023年）

<table>
<tr><td>基本情况</td><td>姓名</td><td colspan="2"></td><td>性别</td><td colspan="2"></td><td>出生年月</td><td colspan="2"></td><td>单位</td><td colspan="5"></td><td>邮箱</td><td colspan="4"></td></tr>
<tr><td>自我分析</td><td colspan="20">优势：
不足：</td></tr>
<tr><td>总体目标</td><td colspan="20"></td></tr>
<tr><td rowspan="11">3年发展的具体规划</td><td rowspan="2">时间</td><td rowspan="2">对比</td><td rowspan="2">职称</td><td rowspan="2">学历</td><td colspan="4">任教班级教学成绩</td><td colspan="2">课题</td><td colspan="2">论文</td><td colspan="2">专业阅读</td><td colspan="2">公开课</td><td>送教</td><td colspan="2">农村帮扶</td><td rowspan="2">备注</td></tr>
<tr><td>平均分</td><td>及格率</td><td>高分率</td><td>年级排名</td><td>级别</td><td>数量</td><td>投稿数</td><td>发表数</td><td>数量</td><td>名称</td><td>级别</td><td>数量</td><td>次数</td><td>人数</td><td>次数</td></tr>
<tr><td rowspan="3">2021</td><td>计划</td><td></td><td></td><td></td><td></td><td></td><td></td><td></td><td></td><td></td><td></td><td></td><td></td><td></td><td></td><td></td><td></td><td></td><td></td><td></td></tr>
<tr><td>实际</td><td></td><td></td><td></td><td></td><td></td><td></td><td></td><td></td><td></td><td></td><td></td><td></td><td></td><td></td><td></td><td></td><td></td><td></td><td></td></tr>
<tr><td>差距</td><td></td><td></td><td></td><td></td><td></td><td></td><td></td><td></td><td></td><td></td><td></td><td></td><td></td><td></td><td></td><td></td><td></td><td></td><td></td></tr>
<tr><td rowspan="3">2022</td><td>计划</td><td></td><td></td><td></td><td></td><td></td><td></td><td></td><td></td><td></td><td></td><td></td><td></td><td></td><td></td><td></td><td></td><td></td><td></td><td></td></tr>
<tr><td>实际</td><td></td><td></td><td></td><td></td><td></td><td></td><td></td><td></td><td></td><td></td><td></td><td></td><td></td><td></td><td></td><td></td><td></td><td></td><td></td></tr>
<tr><td>差距</td><td></td><td></td><td></td><td></td><td></td><td></td><td></td><td></td><td></td><td></td><td></td><td></td><td></td><td></td><td></td><td></td><td></td><td></td><td></td></tr>
<tr><td rowspan="3">2023</td><td>计划</td><td></td><td></td><td></td><td></td><td></td><td></td><td></td><td></td><td></td><td></td><td></td><td></td><td></td><td></td><td></td><td></td><td></td><td></td><td></td></tr>
<tr><td>实际</td><td></td><td></td><td></td><td></td><td></td><td></td><td></td><td></td><td></td><td></td><td></td><td></td><td></td><td></td><td></td><td></td><td></td><td></td><td></td></tr>
<tr><td>差距</td><td></td><td></td><td></td><td></td><td></td><td></td><td></td><td></td><td></td><td></td><td></td><td></td><td></td><td></td><td></td><td></td><td></td><td></td><td></td></tr>
</table>

案例分析：这份工作室三年发展规划基于对学员自身优势与劣势的分析，提出了具体的目标与行动方略等。九大行动、七大专业发展任务贯穿三年，明确可行。最大的亮点是入室学员的专业成长规划表内嵌于规划中，每个学员都通过表格规划与记录自己三年的专业成长。

东莞市陈少娥名班主任工作室团队发展规划（节选）

（2022—2024年）

一、指导思想及总目标

《中共中央 国务院关于全面深化新时代教师队伍建设改革的意见》明确提出，大力振兴教师教育，不断提升教师专业素质能力。为了响应国家的号召，围绕立德树人的根本任务，为“品质东莞”的建设以及“品质教育”的打造出一分力，在未来三年里，本人依托广东省中小学“百千万人才培养工程”项目，不断学习钻研，通过品牌打造和课题研究，成长为具有个人特色的教育家型教师。借用东莞市名班主任工作室的优质平台，在“乐享，齐研，同进，共赢”理念的指导下，通过实践探索与理论学习相结合、专家引领与自主研修相结合、合作研讨与独立思考相结合、学习培训与课题研究相结合的方式，以研促教，研教结合，着力提高工作室学员的班主任专业能力和专业素养，努力把工作室打造成研究的平台、成长的阶梯、辐射的中心。

二、个人及工作室定位

个人定位：以课题为抓手，借助省百千万平台和市教育家型教师的培养平台，成长为具有个人特色以及鲜明品牌的教育家型教师。

工作室定位：以培训和课题为抓手，构建学习共同体，让工作室成为东莞市一线班主任研究的平台、成长的阶梯；通过参加市班主任能力竞赛，挖掘培养优秀班主任，让工作室成为在市内具有影响力的辐射中心以及名班主任孵化基地。

三、总体规划

基础比较好的学员争取三年内能逐一践行“十个一”；能力有限的学员三年任务中三选一，每年任务中七选六完成。

三年任务（三个一）：研究一个问题，完成一个微课题，申报一个市课题。

每年任务（七个一）：设计一个案例（学生转化或家庭教育指导），撰写一篇教育叙事，展示一节好课（班会课），开设一个讲座（面对学生、家长或同行均可），精读一本好书（撰写读书笔记），参与一次分享，生成一篇论文。

四、具体规划

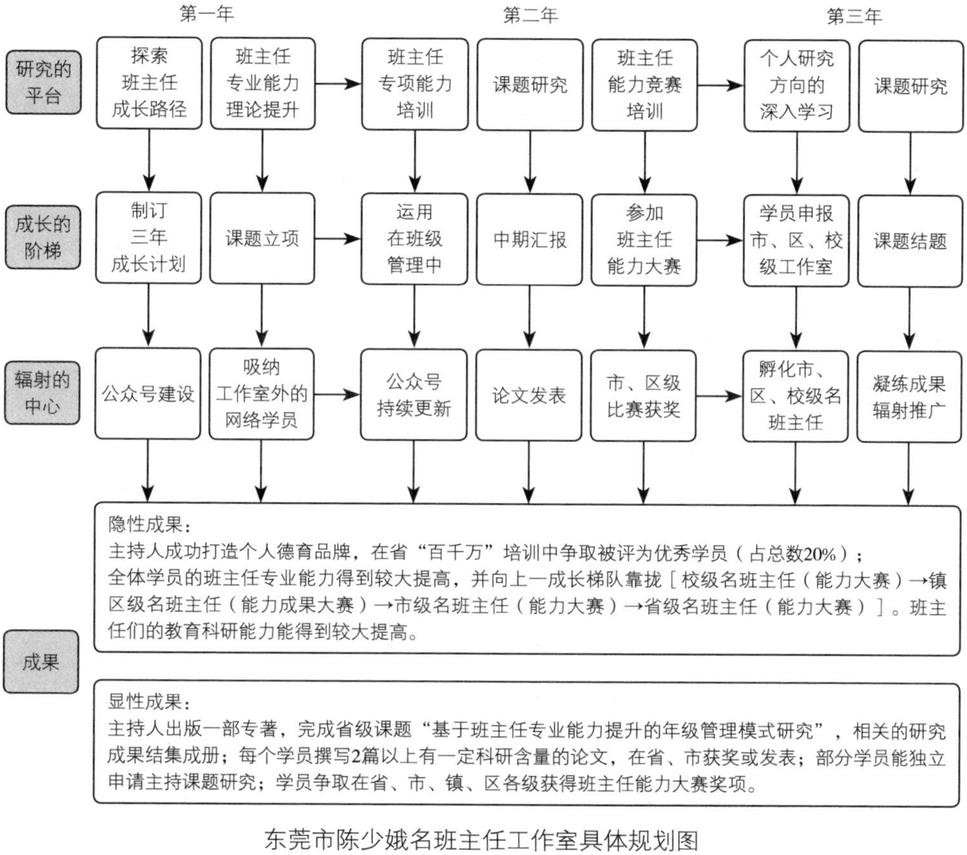

东莞市陈少娥名班主任工作室具体规划图

案例分析：工作室规划的亮点在于“研究的平台、成长的阶梯、辐射的中心”，定位非常准确，每年具体的任务以“图表”的形式呈现，清晰明了且可操作性强，相对容易落地，预期能较好地实现班主任团队建设与培养的目标。

东莞市刘庆兵名校长工作室三年规划（节选）

（2022—2024年）

第一年（2022年1月到2022年12月）：规划设计阶段

1. 建设基础设施。组建工作室团队，聘请导师、助理、学员等，统一思想，明确目标和任务；聘请专家撰写工作室研修计划，明确研修任务、规范制度、完善方案；建设工作室宣传平台，申请微信公众号。

2. 前调各校情况。了解各学员学校，做好前期调查，聘请专家，提出有针对性的发展意见。

3. 开展课题研究。明确工作室集中研究课题“基于全人课程评价体系的品质课堂建设校本实践研究”，完成开题工作，明确研究分工和具体任务。

4. 开展专题研修。本阶段学员专题研修内容：基础理论1（基本教育原理解析）、办学理念、课程构建、梯队管理、德育工作、学校评价体系等，以讲座或交流的方式呈现，11月中旬开展一次以课题研究为主题的交流研讨活动，顺便为课题开题。

5. 成果物化规划。本年度主要规划有：

（1）工作室管理：管理制度、工作手册、活动简报和网络宣传内容。

（2）学员作业：学习心得集，原创案例或论文集锦。

（3）科研：课程评价，开展培训，明确目标，工作室课题阶段成果、个性化成果的汇总。

6. 工作经费预算。按市拨总经费5万元进行预算：

（1）活动经费2.5万元，主要用于网络研修活动和2次大型活动的开支。

（2）专家指导费2万元。

（3）其他0.5万元。

学校同意，如有开支不够部分，由学校经费补充。

第二年（2023年1月到2023年12月）：专业深耕阶段

1. 培育学术专长。培育个人学术特长，工作室导师提供专门指导；在工作室平台开专题讲座；开展专项展示活动，工作室提供高层次平台，提供专项信息或平台支持；开展科研指导，在核心期刊上发表文章。

2. 专项研修安排。

（1）推进“问题+”课堂评价。

（2）品质课堂。5月、10月，开展两次关于品质课堂的探讨活动，分别从实践案例和理论探究两个角度对品质课堂进行探讨，同时推出常平实验小学“AI教师+智慧课堂”的教学模式，以案例和理论剖析的形式全面呈现，展示智慧课堂建设的新成果，这也是对品质课堂的新贡献。

（3）专项科研。11月份，开展一次工作室平台上的课题研究汇报活动，对美育课题研究工作进行中期汇报；做好个性化课题的进度了解和具体指导，从中找到优质课题重点培育，争取高层次奖项。

3. 成果规划。本年度主要有：

（1）工作室品牌学校集锦，从理论到实践汇总品牌学校创建的经验，形成文案。

（2）品质课堂建设的具体案例，以课堂实录+讲座实录为基本模式。

（3）科研：争取人人在期刊上发表论文，做好中期成果汇总。

（4）编著《校长管理思维的改进与创新》《学生心理健康适应机制建设》。

4. 经费预算。按市拨总经费5万元进行预算：

（1）活动经费2.5万元，主要用于网络研修活动和 2 次大型活动的开支。

（2）专家指导费2万元。

（3）其他0.5万元。

学校同意，如有开支不够部分，由学校经费补充。

第三年（2024年1月到2024年12月）：成果推广阶段

1. 学习交流与展示。计划4月、10月组织工作室学员开展 2 次外出学习实践活动，主题围绕学校管理创新和校长治校思维两个方面，目的是交流与展示，不单只是看别人的，还要在异地呈现自己的，把每一次外出交流当作一次历练和展示，让学习真正发生，让在被学习中学习成为习惯。

2. 著作（或论文）发表。上半年，主持人或成员、学员完成著作（或论文）的草拟工作，并且进行修改和有关论证工作，联系专家进行鉴定，联系出版社出版，或联系有关刊物商议发表事宜，如无著作发表，也要争取在有关刊物多发表一些文章，为自己的研修周期增添有效成果；下半年，主要是进行著作的排版校对工作，跟进出版事宜，争取在工作室研修结束的成果展示活动上举行发布仪式，让原创成果呈现出来。

3. 专题研讨。

（1）研究型校长的特质。3 月份，以沙龙方式进行。研究型校长是许多校长所追求的，我们要研究研究型校长到底有哪些特质，围绕自己在工作室研修的经历来探讨这个问题，结合自身实际和学校发展实际来定位自身研究的方向、内容、特质所在。通过研讨，为自己的校长生涯增添浓厚的一笔，使自己更加清晰明了自己未来的路。

（2）学校影响力建设。5月份，开展工作室联盟活动，召集部分省市名校长工作室开展此项研讨活动，找到扩大学校办学影响力的主要途径，以此为题材，引领校长思考本校影响力建设的策略与措施。邀请有影响力的专家参与此项活动，借助优质专家资源，为提升学校影响力做出贡献。

（3）教师团队与名师培养。9月底，以案例展示形式呈现，以校长现身说法、导师点评的方式，找到教师团队建设的基本做法，明确共性认识，探讨学校文化建设与教师团队培养的关系；探讨如何培育名师，发挥名师的辐射功能，为团队发展服务。

（4）名校长工作室建设与管理。此研讨活动放到成果展示活动上进行。

4. 成果展示活动。整理好工作室成员、学员的学习成果，进行汇总出版，组织工作室研修成果汇报会展示活动，充分展示三年来的研修情况，并展示学校特色和办学品牌，展示各位成员、学员的成果。举行结业典礼，鼓励大家在今后的工作中发挥更大的引领作用。展示活动中，开展名校长工作室建设沙龙活动，主要是总结经验，为大家的未来做准备，同时让大家都来提意见，不断完善和发展。

5. 成果规划。本年度主要规划有：

（1）工作室主持人和有关学员校长的著作。

（2）美育课题结题，以及结题报告或有关著作、编著等。

（3）工作成果展的有关经验资料，以展览形式呈现。

6. 经费预算。按市拨总经费5万元进行预算：

（1）活动经费2.5万元，主要用于网络研修活动和 2 次大型活动的开支。

（2）专家指导费2万元。

（3）其他0.5万元。

学校同意，如有开支不够部分，由学校经费补充。

案例分析：工作室规划分三年走，每年有专攻任务：第一年规划设计，第二年专业深耕，第三年成果推广。规划科学合理，循序渐进。其中第一年重点聚焦：建设基础设施、前调各校情况、开展课题研究、开展专题研修、成果物化规划等。第二年重点聚焦：培育学术专长、专项研修和成果规划。第三年重点聚焦：学习交流与展示、著作（或论文）发表、专题研讨、成果展示活动、成果物化。规划详细，较具操作性，期待早结硕果。

（二）个人发展规划

个人的发展规划多样化，且能长期、持续刺激，将更具动力。例如，跟岗开始前先制订“三年专业成长规划”，然后工作室再按计划开展“个人简介”行动计划、“个人标签”行动计划等活动，持续激励学员的专业成长。

1. 三年专业成长规划

学员制订高起点、高要求的“三年专业成长规划”相当重要，可以说它决定了教师未来三年跟岗学习的成长收获。学习付出多少与收获永远成正比，所以制订规划时，要结合工作室的要求，适当提高对自身的要求，相信学员三年后将遇见更好的自己。

案例5 MINGSHI GONGZUOSHI JIANSHE ZHINAN

三年专业成长与发展规划

姓名： 单位：

一、个人基本情况（SWOT）分析

二、个人专业成长总体目标

三、个人专业成长三年规划

（一）

（二）

（三）

教师职业生涯设计（2021年9月）

目标类型	阶段	时间	目标任务
短程目标	一	一个月	
	二	二个月	
	三	三个月	
中程目标	一	六个月	
	二	一年	
	三	二年	
远程目标	一	五年	自己制订，不需填
	二	十年	自己制订，不需填
	三	二十年	自己制订，不需填

四、实现目标的具体措施与策略

（一）

（二）

（三）

说明：该职业规划的目的是让大家在繁忙的工作中有所计划，特别是当班主任的教师，每天忙忙碌碌，在个人教育生涯上缺少计划与目标，相信“三年专业成长与发展规划”将为你的专业成长助一臂之力！建议思考如何在课内外“做中学”活动中有所突破。

2.“个人简介”自我激励活动

教师专业成长是一个长期的过程，靠的是多年的努力实践与反思提升。所以，跟岗往往设三年期限，以有一个相对长时间的保证。如何跟踪记录三年的专业成长？许多工作室采用电子档案的形式（见案例1中的广东省肖小亮名教师工作室学员活动记录表），我们也可以用更简单的记录形式，即“定期写个人简介活动”。

“写个人简介，促专业成长”自我激励活动

很多教师都是在当一名教书匠，年复一年，学生成长了，而教师却在原地踏步，典型的蜡烛，燃烧自己，照亮别人。当然，这种奉献精神应该提倡，但现在更提倡师生共同成长，因为教师成长了，才能促进学生的成长。

坚持每年写一次简介，然后跟去年对比，发现不同，定下下一年的努力目标，进行自我激励。这样做的目的是让大家理清工作的方向、目标，有计划地推进自己的专业发展，同时在教学实践中积累“经验”与“经历”，相信随着量的积累，可以产生质的飞跃。

简介模板：

×××简介

相片

×××，男（女），生物教育硕士，中学生物×级教师，××学校××年级××组长，市生物骨干教师（教学能手或学科带头人），市中学生物教学研究会中心组成员（理事）。教学成绩……，辅导生物科技作品×人次获奖，辅导学生生物联赛×人次获奖，辅导青少年科技创新大赛……曾有×篇论文发表或获×等奖，教学案例获×等奖，参加省（市）优质课比赛获×等奖。曾被评为校（市）优秀教师（优秀辅导员）……我的教学理念是……

2021.10　　__________简介

2022.10	__________简介

2023.10	__________简介

案例分析：该案例最大的亮点是敢于展示，且是有计划的展示。该案例与其说是展示，倒不如说是一个记录教师自己专业成长的过程。随着时间的推移，简介越来越长，教师自然越来越有成就感。

实践反思：该活动几乎没有难度，重点在过程的跟进与分享反馈（工作室群内公开展示），这实质上就是一种展示。定期提醒学员及时更新简介是关键，甚至还可以缩短更新周期，如每个季度一次，以鞭策学员通过不断努力去丰富自己的简介。

3. “个人标签”实践行动

教师专业成长的较高境界是形成自己的成长标签，即一提起某位教师，马上想到其标签，如省工作室的优秀培养对象徐佳老师，与其相对应的标签是“动态思维导图”。反过来，想找某一方面做得比较有特色的教师来分享就会想起某位教师，如观鸟，会找省工作室的优秀培养对象苏敏娜老师；如爬宠，会找省工作室助手罗彩珍老师。这就是标签的影响力！

案例7 MINGSHI GONGZUOSHI JIANSHE ZHINAN

全体学员开通“个人专业成长标签”公众号

按省工作室的建设要求，工作室每位学员在入室跟岗前，均需选定一个或多个“个人成长标签”。结合近几年省工作室的主体研究方向是做中学、科普与科技教育，所有标签建议围绕这一方向展开设计。当然，也可以结合个人专长进行选择。为确保标签成长的可持续性，要求全体学员开通个人专业成长标签公众号，围绕选定的标签方向，根据教师个人的特长与特色展开定向研究，并借助公众号定期（频率为每周或每节气或每月，视自己的研究能力定）推送近期的研究成果。

案例分析：该案例最大的亮点是有目标，有实践，有展示。特别是通过个人公众号定期展示，这既是压力，也是动力。通过这一形式，能够引导大家从优秀走向卓越。该案例也再次体现工作室“搭建新平台，传递正能量，践行做中学，师生共成长”的文化建设与发展理念。

案例8 MINGSHI GONGZUOSHI JIANSHE ZHINAN

个人专业发展标签展示答辩会

为促进教师专业成长，帮助教师找到自己专业成长的突破口，经研究，由广东省肖小亮名教师工作室定期举办“个人专业发展标签展示答辩会”。

一、答辩时间

30分钟（每人）

二、答辩地点

线上（腾讯会议）或线下现场答辩

三、活动人员

1. 广东省肖小亮名教师工作室全体培养对象

2. 广东省肖小亮名教师工作室全体网络学员

四、答辩专家

外聘

五、第1期个人专业发展标签展示

苏敏娜：自然观察与观鸟

徐佳：动态思维导图

罗彩珍：爬宠与微观视界

六、线上主题研讨

如何寻找个人专业发展标签（微信小程序）

案例分析：如果说公众号展示是在线上，线下的展示也很有压力。教师必须面向所有同伴进行专业标签展示，且是经过前期最少一年的实践积累，也就是说，在这一至三年内必须有研究，有成果生成，这自然也是促进学员们努力的动力。

实践反思：个人专业成长标签设计与实践生成系列活动，遵循“求同存异，突出个性”的原则，充分发挥了学员的主观能动性，使学员自主分析与实践，取得了明显的成效。首先，在短短的一个月时间，学员们都建立起自己的微信公众号，并发出多篇自己研究领域的推文，辐射工作室网络学员，反响非常好，既实现网络推送科普，又是一种榜样引领和互助学习。个人成长标签公众号推送科普成为我室的亮点，也成为学员们专业成长的平台和加速器。

后来，我们还借此行动，建议全省各地的网络学员借鉴省工作室培养对象的行动，早日定下自己的发展标签，甚至也开通自己的公众号，紧跟工作室的成长步伐，实现共同成长。

活动与思考

一、跨界学习经济领域的态势分析SWOT，并尝试应用到自己专业发展的分析中来。

二、教师的专业成长是职业生涯规划的一部分。跨界学习不同职业的生涯设计，尝试应用到自己的职业生涯设计中来。

研讨活动1：工作室作为学习共同体，可充分发挥同伴互助作用，可尝试在学员中建立小分队，组建学习小组，借助“世界咖啡”的活动模式，建立各学习小组的团队文化、制订三年专业成长规划。

研讨活动2：借鉴东莞教育局在全市教师队伍开展的“我为什么当老师”大讨论，迁移到工作室团队建设，开展“我为什么追求专业成长”大讨论，并通过短视频等形式分享展示。

三、收集其他名师工作室或学员个人的发展规划，在本工作室进行展示与评析。

专题七

如何提升教学素养

名师工作室是教师成长的重要平台，应聚焦教师核心素养的提升。学科教学素养即学科教学的素养，学科教学的关键能力和品质是教师核心素养的重心所在。我们认为教师的学科教学素养主要包括专业知识、教学技能、教学策略、教学模式、教学风格和教育思想。根据教师学科教学核心素养培育和发展的内在规律，可以将学科教师的专业成长过程确定为“专业知识积累→教学技能训练→教学策略优化→教学模式建构→教学风格形成→教育思想积淀”。根据教师的专业成长过程，本专题从“学科教学理论、学科教学技能、学科教学策略、学科教学风格”四个方面来提升教师教学素养。通过“学习→实践→研究”这一循环路径促进教师充实专业知识、提高专业能力、形成专业思想、达成专业智慧。

提升教师教学素养是所有名师工作室的主要职责，无论是学科教师、班主任还是学校管理者，都应该具备扎实的学科教学理论基础和学科专业素养。笔者提出了基于教学素养的学科教师发展金字塔模型。该模型包括四个阶段和六个层级：第一阶段包括两个层级，分别关于专业知识和教学技能，是所有教师必须做到的，是合格教师的基本要求；第二阶段也包括两个层级，分别关于教学策略和教学模式，通过一定教学经验积累和理论提升大部分教师能达到，是骨干教师应具备的教学素养；第三阶段是关于教学风格的，应是骨干教师成长为“名师”的重要标志，真正能够形成自己教学风格的教师只能占到少数；第四阶段是关于教育思想的，创建自己的教育思想体系是教育家特有的专业品质，能够达到这样高度的教师自然是极少数的。[①]本专题拟结合该模型和一些学科的教学案例，具体谈谈名师工作室应如何提升教师的教学素养。

一、组织学习现代教学理论

1985年，美国学者舒尔曼（Shulman）提出学科教学知识（PCK），认为教师知识分为七大类，具体为学科知识、一般教学法知识、课程知识、学科教学知识、学习者及其特点知识、教育背景知识、教育目标和价值观及其哲学和历史背景的知识等。[②]经过师范教育的广大教师都具有基本的教育教学知识，而工作室的学员多数有一定的教学经验，却容易忽略教育背景、教育目标和价值观等知识的学习和研究，普遍缺乏对教学理论及教育政策的理解力和实践力，可以从以下几个方面提升。

（一）实施任务性阅读，提升教育教学理论水平

教师的职业特点决定了其必须有良好的阅读习惯，只有善于阅读的教师才能培

① 胡继飞. 基于教学核心素养的教师专业进阶模型建构［J］. 中小学教师培训，2019（2）：13-16.

② 同①。

养出会读书的学生。新课程改革和新高考改革呼唤教师在教学中坚持“学为中心、素养为本”，以书籍作为阶梯登高望远。

在名师工作室的培养计划中，理论学习是一项重要课程，主持人可以帮助各成员，一起对其学科教学素养现状进行剖析，找出优势及短板，选出有针对性的“指定读书单”和“自主阅读书单”。名师工作室可聘请专家进行有针对性的理论指导，也可开设学习沙龙和读书汇报会，工作室主持人与各成员一起学习，交流学习心得，每学期至少精读一本书，并针对每本读过的书写阅读笔记和体会，提炼学习成果做成PPT展示交流。每次的名师工作室集中活动都安排阅读心得交流，并在名师工作室公众号上分享。这种任务性驱动的专业阅读有利于凸显工作室成员的教育特色，补足理论短板。同时，工作室可为成员订购学科教学核心期刊，辅助成员对理论进行理解和应用，提升其理论联系实际的能力。

2023年1月13日，中国教育新闻网发布了2022年度“影响教师的100本书”，包括TOP100图书及TOP10图书。中国教育新闻网2022年度“影响教师的100本书”活动通过出版社自荐、专家推荐和读者推荐等形式，征集了2021年11月至2022年12月出版的、适合教师阅读的优质图书。此外，这里再推荐几本教育理论类书目。

1. 刘新科、栗洪武主编，《中外教育名著选读》，中国人民大学出版社，2008年

2. 朱幕菊主编，《走进新课程：与课程实施者对话》，北京师范大学出版社，2002年

3. 联合国教科文组织国际教育发展委员会编著，《学会生存——教育世界的今天和明天》，教育科学出版社，2000年

4. 袁振国著，《新教育理念》，教育科学出版社，2007年

5. 王策三著，《教学论稿（第二版）》，人民教育出版社，2009年

6. 崔允漷主编，《有效教学》，华东师范大学出版社，2009年

7. 温世仁著，《教育的未来》，三联书店，2000年

8. 皮亚杰著，傅统先译，《教育科学与儿童心理学》，长江少年儿童出版

社，2014年

9. 罗森塔尔、雅各布森著，唐晓杰、崔永漷译，《课堂中的皮格马利翁：教师期望与学生智力发展》，人民教育出版社，2020年

10. 苏霍姆林斯基著，杜殿坤编译，《给教师的建议》，教育科学出版社，2001年

11. 阿莫纳什维利著，朱佩荣译，《学校无分数教育三部曲》，教育科学出版社，2002年

12. Stephen D.Brookfield，Stephen Preskill著，罗静、褚保堂译，《讨论式教学法：实现民主课堂的方法与技巧》，中国轻工业出版社，2002年

13. 阿兰兹著，丛立新等译，《学会教学（第六版）》，华东师范大学出版社，2007年

14. 黄全愈著，《素质教育在美国：留美博士眼里的中美教育》，广东教育出版社，1999年

15. 吕勤、吴荣华主编，《课堂大问题——学校高效课堂问题诊断》，南京大学出版社，2011年

16. 郑金洲编著，《案例教学指南》，华东师范大学出版社，2000年

17. 丛立新、黄华著，《好课程·如何设计》，教育科学出版社，2015年

18. 郭华著，《好教师：从哪里来？》，教育科学出版社，2015年

19. 杨效伟主编，《打造你的第56号教室》，世界知识出版社，2015年

20. 王晓春著，《今天怎样做教师——点评100个教育案例》，华东师范大学出版社，2005年

21. 余文森著，《核心素养导向的课堂教学》，上海教育出版社，2017年

20. 格兰特·威金斯、杰伊·麦克泰格著，《追求理解的教学设计（第二版）》，华东师范大学出版社，2017年

（二）加强教育政策研究，提升对教育政策的理解力

近年来，中共中央、国务院以及教育部针对基础教育出台了一系列重要文件，

明确了教育改革的根本宗旨和具体任务，尝试从教育管理走向教育治理。比如，围绕“立德树人”的根本任务，中共中央、国务院先后出台了《关于新时代推进普通高中育人方式改革的指导意见》《关于深化教育教学改革全面提高义务教育质量的意见》《关于进一步减轻义务教育阶段学生作业负担和校外培训负担的意见》《深化新时代教育评价改革总体方案》等一系列体现国家教育治理理念的重要政策，明确了基础教育改革的治理方向，也明确了基础教育改革的实践路径。立德树人、育人方式改革、课程标准、教学改革、教学方式、教育评价、“四有”好教师、“双减”等一系列教育主题词，推动了教育改革向纵深发展，也考验着教师在新时代教育改革背景下的政策理解力和实践力。①从现实来看，一线教师注重课堂教学等“实用”操作的能力培训和素养提升，对于国家近年来出台的一系列重要政策文件关注不多。一些作为工作室成员的骨干教师也存在“重学科教学、轻政策文件”的观念，多数人“只低头拉车，不抬头看路”。如果对教育政策缺乏正确的认知，教学实践就会方向不明，教学工作就会本末倒置，甚至南辕北辙，会出现教学盲目而低效的情况，就会事倍功半。其实，国家出台的有关基础教育的重要政策文件事关每位教师，是学校教育教学的“指南针”。所以工作室主持人要指导成员解读教育文件，了解政策，引导成员经常浏览教育部及省教育厅的官网，及时了解教育动态。

（三）加强课程标准研读，明确教育教学方向

国家课程标准是国家课程的基本纲领性文件，是国家对基础教育课程的基本规范和质量要求，是教材编写、教学、评估和考试命题的依据，是国家管理和评价课程的基础。国家课程标准的功能是体现国家对不同阶段的学生在知识与技能，过程与方法，情感、态度与价值观等方面的基本要求，规定各门课程的性质、目标、内容框架，提出教学和评价建议。

课程标准是教材、教学和评价的出发点与归宿。因为无论是教材还是教学，都

① 张春华.新时代教师教学素养的“少”与“升”［J］.教育视界，2022（4）：61-64.

是为这些方面或领域的基本素质的培养服务的，而评价则是重点评价学生在这些方面或领域的表现如何，是否达到了国家的基本要求。

可以说，课程标准中规定的基本素质要求是教材、教学和评价的灵魂，也是整个基础教育课程的灵魂。这也正是各国极其重视课程改革，尤其是极其重视课程标准研制工作的重要原因。无论教学如何设计，无论评价如何开展，都必须为这一基本素质要求服务，都不能脱离这个核心。《教育部关于印发义务教育课程方案和课程标准（2022年版）的通知》中指出："各地要统筹谋划、系统推进义务教育课程方案和课程标准（2022年版）落地实施。有计划、有步骤地组织开展培训，多种形式强化课程改革理念和改革总体要求的研修交流，实现校长、教师及教科研人员、教育行政人员全覆盖。……要大力推进教学改革，转变育人方式，切实提高育人质量。"所以中小学教师都要人手一份学科课程标准，自主或集中研读，熟知各学科的课程性质、课程理念、课程内容、学业质量要求、教学与评价建议，做到心中有学生、脑中有课标、手中有教材，才能更好地培养出综合素质高、创新能力强、德智体美劳全面发展的学生。

要解决各学科教学教什么、怎么教、教到什么程度的问题，必须对学生学业质量水平及评价要求清晰明了，从而在教学中有的放矢。例如，高中教师还要熟读《中国高考评价体系》和《中国高考评价体系说明》，理解高考评价体系的"一核四层四翼"的含义，"一核"为考查目的，即"立德树人、服务选才、引导教学"，是对素质教育中高考核心功能的概括，回答"为什么考"的问题；"四层"为考查内容，即"核心价值、学科素养、关键能力、必备知识"，是素质教育目标在高考内容中的提炼，回答"考什么"的问题；"四翼"为考查要求，即"基础性、综合性、应用性、创新性"，是素质教育的评价维度在高考中的体现，回答"怎么考"的问题。[①]在此基础上，高考评价体系还包括考查载体，即实现考查内容

① 教育部考试中心. 中国高考评价体系［M］. 北京：人民教育出版社，2019.

和考查要求的试题情境。基于高考评价体系，针对高考命题提出“价值引领、素养导向、能力为重、知识为基”的理念。高考评价体系是高考命题的理论基础与方法论。

以高中生物学为例，人教社初中和高中生物学教材核心作者吴成军老师基于高考评价角度及课标要求，提出了优质生物学试题评价标准：

1. 从考查目标来看，是指向生物学学科核心素养。

2. 从考查内容看，聚焦重要概念，检测概念的理解、掌握和运用。

3. 从考查能力看，考查科学思维的判断、解释、预测、评估和设计。

4. 从呈现形式看，需要有情境的创设。

5. 从命题技术看，要有逐步加深的问题链。

6. 从测量效果看，能有效地测量素养水平。

这个标准对如何有效进行高中生物学教学及高三复习，如何选题、命题都有很强的指导作用，对其他学科也有借鉴作用。只有认真领会学科国家课程标准，才能达成教学评一体化，教师的教学才会有效，教育教学才能精确，学生学科素养才能形成。

二、提升教师教学技能

教师教学技能一般应包括语言技能、体态技能、教学设计技能、实验设计技能、板书板画技能、变化技能、强化技能、导入技能、讲授技能、提问技能、演示技能、资源利用技能、教具制作技能、实验操作技能、测评技能、沟通技能、信息技术应用技能和结束技能等。此外还应包括说课技能、说题技能等。①

同教师知识的积累一样，教学技能训练也需要终身学习。师范毕业的教师已具备以上基本技能，经过几年的教学训练也能不断进步，就名师工作室的成员而言，他们主要提升的是以学生为根本、符合课标要求的教学设计技能，能加强不同学段

① 胡继飞. 基于教学核心素养的教师专业进阶模型建构［J］. 中小学教师培训，2019（2）：13-16.

学生深度学习的提问技能，提高学生应用知识的命题、说题技能。

（一）集体备课，提升教学设计技能

备好课是上好课的基础，教学设计是上课的蓝图，因此同伴研讨、反思修正、完善实施尤为重要。进行教学设计前一定要明确几个问题：一是教与学的定位；二是教师与学生的定位。

1. 树立“教师为引导，学生为主体”的师生观

我们认为：教学的重点不在“教”，而在“学”。教的目的是让学生愿学、乐学、会学、善学，只有学生“会学”了，“学到”了，“学会”了，“学好”了，教学的目的才算是达到了。在师生关系上，教师为引导者，学生为学习主体。学生作为认识活动的主体，也必然是实践活动的主体。学生只有真正独立地投身于各种学习活动，才能在参与、交往、沟通中获得全面发展。一节高效的课应是教师设计一串“诱思点”来激发学生或自主或合作的探究性“思维”，教师要舍得将时间和空间留给学生，让其进行充分的思考、活动和论证，从而让学生形成终身学习的能力，这也可以培养学生的各学科核心素养。

和谐课堂应该是教师与学生民主共存。教师除了教知识，更要给方法、找规律；学生除了学知识，还要懂方法、能应用。教师通过循循善诱，达成学生的思维进阶。和谐课堂教学模式如图1所示。

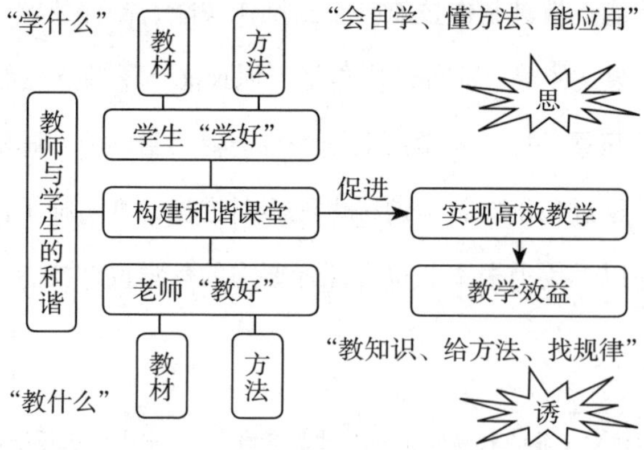

图1　和谐课堂教学模式

2. 如何进行教学设计

教学设计是根据课程标准的要求和教学对象的特点，将教学诸要素有序安排，确定合适的教学方案的设想和计划。教学设计一般要课前备课标、备教材、备教法、备学法、备情境、备学生，进而确定教学目标、教学重难点、教学方法、教学步骤与时间分配等。

教学要遵循以下五个设计原则：

科学性：教师对教材要经历懂、深、融，以便把握教学重点。

实用性：学生学习之后有收获，有价值。

针对性：教师引导，以学生为主体。符合学情，准确把握教学难点。

发展性：注重学生能力培养，使学生能阐释、评价及解决生产生活中的问题。

创新性：开发适合教学内容的情境、问题、活动等。

优秀的教学设计评价指标可从以下五个方面来衡量：

教学背景分析：

（1）分析课程标准等相关文件的理念、要求，与课程内容和学情结合起来思考。

（2）深度分析教材，准确把握学习内容的内涵、核心，横纵向联系（教学重点）。

（3）学情分析具体、明确、有依据（教学难点）。

教学目标分析：目标定位准确、教学目标描述具体、教学目标可检测，教学重难点的分析合理、有依据、有思考。

教学方法与策略：

（1）把握教学重难点的策略和方法明确、有效。

（2）帮助学生学习的策略和方法符合学生的认知规律特点。

教学活动设计：

（1）教学活动的目的和意图明确、与教学目标一致。（每个教学目标都有相应的教学活动支撑，有检测教学目标达成程度的教学活动，注重学科核心素养，有较强的育人价值）

（2）教学活动之间逻辑结构清晰、完整，符合学生的认知规律特点。

（3）教学活动设计的问题框架合理，突出“大问题”或“问题链”。

（4）导入活动能激发学生学习动机。

板书设计：突出教学的重点、难点，体现生成性，美观大方、结构清晰。

无论哪个学科，都要以课标要求及具体学情来设计教学。深研教材，创设情境，设计问题和学生活动，明确教学目标，合理分配教、学、评的时间及方式，设计要符合不同年段学生的认知特点，巧妙解决重难点，还要留有旁通点，最终达成教学目标，发展学生。

（二）自我审视，提升教学提问技能

课堂教学中的提问是一种重要的教学手段，它可用于整个教学活动的各个环节，如新课的导入、新知识的讲授、课堂练习、分析归纳、试题讲评等。

新课标提出了人文底蕴、科学精神、学会学习、健康生活、责任担当、实践创新六大素养；在教材中体现核心素养培养的问题探讨、思考讨论、思维训练、生活联系等栏目增多，这势必要求学生有更多的时间参与学习，但目前很多学科教师普遍反映教学学时不够，完不成教学任务。为了赶进度，教师不敢留问题给学生，舍不得留时间给学生。这就违背了课改的初衷。我们认为要提倡两个意识：一是“舍得”意识，“只有舍（舍时间、舍讲台、舍话语权给学生），才有得（得时间、得课堂、得到学生发展）”；二是“问题”意识，发现、分析、解决问题才是核心素养形成的关键。

课堂提问，一般被认为是教学过程中教师的发问。我们对课堂提问的界定：提问是以问题形式引起对方回应的一个交流过程，包括发问方的提问和应答方的回答。因此，要使提问有效，必须保证问题的有效、问题传播过程的通畅和应答方的注意与思考。在实际的教学过程中，发问方既可以是教师，也可以是学生，即课堂提问包括教师提问和学生提问两个方面。[①]

1. 在课堂教学过程中出现的教师提问不合理现象

（1）提问没有层次性，难易问题无阶梯。

（2）提问没有普遍性，只提问好学生，不提问学困生；专提问一小部分学生，冷落大多数学生。

（3）提问表述时语意不明，造成学生不知所云，无法回答。例如，某教师在讲“酶的发现”时提问：“这时科学家的基本预测是什么？科学家的另一种预测是什么？此时科学家的假设是什么？”这样的提问表述不清或一次提出一连串问题，使学生找不到核心问题，因而无从下手，无法回答，使提问无效浪费了课堂时间，降低了课堂效率。

（4）提问过于随意。不能适时拓展延伸，不会针对学生的回答和反应适度追问。例如，课前没有认真预设问题，喜欢“临场发挥”，无关问题过多，问题没有针对性。部分教师习惯问“好不好”“是不是”等问题，这些问题并不能引起学生的思考。

（5）提问太多。一堂课如果有太多的问题，就会使学生长时间地处于思考中，对新内容的消化吸收的时间减少，导致学生厌烦、懈怠，生成新问题的质量就会明显下降。

（6）对学生的回答不置可否，对学生的提问不予回应。

（7）课堂上只有老师问学生，没有学生问老师。

以上种种现象都是不科学的，这样的提问不仅收不到预期的教学效果，还会扼杀学生的学习积极性，更不用说锻炼学生的思维能力了。

2. 在课堂教学过程中学生存在的不提问的问题

（1）知识储备和认知迁移能力不足。知识是人类对客观世界的认识成果，是

① 谢晓霜. 高中生物有效教与自主学［M］. 长春：东北师范大学出版社，2020.

架在已知和未知之间的桥梁。充足的知识储备是提出问题的原料。学生所掌握的知识、技能越多，就越有利于问题的提出。如果学生的储备知识不够，即使遇到问题也识别不出来，也就难于发现问题。当学生有充足的知识储备后，我们还应该让学生将所学的知识成功地转移，努力提高学生的知识概括能力，使他们能巧妙地组织已有知识和信息，这样学生才能顺利地发现问题和提出问题。

（2）缺乏必要的魄力与胆量。提出问题总是与克服困难相联系，如他人讥笑、消极悲观的情绪、胆怯懒惰的性格、知识经验的不足等。如果没有必要的魄力与胆量，学生就会遇难而退，不敢问。而学生的魄力与胆量是建立在学生的动机、兴趣和坚强的意志基础之上的。这些都需要教师的重视、鼓励和培养。

（3）受周围环境的影响。学生的生存环境包括家庭环境、社会环境和学校环境。家庭环境和社会环境会影响学生提问的习惯。如果学生在一个民主的氛围中长大，他们的意见得到重视，那么学生就善于发现问题、敢于提问。而学校环境由学生集体和教师共同组成，它是学生提问能力培养的主阵地。良好的集体提问氛围能使班级成员在提出问题时相互启发，互相承认彼此的价值，形成健康的集体舆论，有利于学生提出问题。民主型教师和探索型教师往往有利于学生提出问题。

3. 解决课堂提问常见问题的策略

（1）精心备课，充分预设课堂提问的问题。

很多时候，教师提了一些目的不清、语意不明的问题而不自知。若在课前进行了问题预设，就能避免这种情况发生。

（2）精炼问题，去除无关问题，整合相似问题。

某些教学内容需要提出多个问题来帮助学生理解，此时应注意问题的数目是否恰当，能否进行提炼整合。例如，某教师在上“细胞膜——系统的边界”一课时，为了让学生形象地了解细胞膜的存在和功能，以鸡蛋作比喻，提出问题：①为什么鸡蛋清与鸡蛋黄泾渭分明？②蛋黄膜是不是细胞膜？③将蛋黄膜刺破会出现什么现象呢？若把这些问题整合起来就会得到这样一个问题：鸡蛋中的蛋黄为什么不会流到鸡蛋清中？这样的提问既简洁又能促进学生进一步思考，也能取得教学效果，提高教学效率。

（3）搭建台阶，调整问题的难度。

遇到较难的问题，就需要设置一定阶梯。遇到难度较大的题，学生无从下手，教师搭台使学生“跳一跳能摘到桃子”，在小组思维碰撞中顺利地把题目做出来，既锻炼学生思维能力，又能让学生获得学习的乐趣和满足感。

（4）创设情景，让问题生活化。

情景的创设不但集中了学生精神，让教师所提的问题成为学生关注的焦点，还能使抽象的内容更加具体形象，容易理解。例如，在讲细胞膜的功能时，若先把玫瑰花瓣放在清水中，然后加热，让学生观察其变化后提问：为什么水会变红呢？从而引导学生归纳出细胞膜的功能。这样学生就可以通过对问题的思考完成从感性认识到理性认识的转换。

（5）提问后要留有足够的时间让学生思考或者讨论。

教学的关键是学生的“学”，而学生能够有效学习的关键是积极思考，因此教师在提问后要留给学生足够的时间思考和讨论，鼓励学生发表意见和提出问题。

（6）重视学生的回答，做出合理的评价。

每个人都希望被重视，学生更希望被老师重视，但有些老师对一个学生的回答不置可否，而急于让其他学生回答，渴望摆脱一问一答的模式，这会伤害学生回答的积极性。有些教师虽然做出评价，但评价十分空洞，一律是“很好”“对”等，不能具体指出回答好在哪里，不好又在哪里，让学生没有收获。正如德国教育家第斯多惠所说：“教学的艺术不在于传授本领而在于激励、唤醒、鼓励。”“重视学生的回答，做出合理的评价”就是唤醒学生和鼓励学生的一种很好的方式。

（三）以赛促教，提升命题说题技能

纸笔测试是中小学学科教学评价的一个重要方式。由于教育产业化，各种教学资源丰富，来源广泛，很多教师不再精选习题、不再琢磨试题，不再筛选素材原创命题，养成了“拿来主义”习惯，造成命题质量下降。工作室成员中的高中骨干教师，应加强在“新教材、新课标、新高考”背景下的备考研究，提升对高考评价体系的理解以及对高考命题方向的把握能力。提高命题、说题技能的最有效途径就是做高考题，把近10年的各地高考题做一遍，总结出命题特点，先模仿、改编再到原创命题，可借助省、市、区、校的平台参与做题、命题和说题比赛。例如，笔者工作室成员参加每年一次的学校45岁以下教师佛山一模同步考试，试卷与学生同步批改，公布分数；一起参加市教师能力大赛现场命题；参加“命题、品题、说题”活动，并参加一等奖教师们的经验分享会，从中学会提炼高考命题特点，分析试题，抓住学科常考点、易错点和提升点，从典型题目的深入分析和解题指导思考对教学的反拨作用，对不同年段的教学提出可行性建议。经过高考试题评题、品题及命题的实战演练，教师们对中国高考评价体系和新课标有了更加深刻的认识和理解。在这些比赛中，同行的共情学习、专家的点评都能很好地促进他们成长提升。以上方法同样适用于义务教育的中考学科教师的命题、说题技能提升。

三、掌握学科教学策略

医生的真功夫在病床，教师的真功夫在课堂。

一节好课的标准，在不同学科、不同角度，会有不同的答案。但是一堂好课有共同的要求：那就是以学生的发展为本，以提升学生的核心素养为宗旨。好课一定是“活”的：知识要活、思维要活跃、要有有效的学生活动、要联系现实生活、能学以致用。当然，教师灵活地为学生“穿针引线”、为学生解惑释疑是必不可少的。

《国务院办公厅关于新时代推进普通高中育人方式改革的指导意见》中提出：“深化课堂教学改革。按照教学计划循序渐进开展教学，提高课堂教学效率，培养学生学习能力，促进学生系统掌握各学科基础知识、基本技能、基本方法，培养适应终身发展和社会发展需要的正确价值观念、必备品格和关键能力。积极探索基于情境、问题导向的互动式、启发式、探究式、体验式等课堂教学，注重加强课题研究、项目设计、研究性学习等跨学科综合性教学，认真开展验证性实验和探究性实验教学。”

有效的教学策略对教师理解课程标准、明确教学与评价目标、完善教学设计、构建课堂生态、实施教学评一体化有重要影响，也是教师上好课、智慧教学的基础。

（一）情境化策略

教学情境是指根据教学的内容，为落实教学目标所设定的、适合学习主体并作用于学习主体，产生一定情感反应，能够使其主动积极建构性学习的具有学习背景、景象和学习活动条件的学习环境。

教学情境的主要作用往往是“引起兴趣”“深化思维”，是通过与学生已有生活经验的关联，引起他们的思考，进而通过相关学科内容的学习和分析，实现学科核心素养的培育。

“知识是在情境中通过活动产生的。”一个优化的学习情境是激励学生主动参与学习的根本保证。学生学习的实质就是借助情境的帮助，实现对知识的主动构建。教师应通过创设各类情境，激发学生的好奇心和求知欲，点燃学生的学习热情，调动学生的学习潜能；引导学生自主思考，主动探索，深入思考，体验学习过程；帮助学生有效掌握知识、灵活解决问题；促进学生情感、态度、价值观的发展。以上是提高学生可持续学习能力、促进可持续发展教育的有效途径。①

1. 创设教学情境的途径

学科教学中，有些内容或抽象或微观或技术难度大，教师可以通过创设形象、问题、实验、科学史、科学新进展、社会热点等情境，点燃学生学习热情，帮助学生理解知识。

（1）利用直观教具，帮助学生理解难点知识。

① 谢晓霜. 高中生物有效教与自主学［M］. 长春：东北师范大学出版社，2020.

直观教具能使学生产生第一认识，集中学生的注意力，调动学生的积极性和参与欲望，因而能取得良好的教学效果。例如，生活中常用的灯头线具有“双股”“螺旋”的特点，可以用来讲解DNA的双螺旋结构；同时，用这些两股单线让三个同学上台找其中的一段解开螺旋，另两个同学把单线绕到解开的两条线上去，结果产生了两条新的电线，每一条含一条“母链”，含一条“新链”。这样就把抽象的理论性知识直观化了。还可以用电线“螺旋”缠绕及解开来让学生理解染色体与染色质的区别。

（2）利用多媒体动画视频，将抽象问题形象化。

俗话说：“百闻不如一见。”将相关知识形象化有助于引起学生的注意，激发学生的兴趣，加深学生对知识的理解。教师上课可充分运用动画、视频等现代化电教手段，使教材上的知识具体化、形象化、立体化、动态化。例如：地理学科教学中地球自转、公转的轨迹，教师无法用实物呈现出来，学生又缺乏较强的空间思维能力，难以理解，那么教师可以从网络上寻找一些视频资料播放。纪录片《寰宇轨迹》第一集中就将地球自转、公转的方式以及轨迹直观、全面地展示了出来，并且进行了讲解，这样，学生在视频以及讲解的相互作用下，更加深刻地理解地球自转、公转的方式，能更好地掌握相关概念知识，并实现空间思维的培养。①这不但有利于帮助学生理解及掌握相关知识和原理，还能激发学生的学习兴趣。

（3）创设简易实验情境，有利于学生理解重要概念和原理。

实验能为学生提供生动、鲜明的直观现象，并且融趣、疑、难为一体，激发学生的学习热情，促进学生主动思维，发展学生的科学思维及科学探究的素养。

（4）示错情境的收集及巧妙应用。

示错情境教学是一种有效的教学方式，一般是由教师展示学习知识过程中出现

① 王文治. 七年级新生地理前概念现状及其向科学概念转变的路径研究：以云南师范大学实验中学初2018级为例［D］. 重庆：西南大学，2020.

的错误，或展示学生学习过程中的典型错误，引发学生质疑，通过师生的探讨或学生合作学习找出错误，正确分析、综合判断，分析原因，进而牢固掌握知识。示错情境教学有利于学生的批判性思维培养。

高中生物学有许多知识涉及细胞的微观结构，笔者允许学生带手机上实验课，让他们如实观察和记录，并对实验成功或失败的现象进行合理解释，及时收集出现的错误，作为示错情境，让学生通过强烈的认知冲突，达到深刻记忆和纠正的目的。

2. 创设教学情境应避免的误区

不要忽视教学内容的喧宾夺主，不要忽视学生实际的一厢情愿，不要忽视真实状态的杜撰虚构，不要忽视科学严谨的牵强附会，不要忽视负面影响的投其所好。总之，教学情境是为教学内容服务的，不要为了创设情境而教学。

（二）活动化策略

意大利教育家蒙台梭利说："我听了我会忘记，我看了我会记住，我做了我会理解。"活动化教学是培养学生科学思维、科学探究等核心素养的有效教学策略，它可以让学生在"做中学、思中悟、悟中立"。

活动化教学，就是在教学过程中以学生探究为主，把互动式、多样化、个性化的学习方式融合在一起，以开展学生主体活动为基础，引导学生在活动中体验、感悟、求知、益智，从而全面落实基于核心素养的教学，使学生逐步形成正确价值观、必备品格和关键能力。实践证明：坚持活动化教学能大大激发学生的探究欲望，活跃学生的思维，丰富学生的情感体验，培养学生的创新意识和实践能力。

1. 学生动手实验，在活动中化繁为简、深入浅出

设计教学时，可将课前导学、动手实验、课堂反馈提升以任务形式布置给学生小组，让其合作完成，通过合理的任务群让学生在独自学习后合作探究完成任务的基础上，交流分享、展示评价、迁移应用。

2. 学生构建模型，在动手构建过程中深入理解学习内容

所谓模型，即为更好地认识研究对象而进行的简化概括描述，包括定量或定性

描述。借助模型来获取关于客体的认识方法，就是模型方法。模型方法作为一种现代科学认识手段和思维方式，所提供的观念和印象不仅是学生获取知识的条件，而且是学生认知结构的重要组成部分，在中小学教学中有着广泛的应用价值和意义。常用的模型方法有物理模型、数学模型、概念模型等。

（三）自主化策略

自主化教学提倡学生能做的、能学的、能表达的内容要放手给学生自主学习，学生在教师的指导下，根据自身条件和需要自由选择学习目标、学习内容、学习方法，并通过自我调控的学习活动完成具体学习目标。自主学习的独立性、能动性、异步性、发展性和创造性，有助于实现学生学习个性的解放与发展，实现学生学习课堂生活的体验，实现学生自主学习能力的提高。

1. 小组互助学习

中学生有相当长的在校时间，同学之间、朋友之间亲和性强，而且中学生的心理特点使其更容易受到同伴的影响，因此同伴互助应该说是最常见也最容易实现的学习途径。在我们的教学实践中，学生除了在学习上自由结对子，还可以在教师的组织和引导下尝试实行“班级学科导师制度”和“自主合作探究学习小组制度”。

通过组建学习小组，实行小组长负责制，小组成员合作学习。合作学习可以是课前预习问题的提出、课堂教师提出问题的思考讨论、课后作业的相互解疑、小组之间的学习评价，小组成员通过量化考核强化小组互助意识，实现共同进步。

2. 小组合作或改进实验

实验是自然学科必需且重要的教学方法，特别是在物理、化学、生物学、地理等自然学科的教学中尤为重要。实验是探究式教学中获取证据的常用手段之一，通过观察、测量等实验操作活动，可以获取关于事物变化发展规律的资料、数据等；然后通过对观察资料、数据等的分析与处理，得出研究结论。在实验探究中，学生发现问题、设计实验、动手操作、取得证据、得出结论，从中学会科学方法，培养科学探究和科学思维素养。

学生对事物的认识不能只满足于“知其然”，更要“知其所以然”，应该探究和了解事物更深一层的本质和内涵，掌握科学探究的基本思路和方法，小组合作完成教材实验时，通过动手操作、共同研讨，更能发现问题、提出疑问，进而改进实验，培养创新能力。

3. 小组课前自主展示

（1）学生自主出题展示。

学生能教别人学习时，知识掌握会更深刻，当他们从教师的角度自主命题时，不但能将知识内化，还能更全面细化知识，学会设问，准确答题。每节课的课前5分钟展示给全班同学作答，出题者要进行解答及评价，这不仅是对学生知识掌握情况的检验，更是对出题者的考验。

（2）学生喜爱的学科知识展示。

我们的教育是为了学生将来的发展，为学生的终身学习打下基础。任何学科都可以为学生提供自主学习、发展兴趣、展示想法的空间。教师可以根据学科所学知识的疑问点、关注点、热点等，让学生小组自主搜索资料进行研究，整合提炼，做成PPT展示。这个做法不仅拓宽了学生的视野，提高了学生检索文献的能力，让学生学会了提取整合信息，还能锻炼学生的口头表达以及分析解决问题的能力，又可为学生将来走向社会，更好地适应社会做好准备。

四、凝炼学科教学风格

形成自己的教学风格是名师的重要标志。歌德说：“风格，这是艺术家所能企求的最高境界。”艺术是如此，教学亦如此。李如密教授在《教学风格的内涵及载体》一文中指出，所谓教学风格，是指教师在长期教学实践中逐步形成的、富有成效的一贯的教学观点、教学技巧和教学作风的独特结合和表现，是教学艺术个性化的稳定状态的标志。

雨果说得好：“没有风格，你可以获得一时的成果，获得掌声、热闹、锣鼓、花冠、众人陶醉的欢呼，可是你得不到真正的胜利、真正的荣誉、真正的桂冠。”“风格是打开未来之门的钥匙。”李吉林老师的情境教学已不仅仅是一种教学方法，而是让学习在情境中发生，解决了符号学习的难题，这是最高境界。正因如此，风格也是教师成熟和成功的标志。

教学风格就是教师在被认可的教学主张指引下，在长期教学实践中逐步形成的教学艺术个性化的表现。

（一）教学风格的特征

教学风格具有以下主要特征：

教学的艺术性：指教学过程中技能技巧的运用恰到好处，体现着一种艺术效果，给人一种和谐、流畅的感觉，充满艺术感染力。

教学的创造性：指教师对教学内容的处理、教学方法的选择和教学过程的组织具有独特性，教师个人的创造性思维在课堂教学中得到充分发挥和运用。

教学的实效性：指对学生知识的掌握，智能、技能的训练和思想品德的发展是行之有效的。

心理品质的稳定性：指某一教师在长期的教学实践中所一贯坚持和追求的，体现着教师个人良好的心理素质、鲜明的个性以及建立此种教学风格的高度自信心。

（二）教学风格的主要类型

综合不同专家学者的研究，目前教学风格主要有以下几个基本类型：

1. 理智型

这种教学风格主要表现为：教师讲课深入浅出，条理清楚，层层剖析，环环相扣，论证严密，结构严谨，用思维的逻辑力量吸引学生的注意力，用理智控制课堂教学过程。学生通过听教师精辟的讲授，不仅学到知识，受到思维训练，还将被教师严谨治学的态度所熏陶和感染，学会冷静、独立地去思考问题。虽然有的教师在课堂上不苟言笑，但内心却充满对知识的透彻理解和对人的理智能力发展的执着追求。

2. 自然型

这种教学风格的特点是，教师讲课亲切自然，朴素无华，没有矫揉造作，也不刻意渲染，而是娓娓道来，细细诱导，师生在一种平等、协作、和谐的气氛下，默默地进行双向交流，将对知识的渴求和探索融于简朴、真实的情境之中，学生在静静的思考、默然的首肯中获得知识。教师虽然讲课声音不高，但神情自若，情真意切，犹如春雨渗入学生心田，润物细无声，给人一种心旷神怡、恬静安宁的感受。

3. 情感型

这种教学风格表现为教师讲课情绪饱满，把对科学文化的热爱和追求融于对学生的关爱和期望之中，充满对学生的高度尊重和依赖。教师讲到动情处，往往情绪高涨，慷慨激昂，扣人心弦，撼人心灵，使学生产生强烈的情感共鸣，师生之间在理解沟通的前提下，共同营造出一种渴求知识、探索真理的热烈气氛。学生在这样的教师的引导下，所获得的不仅仅是知识训练价值，还包括人格、情感的陶冶价值。

4. 幽默型

这类教学风格所体现的最突出特点是，教师讲课生动形象，机智诙谐，妙语连珠，动人心弦。一个生动形象的比喻，犹如画龙点睛，让学生开启智慧之门；一种恰如其分的幽默，引起学生会心的微笑，如饮一杯清新的甘泉，给人以回味的留恋；哲人的警句、文化的箴言不时穿插于讲述中，让学生以启迪和警醒。在这种课堂氛围中，学生心情舒畅，乐于学习，在轻松愉快的笑声中获得人生的启迪，获得心智的训练，变机械模仿为心领神会，主动思考。学生学习积极性和主体积极意识将得到充分发挥。

5. 技巧型

此种风格在于，教师精于教学的技巧，充满机智，各种教学方法及技巧可信手拈来，运用自如，恰到好处，并不带丝毫雕琢的痕迹。如将多媒体等引入课堂，整个课堂结构犹如思维程序，过渡自然，组织严密，搭配合理，有条不紊。讲解、分析、论证思路清晰；提问、讨论、练习针对学生实际，充分体现出教师对学生的透彻了解，对教学方法的合理运用和对教材知识重难点的准确把握。对于学生掌握知识而言，这是一种追求高效率的教学风格。

（三）教学风格形成的途径

模仿是形成教学风格的第一步。每个教师的成长都有模仿他人的教学风格的过程，但模仿的目的不是照搬，而是熟悉他人的教学艺术，是对不同教学风格有所了解，不断熟悉，在熟悉众多的教学风格后，根据个人的特点、实际情况选择适合自己个性发展的教学模式和风格。

1. 认同教学理论，指引教学方向，突出教学特点

教师教学中自觉学习各种教学理论及模式，根据自身特点选择适合的教育教学思想和理论作为指导，并将其贯穿于各教学环节，最终形成个人独特而鲜明的教学风格。教师深入领会和掌握了适切的教育教学理论的精神实质，自觉把该教育教学理论运用于教学实践。

我们要清楚地认识到好课的标准：“不是你讲得多么好，而应该是学生学得多么好，要做到‘传道有术、授业有方、解惑有法’，让学生在轻松、愉快的氛围中掌握知识。”陶行知先生指出：“好的先生不是教书，不是教学生，乃是教学生学。”陕西师范大学张熊飞教授在其专著《诱思探究学科教学论》中也明确指出：“所谓自主，就是要遵循‘诱思教学思想论’，充分发挥教师的引导作用，以便真正实现学生的主体地位，教师要实施以启发性为核心特征的循循善诱，‘教学生学’，‘把学生学习的基本自由还给学生’；所谓探究，就是全面实现‘探究教学过程论’，在课堂教学中落实‘探究性学习方式’，保证学生五官并用，全身心投入整个学习过程，亲身体验，主动探究，把观察与思维，亦即探索与研究两大学习层次贯穿始终；所谓合作，就是在学习过程中，必须在行为子过程中落实师生间，特别是学生之间以‘七动’为载体的讨论式学习行为，突出‘动口议’，这就是合

作交流。”[①]

例如，笔者20年来一直深入学习和应用“诱思探究教学论”，以该理论来指引教学活动，经过多年实践论证、完善改进，确立并坚持“教师为引导，学生为主体”的师生关系定位，形成了“变教为诱，变学为思，问题引领，激活思维”的教学主张，确立了“风趣睿智，以情激趣，理性生成”的教学风格。我在课堂教学中努力创设生动活泼、贴近学生发展的教学情境，激发学生的学习热情，以问题为引领，在师生、生生的多边交流中，让学生在“动眼看、动耳听、动口议、动笔写、动手做、动脑思”的全身活动中实现自主发展。在教学中常收获学生绽放的智慧火花，也促进了自身的教学智慧生成。

2. 长期教学实践，总结典型经验，形成教学习惯

选择了某种教学模式之后，就应该对自己的教学风格的发展方向做初步设计，并在教学实践中向这一方向努力。教师在长期教学活动中积累了大量且丰富的实践经验；通过归纳、整理和筛选，得出反映教学效果和教学个性的典型经验；将典型经验进行理论概括，抽象升华，揭示其本质特点；将本质特点发扬光大，最终形成个人教学风格。

教师通过对教学中不断积累的丰富的实践经验进行总结归纳、抽象升华，择其典型特征以形成个人教学风格。作为教师，课堂是我们的主战场，课堂教学是我们提高教育教学质量的主阵地，而勇于承担公开课，是形成智慧教学的助推器，也是形成教学风格的基础。公开课活动本质上是围绕研究课堂、改进课堂的案例教学活动。开展公开课是参与者相互提供教学信息，共同收集和感受课堂信息，在充分拥有信息的基础上，围绕着教与学的问题进行讨论，以改进课堂教学质量，促进教师专业发展的一种活动。

公开课还是解剖自己、挑战自己教学的最好形式。作为一位教师，如果没有

① 张熊飞. 诱思探究学科教学论［M］. 西安：陕西人民出版社，2003.

经历公开课的磨砺，不可能成为一名优秀教师。所以工作室主持人及成员每年都要上1~2节公开课，并坚持公开课上“真课”，给自己也给他人一个研讨的平台。我们应该清醒地认识到“教学永远是一门遗憾的艺术”。课有缺陷是正常的，我们要敢于面对失败，善于接收各种意见，及时、深入地反思、改进。公开课可以不“完美”，但不可无特点。我们反对公开课的“作秀”，但坚持公开课“一课二上三反思”的集体磨课，磨教学设计、磨教学方法、磨学生如何能更好地习得。当全体教师一起沉浸于公开课的研究过程的时候，公开课变成了团队研修中的一环，就不再是作秀的、肤浅的“孔雀开屏”，而是“为学日益，为道日损”的修炼。这样公开课的研讨、借鉴、共生价值就体现出来了。为此，我们应多借助公开课研讨苦练“内功”，在平时教学中秀出我们的研究点、秀出我们的创新点。当积累越来越丰厚的时候，我们内心的执着便越来越清晰，在教学上，对学生就了有超乎寻常的敏感性和感受力，就善于突破教学常规，用不寻常的手段，便捷、高效、机智地处理问题，能妥帖、恰当地处理教学突发事件，顺势而为地诱导学生积极探索与思考，巧妙有效地帮助学生对重点、难点进行深入理解，自然流畅地启发学生展开思维的翅膀，生动愉悦地引导学生步入人生智慧的魅力境界，进而形成个人的教学风格及较高水平的教学智慧。

名师工作室致力打造合作型、研究型团队，同伴间集思广益、互通有无，可开阔思路；名师和专家导师可以为工作室的教师指点迷津。名师工作室的培训课程可以有多方面，但课堂教学的研究是基础，课例研究被认为是促进教师高效课堂教学和学生发展的有效方式，工作室团队的课例研究是教师专业成长的最有效路径。课例研究追求“公开课”“优秀课”的示范效应。见贤思齐，教师在研究中就会思考自己的课堂该如何改进。磨课作为课例研究基本的实践表现形式，注重对课的反复“打磨”，正如《礼记·学记》云：“学然后知不足，教然后知困。知不足，然后能自反也；知困，然后能自强也。故曰：教学相长也。”[①]工作室每期活动都应让每一位教师上公开课，进行不同课型、专题突破、教法研究等的成员之间、成员与名师之间的“同课异构”活动，进行“一课二上三反思”的集体磨课，以参加公开课比赛标准要求他们对同一个授课内容进行多次打磨，形成教研评三位一体的研究团队，使成员在同伴互助和名师点津的基础上自主思考和完善教学，使其教学理念和教学能力得到快速提升。正是因为有这样的良好氛围和肥沃土壤，名师工作室的教师的成长普遍又快又好。笔者工作室成员佛山二中的李兆芬老师，就是在大大小小的校级、区级、市级、省级公开课中磨炼成长，从模仿到选择，再定向，最终形成“活泼亲和、善诱启思”的教学风格，成为佛山市学科优秀青年教师、禅城区名教师。

3. 坚持教学反思，自我对比审视，凝炼教学风格

教学反思是教师在教学活动结束后，对教学活动过程进行回顾、反思、总结，以期提高自己的教学水平的一种带有研究性质的教学总结活动。作为一名教师，经常性地、习惯性地开展教学反思，对提高自己的教学水平、教学能力，形成教学风格有重大意义。反思的内容有以下几个。

（1）反思成功得意之处。

反思教学中引起师生共振效应的做法；课堂上一些精彩的师生对答、学生争论等；教学思想方法和教学原则运用的体会；教法改革和临时应变的教学措施；感受最深的教材改进和创造性的处理；等等。这些成功做法可供以后教学时参考，有不断改进和完善教学的功效。

（2）反思失误差错之处。

侧重审视自己课堂教学的失误之处，以及解决问题的办法、对策。例如，情境创设的真实性和针对性如何；设计的问题有没有给学生思考的空间；学习活动的组

① 常欣然. 提高新教师课例研究能力的策略［J］. 基础教育研究，2022（13）：15-17.

织是否有利于学生的自主学习；小组合作学习有没有流于形式；学生学习的兴趣和深度思维是否被激发；学习评价方式是否单一；是否关注学生核心素养的发展；等等。对这些情况进行回顾、梳理，并做出深刻反思、探究和剖析，使之成为以后教学时的借鉴，同时找到针对问题的解决办法和教学新思路，写出改进的策略和“二度设计”的新方案。

（3）反思学生的独特见解。

学生的一些独特见解犹如智慧的火花，不仅能启发同伴，对教师的教学也有开拓思维的良好作用。例如，课堂上学生的独特见解、精彩回答、创新思维等都源于学生对文本的独特理解、源于学生对世界的独特感受，是十分丰富的可贵的课程资源，也是教师可利用的宝贵教学资料。

（4）反思学生的问题。

学生在学习中肯定会遇到很多困难，也必然会提出各种各样的问题，有些是个别的，有些是普遍的，也有些是教师意想不到的，还有一些是富有创新性的。可能有的问题一时难以解答，教师应及时记录这些问题，并及时反思，以便在今后的教学中对症下药。教师这样做，一方面可以丰富自己的教学思维和教学经验，另一方面也能促进自身教科研水平的提高。同时，还充分发挥了学生的教学主体作用，体现了教学民主意识。

作为一名教师，应认真开展教学反思，养成习惯。通过反思，发现不足，有针对性地改进；通过反思，发现自己教学上的优势，在今后的教学中扬长避短；通过反思，记录自己的教学得失。同时，坚持写教学日志，发现教学活动的特点、规律，要积极听名师的课，借鉴他人之长。相信教师经过长期有意识地追求卓越的教学实践，会形成个人的教学特点，打造出自己独特的教学风格。

活动与思考

一、专项提升

对照教师教学素养的内容，分析自己的薄弱点，任选以下一项任务完成并在工作群进行分享和交流：完成1000字左右的理论学习心得；撰写一篇本学科基于核心素养的教学设计；完成一份高考、中考试题或作业题的命制与分析。

二、教学反思

总结自己多年来的教学得失，写一篇2000字左右的文章，并和工作室成员交流。

三、集体备课

以学科的形式，让成员分单元进行同一册教材的分析，重在分析核心素养、教学重难点、学生易错点、教师教学困惑点以及教学建议，不同成员分析不同的单元，其他成员进行补充，最后让所有的成员了解本册教的知识要点与结构，促进成员的专业成长从个体上升到团体，促使成员对要点的掌握从点性理解上升到线性联系。

四、研讨活动

请根据对你校教师或工作室成员平时听课的了解，选择一位同伴，写出他（她）的教学风格或教学特色，并尝试提炼自己的教学风格或教学特色，相互研讨确认并解读。

专题八

如何指导课题研究

教育科研课题是名师工作室开展工作的重要内容和抓手，每个工作室都应该拥有自己特有的、针对性强的研究课题。但课题研究一直是广大一线教师尤其是中小学教师的“短板”，因此，组织工作室成员进行系统学习就成为必要的手段。本专题聚焦名师工作室如何开展课题研究，从课题研究的选题、申报立项、开题报告会、中期报告会、结题报告会和成果推广应用等全流程，对名师工作室如何组织和指导课题研究进行了较为详细的说明和探讨。具体介绍了教育科研课题研究的内容和选题方法、立项申请书如何填写及其注意事项、开题报告的内容与活动的组织、中期报告书的内容与报告会的组织、课题结项的要求与建议、课题成果推广应用的途径与策略等，并提供了较多具有示范性的真实案例。

名师工作室应该有自己独立的教育科研课题，用合适的课题来统摄和引导工作室各项工作的开展，包括教学、科研与培训。正如专题三所述，开展课题研究需要具备良好的专业知识、专业能力和研究素质。名师工作室的课题研究旨在解决教育教学难题，提升教师队伍素质，引导教育者聚焦立德树人、学科育人、管理育人等学校中心工作，提升教育质量和办学水平。名师工作室的成员和学员尽管在学科教学、班级管理或学校管理方面已是骨干教师或优秀教师，但在课题研究方面可能还是新手甚至是“门外汉”。因此，名师工作室要组织具有切实性的课题研究，让成员和学员亲历教育课题研究的全过程。

一、如何指导课题的选题

应该说，大多数教师还是愿意进行一些力所能及的教育科研的，但又常常苦于找不到合适的题目，甚至不知道教育科研可以研究些什么，以致无从下手。其实教育科研的内容极其广泛，它立足于某具体学科教学、学校管理或者班主任工作，但会涉及课程论、教学论、学习论、教师论、评价论以及哲学、心理学、文化学、社会学等多个不同的领域，需要进行有针对性的培训和过程性指导。

（一）教育课题立项的方式

根据课题来源不同，教育研究的课题可以分为自主课题、指令性课题和规划课题等不同类别。指令性课题是由行政部门、专业团体或商业机构根据需要提出具体的研究课题，并采用定向委托或指定的方式确定课题承担人。比如，我们曾承担过的《澳门特别行政区自然科学课程基本学力要求》和《澳门特别行政区中学自然科学课程指引》的编制，以上是受澳门特别行政区教育及青年局委托，不需要走立项申请程序。规划课题是一种制度性和常规性的课题申报工作，包括国家级、省级、地市级和区县级的教育科研规划课题，通常由主管部门下达课题申请通知和指南，符合条件者可以在规定范围内确定研究课题并申报，主管部门再组织专家进行评审，决定是否给予立项。自主课题则不同，是教师自己确定研究题目和自行开展研究，不需要申请，也无须获得上级部门的批准和资助。

此外，课题还有纵向课题与横向课题、基础研究与应用研究、有经费资助课题和自筹经费课题之分。

（二）教育课题研究的内容

教育科研课题可以是理论性的研究，也可以是实践性的研究，还可以是两者兼顾的综合性研究。用著名教育学家叶澜教授的话说，教育理论研究是一项“上天工程”，教育实践改革则是一项“入地工程”。借此一说，我们名师工作室的课题研究既要“上天”，更要“入地”。工作室的课题研究具体可以考虑以下几大方面的专题。①

1. 教育目标专题研究

任何一门课程或一项教育活动，首先必须解决目标问题，而教育的目标与教育的价值或功能之间又是密不可分的，此类专题可以从两个方面来探讨。

（1）教育价值观的研究。价值观是一种社会意识，是社会存在的反映。它在一定的社会存在的基础上产生，随着社会存在的变化而变化。凡是符合事物发展的规律、符合人类根本利益的价值观都是值得提倡的。“教育的价值”是指教育系统对社会或个人等价值主体的存在或发展而言呈现出什么样的意义，具有什么样的价值。教育的价值主要包括社会性价值、个人性价值和教育性价值三种。

（2）教育目标分类与应用的研究。教育价值具体反映在教育目标上，教育目标又具体落实在课程目标和教学目标两个层次，而教学目标又是对课程目标的具体化。系统提出教育目标分类思想的是美国的教育家们。现代教育目标分类学的建立主要得益于美国教育学家泰勒（R. Tyler）和他的门生布卢姆（B. S. Bloom）的开创性工作。此后著名教育心理学家加涅（R. M. Gagne）、奥苏贝尔（D. P. Ausubel）、安德森（J. R. Anderson）等也对教育目标进行了分类。近年来，我国在

① 胡继飞，陈学梅. 生物教育科研概论［M］. 杭州：浙江大学出版社，2004.

核心素养方面提出了一套新的教育目标分类方法。

2. 课程问题专题研究

课程虽然有广义和狭义之分，但课程的具体表现形式大多包括课程计划、课程标准、教科书和相关配套教学材料等。从课程管理来看，各学科的课程有国家课程、地方课程和校本课程之分；从课程形态来看，课程有显性课程和隐性课程之分；从课程内容来看，课程有分科课程与综合课程之分……这些都是此类专题研究的内容。

（1）课程设计的研究。课程设计有三种不同的价值取向，即学科中心主义、儿童中心主义和社会中心主义，历史上也都有过一些较典型的代表。在吸取历史经验与教训的基础上，现在的课程设计更多的是考虑如何将这三种价值取向合理地整合起来。不管是小学还是中学，一些主要发达国家都在进行基于大众主义的课程改革。大众教育是“追求人人发展、人人成功的教育”，在课程设计上主要是追求基础性与多样性的统一。

（2）教科书的编写与评价。狭义的教材指教科书；广义的教材指以教科书为中心的系列教学材料，包括教科书、教师用书、教学挂图、练习册、实验册和教学软件等。工作室可以就此进行教材编写与评价的研究。对这类研究一线教师具有优势。

3. 学习方式专题研究

对于当前林林总总的学习理论，有人将它们分为两大流派，即刺激—反应学习理论和认知学习理论。也有人将它们分为三大流派或四大流派，即在前两大流派的基础上外加一个人本主义学习理论或再外加一个折中主义学习理论。研究内容主要包括这样几个方面：①概念学习的理论与实践研究；②命题学习的理论与实践研究；③记忆规律的理论与实践研究；④技能学习的理论与实践研究；⑤研究性学习的理论与实践研究；⑥非智力因素与学习关系的研究；⑦学习成绩分化的成因调查与对策研究；⑧不同类型知识学习心理过程的研究。

这些内容的研究旨在帮助我们认识学科课程学习的过程与规律，研究方法有理论探讨、实验研究和调查研究等不同类型，但应以实验研究为主。

4. 教学问题专题研究

教学问题研究是教育研究中内容最为丰富的一类研究专题，不仅已有的文献多，而且需要研究的课题也多。从课型来说，我们可以分别研究新授课、实验课、复习课、试卷讲评课、活动课等的教学策略；从教学环节来说，我们可以分别研究导入、讲授新课和巩固练习等环节的教学方法；从教学技能来说，我们可以分别研究导入技能、讲授技能、演示技能、提问技能、强化技能、变化技能和设计技能等的教学规范；从教学内容来说，我们可以研究知识与技能、过程与方法或情感态度与价值观等教学内容中的教学行为。

（1）教学理论及其应用研究。丰富的教学实践与教学思想是前人留下的宝贵遗产，也是教学理论形成的实践基础和概念基础。我国两千多年前的《学记》就是一本涉及教学理论的著作，对教学经验有精辟的概括和总结。对于理论形态的教学理论的产生和发展，我们主要还是要参考西方的教学论。

（2）教学模式的理论与应用研究。“教学模式”一词最初是由美国学者乔伊斯（B. Joyce）和韦尔（M. Weil）等人提出的，他们在1972年出版的《教学模式》一书中介绍了22种教学模式，并用较为规范的形式进行分类研究和阐述。我国教育界接受和使用“教学模式”这一概念较晚。从表面看，这仅仅是一个术语的使用问题；从深层看，它却是教学理论与实践的科学化与成熟度的标志之一。

（3）教学设计的理论与应用研究。有教学活动就有教学设计，但教学设计作为一个科学概念，有其孕育和发展的过程。教学设计也被称为教学系统设计，是运用现代学习与教学心理学、传播学、教学媒体论等相关的理论与技术来分析教学中的问题和需要，设计和试行解决的方法，评估试行结果并在此基础上改进设计的系统过程。

（4）实验教学的理论与实践研究。实验是建立在早期人类实践活动和近代自然科学发展的基础之上的，有广义和狭义之分。狭义的实验是运用一定手段（仪器、设备等）主动控制、干预研究对象，或控制环境、条件来进行的实践活动，它不同于一般的观察和操作，已经从一般的实践活动中分离出来；广义的实验则包括了所有的“实验室活动”。

（5）教具制作与现代教育技术应用研究。本专题的研究对象可以是设计巧妙的教学挂图、制作精良的教学模型或新颖实用的教学仪器，也可以是集文字、图形、声音、色彩和动画于一体的多媒体教学课件或微课。研究的角度可以是教具和课件的设计、制作及其在教学中的应用。研究的结果可以是论著，也可以是实物。可以在刊物上发表，可以参加评奖和展示，也可以申请发明专利。

（6）活动的设计及其实施研究。在西方，深受卢梭自然主义教育思想影响的裴斯泰洛齐、福禄贝尔等人，将自然主义的教育思想付诸实践，从而验证并发展了卢梭的自然主义教育思想。在我国，活动教育思想的萌芽可以追溯到两千多年前先秦的诸子百家，较为明确提出这一理论主张的是荀子。在上述教育思想的影响下，我国逐渐形成了在学校正规课程之外开展课外活动的传统，现在更多的是以特色课程、校本课程或地方课程的形式呈现。

5. 教育评价问题专题研究

教育评价包括对课程设计、教材文本、教师的教和学生的学等方面进行评价。所以，此类专题的研究包括课程评价研究、教材评价研究、课堂教学评价研究、学业评价研究和对教师的评价研究等。

6. 师资建设问题专题研究

“教师专业化”是此类专题研究的大背景，有关内容本书专题一已有讨论。这是一个有关教师教育的研究领域，包括教师的培养和培训。面对新的基础教育课程改革，教师面临前所未有的挑战，包括知识结构、能力结构和教育技术等方面。师资建设问题研究包括教师素质构成的研究、青年教师成长规律的研究、优秀教师教学风格的研究、特级教师教育思想的研究以及硕士或学士层次的教师教育课程体系的研究等。

7. 其他教育问题专题研究

其他一些在前面未讨论到的研究专题，这里一并加以讨论。

（1）教育的发展研究。此类专题用于探讨教育未来的发展趋势，带有预测的性质。但这种预测不是随意的主观臆测，而是建立在一定的科学根据之上的。研究的方法，可以是根据我国教育的历史发展规律来预测将来，也可以是根据国外教育的新动向来预测我国教育教学的未来走向。这种研究需要研究者具有敏锐的洞察力。

（2）教育史研究。此类专题主要采用历史的研究方法，需要研究者占有较多的史料、具有较强的文字功底。研究内容包括学科的教育思想发展史、课程演变史、考试改革史、实验教学史等。

（3）学科比较教育研究。比较教育学是将比较的方法作为主要方法，研究当代世界不同国家和地区的各种教育理论和教育实践问题，揭示影响它们发展的最主要的条件和因素，找出它们的共性和差异性，并做出比较性的评价，以探索问题的发展趋势和一般规律，为改进本国教育提供借鉴。也就是说，比较教育是以不同时间、地缘或社会文化圈的教育现象、教育制度或教育理论等为研究对象，并对其进行比较分析，以加深对不同教育的理解，获得教育发展的参照。

（三）课题选题的方法

有价值的教育教学研究，应该能“上通学科下达课堂”。人们常说“提出一个问题比解决一个问题更重要”，这既说明了选题的重要，又说明了选题的不易。人们还经常把搞研究叫“做学问”，这说明我们搞研究重在“学问”而不在“学答”。课题选题要考虑四个方面。

一是关于选题的基本原则。课题研究至少要遵循以下四项基本原则，即需要性原则、科学性原则、创新性原则和可行性原则。

二是关于选题的问题取向。选题要有问题意识，即“问题即课题”。名师工作室作为面向基层教育单位的专业机构，课题选题尤其要致力于解决教育教学中存在的实际问题，少做学院式研究。

三是关于课题产生的途径。要从理论和实践的角度发现有意义的研究课题，需要经验积累。以下几方面的建议值得重视[①]：①在平时的教育教学实践中发现课题；②在教育科学理论的指导下演绎课题；③在与他人的专业交流中催生课题；④在阅读他人论著的过程中生成课题；⑤在教育发展及其研究热点中追寻课题；⑥在研究者自己的学术经验中归纳课题；⑦在他人研究过的老课题中深化课题；⑧在其他学科教育研究中迁移课题；⑨在跨学科的大视野中扩张课题。

四是关于选题的某些策略。从选题的新颖性来看，可以遵循“两感三化”策略，即时代感、陌生感、地域化、实证化和跨学科化。比如，全国教育科学规划课题“提高中小学教师领导力促进有效教学的实证研究”[②]，选题就较好地体现了“两感一化”：“有效教学”在当时仍是教育研究的一大热点，具有时代感；“教师领导力”是从国外引入的一个新概念，当时国内的相关研究非常少，具有陌生感；“实证研究”突出了本课题不是一般的理论探讨和思辨性研究，体现了实证化的研究取向。从选题的层次性来看，针对不同的级别要把握课题研究范围的层次性选择——宏观研究、中观研究和微观研究。一般而言，国家级课题的选题可以偏向宏观研究和中观研究，县区级课题的选题则应该偏向微观研究。比如，基于突发公共卫生事件的青少年生命教育研究→基于突发公共卫生事件的大学生生命教育策略研究→基于突发公共卫生事件的师范生生命教育策略研究，其研究范围是渐次缩小的。

说到时代感和陌生感，不能不提一个火爆全球的聊天机器人模型——ChatGPT。该软件能代写论文、做翻译、写代码、出方案，帮助学生完成作业，且做出来的作品质量很高。这的确给教育带来巨大冲击，所以美国一些学校的设备上

---

① 胡继飞. 如何寻找生物教育研究的课题［J］. 中学生物教学，2004（12）：4-6.

② 该课题为2010年全国教育科学规划课题教育部一般课题，课题主持人为时任广东第二师范学院校长的肖建彬教授，核心成员包括龚孝华、郭凯、胡继飞、苏鸿等。

不得不全面禁止ChatGPT，还有人开发专门的软件来查验学生递交的文本作业是否是由人工智能完成的。我们知道，培养能独立思考和有正确价值判断力的人是教育的首要目标，那么，如何利用而不是拒绝ChatGPT等工具来为教育赋能呢？有关人工智能在学校管理和学科教学中的应用，将成为一个热门的教育科研选题。

（四）工作室选题举例

工作室可以组织教师进行选题训练或者举办选题比赛，如要求每人完成一个选题并说明选题的理由。以下一些选题例子希望给工作室成员和学员的课题研究带来一些启发。

举例1：基于核心素养的研究。核心素养的学科表达；基于核心素养的教学现状调查研究；指向核心素养的某主题教学实践研究；基于核心素养的特色课程开发研究；以核心素养为导向的教学评价改革研究；落实学科核心素养的试题编制/作业设计研究；基于核心素养的学校德育工作研究；基于核心素养的学校教研活动机制研究；等等。

举例2：基于教师专业发展的研究。校本培训策略研究；师德师风建设专项研究；有关教师PCK或TPACK提升的实践研究；名师专业发展的叙事研究；民办学校/乡村学校师资队伍建设的研究；教师专业发展学习共同体研究；数字化转型背景下教师培训策略的研究；等等。

举例3：基于新课程的深化研究。某学科三版教材编写体系的比较研究；某学科新旧课程标准的比较研究；某学科"教学评一体化"实施策略的研究；促进学习方式变革的实践研究；新课程背景下教学策略或教学模式的研究；学业质量评价改革的深化研究；凸显立德树人的学科教学内容改革研究；基于新教材的图像系统/作业系统教学研究；小初高学科课程衔接问题的研究；某学科课程育人路径的实践研究；跨学科主题教学研究；"五育并举"视野下劳动教育课程体系建设的研究；等等。

举例4：基于实证的教育研究。某学科学生学习兴趣的调查研究；名师课堂教学行为的观察研究；某地区或某学科教师教学素养的调查研究；基于教学设计的学情分析、文本分析研究；某主题的文献计量学分析（知识地图分析）；知识呈现方式对学科学习影响的研究；学科概念不同习得方式的对比实验研究；某教学模式建构或应用的实验研究；不同管理文化对学校教育质量影响的实证研究；等等。

举例5：创新班主任工作研究。利用综合评价优化班级管理的研究；信息化背景下班级文化建设的研究；基于人本主义思想的特殊学生个案研究；提升班主任与科任教师合作品质的研究；叙事疗法在班级管理中的应用研究；班主任心理资本现状及影响因素的调查研究；落实“双减”政策下家校共育模式的研究；等等。

举例6：创新学校管理工作研究。通过校本课程建设促进学校内涵发展的研究；基于发展性评价的学校中层管理干部培养模式研究；家校协同机制下学生德育工作研究；积极心理学在学校管理中的实践研究；转变学习方式助推课后服务的实践研究；高品质特色幼儿园建设研究；面向数字化转型的校长领导力研究；学校制度执行困境及其破解策略的研究；等等。

二、如何进行课题的立项申请

教师获得课题立项的途径较多，除了教育部（厅、局）等教育主管行政部门之外，科技部（厅、局）等科技主管行政部门也有有关科技教育、心理学类的课题可以申报，教育行政部门所属的教研机构（教研院和教育技术中心等）、各级专业学会和一些教育类企业也会提供课题立项申报的机会。课题申报是一项专业性很强的工作，需要提交很多材料，包括课题申请评审书和各类佐证材料。申报了不等于就能立项，需要经过严格的评审程序。如何增加课题立项成功的机会？下面结合案例进行一些探讨。

（一）立项申报书的填写

课题立项申请表有其结构规范，一般包括题目，研究背景，研究现状，研究创新点，核心概念，研究对象，研究目标，研究内容，研究重难点，研究时间、步骤，研究方法，研究成果，研究条件，参考文献等部分。表1是2022年东莞市教育科研课题立项申报评审书附加的说明，可以作为参考。

表1　申报评审书的基本结构和规范标准

结构	要求	规范标准
题目	研究的方向	科学、严谨、规范、简明，一般不加副标题
研究背景	研究的支持	“大背景、中背景、小背景”或者“政策背景、理论背景、校本生本背景”
研究现状	述评研究的现状	国外、国内对此类问题的研究现状
研究创新点	研究的价值体现	原创和更新发展
核心概念	准确的关键词	词典定义、学术定义、操作定义。本课题的内涵、外延具体指什么
研究对象	研究的直接对象	对象要具体
研究目标	课题研究的目标	具体明确，有逻辑性和操作性
研究内容	课题研究的内容	内容要相关、具体明确，有逻辑性和操作性
研究重难点	课题研究的困难	重难点要精准
研究时间、步骤	课题研究的历程	科学合理、具体可行，研究周期2~3年，思路相当于行动研究的“行动环”；步骤即研究进度或阶段安排
研究方法	课题适合的研究方法	文献研究法、观察法、调查研究法、实验研究法、个案研究法、历史法、比较法、案例研究法、叙事法、经验总结法等
研究成果	体现的研究成果	成果报告、专著、调研报告、论文、案例、资源、课程、网络平台、教具等
研究条件	研究的支持系统	论点明确，论据充分，论证合理，体现逻辑性
参考文献	参考论著的引用	课题佐证以权威、正规为标准
要求高的课题还要求附上课题经费使用、参与协助的院校机构等信息		

1. 关于课题的题目

课题题目要做到科学、严谨、规范和简明，一般不加副标题，题目字数以不超过25个字为宜。选题中，近些年出现频率比较高的词包括新课程、双减、素质教育、核心素养、人工智能、数字化、教育现代化、作业设计、课后服务、课堂教学、优质均衡发展、技术赋能，等等。

课题题目如何命名？常规命名方法之一是“研究背景+研究对象+研究内容”，例如“基于核心素养的初中物理品质课堂实践研究”；常规命名方法之二是“研究对象+具体做法+研究目的”，例如“初中数学教学运用变式练习巩固学习效果的研究”。

2. 关于研究背景

应该根据课题研究的需要来选择研究的背景，原则上不要超过三项。重点是说明进行该项研究的依据和理由，简洁为基本要求。撰写研究背景建议从以下方面考虑：来自政策文件的背景+基于理论指导的背景+文献大数据的背景（以上为大背景）+基于本地区的政策和教育特色的背景（中背景）+基于校情分析的背景（小背景）。当然无须面面俱到，要突出重点。

每个课题都要找到研究的出发点和落脚点，课题研究不仅要从国家大政方针中去寻找本课题研究的依据，还要从地域和校情来论述，尤其要概括出本校实际情况，也就是从现实存在的缺失来说明本课题研究的必要性。

3. 关于研究现状

该领域目前的研究现状是我们课题研究的逻辑起点。通过文献综述，了解我们的课题在国内外研究的现状，并进行评述，从中发现已有研究的不足和值得研究的新问题。我们的课题要研究什么和要写什么是根据文献综述得出来的，而不是自己想写什么就写什么。如果不做综述，我们做的研究很可能别人早就做过了。

“综述”要有综有述，要在综合的基础上进行述评并得出结论。不要盲目地在网络上直接下载资料，一定要自己组织语言来表达，对现状的描述尽量简洁明了、言简意赅。建议在网络上查询下载一个类似研究文档的总体趋势图进行分析。

举例1：课题“面向计算思维培养的初中人工智能课程项目式教学设计与行动研究”。在某学术平台以“计算思维”为关键词，对2007—2023年的文献进行检索，筛选出相关30个学科的文献共2061篇，文献学科分布如图1、2所示。

高等教育	中等教育	计算机硬件技术	初等教育	计算机软件及计算机应用	职业教育	教育理论与教育管理	数学	互联网技术	自动化技术
1111 篇（24.31%）	1081 篇（23.65%）	813 篇（17.79%）	544 篇（11.90%）	537 篇（11.75%）	187 篇（4.09%）	138 篇（3.02）	31 篇（0.68）	21 篇（0.46）	19 篇（0.42）
医学教育与医学边缘学	学前教育	图书情报与数字图书馆	军事	电信技术	会计	成人教育与特殊教育	工业通用技术及设备	公安	农业基础科学
18 篇（0.39%）	17 篇（0.37%）	16 篇（0.35%）	5 篇（0.11%）	4 篇（0.09%）	3 篇（0.07%）	3 篇（0.07%）	3 篇（0.07%）	2 篇（0.04%）	2 篇（0.04%）
管理学	经济理论及经济思想史	文艺理论	新闻与传媒	物理学	人才学与劳动科学	社会学及统计学	美术书法雕塑与摄影	体育	史学理论
2 篇（0.04%）	2 篇（0.04%）	2 篇（0.04%）	2 篇（0.04%）	2 篇（0.04%）	1 篇（0.02%）	1 篇（0.02%）	1 篇（0.02%）	1 篇（0.02%）	1 篇（0.02%）

图1　计算思维文献学科分布图

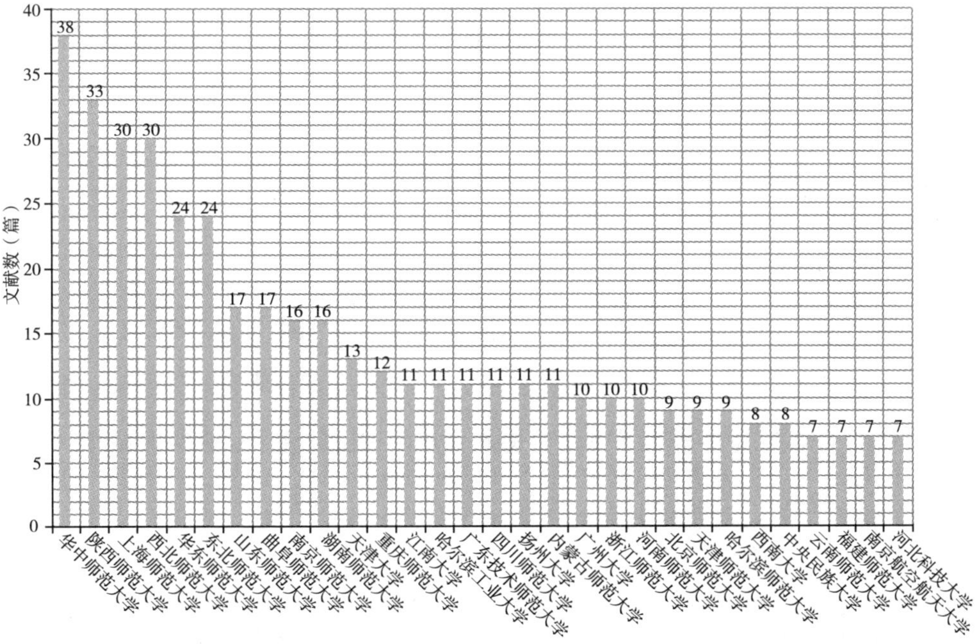

图2　计算思维文献研究结构分布图

从上述数据可知，国内有关计算思维的研究成果颇丰，国内高校学者对此研究颇为重视，研究成果较为广泛，理论、实践层面均有涉猎，并且开始由理论研究逐渐向应用研究转变。这些就是我们进行该课题研究的一个基本凭证。

举例2：课题“在我省全面推行初中综合理科课程的研究”①。当时的研究现状述评如下。

（1）国内现状。

新中国成立之前，我国一直在理科的分科与合科问题上摇摆不定；中华人民共和国成立之后，我国学习苏联的教育模式，在很长时间内一直实施统一的分科教学。从20世纪80年代中期开始，我国先后在东北师大附中、上海局部和浙江全省就初中ISC（Integrated Science Course 综合理科课程）进行过实验。香港是我国最早推行现代ISC并取得成功的地区，始于20世纪70年代，目前在初中（中一至中三）的推广面达到98%。

2001年，教育部同时颁布了初中的科学课程标准和理、化、生等分科课程标准，在初中阶段实行分科和综合并行的科学课程。除了浙江省在全省范围内继续开设ISC外，只有最初的深圳南山区、长沙开福区、大连金州区及后来的武汉市等采用了ISC，范围很小，这与新课改的期望相去甚远。而且，北京海淀区2001年开设ISC的中学有11所，到2004年只剩1所；武汉市在开设ISC不久即引发许多学生家长和科学教师的反对。

我国的高中ISC曾在少数地区进行实验，后来“胎死腹中”。1995年，受国家教委基础教育司委托，广东和上海两地成立了高中综合课程研究的课题组，开始对高中ISC进行研究。1998年秋开始，广东在10所学校试验高中综合科学课程，没有取得预期效果。

① 该项目为2005年度广东省哲学社会科学规划教育学、心理学课题（05SJY005），主持人为胡继飞。

总之，初中ISC的实验范围在我国并没有随新课改的深入而同步扩大，目前的状况归纳起来就是“学生喜欢、教师难堪、家长不满、中考发难”。

（2）国外现状。

ISC在国外的发展很快，目前国际上初中阶段科学课程设置的主要形式是ISC，只有极少数国家和地区仍然坚持开设分科的理科课程。中学设置ISC在美国、英国、日本、荷兰等国家已经深入人心，并常常成为其他国家研究的样板。联合国教科文组织1986年提交的《科学技术教育在学校课程中的地位：一项全球调查》就已显示，世界上采用ISC课程设置的国家至少已有150个之多，在亚太地区接受调查的17个国家中，只有中国和老挝在初中设置分科的理科课程。

需要说明的是，按照今天的标准或要求，上述“举例2”对研究现状的陈述，如果能标注上被引用文献的具体信息则更为规范。

4. 关于研究创新点

我们所做的课题研究绝大多数并非“填补空白”，他人基本上也做过相应的研究并取得一定成果，真正有价值的课题研究都需要借鉴国内外的最新研究成果。“研究创新点”重点是要说明选题的意义，同时说明课题研究取得的成果所具有的价值。课题研究的创新之处一般包括理念的创新、研究内容的创新、研究成果的创新，以及在教育教学中具备的理论价值和实际价值。

举例：课题“提高中小学教师领导力促进有效教学的实证研究”。下面是该课题的创新点：

一是研究领域创新，即拓展教师专业发展研究的前沿领域，将教师发展研究推进到教师领导力研究。

二是研究问题创新，即将教师领导力研究与有效教学研究相结合，着力从伦理价值维度和团队合作维度探讨二者的有机联系，避免领导力研究的泛泛而谈。

三是研究方法创新，在理论研究的基础上进行大量的实证研究，透过具体的数据与案例揭示教师领导力与教学有效性之间的内在关联。

5. 关于核心概念

核心概念的界定，是对课题名称表述中那些难以理解和容易产生歧义的概念进行界定，以便他人理解其在本课题中表示的意义。[①]核心概念的常规解读，可以从字典、学术定义、操作定义等方面进行，核心概念的解释要凸显出内涵和外延。核心概念一般3～4个就可以了，并非所有的核心概念都需要界定。

举例：课题“提高中小学教师领导力促进有效教学的实证研究”。下面是该课题对核心概念的界定。

（1）教师领导力的界定。

教师领导力是学校领导力的独特形式。美国学者Silva等人整合了二十多年间教师领导力内涵界定的研究，并根据界定角度的不同将对教师领导力的界定划分为三个阶段。

在第一阶段，研究者对教师领导力的界定侧重于教师对正式领导权的行使。教师领导力的一个最重要的体现就是由教师承担一系列正式的领导角色，如教研组长、班主任、工会代表等。在这一阶段的研究中，教师领导力通常被看成这样一种行为或过程：由教师担任某些过去是由学校高层领导担任的领导职位。然而，尽管这些职位为教师提供了领导的机会，但人们对教师履行这些行政职责的效率和效果的关注远远高于他们在教学中的领导潜能。

在第二阶段，研究者开始关注教师参与课程领导的重要性。这个阶段的研究者着眼于教师在团队管理、课程设置以及教师专业发展方面的领导功能，从这些角度入手来界定教师领导力。教师领导力更多地意味着教师承担课程领导的角色。然而，这些领导工作通常只是由一部分教师兼任，这样的界定依然把大部分教师排除在领导角色之外。

在第三阶段，教师的参与精神与合作精神被视为重塑学校组织文化的核心。研

① 唐殿华. 如何撰写科研课题研究方案［J］. 教书育人（校长参考），2021（26）：41-43.

究者开始侧重于从合作和参与的角度来阐述教师领导力，对教师领导力的界定更多地把重心放在教师的自我主导、参与合作上。

近年来，有的研究者又提出了教师领导力界定的第四个阶段。Pounder等人认为，随着对教师领导力的深入研究，研究者在界定教师领导力时，开始把重心转移到教师对班级课堂教学的自主领导方面，并以此作为教师领导力的特质之一。

（2）有效教学的界定。

对有效教学的界定，学术界目前尚无定论。有人从教师实践的角度立论，认为有效教学即教师能够有效讲授，有效提问并倾听，有效激励学生的教学。有人从学生发展的角度立论，认为有效教学的核心问题是教学效益，而教学是否有效，关键要看学生是否有进步或发展，而不是教师是否教完了教学内容。还有学者从有效教学的内在结构立论：表层上，有效教学是一种教学形态，它兼具一切好教学的外在特征；中层上，有效教学是一种教学思维，是潜藏在好教学背后的教学逻辑；深层上，有效教学是一种教学理想、境界。

（3）本研究界定的教师领导力与有效教学。

我们认为，教师领导力应该包括两个相互联系的侧面：一是教师参与学校事务的影响力，包括教师参与学校管理决策、教学研究、教育评估等多方面的影响力；二是教师对自身教育教学工作的驾驭能力。

有效教学也应该包括教与学两个侧面，具体而言，有效教学是教师自觉地遵循教学活动的客观规律，以最优的速度、效益和效率促进学生在知识与技能、过程与方法、情感态度与价值观三维目标上获得和谐发展的过程。

6. 关于研究对象

研究对象不难把握，但要注意研究对象与研究结论之间的关系。课题研究对象指的是某个人或某个群体、组织，一般包括社会中具体的个人、家庭、社区、各类专门人群以及各类组织等。

举例：课题“北京市中小学思政课教师队伍建设现状与发展策略研究”，其研究对象是一个群体，即北京市中小学思政课教师。

7. 关于研究目标

研究目标是研究要实现的结果，用来说明课题研究要解决什么问题和要达成什么样的成果和效果。比如，想建构怎样的教学模式、教学策略，要建立何种新理论、新理念、新观点、新认识等。

举例1：课题“提高中小学教师领导力促进有效教学的实证研究”。该课题的研究目标包括：

（1）通过研究教师领导力与有效教学之间的关系，从理论上揭示二者之间的关系。

（2）在有效教学的背景下探讨教师领导力的内涵、外延与形成机制，并探索教师领导力提升的有效策略。

（3）通过提升教师领导力促进教师专业发展的深化和学校有效教学的深入开展。

举例2：课题“基于突发公共卫生事件的师范生生命教育策略研究”[①]。该课题的研究目标包括：

（1）通过问卷调查和个别访谈，了解师范生对突发公共卫生事件（PHE）的认知及其面对这类事件时的心理与行为表现。

（2）基于调查结果、文献分析和实践经验，提出在师范生中实施基于PHE的生命教育的基本内容，建立相应的课程体系。

（3）提出基于PHE的师范生生命教育的实施路径与方法，并选择性地加以实践，开发教学案例。

8. 关于研究内容

研究内容指在课题研究过程中，为了解决问题和达成研究目标所设定的具体研究事项。研究内容是对研究目标的展开和具体化，必须与研究目标保持一致。一般

① 该课题系2020年广东省教育科研课题心理健康教育专项，课题主持人为胡继飞。

情况下，研究内容的数量和文字篇幅不能少于研究目标的数量和文字篇幅。

举例1：课题“提高中小学教师领导力促进有效教学的实证研究”。该课题的研究内容包括：

（1）教师领导力的内涵界定与分析框架：教师领导力的内涵界定、教师领导力的表现形态、教师领导力的基本特征。

（2）教师领导力与有效教学的关系研究：教师领导力的影响因素、教学有效性的理论界定、教师领导力促进教学有效的内在机制。

（3）提高教师领导力促进有效教学的实践研究：学校组织变革与教师领导力提升、校本行动研究与教师领导力提升、教师领导力提升与学校有效教学。

（4）优秀教师的领导力案例研究：案例研究对象的筛选、教师个案资料的收集、教师个案资料的整理与分析、案例研究报告的撰写。

举例2：课题“基于突发公共卫生事件的师范生生命教育策略研究”。该课题的研究内容包括：

（1）通过文献分析，对我国高校生命教育的现状进行评析，包括教育理念、教育内容、实施策略、实践成效、存在问题等方面。

（2）选择至少三所师范类高校对在校学生进行分层随机抽样调查，包括问卷调查和个别访谈，了解师范生对PHE的认知水平和面对PHE时的心理与行为表现。

（3）基于PHE的师范生生命教育内容设计，确立生命教育的具体内容，并初步建立显性与隐性结合、专题型与渗透型并行的课程体系。

（4）建立促进高校师范类专业基于PHE实施生命教育的途径与方法的策略体系，包括课程实施途径和危机心理干预策略等，并开发若干教学案例。

9. 关于研究重难点

课题研究的重点是课题研究中最重要、最关键的内容，难点是研究过程中需要克服的关键技术、方法等。难点和重点要分开写，且研究重点和难点应包含在前述的研究目标和研究内容当中。

举例1：课题“基于突发公共卫生事件的师范生生命教育策略研究”。

研究重点：建构师范生的生命教育策略体系，包括课程体系的策略和实施路径的策略。在调查研究的基础上，针对师范生建立基于突发公共卫生事件的生命教育课程体系及其实施策略，包括危机心理干预的策略。这里的生命教育包括自然生命教育、精神生命教育和社会生命教育。

研究难点：通过系统的调查研究探讨突发公共卫生事件带给大学生（师范生）身心发展和生活方式的真实影响，为生命教育和危机心理干预提供可靠的依据。尤其是其中的问卷设计和数据分析是研究的难点。

举例2：课题“初中历史课程落实革命文化教育课例开发的行动研究”。

研究重点：初中历史课程落实革命文化教育课例开发。

研究难点：调查问卷的设计以及后续的深化研究。

10. 关于研究时间、步骤

研究起止时间是指课题立项到结题所需要的时间，一般为2~3年，根据课题大小来决定。教师在设计课题研究步骤时，应根据课题本身的逻辑和研究者自身实际，围绕研究目标科学划分研究阶段，紧扣研究问题，一体化地设计各阶段的研究问题、研究活动、研究方法和标志成果等，交互推进教改实践与研究活动。

举例：课题“提高中小学教师领导力促进有效教学的实证研究”。该课题对研究阶段的划分如下：

第一阶段：课题开题与理论准备（2010年9月—12月）

2010年9月，商讨、确定课题研究的总体实施方案。

2010年10月，落实各子课题负责人及主要研究人员，就各子课题研究内容进行协商。

2010年11月，文献分析与整理，确定课题研究的概念框架。

2010年12月，各子课题研究组商讨、确定子课题研究的具体实施方案。

第二阶段：实地调查与数据分析（2011年1月—12月）

2011年1月—3月，开发设计教师领导力调查的相关问卷、量表与访谈提纲，并做初测。

2011年4月—2012年8月，深入中小学校，就教师领导力与有效教学展开实证调查。

2012年9月—12月，对实证研究的数据进行整理与分析，并完成阶段性研究成果。

第三阶段：实验研究与经验总结（2013年1月—10月）

2013年1月，围绕教师领导力的提升设计教育实验方案，选择实验学校。

2013年1月—10月，深入中小学校，展开实验研究。

2013年10月，对实验研究的初步成果进行总结，并完成阶段性研究成果。

第四阶段：课题结题与论文撰写（2013年11月—12月）

2013年11月，汇总各子课题研究成果，完成课题的最终研究成果。

2013年12月，提交研究报告，课题结题。

11. 关于研究方法

研究方法的选择是直接影响课题研究质量的关键因素之一。研究方法分为定量研究和定性研究。定量研究一般指对事物可以量化的部分进行测量和分析。定性研究则是采用书面的、言语的和观察的方式，取得相关表现的描述性资料，并对这些资料做出定性的分析。[①]具体见表2。

表2　研究方法的内涵特征

方法论	认识论	具体研究方法
定性研究（思辨）	解释主义	历史分析、文献分析、观察、访谈、经验总结、哲学思辨、逻辑分析、归纳法、比较法
定量研究（实证）	实证主义	实验法、演绎法、调查法、测量、统计法
混合研究	实用主义	同时采用定性研究和定量研究

举例1：课题“提高教师领导力促进有效教学的实证研究”。其研究思路法为：

① 郑日昌，崔丽霞. 二十年来我国教育研究方法的回顾与反思［J］. 教育研究，2001（6）：17–21.

通过文献的分析和整理，界定教师领导力与有效教学的内涵，构建二者的分析框架；在此基础上通过实证研究，揭示教师领导力与有效教学的内在关联；最后，通过案例研究和实验研究，找寻教师领导力提升的实践策略。

本课题研究的主要研究方法包括：

文献研究法——利用高校图书馆和数字化期刊平台，对教师领导力研究的文献资料进行梳理和分析，寻找研究的薄弱点、掌握最新研究进展。考虑国外关于教师领导力的研究起步较早，文献数量较多，因此，文献研究将重点收集、整理和分析国外文献。

比较研究法——分析领导学、管理学、社会学、心理学等学科领域关于教师领导力研究的文献资料，对比分析我国中小学教师领导力建设的实际，把握教育场域教师领导力建设的特殊性。

教育调查法——选取部分有代表性的中小学校进行实地考察研究，通过问卷法、访谈法、测量法等探讨教师领导力与有效教学的内在关联。

案例研究法——选取若干在教师专业发展领域卓有成效的中小学校，对其教师领导力建设的实践进行深入细致的个案分析。

实验研究法——选取若干所中小学校，通过与学校展开合作研究，探讨教师领导力提升的有效策略。

举例2：课题“指向问题解决的单元重构教学研究”。[①]该课题的研究技术路线如图3所示。该技术路线图将研究的整体方向和目标要求体现得非常清晰和明了，将研究步骤、研究方法与研究内容用一个流程图呈现，堪称范例。

① 该课题为广州市教育科学规划课题，课题负责人司徒敏系广州市名师工作室主持人、小学科学高级教师。

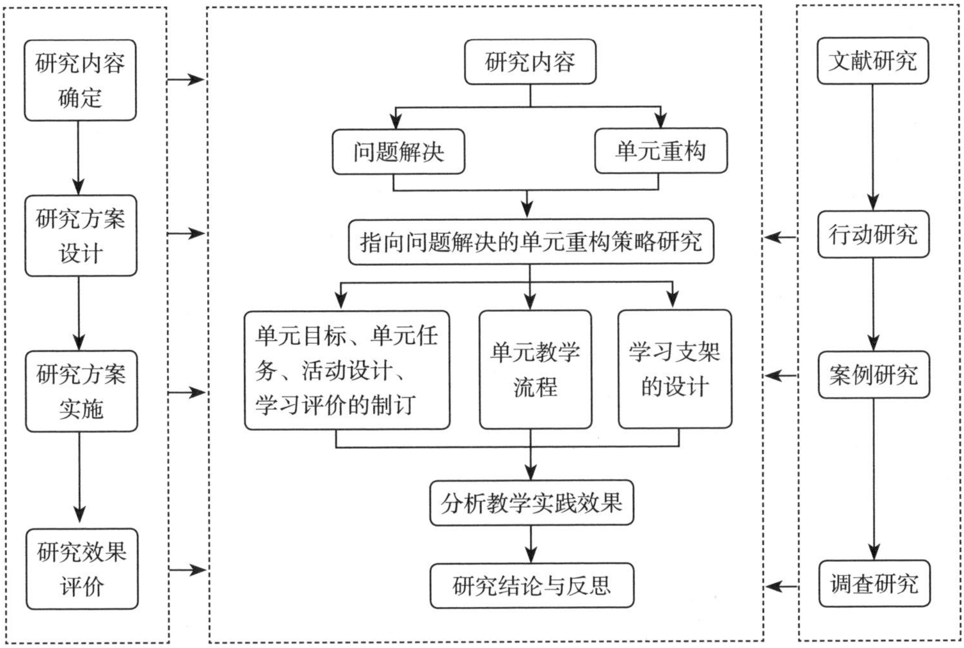

图3　研究技术路线流程图（司徒敏，2022）

12. 关于研究成果

课题成果形式包括研究简报、研究报告、经验总结报告、政策咨询报告、典型教育案例、典型教学课例视频、教育叙事、文献综述、教学改革实践方案、校本课程实施方案、工具书、正式出版的教材或著作、教学软件、教学工具、研究论文、专业文章、课件、网络平台、教具学具等。但不提倡编写教材，因为教材编写是很严肃的事情，需要国家教育部门审批。课题成果的表达方式包括：发现规律方法、发展理论策略、构建模式和体系、他人成果的创造性应用、开发课程和教学资源等。

举例1：课题“提高中小学教师领导力促进有效教学的实证研究”。该课题的预期成果见表3。

表3　本课题的预期成果

主要阶段性成果				
序号	研究阶段（起止时间）	阶段成果名称	成果形式	负责人
1	2010年9月—12月	教师领导力：意义、概念与框架	论文	
2	2011年1月—12月	教师领导力的影响因素及提升策略研究	调查报告	
3	2012年1月—12月	提高教师领导力促进有效教学的实践研究	研究报告	
4	2010年10月—2012年12月	优秀教师的领导力案例研究	研究报告	
最终研究成果				
序号	完成时间	最终成果名称	成果形式	负责人
1	2013年12月	提高中小学教师领导力促进有效教学的实证研究报告	研究报告	
2	2013年12月	学校变革中教师领导力的提升	研究论文	

举例2：课题“初中英语口语阅读课程的教学策略研究”。除了以结题报告作为最终成果外，预期阶段性成果见表4。

表4　课题研究预期的阶段性成果

序号	阶段成果名称	成果形式	数量
1	初中英语口语阅读课程现状调查报告	研究报告	1
2	基于初中英语口语阅读培养的初中生整本书阅读教学论文集	论文	3
3	初中英语口语阅读方法指导课	微课	3
4	初中英语口语阅读教学案例	优课	2
5	初中英语口语阅读书目	校本资源	1
6	初中英语口语阅读学生成果展	推文作品集	3

13. 关于研究条件

一是申报人及主要成员的基本信息及已开展的相关研究工作情况，要重点说明主持人和前五名成员的研究能力和已有成果。注意实事求是，申报课题时建议在成员中增加1~2位专家级别的高职称教师。成员的分工要明确到具体项目。

二是研究的保障，就是课题主持人所在单位能够为课题研究提供的人力、物力和基本外在支持条件，重点说明研究的能力保障以及单位能够提供的支持。

14. 关于参考文献

参考文献是开展课题研究的基础，标注参考文献也是对他人研究成果的尊重，包括引用的著作、论文、期刊、学位论文等。很多教师对课题研究的参考文献不够重视，引用的参考文献表述欠规范。这些细节问题，在名师工作室研修活动中要加以注意并且进行必要的训练。

（二）课题申报的常见问题

课题申报有很多细节需要注意，常见问题包括：选题不新，或过大过小；研究的问题不明晰，目标不明确，核心概念模糊，研究者观点不明确；语言学术性不强；缺少前期成果；文献综述不到位；研究方法没有针对性；研究内容过多；研究内容对题目支撑不够；成员结构不合理……

1. 对课题申报材料进行自我评分

课题申报材料准备好后不要马上提交，建议先逐项自我评分，发现问题立即修正，避免出现不必要的错漏而造成审核不过关，失去立项机会。评分可以参照表5。

表5　全国教育科学规划课题立项评审评分表

评审内容	权重	评审标准			
	1	A级（80~100分）	B级（60~79分）	C级（40~59分）	D级（0~39分）
选题意义	0.2	有重要创新性或应用性	有比较重要的创新性或应用性	创新性或应用性一般	基本属于重复性工作
研究基础	0.15	已有相关成果丰富，熟悉研究现状，所列参考文献具有代表性	已有比较丰富的相关成果，比较熟悉研究现状，所列参考文献比较有代表性	已有一般相关成果，一般了解研究现状，所列参考文献有一定代表性	没有相关成果，不了解研究现状，所列参考文献没有代表性

续 表

评审内容	权重	评审标准			
	1	A级（80~100分）	B级（60~79分）	C级（40~59分）	D级（0~39分）
课题设计	0.4	目标明确，内容充实，思路清晰	目标比较明确，内容比较充实，思路比较清晰	目标基本明确，内容基本充实，思路基本清晰	目标不够明确，内容空泛，思路模糊
研究方法	0.15	方法适切	方法比较适切	方法基本适切	方法不当
研究条件	0.1	完全具备	比较具备	一般条件	不具备

2. 课题申报是长期积累准备的过程

工作室需要尽早明确并稳定在1~2个研究方向做持续探索，积累系列研究成果，包括论文、研究报告、教材著作、影像视频、教学课例等。因此，在申报选题时，需要考虑哪些主题是自己前期积累比较多的，应尽量避免选择前期积累较少的研究方向。

3. 需要详尽呈现课题前期研究成果

课题负责人和团队成员的学术经历及与该课题相关的前期研究成果，包括科研课题、期刊论文、会议论文、学位论文、专著译著等。社会评价可以采用注明文献被引频次、下载频次、获奖和推广应用情况等方式，表明该课题已经具备较为扎实的研究基础，以期证明课题负责人和成员有学术研究能力确保课题的顺利完成。

4. 合理搭建课题研究团队

几乎所有的课题都需要团队合作来完成，研究团队的组成要考虑三个结构合理性：一是年龄结构的合理性，注意老、中、青三结合，搭建研究梯队；二是团队成员的专业结构合理性，尽量避免全部为单一专业，要根据课题需要配齐相应专业背景的研究力量；三是协同单位结构合理性，尽量避免团队成员均来自同一个教研组，可以选择学校相关部门或其他院校的人员加入研究团队。

5. 确定研究预期结果

研究课题有经费支持就会有业绩考核，需要在立项申报书中说明结项时的考核指标，即预期研究成果，包括预期完成时间、成果名称、成果形式、负责人等。通常级别较高的课题申报书中都会注明预期研究成果的最低指标。如全国教育科学规划一般项目要求是出版学术专著1部，并且在CSSCI上发表3篇系列论文。研究预期结果要尽可能详细，可以采用列表的方式清晰呈现。如果课题时间周期较长，可以考虑明确阶段性成果。

6. 提前准备相关资料

课题申报评审书需要提供相关资料的证明材料，如负责人和课题主要成员近5年主持的相关重要研究课题的立项证明或结项证明，所发表论著、获奖证书的影印资料。还可能需要团队成员的签字授权、课题负责人所在单位财务部门和主管部门领导的审核盖章等。

三、如何写好课题开题与中期报告

课题立项后，接下来就是课题的实施。在课题实施的过程中，有两个环节非常重要，即课题的开题与课题的中期汇报。除了小课题和研究周期较短的课题之外，一般都要组织课题的开题报告会和中期报告会。

（一）如何写好课题开题报告

课题开题是课题由前期设想转化为下一步实际行动的关键步骤，教师要了解课题开题的目的与意义，掌握开题报告的结构与写法。有些教师从未参与过课题研究，撰写课题开题报告不知从何入手，下面将结合案例做些说明。

1. 开题报告的内容

课题开题要提前填写课题开题报告书，并向主管部门报备。不同级别课题的开题报告大致相同，可参照表6。

表6　佛山市教育科学规划课题开题报告书

<table>
<tr><td colspan="2">一、开题活动简况［内容包括开题时间、地点、主持人、会议议程、评议专家（含职称职务、单位名称）、参与人员和人数等］</td></tr>
<tr><td colspan="2">二、开题报告要点（题目、内容、方法、组织、分工、进度、经费分配、预期成果等，限5000字，可加页）</td></tr>
<tr><td colspan="2">三、专家评议要点（侧重于对课题组汇报要点逐项进行可行性评估，并提出建议，限800字）

评议专家组签名
年　月　日</td></tr>
<tr><td colspan="2">四、重要变更（侧重说明对照课题申请书、根据评议专家意见所做的研究计划调整，限1000字，可加页）

课题主持人签名
年　月　日</td></tr>
<tr><td>五、所在单位科研管理部门意见：

所在单位盖章
年　月　日</td><td>所在单位所属镇（街道）科研管理部门意见：

所在镇（街道）科研管理部门盖章
年　月　日</td></tr>
<tr><td colspan="2">六、所在区级科研管理部门意见：

所在区级科研管理部门盖章
年　月　日</td></tr>
<tr><td colspan="2">市教科所意见：

佛山市教科所盖章
年　月　日</td></tr>
</table>

开题报告一般包括几大常规内容，即问题的缘起和概念界定、文献综述及其总结延伸、研究的目的和意义、研究方法与框架、难点和创新点、研究实施计划、参考文献、变更事项。开题报告的核心部分就是叙述为什么做课题研究、如何实施课题研究、研究的目标和内容如何去实现、研究的思路和具体步骤与措施、届时能够取得哪些方面的成果，同时要阐述课题研究的基本条件和保障措施。

对于开题报告的撰写，这里再做几点强调：

一是不能简单复制立项申报书的内容，而应该在申报书的基础上进一步落地和细化，要有更为具体的实施计划，对课题要有新的和更深入的理解。

二是研究目标要针对课题拟要解决的问题，要回应前面研究背景中的“问题缘起”。

三是研究意义包括学理意义和现实意义，不能回避学理意义（理论意义），而且现实意义要与学理意义相联系。

四是研究方法既要说明中观的研究方法也要说明微观的研究方法。宏观的研究方法是指马克思主义和历史唯物主义的方法，但不需要说明；中观的研究方法包括文献研究法、调查研究法、实验研究法等，要使用规范的表述；微观的研究方法是结合本课题对中观的研究方法的具体和个性化的操作方法。

2. 开题报告会的组织

课题开题报告会的目的有两个：一是审查课题组是否具备开题条件，二是课题组借此机会寻求评审专家的指导。名师工作室可以模拟组织一次课题开题报告会。

开题报告会整个活动的基本流程：介绍与会人员→课题组汇报→专家评议和提问→课题组答辩→专家组合议→组长宣读评审意见→合影→专家签字。记录员注意做好过程记录。

（二）如何做好课题中期汇报

按照课题管理的一般要求，当课题研究时间过半时，需要组织一次课题中期报告会。课题组经过一段较长时间研究之后，解决了一些计划研究的问题、取得了一些研究成果，也会遇到一些困惑。

1. 课题中期报告的主要内容

需要课题组成员召开中期研讨会再次对课题进行梳理和总结，即撰写中期报告。课题中期报告既要对课题前期研究情况进行总结，又要明确课题下一步的研究思路，还要发现存在的问题。一般而言，中期报告的主要内容包括以下几点：

（1）课题研究情况总体概述。

一是基本信息介绍。在中期报告的开篇，要对课题基本信息进行说明，包括课题的来源、名称、研究时间、主持人及主要成员等，都需做一些概括性的介绍。

二是实施情况陈述。包括课题研究的主要过程，在中期报告中要如实记录研究的过程、方法和主要活动。也包括课题前期的阶段性研究成果，对照开题报告说明已经完成的目标和内容，以及一些比较好的做法和经验。

对于单一课题，可采用时序式编写，即按任务完成时间的先后写。但重点放在本阶段研究工作的进展和结果上，避免写流水账。对于项目比较多的课题，如分有多个子课题，可采用任务分项式编写，一项一项地写，也可把时序式编写或任务分项式编写结合起来。

（2）说明课题研究存在的困惑。

一是提出存在的问题。问题主要包括两个方面：一是研究方法和技术的问题，以及这些问题下一步如何解决；二是其他一些具体的专业性问题，即课题组成员随着研究的深入而发现的新问题，以及这些问题下一步如何解决。当然，这些问题可以利用中期报告会寻求评审专家的指导。

二是根据进度和遇到的困难进行一些小的调整，包括课题组成员的调整和后面进度的调整，包括提出延期结题的申请。但这些调整不能违背课题立项和开题审批的基本要求。

（3）课题研究的下一步计划。

课题研究工作的中期阶段，课题组成员或多或少都会有倦怠感，包括课题研究工作进展迷茫、研究素材杂乱、课题组成员分工不明确等，可根据研究计划和实际工作需要对课题研究思路进行再调整、再分工。

2. 中期报告会的流程与注意事项

中期报告会的常规流程：

（1）课题组成员召开碰头会，交流和梳理课题进展情况以及课题研究中的困惑。

（2）课题主持人撰写课题中期报告。

（3）召开中期报告会，会议议程包括课题主持人进行中期汇报、课题组成员补充说明、专家点评。课题组成员注意记录专家点评意见或建议。

（4）课题组会后进行研讨，分析专家点评意见，及时调整课题研究工作计划，及时做好课题研究工作的再分工。

（5）做好中期报告会相关材料的整理和归档。

对于中期报告需要注意的一些问题，这里再做一些强调：

一是要反映本阶段研究工作的进展情况和存在问题。应按工作计划上规定的本阶段任务条款，逐条检查落实，注意说明完成情况和存在问题，分析存在问题的原因，如果不具备研究条件而未完成任务应做出说明。

二是具体说明下阶段研究工作计划。这部分写作既要参照课题工作计划写出下一阶段将进行的研究，又要针对上一阶段工作的经验和存在的问题，将未完成的任务移至下一阶段去完成。如果研究工作计划有变动，应写明变动原因并做出新的安排。

三是注意内容要实事求是。汇报的重点应放在“研究计划完成情况”和“未能按计划完成的工作”两部分上。应如实反映研究的客观实际，正确估价取得的成果，成绩不要过分夸大。

四是注意利用报告会寻求专家指导。课题组要主动和真实地说明存在的困难和问题，这样参会的评审专家才能够给予有效的指导。一般而言，课题组应提前将中期报告材料发给专家审阅。报告会上要虚心听取专家建议，不要认为专家指出问题是在给自己“穿小鞋”。

四、如何做好课题的结题与鉴定推广

课题研究要历经假说、验证、成型三个基本阶段才能形成研究成果，这标志着研究者对研究问题的认识与实践逐步成熟化和具体化。教育科研课题结题需要遵循教育科学规划课题结题与鉴定的一般规律。①

（一）成果的鉴定与评价

1. 成果评价的含义与原则

鉴定的基本含义是辨别并确定事物的真伪或优劣。“进行教育科研成果的评价，必须首先能确认被评价对象是不是教育科研成果，而后再从进行研究的目的和价值的角度给予价值判断。前者一般称为鉴定，后者则统称为评价，总称为教育科研成果的评价。”②

那么何谓科研成果？一般认为科研成果必须具备三个基本条件：

（1）科研成果必须以科研活动（研究、设计、实验、试验等）为基础，没有经过科研活动而取得的一般工作结果不能算作科研成果。

（2）科研成果必须具有一定的创造性和先进性。没有提高、改进或新见解的科研活动结果不能算作科研成果。

（3）科研成果必须具有一定的学术意义或应用价值，并通过评议获得肯定性结论。

在确定科研成果之后，可以对该成果做出价值上的判断，即评价。在对教育科研成果进行评价时，要考虑教育科研成果的一般特性，即成果形式具有描述性、成

① 王真东，尧逢品，杨贤科. 实践视域下的中小学教育科研课题成果及其提炼［J］. 教育理论与实践，2022（11）：3-7.

② 张民生. 上海普教科研的发展与管理［M］. 上海：上海教育出版社，1994：17-23.

果应用具有间接性、成果效益具有长效性。此外，教育科研成果多为理论、方法、案例等精神产品，少数可能为教具学具、实物模型等物化产品。

2. 课题验收的一般要求

课题研究工作完成后，课题负责人应填写课题结题申请书，接受由课题主管部门及其委托管理机构组织的成果鉴定或结题验收。凡被列为重大课题和重点课题的均按有关课题管理办法的规定进行成果鉴定。其他各类课题完成后是否进行鉴定，由课题负责人在填写结题申请书时提出，主管部门及其委托管理机构视成果具体情况来确定。

一般采用聘请同行专家通讯鉴定的方式，少量课题根据研究性质需要进行会议鉴定的，要经主管部门及其委托管理机构同意。

每个课题的鉴定专家一般为5或7人。鉴定专家由主管部门或委托管理机构确定，或者由课题组提出并报请主管部门批准。课题组成员（包括顾问）不能担任本课题鉴定专家，所在单位及其上级主管部门参与鉴定的专家不能超过2人。

课题组提供的鉴定材料，应包括研究成果主件、必要的附件、研究工作报告及课题申请书复印件。采取会议鉴定方式的，上述材料应在会前一个月提交给鉴定专家。鉴定专家在认真通读研究成果的基础上，对照课题申请书预期达到的目标，实事求是地对成果提出客观、公正、全面的鉴定意见。采取通讯鉴定方式的，鉴定专家应分别提出成果等级评定，由组织鉴定单位综合后确定成果是否通过鉴定。采取会议鉴定方式的，由鉴定组确定成果等级及是否通过鉴定，并填写会议鉴定书。

3. 成果评价的一般标准

教育科研成果有专家评价和文献学评价两种方法，但一般是将两者结合起来进行。文献学评价可以减少人为因素的干扰，容易做到客观和公正，但操作起来技术上有一定的困难。

不同类型的研究成果，其评价标准有不同的侧重。《广东省哲学社会科学规划项目成果评估指标体系》可以作为参考。首先考虑的是成果的创新性，其次是学术价值、社会反映和逻辑性的标准等。

广东省哲学社会科学规划项目成果评估指标体系

一、创新程度（35%）

包括理论创新、方法创新、新描述。

A等：（具备下列任何一项即可，下同）提出新的重要理论观点，研究取得突破性进展；提出新的研究方法，使研究取得突破性进展；通过新的论证，丰富和完善了某种学说或重要理论观点，使研究取得突破性进展；对重要领域或问题做出新的系统分析和概括，得出新的认识。

B等：提出新的理论观点，研究有所深入；运用新的研究方法，使研究有所深入；通过新的论证，丰富和完善了某种重要理论观点；对重要领域中的某一问题做出新的较系统的分析和概括。

C等：提出具有启发性的见解；使用新的研究方法，做出有新意的解释；通过新的论证，得出具有启发性的新认识；对某领域的某一问题做出新的分析和概括。

D等：缺乏深入研究，新意很少。

二、完备程度（30%）

包括可靠性、逻辑性和规范性。

（一）可靠性（10%）

A等：理论前提科学，资料准确充实，研究方法科学适当。

B等：理论前提科学，资料、研究方法等个别方面有欠缺。

C等：理论前提科学，资料、研究方法等某些方面有欠缺。

D等：理论前提科学，资料、研究方法等方面有严重欠缺。

（二）逻辑性（15%）

A等：概念明确，逻辑严密。

B等：主要概念明确，合乎逻辑。

C等：主要概念较明确，条理清晰。

D等：概念不明确，条理不清晰或逻辑混乱。

（三）规范性（5%）

A等：引证规范，所有引用资料、观点来源清楚。

B等：引证较规范。

C等：引证基本规范。

D等：引证不规范。

三、难易程度（20%）

难易程度包括研究难度和资料收集处理难度。

（一）研究难度（10%）

A等：问题十分复杂，或理论难点多，或学科基础薄弱。

B等：问题复杂，或有理论难度，或学科基础较薄弱。

C等：问题较复杂，有一定难度。

D等：难度很小。

（二）资料收集处理难度（10%）

A等：资料的收集与处理难度很大。

B等：资料的收集与处理有难度。

C等：资料的收集与处理难度不大。

D等：难度很小。

四、成果价值（15%）

成果价值包括学术价值和社会价值。

A等：对解决重大理论或现实问题有推动作用，或对学科发展有奠基作用。

B等：对解决重要理论或现实问题有推动作用，或对学科发展有促进作用。

C等：对解决理论或现实中的一般性问题有推动作用。

D等：对学术研究或社会发展作用很小。

关于成果的学术价值、社会反映和逻辑性，表7可以作为参考[①]。

表7　科研成果的学术评价内涵[②]

评价项目	评价内涵
成果学术价值	对学科建设或学科分支建设有一定的贡献；对学科、学科分支的发展产生一定的影响；对应用研究有重要指导、推动作用；能理论联系实际和指导实际。
社会反映评价	对国家或地区、部门决策和管理产生了影响；对改变人的思想文化、价值观念、行为方式有价值并能产生影响；同行的良好反映和专家具体的肯定意见；报刊的转载、评论、争鸣、引用等。
逻辑性评价	文字通顺、准确、精练；方法科学先进，论证充分；结构严谨，逻辑性强，推理清楚；资料较系统、全面，方案科学，适用性强。对于应用研究，其评价标准侧重于它对教育教学工作的实际指导作用。

（二）结题报告的写作建议

何谓结题报告？结题报告是全面反映本课题研究工作的学术性总结报告，是描述教育研究工作的结果和进展的文体。研究报告是以纪实为主的学术文体，重在“实证告知”，结论主要不是通过逻辑推理得出，而是通过调查、实验或体验等第一手资料得出。

结题报告在写作上要求比较全面地描述研究活动的过程，包括研究目的、研究方法、研究过程、资料收集、资料处理和分析等。结题报告与学术论文有所不同，学术论文不必陈述一般研究过程，也没有过多的佐证材料，而要突出创见性内容。学术论文注重说理和逻辑论证，且必须提出新见解、新理论，课题侧重于解决问题和达成研究目标。

结题报告的一般结构：研究背景—研究现状—研究过程—主要成效—成果价值—结束语—参考文献—附件。但不同的主管部门对结题报告的写法可能会有一些个性化的要求。下面结题报告对各部分的写作提出一点建议：

① 汪力. 教育科研规划课题全过程管理的思考［J］. 辽宁教育研究，2001（3）：57-59.
② 赵学漱. 教育科研成果鉴定初探［J］. 教育研究，1995（6）：59-62.

“研究背景”用来回答为何要研究，内容主要涉及问题的缘起、目的意义、前人的研究、理论概述及概念界定、拟要解决的问题。“现状分析”是对研究背景中相关部分进行细化，包括文献综述、前期调查研究、工作观察等。“研究过程”是用来回答如何研究，包括研究对象、方法、步骤、工具、具体过程等内容，陈述方式可以以时间为主线或者以问题解决为主线，分阶段具体陈述。“成果价值”需要回答成果有何价值、意义和应用前景——学术价值、应用价值和社会效益。“结束语”部分可以对课题研究的亮点再做一次提升和强调，然后谈谈本研究存在的不足和后续建议，与预期计划和目标比较，说明完成情况和存在问题，以及后续计划。“参考文献”要注意所列参考文献的量和质。“附件”部分为佐证材料，应分门别类和与正文形成对应。

关于文献综述的进一步说明：文献综述是对前人就某个认知对象已经研究过的情况进行回望和梳理。其过程一般包括：搜集文献并进行甄别—编制文献知识地图—基于问题梳理文献—建立文献与课题的关联。

“主要成效”是结题报告的核心部分，这里单独说明。这部分主要回答研究取得哪些成果和效果，突出主要发现和创新之处，并有具体的内容和必要的数据，要有理论或方法的提炼。如何提炼？一是创建新理论、新模式，如多次获省级和国家级教学成果奖的“情思历史研究”与“情思教育研究”（陈洪义），荣获2019年省级教学成果特等奖的“高中天文‘四阶四性’课程体系建设”——四阶（基础性、实践性、创新性、自主合作）、四性（研发的开放性、实施的实践性、评价的过程性、资源的多元性）（广东实验中学）；二是提出新策略、新方法，如基于核心素养的教学策略——四个维度融合性策略、概念迁移实践性策略、核心素养层级性策略、单元课时传递性策略（胡向武），荣获省级教学成果一等奖的小学数学概念教学“懂而不会”现象的应对策略与应用研究——四阶段结构和三注重策略（丁玉华）；三是通过实践解决现实难题，基于校本行动研究开展的学案设计与应用、微课制作与应用等。

举例：课题“创新学具‘高中生物智趣游戏牌’的研发与应用研究”[①]。本课题的结题报告的“研究过程”部分如下（这里仅列出提纲）。

解决问题的基本思路：

以现代认知心理学为指导，让零散的概念知识系统化和结构化，让枯燥的学习过程游戏化和趣味化。具体来讲，就是基于概念图学习原理和双重编码认知规律开发一套“高中生物智趣游戏牌”创新学具及其游戏化学习规则，即按照概念图学习原理设计游戏规则和学习过程，按照双重编码记忆规律研制生物牌的图案和文字。

具体的过程与方法：

采用教育行动研究法，遵循“问题→计划→行动→反思”的技术路线，经历了“问题→设计→制作→试验→修改→应用→推广”的过程，历时8年多。具体包括以下几个阶段（内容本处略）：第一阶段（2013—2014年）——基于问题提出策略；第二阶段（2014—2015年）——基于策略制订方案；第三阶段（2015—2016年）——基于方案试制产品；第四阶段（2015—2016年 ）——基于产品开展试验；第五阶段（2016—2017年）——基于试验改进成品；第六阶段（2018年—现在）——基于成品进行推广。

一个好的结题报告需要高屋建瓴的文献综述、视角独到的问题发现、收放自如的逻辑演绎、层次分明的文字展开、可信度高的成效呈现、富有深度的价值发掘。对多数人来讲，这样的结题报告是可望而不可即的。

这里我们还需要再提几个需要注意的问题：一是要基于实证，不能单纯从逻辑的角度推出结论，也不能仅用几个事例以偏概全；二是学会做统计学分析和直观图表述，图表可以直接看出的内容不必再用文字重复；三是不能妄下结论，结果和结

① 该项目荣获2021年广东省教学成果（基础教育）二等奖，项目主持人胡继飞，核心成员包括肖海霞、苏洁、黄志荣、胡枝子。

论是对研究所收集事实材料的客观归纳；四是要有教育教学理论或者工作策略方法上的提炼，可供他人借鉴。

（三）其他结题材料的要求

课题结题材料除了前述的结题报告外，一般还要求提供课题结题鉴定申请书、成果公报、佐证材料以及立项申请书、立项证书、开题报告等。这些材料要按照通知要求装订成册。

佐证材料包括公开发表的论文、公开出版的著作及课题产生的社会影响和效果的证明材料。与项目相关的论著，列出主要作者、论著名称、出版时间、出版社和书号，或者论文名称、刊物名称、发表时间。若有获奖或专利，应注明授奖单位、奖励名称、等级及日期、获准专利类别及专利号等。可列表，并提供复印件。其他材料包括课题相关各类证明（立项证明、开题报告等）、调查问卷表、原始数据、学生作品、社会评价等。

举例：课题“创新学具‘高中生物智趣游戏牌’的研发与应用研究”。该成果材料的佐证材料目录如下：

支撑材料1：广东省攀登计划立项证书和结题证书

支撑材料2：生物牌第一代产品

支撑材料3：在“卓越教师培养计划”实验班总结会上展示

支撑材料4：《南方日报》专题报道

支撑材料5：第一代产品在汕头市某中学进行对比实验研究

支撑材料6：前三个系列学具的国家专利证书

支撑材料7：师范生生物学知识大赛现场（第一届和第二届）

支撑材料8：生物牌第二代产品

支撑材料9：南方电视台对本教改项目的报道

支撑材料10：第二代产品在广州某中学进行对比实验研究

支撑材料11：后四个新系列学具国家专利证书

支撑材料12：用于成果推广的淘宝店及微信公众号主页

支撑材料13：某师范学院生物科学专业师范生应用证明

支撑材料14：应用于生物学单元复习的研究报告及教学现场

支撑材料15：增减个别的生物学概念样图

支撑材料16：发表相关论文（之一）扫描件

支撑材料17：在汕头市某中学进行对比实验研究证明

支撑材料18：在广州市某中学进行对比实验研究证明

支撑材料19：某市教研室及多所高中的实践应用和推广证明

支撑材料20：在汕头市某中学的用户访谈记录

支撑材料21：在广州某中学的用户访谈记录

支撑材料22：深圳市某中学将学具作为校本课程学材的证明

支撑材料23：应邀在省科技教育专委会上做报告和展示

支撑材料24：应邀为中小学骨干教师培训班做专题报告

支撑材料25：参加省教育厅主办的师范生教学技能大赛成绩突出

支撑材料26：本项目的阶段性成果获省创新成果最高奖

支撑材料27：对本成果的专家论证意见

支撑材料28：将生物牌用于概念学习的最新教学现场

佐证材料一定要提供类似的目录，并连同具体材料合订成册。评审专家仅从目录就可以大致了解到该课题的研究历程以及取得的研究成果。

（四）结题评审会的组织

组织形式包括会议评审（线下或线上）或通讯评审。线下会议评审的一般流程：主持人主持（说明会议流程→介绍与会人员→推选专家组组长）→组长主持（项目组汇报→专家逐一评议和提问→项目组答辩）→主持人主持（致谢并提醒其他人离场→专家组讨论形成意见→与会人员返场→组长宣读评审意见→项目负责人表态→单位领导表态）→合影留念。

这里的会议主持一般由本单位负责科研工作的领导担任，评审专家人数为单数，至少3人。评审专家要求是具有副高以上职称的本领域专家，其中至少三分之二的专家应为非本单位人员。

课题评审最后需要形成一份专家组的鉴定意见。这里提供一个课题结题专家评审意见撰写框架，具体包括以下四部分：

（1）帽子：主持人+课题名称+研究周期+鉴定过程。

（2）特点：选题意义+研究方法+成果创新性+成果价值。

（3）建议：针对课题研究的不足提出改进建议，措辞应该慎重，因为关涉是否能顺利结题。

（4）结论：分三种情况来表述。经过合议，专家组认为该课题研究达成预期目标，同意结题；经过合议，专家组认为该课题研究达成预期目标，取得丰硕成果，同意结题并建议评为优秀等级；经过合议，专家组认为该课题尚未达成预期目标，建议延期结题。

举例：“基于深度学习的小学科学‘现象教学’实践与研究”的课题结题鉴定意见。①

莫春荣老师主持的“基于深度学习的小学科学‘现象教学’实践与研究”，采用线下与线上结合的方式于2022年3月10日举行了结题报告会。课题组就课题研究的过程与成果进行了详细汇报并回答了专家组提出的问题。专家组对成果报告和佐证材料进行了认真的评议，形成如下意见：

经过两年的研究，该项目圆满达成了预定的研究目标，完成了研究任务，研究过程扎实有效，研究方法科学合理，并取得了丰富的研究成果。课题组针对科学教学脱离生活实际、教师问题解决能力欠佳等现实问题，借鉴芬兰的“现象教学”开

① 该课题系广东省教育科学规划项目，负责人莫春荣系东莞市松山湖中心小学高级教师、东莞市名师工作室主持人。

展本土化的理论研究与实践探索，从教、学、评、场四要素重构了小学科学课堂教学，提出了科学课教学的四环节和五课型，并编制学习单、教师课堂观察量规及学习观察记录单等应用于教学。课题组在正规专业期刊发表与本课题关联度高的论文2篇、在正规出版社出版与本课题关联度高的著作3部，该课题的相关成果还荣获省中小学教育创新成果二等奖。该成果具有良好的创新性和推广应用价值。

建议项目组进一步提炼和推广相关的研究成果，并在实践研究方面进一步加大力度，以期产生更大的影响。

经过合议，专家组一致同意该课题结项，并建议评为优秀等级。

对于结题等级的评定，建议重点考查4个点：①结题材料是否齐备；②结题报告是否规范；③是否完成预设目标；④成效和影响力如何。专家组在评定等级时，可以采用这样的标准：做好①~③项可以评为合格或良好；做好①~④项，可以评为良好或优秀。

（五）成果的应用与推广[①]

1. 成果应用与推广的含义

教育研究成果未被应用和推广时，这些成果只具有潜在价值。成果应用是指成果进入使用环节，产生社会经济效益；成果推广是指扩大成果使用范围，发挥其更大的社会经济效益。

教育现象的复杂性，常常使得教育研究成果的普适性受到一定影响，也使得成果的应用和推广变得比较复杂。比如探究与发现教学模式，有些教师应用起来效果明显，有些教师应用起来却没有什么效果。而且，对于那些思辨型的理论研究成果，应用和推广更为困难。我们认为，这类成果只要起到了沟通信息、活跃思想、更新观念、推进科研和指导教育改革等作用，就实现了成果的应用与推广。

① 胡继飞，陈学梅. 生物教育科研概论［M］. 杭州：浙江大学出版社，2004：74-79.

2. 成果应用与推广的方法

教育科研成果应用与推广的途径主要有：通过报告会、学术交流会来进行宣传推广；通过著作、论文和专业期刊来推广；通过现场观摩来推广；通过实验基地来推广；通过培训活动来推广：利用自媒体进行宣传和推广。

3. 管理部门和学术团体的职责

各省、市、县教育科学规划办公室及其委托管理机构、各课题组和课题组所在单位，应采取各种积极措施加强对教育科学规划课题成果的宣传、推广和转化，充分发挥其在教育决策和教育改革发展实践中的作用。

各级教育局教研室、教育学会及其二级分会，以及学校及其教研组，在帮助教师推广科研成果的工作中具有不可推卸的责任。在帮助教师推广科研成果的工作中，这些管理部门和学术团体的职责主要有：①充分利用报刊、影视、网络等媒体，逐步建立相对稳定的成果宣传渠道；②积极协助优秀成果的出版；③对具有重要应用价值、重要学术意义的成果及时摘报各级教育决策部门，或向教育界广泛宣传；④不定期召开成果报告会或教研活动，发布研究成果信息，组织多种形式的专题培训或学术研讨，促进成果的应用推广。

总之，抓实课题研究是名师工作室建设与高质量发展的需要，要给予足够的重视。我们做课题研究，一定要选择一个实质性问题进行深入探讨，要研究真问题，概括新进展，揭示真矛盾，捕捉新苗头，做实全过程，力戒陈言俗套、老生常谈。

活动与思考

一、课题选题训练

工作室组织学员进行教育研究课题的选题训练：

（1）每人确定1~2个自选课题，写出课题名称及300字左右的课题简介。

（2）组织学员就选题进行分享与交流，并邀请专家现场点评。

（3）学员根据指导意见修改完善课题选题。

二、课题申报训练

工作室组织学员进行教育研究课题申报训练：

（1）每人就自己的课题撰写一份课题申报书。

（2）组织学员就课题申报书分享与交流，并邀请专家现场点评。

（3）学员根据指导意见修改完善课题申报书。

三、课题研究经验分享会

工作室成员和学员就课题研究进行经验分享，每个人选择课题研究的某一个方面谈谈自己的学习体会或者经验教训。

四、课题研究专家报告会

安排工作室主持人或邀请其他教育研究专家就如何开展课题研究做一次专题辅导报告，并要求工作室成员和学员写一份学习心得进行分享和交流。

专题九

如何指导论文写作

论文写作不仅可以帮助教师积累经验、锻炼思维和提升阅读品质，还可以促进教师深化思想认识，提高思维能力和锤炼自我思想力。名师工作室主持人要胜任论文写作的指导工作、教师要掌握论文写作之“道”“法”“术”，就需要熟悉论文写作之规范、明晰论文写作之意义、清楚论文写作之过程、知晓论文写作之内容、掌握论文写作之策略和遵守论文写作之伦理。从表面上看，论文写作是写的问题；进入去看，论文写作是做的问题；深入去看，论文写作是想的问题；从本质上看，论文写作是心的问题。这表明，论文写作不仅跟教师的写作能力有关，而且跟教师的教育教学实践和研究素养有关，还跟教师的思维方式和价值取向有关。

教研论文是对教师的教学经验、学习心得和研究成果进行表达的一种形式。试想，不会写教研论文的教师何以成为名师或骨干？何以指导学生对研究性学习结果进行表达？事实上，很多教师不会写论文或者根本没有写过论文。名师工作室主持人必须意识到一点：虽然工作室的成员和学员在职业身份上是“教师”甚至“骨干教师”，但是在论文写作上他们可能还只是“学生”。这就意味着，名师工作室要开展有针对性的研修，让教师经历有关论文写作的专题学习，以提高他们的教研能力和论文写作水平，让他们在论文写作的历练中锤炼思维、掌握学术规范和提升研究旨趣。那么，名师工作室应如何指导学员的论文写作呢？

一、熟悉论文写作之规范

“没有规矩难成方圆”，教师自己不懂论文写作规范又如何指导学生开展研究性学习？但事实上，很多一线教师不太熟悉论文的写作规范，这是一个需要给予重视的问题。建议将论文写作规范的学习纳入工作室的工作计划。

（一）究竟何为论文

论文一般是指用来进行各个学术领域的研究和描述学术研究成果的文章，既是探讨问题进行学术研究的一种手段，又是描述学术研究成果和进行学术交流的一种工具。正因为如此，为了便于学术界的相互交流，论文写作通常有其写作之学术规范。

我国为了规范学术论文等的编写，以便于信息系统的收集、存储、处理、加工、检索、利用、交流和传播，颁布了《学术论文编写规则》（GB/T 7713. 2—2022），部分代替了原来的GB/T 7713—1987，新标准于2022年12月正式颁布，2023年7月1日正式生效。就教育领域而言，论文主要是指有关教育教学方面的研究文章，包括学年论文、毕业论文、学位论文、科技论文、成果论文、课题论文等。

（二）论文如何分类

本书探讨的论文写作是教育领域的论文，在内容上，可分为教学论文、德育论文、教育论文等。以《课程·教材·教法》2022年第12期发表的论文为例，《论整本书的不同艺术形态及其阅读教学方法》《智慧学习空间背景下的语文项目教学范式：内涵阐释与构建方式》《新课标下教学变革的主要动因、基本遵循与现实进路》等是教学论文，《大中小学思政课一体化建设的几个关键问题》是德育论文，《重新认识陶行知生活教育理论及其当代价值》和《“五育并举”视野下的中小学劳动教育课程体系构建》是教育论文。

在篇幅上，教育领域的论文可以分为长篇论文、中篇论文、短篇论文和微论文。通常，字数超过10000字的论文为长篇论文，字数超过5000字但在10000字以内的论文为中篇论文，字数在3000字以上且在5000字以内的论文为短篇论文，3000字以下的论文为微论文。不同报刊对论文字数的要求不同，例如，期刊《教学与管理》中小学版要求字数以6000~10000字为宜，理论版则要求6000~14000字为宜；又如，学科类期刊对论文字数要求多数在4000~6000字；报纸类则以微论文为宜，如《教师报》第1版（聚焦教育教学改革，关注教师专业成长）要求文章字数在3000字以内，第2、第3版（刊发教育、教学论文）要求文章字数在1700字左右。

在结构上，教育领域的论文可以分为结构完整的论文和结构不完整的论文。所谓“结构完整的论文”，是指一篇包括题目、作者（含单位信息）、摘要、关键词、正文、参考文献等基本结构的论文。

此外，根据发表媒体不同，教育领域的论文还可以分为期刊论文（发表在期刊上的论文）、报纸论文、内刊论文、网络论文等。严格来说，发表在有正规国际刊号（ISSN）或国内刊号（CN）的报刊的论文，才算是正式发表的论文。所以，那些发表在没有上述刊号的内部期刊上的论文，还不算正式发表，可以再投给有刊号的报刊发表。

（三）论文有何结构

论文有其结构规范，其基本结构包括题目、署名、摘要、关键词、正文、参考文献等，有些论文根据需要还可能增加项目或课题信息、致谢等内容（表1）。为了帮助名师工作室主持人和学员教师更直观地熟悉论文的基本结构和要求，下面以笔者一篇发表在《当代教育科学》期刊2018年第6期的论文《论学科教学育人的六重境界》为例进行论述。该论文共有6700字左右，属于中篇论文。

表1 论文的基本结构和一般要求

结构	功能	一般要求
题目	论文的眼睛	准确、新颖、简洁，通常不超过20个字，可根据需要增加副标题
署名	论文的作者	按贡献大小排序，可标明通讯作者
摘要	论文的概括	简明扼要，用第三人称陈述，200~300字为宜
关键词	论文的核心词	3~8个；用分号或空格分开
正文	论文的血肉	论点明确，论据充分，论证合理，体现逻辑性
致谢（备注）	论文的说明	要感谢的人或注明某项目（课题）研究成果
参考文献	论著的引用	正规、合规，权威、有说服力为上
学术性要求高的论文还要求附上英文题目、摘要和关键词等信息		

1. 题目

如果把一篇论文看作一个人，那么论文的题目就犹如人的眼睛一样。作为论文的眼睛，题目应尽可能准确、新颖、简洁，并能体现文章的主旨，在字数上通常不超过20个字。准确，即题目不仅要和论文内容相符，而且能较好地概括论文内容；新颖，即题目要体现论文内容的创新与独特之处；简洁，即题目字数少而精，但题意明且丰。

如果题目字数过多，可采用加适合的副标题的方式进行处理。例如，《课程·教材·教法》2022年第12期的《从信息技术到信息科技——关于〈义务教育信息科技课程标准（2022年版）〉的对话》《〈义务教育数学课程标准（2022年版）〉的改革意涵探析——以核心素养为逻辑基点》和《从美术课程到艺术课程——〈义务教育艺术课程标准（2022年版）〉解析》，以及2022年第11期《优化概念体系　强调学科育人——〈义务教育生物学课程标准（2022年版）〉概念体系解析》和《小学数学教材难度研究——基于人教版三套教材的对比分析》等论文的题目都使用了副标题。从中不难看出，一个好的论文题目，外显的是主题，内隐的是问题，有的论文题目甚至能让读者看出研究的创新点以及研究成果的适用领域。①

《论学科教学育人的六重境界》一文的题目字数为12个，符合论文的一般要求，且属于一种主题型题目的表述。这种题目是直接以论文写作的对象立题，能简洁明了地告诉读者论文写作的内容。例如，在《中国教育学刊》2022年第12期发表的论文中，《“双减”背景下高质量作业的设计原则》《新课标背景下教师教学改进研究》《进阶思维在高中物理概念教学中的诠释》《初中语文“思辨性阅读与表达”学习任务群课程设计与实施》等论文的题目就是主题型题目。

除主题型题目外，常见的论文题目表述还有问题型题目和论点型题目，前者是以论文要解决的问题为题目，能一针见血地呈现论文写作的意图，更容易引发读者的思考和追问；后者是以论文所要阐述的教育教学观点为题目，能明确地表达论文要阐述的教育教学观点或主张。如果说主题型题目突出的是论文的研究内容，那么问题型题目突出的是论文要解决的问题，而论点型题目突出的是如何解决问题。三者侧重不同，各有各的优势。还是以在《中国教育学刊》2022年第12期发表的论文为例，《如何提升中小学校家庭教育指导服务的有效性？——基于对全国9省（自治区、直辖市）113县的调研分析》《我们为什么需要家庭责任伦理教育？——基于2672名中学师生的实证分析》《初中历史作业设计如何减负增效》等属于问题型题目；《以“三个课堂”强化政治认同》《落实“双减”从培养学生的学习策略开始》《走向有魅力的道德与法治课堂》《从儿童视角关注学习品质促进幼小衔接》《以整合性思维设计跨学科课程的主题与内容》等属于论点型题目。

① 刘莉莉. 形式规范：中小学教师论文写作的专业表达［J］. 教育科学论坛，2020（26）：53-56.

2. 署名

署名是在论文的题目下署上作者的姓名，通常还包括作者单位的名称、邮编等。其功能有三：一是告诉报刊编辑这是谁撰写的论文；二是告诉作者本人要为自己的论文负责；三是告诉读者本论文的知识产权的享有者是谁。

也许有教师会说："论文署个名不是很简单的事情吗？"如果是作者本人独立完成的论文，当然简单，比如《论学科教学育人的六重境界》一文，就是作者独立完成的。如果是多个作者，甚至多个单位或机构合作完成的论文呢？在这样的情况下，论文发表究竟如何署名呢？作者之间如何排序？这就不简单了，就要权衡各方对论文的贡献值。各方贡献值又如何考量？这就需要论文作者之间相互沟通、理解和尊重，并达成共识。

3. 摘要

摘要是一篇与论文正文结构相对应、对论文主要内容高度浓缩的独立的简短文摘，通常包括目的、方法、结果和结论四要素，能使编辑或读者了解论文的特点，确定是否有必要阅读全文，同时也是为文摘刊物和检索系统收录提供便利。[①]摘要是论文的高度概括，其文字表述要求简明扼要，用第三人称。字数建议：报道性摘要为400字左右，报道/指示性摘要为300字左右，指示性摘要为150字左右。

有学者研究发现，不少中小学教师在写摘要时习惯使用第一人称，如用本人、作者、我们等作为陈述主语，认为应与论文所使用的主语一致。为此，学者指出，摘要虽然是论文内容的简短陈述，但这种陈述应不加任何评论色彩，故常常使用第三人称……因为第一人称不可避免会带上一些主观色彩，有自我评价的嫌疑，这是学术界所忌讳的。[②]

---

① 李增娇，钟彬彬，郑晓蕙.例谈生物学教育科研论文的写作规范与实践技巧［J］.中小学教师培训，2017（12）：28-31.

② 孙自挥，赖蓉莎.中小学教师论文写作的规范要求及对策［J］.成都师范学院学报，2016，32（12）：33-37.

《论学科教学育人的六重境界》一文的摘要如下：

“育人”是教育的根本使命，是教师的根本职责，是学科教学的根本价值，基于核心素养的学科教学要凸显以学科核心素养为使命的育人取向。学科教学育人包括学科知识育人、学科技能育人、学科活动育人、学科思想育人、学科文化育人和学科生活育人等六重境界，分别侧重“育其知”“育其能”“育其行”“育其心”“育其根”和“育其活”。这表明，学科教学既要“授人以鱼”，也要“授之以渔和渔场”，更要使之懂得“渔何鱼，渔几何鱼”，知道“何时何地鱼”和领悟“何时何鱼不得渔”的真谛，并且使之走向“护鱼护境，和谐自然”的自觉与自律。

这个摘要300字左右，以第三人称的视角进行了表述，精要地阐述了该论文的研究内容“学科教学育人的六重境界”，也表达了作者所形成的学科教学育人的观点。无论编辑还是其他读者，通过阅读这个摘要，就基本上能了解该论文的主要内容和核心观点。

4. 关键词

关键词是为了文献索引而从论文的题目、层次标题、摘要或正文中选取出来的、能体现论文主要内容（或观点、结论）的、高频出现的核心的名词术语。这些名词术语具有确切的学科或专业的内涵，在同一篇论文中具有一定的逻辑组合关系，并通过这种逻辑组合提示论文的主题内容，所以不能选动词或内涵模糊的名词作为关键词。①

一篇论文的关键词不宜过多，通常是3~8个，并用分号或空格分开。例如，《论学科教学育人的六重境界》一文的关键词包括学科教学、育人、境界3个。又如，笔者2012年发表在《课程·教材·教法》第5期的论文《我国教师领导力现状及其影响因素的调查研究——以广东省为例》和发表在《基础教育》第2期的论文

① 李润洲. 教师论文写作的结构解读［J］. 当代教育科学，2017（1）：92-96.

《中小学名师工作室建设的问题与建议》的关键词都是4个，分别是教师领导力、现状、影响因素、调查研究和名师、名师工作室、学习共同体、教师专业发展。

5. 正文

正文是一篇论文最重要、最主要、最核心的部分，犹如人之血肉。正文的质量是影响整篇论文质量的关键因素。在行文写作上，正文要求论点明确、论据充分、论证合理，体现逻辑性。在结构上，正文可分为序论、本论和结论三部分，其中本论是主体。

好的正文，用前人的话来说，就是序论如“凤头”，本论是“猪肚”，结论为“豹尾”。什么意思呢？浙江师范大学教师教育学院李润洲教授在《教师论文写作的结构解读》一文中对此进行了非常好的解释。

“凤头”之序论主要介绍论文的写作背景和目的，揭示论文要回答的问题，对全文起着提纲挈领的作用，引导着读者阅读、理解全文，蕴含着整个论文的全部信息，是整个论文的胚胎与萌芽，所以要简洁而俊秀。“猪肚”之本论，根据论点的性质，或正面立论，或反面驳论，或综合阐释，但无论是立论，还是驳论，抑或综论，都要有自己独创的见解与新颖的观点，且论证详细、逻辑严密，故要充实而丰富。“豹尾”之结论，要么回顾要点，照应开头，要么有所拓展，引人深思，所以要简短有力。

除了递进式论述，常见的论文本论的论述方式还有并列式、综合式等。作者根据研究问题和内容呈现等需求，选择适合的论述方式即可。

此外，为了让编辑或读者更加形象直观地了解论文的核心内容，论文写作还可适当借助图表的力量辅助研究成果的呈现与表达。当然，图表使用也要规范，且不是越多越好，而应恰到好处，特别是用文字难于表述全面或难以言表时，图表就可发挥文字没有的功效，可起到锦上添花的作用。

6. 参考文献

对已有研究成果的借鉴、参考和引用，是论文写作必不可少的。参考文献是学术论文的根系，是学术论文不可或缺的组成部分，标注参考文献不仅是对他人研究成果的一种尊重，也反映了自身研究工作的起点。[①]一篇论文中要标明所引用的内容和观点，并将所引用的论著等文献目录放置在论文的结论之后。

参考文献引用目录的表述格式不同期刊有些许不同，但大体上都要遵循相应的学术规范。比如，期刊文章的引用格式为：作者. 题目［J］. 刊名，年（期数）：页码；报纸文章的引用格式为：作者. 题目［N］. 报纸名，年–月–日（版数）；图书内容的引用格式为：作者. 书名［M］. 出版社所在地的城市名：出版社名称，年：页码（有的不用页码）。

参考文献的表述其实难度不大，教师稍微注意下，投稿前看下所投期刊的要求，最简单的做法当然是直接看已发表论文的参考文献是如何表述的，参考文献的书写可以参考本书，注意有时需要标出具体页码。

虽然掌握论文参考文献的格式不难，但引用怎样的参考文献是有讲究的。肯定需要选择正规且合规的文献，而且以权威、有说服力的文献为上。然而，据一些工作室主持人反映，他们在指导学员写作论文的过程中，发现不少教师对论文的参考文献重视不够，或者认识不清，存在随意性或盲目性等问题，所引用的参考文献权威性不够，甚至连表述都欠规范。这些细节问题，在指导学员写作论文过程中，名师工作室主持人也是要注意的。

需要说明的是，关于学术论文的编写规则，2023年7月1日新的国家标准实施，具体可以参阅本书资源篇的附件四。

① 吴举宏. 教育教学论文写作的一般方法［J］. 中小学教师培训，2012（11）：32–35.

二、明晰论文写作之意义

“为何写”“写什么”“怎样写”是教师论文写作的三个基本问题。教师要进行论文写作，就应思考清楚这些问题。当教师熟悉了论文写作之规范后，就有必要明晰论文写作之意义，即想清楚“为何写”。

“为何写”是目的问题，是教师论文写作的原因。“写什么”是教师论文写作的内容问题，内容往往需要与之相匹配的写作方法。“怎样写”是教师论文写作的策略问题，体现教师写作的技术和技巧。在关系上，“为何写”属于“道”的层面，决定属于“法”层面的“写什么”，而“写什么”则决定“怎样写”这个“术”的层面，即目的决定内容，内容决定方法，方法决定技术，技术决定技巧（图1）。

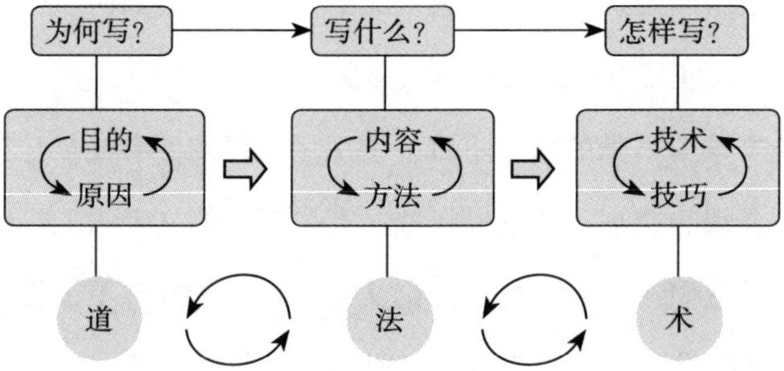

图1 教师论文写作的三个核心问题及其关系

就“为何写”而言，在指导教师论文写作时，名师工作室主持人可能会发现，学员撰写论文的目的或动机多数是满足评职称或课题结题的需要，也有些是想参加各级论文评比。如果教师撰写论文只是为了这些“刚需”，那么当目标达成之后，他们还有多少动力去继续开展研究并提炼形成论文？

因此，名师工作室主持人如果想引领学员在论文写作这条道路上走得更远、更宽，从而更有作为，就应该让他们跳出自我“刚需”的藩篱，和更高的目的、旨趣发生连接，去用更多、更丰硕的研究成果求证教育家苏霍姆林斯基所言的“幸福之路”，从中不断探寻教育教学的真知和真理，让自己成长为真正懂教育、会教学、乐教研、善总结的教师。

那么，如何让学员找到论文写作更高的目的和旨趣呢？

名师工作室主持人不妨让学员去听听名师名家关于论文写作或教育写作的成长故事，去读读专家学者有关教师写作的文章，从中发现和领悟教师论文写作的深层意义。

儿童教育家李吉林老师说：“我知道把自己实践中的感受进行系统的理论概括和提升，是一个艰苦的过程，我懂得相似的集合就是规律，如此写成一篇篇心得文章。40年间发表文章350余篇，出版专著和相关书籍28部，这些都是自己一篇篇、一字字独立完成的。在回顾这个历程时，我甚至感动了自己。我感到将情境教育创新的收获变成文字，表达了自己的所思、所想，阐述了自己的所感、所悟，让老师的操作不至于停留在经验层面的仿效，而可以按规律去进行再创造，运用到实践中，获得教育的高效能，最终让众多的儿童获益，这就实现了我的初衷。”[①]《江苏教育研究》杂志社编辑部主任颜莹从许多教师成长案例中发现：教育写作不仅可以促使教师反思现状、改进实践，让其成为“理性的实践者”，可以产生系统化的思想和更强大的教育生产力，而且直接助力教师的专业表达，更有助于多项教师专业技能的提升，是教师专业发展的重要手段，还是创造性教育生活的敲门砖，能让教师摆脱职业倦怠，体会到创造的欣喜和成长的幸福。[②]

论文撰写之于教师之所以重要，是因为教师要想把自身的教育教学经验转化为切实的研究成果，并让其充分服务于教学实践，就需要以论文为载体将零散的经验进行类型化分析，并不断将之总结和升华，使之能在业界得到应用检验。[③]

---

① 李吉林. 40年情境教育创新之路带来的6个甜果子［J］. 人民教育，2018（24）：23-29.

② 颜莹. 教育写作：教师专业表达和专业发展的必由之路［J］. 人民教育，2020（6）：66-68.

③ 涂丹霞，涂世友. 论文写作规范与教师科研能力培养思考：以华中师范大学合办学校为例［J］. 教师教育论坛，2018，31（4）：28-31.

当教师找到了论文写作更高的目的和旨趣，他们才能让自身的专业发展和所从事的教育产生无限可能。或许，他们也会如李吉林老师一样“虽艰苦，但也甘甜”，甚至书写如情境教育一般的华丽篇章。

总之，论文写作不仅可以帮助教师积累经验、锻炼思维、提升阅读品质，还可以促进教师深化思想认识，提高思维能力和锤炼自我思想力。语文特级教师余映潮老师说：“只教学不写作就会缺少高屋建瓴的能力，教师的成长需要学科教学论文写作的磨炼。”大量的教师成长案例表明，论文写作不但是优秀教师成长的平台，而且是卓越教师发展的阶梯，还是教学名师和教育名家成名的路径。正如全国优秀教师高万祥老师所说：“写作，是平庸教师与卓越教师的分水岭！”论文写作是被实践证明了的，可以助力教师通往卓越成长山峰之云梯。

三、清楚论文写作之过程

论文写作之所以能成就卓越教师，是因为论文写作孕育、生成着独特的教育教学思想，促成、完善着新颖的教育教学行为，提升、造就着教师的教育教学效果。①然而，据了解，对于一线教师而言，论文写作普遍是短板。用对教师论文写作研究颇丰的浙江师范大学教师教育学院李润洲教授的话来说，在现实生活中，以舌耕为业的教师大多善于口头表达，且讲起话来常常头头是道，也不乏新见解、新观点，但写起论文来却好像换了一个人似的，不是笔重千金、写不下去，就是词不达意、随意涂鸦。②

当教师熟悉了论文写作的规范，且产生了论文写作的动机，那么第三步就是要清楚论文写作之过程。教师论文写作实质上是一个“内化—构思—外化”的过程，其中“内化”是主动吸收各种相关理论为自己所用；“构思”是根据主题及其问题

① 李润洲. 论文写作：成就卓越教师［J］. 当代教育科学，2019（1）：93-96.

② 李润洲，杜凤民. 教师论文写作的运思之道［J］. 中小学教师培训，2017（7）：33-36.

对理解、消化的相关理论进行解构与重构；“外化”则是将头脑中的意向、观点运用文字进行成型化表达。①

不少基础教育一线教师之所以觉得论文写作很难，无法把论文写好，写不出高质量、高水平的论文，是因为一线教师虽有比较丰富的教育教学实践经验，但是多数还是缺乏理论功底，即理论学习不够，从而难以表述出为何这样做或那样做的教育教学之理据。所以，名师工作室主持人应带领和鼓励广大学员自觉加强理论学习，并把相关内容内化为自己的理性认知，然后再去构思自己的论文框架，最后把论文写成，乃至发表。

其实，不论是对基础教育一线教师，还是对高校教师来说，论文写作从来都不是容易的事情。在写作上，论文不仅不同于散文、小说、戏剧、诗歌等文学体裁，也不同于记叙文、说明文、应用文，甚至也不同于一般的议论文，但我们可以把论文的体裁理解为议论文。论文包括论点、论据和论证三要素。这就表明，论文的特点是“论”，其写作重点也在“论”。有“论”就要有问题、有论点、有论据、有论证，以问题解决为导向，组织安排论述内容，所以教师不能把论文写成说明文、工作报告或工作总结。②

虽然论文写作不容易，对谁来说都是充满挑战的事，但是论文写作有其撰写过程，即有其形成的路径。当教师清楚了论文写作过程或知道了论文写作的路径，坚持沿路行走或登攀，就能抵达山峰，从而收获论文写成之果实。

笔者根据多年的写作经验和体悟，结合指导工作室学员进行论文写作的实践和探索，总结了教师论文写作的“四环节”（图2）。

① 李润洲. 教师论文写作的理论意识［J］. 中小学教师培训，2016（4）：45-48.
② 刘莉莉. 形式规范：中小学教师论文写作的专业表达［J］. 教育科学论坛，2020（26）：53-56.

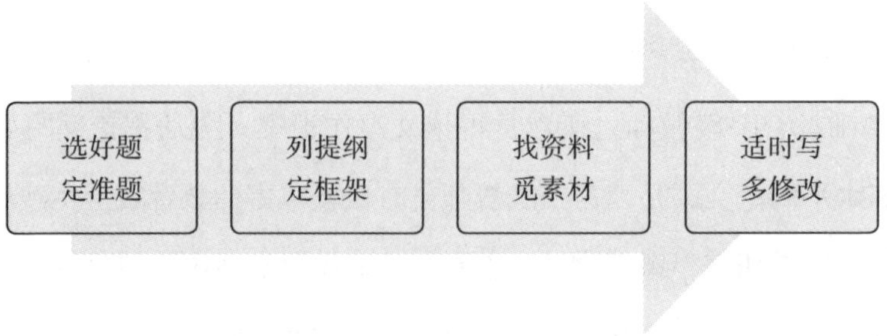

图2　教师论文写作的“四环节”过程

1. 选好题　定准题

选题是选择好论文写作的范畴或方向，定题是根据论文表述的规范定好论文写作的题目。选题和定题往往是同时发生的，因此可把选题和定题合称为教师论文写作的第一环节。那么，名师工作室主持人如何指导学员选好题和定准题呢?

在选题上，教师可以从教育教学的存在问题或困惑中选题，可以从教育政策要求和实践差距中选题，可以从理论学习反思中选题，可以从课堂教学案例中选题，可以从已有研究成果的应用研究中选题，可以从经验总结中选题，可以从同行之间的互动交流中选题，可以从学生的学习或作业等情况中选题，可以从突发事件中选题，可以从新课标、新教材的解读中选题，可以从报刊的征稿中选题，还可以从阅读的书籍或他人论文中选题。要选好题，教师最好选择自己所擅长的方面写，或者有素材积累的能找到相关素材内容的方面写，特别是有切身实践和深入思考的内容。

选好题的同时，也要定准题。对一线教师而言，好的选题宜小不宜大，最好能立足本职工作，或凸显学科特点，或指向育人本质，或瞄准教学疑难，或聚焦热点问题，但都应有价值、有意义。然后，再根据论文题目的表述要求来写，文字要简洁而精练，以突出新颖和新意为佳。

有一次，有个名师工作室学员把她的论文发给笔者，请笔者帮忙看下。笔者一看题目是《浅谈平面几何入门问题》，就知道此文没有太多写作和发表的价值，特别是看了文章内容之后，就更加确定了自己的判断。另一个名师工作室学员准备写一篇题为《用好教材资源，提升态度责任》的论文，于是把论文提纲发给笔者，希望能指导下。笔者给她拟定了一个问题型题目——如何用好生物学新教材资源培育学生态度责任。

我们来比较下面三组论文题目，第一组是《构建有效在线学习组织参与模式：探索与思考》和《“云课堂”中的学生参与：难点与突破》，第二组是《数学史对数学教育的影响——从哲学的角度看》和《从数学史看数学教育的人文性及其实现》，第三组是《童“话”评改：用“童眼”看“童言”的智慧——儿童语式“习作评改”的实践与思考》和《儿童语式“习作评改”的路径》。每组论文题目中你更喜欢哪个？或许你能从中找到选好题、定准题的“参考答案”。

2. 列提纲　定框架

列提纲是聚焦论文写作的具体内容，即把论文的一级标题拟好，甚至二级或三级标题都拟出。这一过程，实质上就是把论文的本论部分定好论证的框架。当把提纲拟好，论文的写作框架就定好了。这是教师论文写作的第二环节。

根据论文本论的常见论述方式，本书结合具体的论文案例，谈谈论文写作提纲拟定的四种经典做法。

第一种经典做法是并列式列提纲法，即根据论点或要解决的问题，用从3~6个方面平行论述的方式构设论文框架的方法。例如，《好的教学评价“度”在何方》一文，其提纲包括四点：其一，态度是教学评价的基点；其二，向度是教学评价的远点；其三，适度是教学评价的重点；其四，无度是教学评价的败点。又如，《好课堂要根植“四境”》一文的提纲包括知识之蕴境、生活之现境、教学之情境、师生之心境。再如，《高中生物学课程标准的五大教学取向》一文，其提纲由“教学价值取向：素养育人”“教学内容取向：构架概念”“教学组织取向：赋能学校”“教学策略取向：实践探究”和“教学评价取向：促进发展”等五方面组成。

第二种经典做法是递进式列提纲法，即根据论点或要解决的问题，用从3~6个方面层层递进的论述方式构设论文写作框架的方法。递进式提纲设计的论文结构反映了围绕论文主题而展开的步步为营、丝丝入扣、由表及里、由浅入深的论文文脉，论文的各部分从前到后存在着步步深入的递进关系，一层还比一层深刻，一步还比一步深远。①例如，《论学科教学育人的六重境界》一文的提纲包括学科知识育人、学科技能育人、学科活动育人、学科思想育人、学科文化育人和学科生活育人。又如，《走出学校美育误区，让“美”真正发生》一文，其提纲包括五点：一是走出内涵误区，读懂美育之真义；二是走出定位误区，回归美育之本位；三是走出课程误区，拓宽美育之土壤；四是走出教学误区，促进美育之生长；五是走出评价误区，康健美育之发展。再如，《劳育特色课程五“美”馨香》一文，从发现“美”的生活、创造“美”的食品、品尝“美”的味道、传递“美”的气息、践行“美”的行为等方面构设论文写作的框架。

第三种经典做法是综合式列提纲法，即根据论点或要解决的问题，采用并列式、递进式等多种方式方法混合的列提纲法。以仇定荣老师发表在《中小学教师培训》上的、被人大复印报刊资料《初中语文教与学》2022年第7期全文转载的论文《读写共生：内涵、特征和实施路径》为例。该论文先根据递进式列提纲法设计一级标题——“一、读写共生的基本内涵和特征；二、读写结合与读写共生的比较；三、读写共生的实施路径”，然后采用并列式列提纲法构架二级标题——“（一）相互促进性；（二）实践创生性；（三）整体推进性；（四）相互体验性；（五）纷繁复杂性”论述“读写共生的基本内容”，并从“（一）基于‘阅读’的‘读写共生’：立足阅读，以写促读；（二）基于‘写作’的‘读写共生’：为了写作，以读促写；（三）基于‘任务’的‘读写共生’：专题读写，多元融合”阐述读写共生的实施路径。②

---

① 吴举宏．教育教学论文写作的一般方法［J］．中小学教师培训，2012（11）：32–35.

② 仇定荣．读写共生：内涵、特征和实施路径［J］．中小学教师培训，2022（2）：51–54.

第四种经典做法是问题式列提纲法，即用一个问题接一个问题的方式构设论文写作框架的方法或者根据“问题—表现—原因—解决策略”列提纲。例如，《读懂课标：把好教学的“方向盘”》一文，其框架是“为何要读懂课标？怎样才能读懂课标？如何把课标读活？”。又如，《中考作文评卷的常见缺憾和优化对策》从“考场作文评分的常见缺憾和归因分析”和“考场作文评分的优化对策”两部分构设论文写作框架，然后再从“忽略标准，习惯作祟”“漠视差异，赋分趋中”“以偏概全，罔顾全局”“时紧时松，标准不一”“缺乏自信，松紧失度”五方面论述常见缺憾问题，并从“细读作文试题，明确考查要求”“研究评分标准，建立类别模型”和“快速整体阅读，准确归类赋分”三方面论述优化对策。

3. 找资料　觅素材

找资料和觅素材主要是为论文写作查找相关的研究成果和实践案例，用作论证论点所需的论据。我们把这一过程称为教师论文写作的第三环节。

论文写作犹如做饭菜，如果没有相应资料和素材，那么再厉害的“厨师”，也会是“巧妇难为无米之炊”。当教师积累了一定论文写作经验后，就会深刻体会到：当选好题、定准题和列好提纲、定好框架后，一旦准备好了相关的素材资料，论文写作就是“水到渠成”的事情。

即使是经常写作的教师，找资料、觅素材这一步也是比较辛苦、耗时的，但对于缺乏论文写作经历的教师而言则可能是痛苦的，有些教师甚至找不到自己想要的资料。那么，教师如何在短时间内找到论文写作所需要的文献资料呢？这是教师论文写作必不可少的环节，充满挑战，也比较耗时间。所以，有经验的名师工作室或教师很少“临时抱佛脚”，即不是等到要写论文才去收集素材，而是在平常的教育教学工作和课余生活中，特别是在阅读学习的过程中，就有意识地收集有关素材，等到需要用时，就能比较快速地找到。即使需要查找一些新研究成果文献，由于之前已经养成了收集资料的习惯，知道哪里可以找到相应的素材，也会比一般教师找得更快、更全面。

在这方面，许多专家建议可以从各大学术平台查询和下载。这确实是一个不错的途径，但是有些平台需要付费，而大多数学员在个人消费中常常没有这部分的计划。鉴于这种情况，名师工作室可以利用工作室的建设经费，购买相关数据库，然后给学员下载相应的文献资料。

此外，学员也可以登录国家哲学社会科学文献中心查找文献资料，或关注一些期刊的公众号，把其推送刊发的论文收藏或下载分类归档，以留今后论文写作时使用。

笔者基于自己的经历和体悟可以告诉各工作室的教师，找资料、觅素材的过程对教师的专业发展来说，是充满惊喜的：本来你要找的是一棵树，但是在找的过程中你可能会发现一片又一片的森林；本来你要找的是一颗石头，但是在觅的时候你可能会找到一块又一块的玉石，甚至一颗又一颗的钻石。

4. 适时写　多修改

当论文题目、框架都定好了，也准备了相关素材和资料，教师论文写作就可以进入撰写的阶段，即“适时写、多修改”阶段，属于教师论文写作的第四环节。这一步非常关键，直接决定教师论文能否写成、写好，甚至能否顺利发表。

关于“写”，名师工作室主持人要认识到，学员队伍中，有的教师（特别是文科者）可能需要一段完整的时间才能动笔写作，讲究一气呵成；但有的教师（理科者居多）利用零碎时间也能写作，如一篇论文分几点进行撰写，一个零碎时间写一点或写一段，若干零碎时间就能写成一篇完整的论文。教师平时都比较忙碌，如果想在这样的情况下写出论文，那么最好能学会利用零碎时间写作。

在动笔进行论文写作时，教师最好能找到一个安静的环境全神贯注地、聚精会神地写，能一气呵成就一气呵成，不能也不要苦恼，改天有时间且有写的冲动再写也行。任何一棵树都不是一天长成的，同样道理，教师论文写作也不一定需要一天内就完成，几个星期、几个月，甚至几年写成一篇高质量的论文，也是不错的。不过，教师论文写作和打铁一样，也是需要趁热的。

在写的过程，笔者通常是边写边修改，写完了再修改，甚至一改再改。有时投稿遇到退稿，如果笔者觉得这篇文章还不错的话，会继续修改再改投其他期刊，从而得以发表。一气呵成的好论文毕竟是少数，多数论文是需要不断修改打磨的。因此，可以说没有经过修改是很难写出好文章的，正所谓“文章不厌百回改，反复推敲佳句来”。

虽然许多教师也明白论文要修改的道理，但就是不知道怎样改自己写的论文。这个时候，名师工作室主持人就要出手指导了。有人把论文修改分为检查、增补、删除、更换、调整、斟酌、校正等七个主要步骤，即审读检查论文，增加补充内容材料，删除多余文字材料，更换新鲜语言材料，调整章节段落、语段、语句，斟酌语言文字，校正全文。①倘若教师真改不动自己的论文，那么就需要请专家学者、工作室主持人或其他有经验的教师指点一二。

四、知晓论文写作之内容

“写什么”是教师论文写作的基本问题之一，也是教师在写作过程中比较头疼的问题之一。教师要解决“怎样写”问题之前，就要想清楚“写什么”。当教师知晓了写作内容，就知道了收集和整理怎样的素材，就能去构思“怎样写”的问题与表达。

对教师个体的论文写作内容，我们认为，自己想写什么、能写什么、会写什么就写什么，即写自己得心应手的内容，或许更能写成论文，乃至写出高质量的好论文。如果教师定好了论文题目和写作提纲，那么根据题目和提纲填充相应内容即可。但是论文的本质要求内容必须有创新性，一篇内容没有新意的文章不能算作论文，只能算作一篇科普文章或知识介绍文章。

下面，和大家分享一个建筑师和甘地的故事。

---

① 赵印奖.教研论文修改七步法［J］.教书育人，2011（23）：33-35.

有个建筑师在印度独立的时候找到甘地，问："需要我做什么？"甘地说："你会做什么？"他说："我是建筑师。"甘地说："那你盖房子去，你干吗来问我你能做什么呢？"他顿时明白了，自己能做的事情就是自己会做的事。

由此可知，在指导教师写作过程中，教师能写什么就让他们写什么。正如哲学家周国平先生所说："每个人都只能按照他的内心世界的限度来看世界。你心中完全没有东西，无论外部世界多么丰富，你都一定熟视无睹；你是一个心灵丰富的人，那你看到的世界也会是一个丰富的世界；你是一个内心贫乏的人，那你看到的世界一定是贫乏的。"①因此，当你对教育充满了气象万千的思考与实践，那么你就可能写出气象万千的论文；如果你关注了教育教学的方方面面，你就能写出方方面面的文章。

在教师论文写作"写什么"的问题上，我们的回答是："什么都可以写！"如课标解读、教材处理、试题分析、课程研发、课程实施、教学设计、教学方法、理论研究、教育感悟、教育教学观点、观课议课、教学评价、校本教研……

对于整个工作室团队的论文写作来说，可以根据本工作室的研究主题进行内容聚焦，然后学员或其他成员从不同方面进行研究、思考并提炼论文。

比如，《义务教育生物学课程标准（2022年版）》不仅是课程开发和实施的纲领，还是课堂教学的基本依据和重要指南，所以广大教师要在认真学习和领会的基础上，结合学校和学生的实际，创造性地开展教学，促进本工作室全体成员研读新课标，以研出成果，读出水平，让每位教师都能拔节成长。（表2）

① 周国平. 幸福的哲学［M］. 武汉：长江文艺出版社，2014：242.

表2　李文送名教师工作室拟撰写论文的安排表

序号	题目	撰写者	备注
1	义务教育生物学课程标准的六大新突破	李文送	主持人
2	义务教育生物学课程标准的新教学取向		
3	义务教育生物学新课程理念的教学意蕴		
4	义务教育生物学新课程的教学转向		
5	新课标下初中生物学的五大教学观		
6	义务教育生物学核心素养的内涵、特点及培育		
7	新课标下初中生物学实验教学培育态度责任的策略	蔡珊珊	组长
8	新课标下初中生物学教学渗透STS的策略		
9	新课标下初中生物学综合实践活动的开展及反思		
10	基于新课标的初中生物学教学目标制订	魏水娣	成员
11	基于新课标的初中生物学教学评价	吴彩萍	成员
12	基于新课标的初中生物学课程资源的开发与利用	王赵平	成员
13	新课标下初中生物学教学与信息技术的深度融合	陈俏俏	组长
14	新课标下初中生物学微课的设计与制作		
15	新课标下初中生物学劳动教育的开展及反思	王妙裕	成员
16	基于课程标准的初中生物学微创新实验设计	黄清波	成员
17	基于生物学大概念的教学组织——以“×××”为例	刘水连	成员
18	新课标下初中生物学教学渗透美育的教学策略	聂嘉慧	成员
19	新课标下以探究为特点的初中生物学实验教学策略	杨林钊	助理
20	基于新课程标准的初中生物学创意作业设计	余秋梅	助理

也有不少名师工作室是围绕某教学主张和教育思想进行系列论文写作的，比如广东省陈洪义名教师工作室团队先后围绕“情思历史”和“情思教育”等开展了系

统研究，并撰写和发表了系列理论研究和实践研究的论文，如《情思历史：基于课堂深度学习的情境探究型教学》《中学历史情思教育的简约性和高效性》《情思教育四境在高中历史教学中的实践研究》《融情以致深，汇思以行远——情思历史的价值追求与实践特色》《情思历史课堂中教学“脚手架”的运用——以人教版八年级“洋务运动”一课教学为例》《批判性思维在情思历史教学中的运用》《历史情思中彰显历史意识》……《情思历史教学范式的建构与实践》《英语高考试题的情思特征及教学融通策略》等论文还被人大复印报刊资料全文转载，质量非常高。

2019年1月，来自重庆市的张友碧名师工作室联系笔者，说学员的论文写作能力都不强，希望得到指导，让笔者谈谈如何操作。当时笔者回复：“一个团队，可以先动心，后动情，再动笔。动心，要有共同的目标、共同的价值取向，围绕共同的主题，共研共长；动情，要寻找触动点，捕捉灵感点，抓住闪光点，提炼智慧点；动笔，有了前面的铺垫和积累，瞄准媒体，写，投，发，修，再投，发。与思为伍，与考为路。”后来，张老师的工作室团队发展很好，教师们不仅先后发表了多篇论文，还出版了工作室的著作。

不论是名师工作室团队还是教师个体，在论文写作上，都可以围绕某一主题或某方面进行深入研究、深度思考和深层写作，从而形成和发表系列文章。

例如，围绕“教师专业成长”这一主题，笔者先后撰写并发表了《教师专业成长的生命周期》《教师专业成长的类型》《教师专业成长的激励机制》《教师专业成长的路径》《教师专业成长的公式》《教师专业成长的四重心境》《教师专业成长的四条“绿道”》和《教师专业成长的四块“方田”》等文章。

又如，围绕“好”字，笔者对教育许多方面都进行了研究和思考，并先后发表了以下文章：《好教育的本真是一种“善”》《好教师的底色》《好课堂要根植“四境”》《好教学成就三种“心境”》《好课程，成就学生的“四种发展”》《好的师生关系是最大的教育力量》《好的教学评价“度”在何方》《好学校的生命气象》《好课堂的四种气象》《好的校本教研“路”在何处》《好的课堂教学

“根”扎何地》《好教师的四种心境》《好教育的“五心”景象》《好教师的姿态》《好的教学目标“适”在哪儿》《好教育要抵达哪儿》《好教育的“四接”境界》《好教学的生命脉象》《好课程因“四通”而发达》《好课程的“四见”功效》《好教学要“三思”而行》《好作业要具有“四知”功效》《好的教师评价究竟如何评》。

五、掌握论文写作之策略

“怎样写”是方法策略问题，通常由“写什么”的内容问题决定。因此，掌握论文写作之策略是教师论文写作非常关键的一步。

“怎样写”虽然和“为何写”“写什么”都是教师论文写作的基本问题，但是最令教师头疼的不是“为何写”，也不是“写什么”，而是“怎样写”，即多数一线教师渴望得到的是关于“怎样写”的论文写作指导。这就意味着，在指导学员进行论文写作时，名师工作室主持人可能需要花费较多的时间和精力指导他们突破写作策略问题。

要真正胜任专业性、学术性、思辨性都比较强的论文写作，教师不掌握“怎样写”的策略肯定不行，但是如果只是知道“怎样写”，而不明白“写什么”或不清楚“为何写”或不懂论文写作的规范和过程，那么教师在论文写作的道路上就会举步维艰。因为教师论文写作存在的常见问题有选题不当、论点陈旧、立意偏浅、文不对题、不善提炼、逻辑混乱、结构不完整、缺乏理论或盲目套用理论等问题。正因为如此，本专题先进行前面的论述，再来谈论文写作之策略。

教师要掌握论文写作之策略，就需要懂得论文写作的常用方法、技术和技巧。根据多年的写作经历和体悟，笔者认为，教师在教育写作上存在不同的成长进阶，并绘制了一线教师教育写作成长进阶图（图3）。

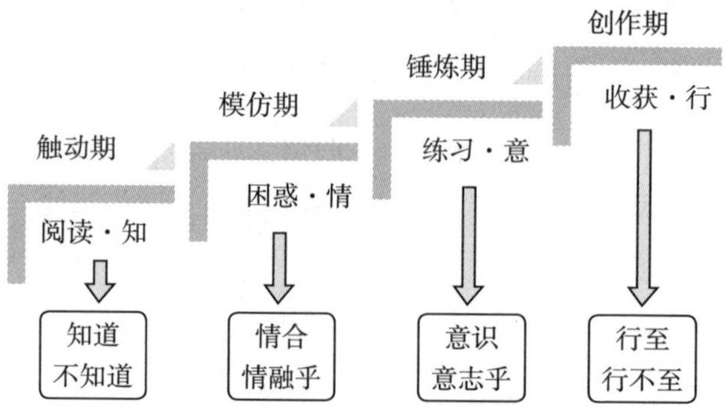

图3　一线教师教育写作成长进阶图

从该图可知，教师教育写作存在触动期、模仿期、锤炼期和创作期，不同阶段的教师，其心理感受、行为表征和成长重心是不同的，即其应选择不同的写作策略。

在阅读图书或报刊的过程中，如果教师，特别是年轻教师，出现“这样的文章也能发表？好像自己也能写，甚至还能写出更好的文章”的心理感受，那么意味着他们正处于触动期。这个阶段的教师，知道自己可能也能写出相应文章，但是往往不知道写什么和如何写。

但是，教师有了触动，就是好的开始，名师工作室主持人在指导这样的学员时，要鼓励他们抓住这些宝贵的触动，然后从模仿他人论文写作开始，以较快进入第二阶段。这个阶段的教师一般是比较困惑的，在论文写作上通常只能模仿，即如果不看着别人的文章，就无法动笔，甚至只能面对电脑屏幕发呆。

要想模仿，教师就要与原文情合、情融，若能做到，渡过了模仿期，教师就能迈进锤炼期。处于锤炼期的教师，可以先从写小文章、小论文开始，甚至每天写几十或几百字也行，但要坚持为之。这就需要教师有意识地坚持锤炼自己对教育教学问题的捕捉能力和文字表达能力。

当教师有足够的意志坚持在日常生活的零碎时间里不断锤炼自己的写作能力、写作意识和对教育教学问题的敏感度，并且形成了一定的思考和见解，就能顺利抵达第四阶段，即创作期。

当教师进入创作期，才能真正感受到写作带来的幸福体验，虽然也辛苦，但苦中会有甜和愉悦的感觉。创作期的教师，看着别人的文章反而写不了，只有不看别人的，才能自由地用文字表达自己，这和模仿期完全不同，有点反过来的味道。这就像人们学习电脑打字一样，初学者要看着键盘输入，熟练者不用看着键盘就能健指如飞，倘若看着键盘，反而会影响输入的速度。

创作期教师在写作论文时，脑海就会闪现此前没有出现的词汇，这些词汇会伴随着教师的思维，舞动出不一样的表达，从而让教师能创造出独一无二的论文。那时那刻，教师就能真正体会到论文写作并没有想象中那么难、那么高不可攀，甚至论文写作也能如“家常菜”一样“飞入寻常百姓家”。

那么，名师工作室主持人如何指导教师写出好论文呢?

关于好论文，《中国基础教育》主编孙金鑫曾经在一次主题为“教育论文写作的五项修炼”的讲座中指出，好的论文要突出“新”“深”“精”“实”四字，“新”即创新性和创造性；“深”即达到一定的深度，做到见人所未见，发人所未发；“精”即写得精练，言简意赅，有话则长，无话则短；“实”即写得实在、实用，可启发他人，为他人所借鉴。

概括地讲，好论文具有好标题、好论点、好论据和好论证四个特征。（图4）

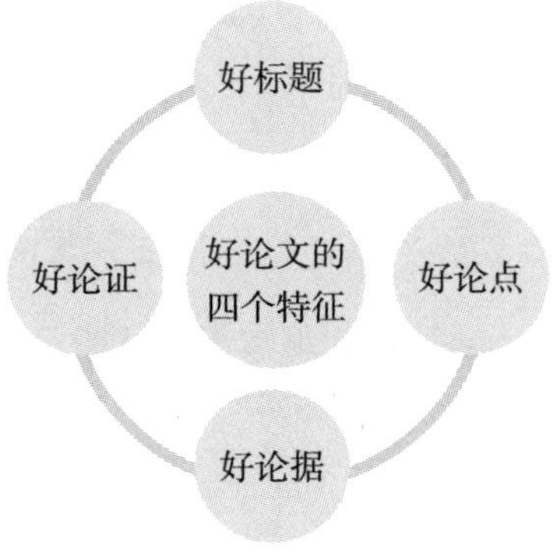

图4　好论文的四个特征

标题不仅要符合规范，而且要简洁、新颖和有创意。俗话说：“好文章是修改出来的。”同样道理，好标题也可以修改出来。名师工作室主持人指导学员修改标题时，最好能结合具体案例，这样学员就能更直观地认识好标题的特征。为此，下面列举三个标题修改的成功案例：

例1：班级管理三要素→班级管理之我见→互联网语境下班级管理再优化

例2：没有不能教育的学生→坚定信心，保持耐心→改变，从赏识起步

例3：与“熊孩子”过招→对“熊孩子”的教育艺术→“熊孩子”，也需要掌声

上述标题都经过了两次修改，最后修改后的标题是不是更有亮点？是不是更吸引你的注意？是不是更能激发你阅读的兴趣？

论点是论文作者对所论述问题提出的见解或主张，体现了作者所赞成的观点。好论点不但能表达作者独特的见解，而且让读者眼睛一亮且认同，甚至信服。论据是作者用来证明论点、服务论点的根据和理由，是支撑论点的材料和证据。论据用得好，论点就立得牢。但是，论据也不是越多越好。好的论据应具有代表性、针对性，且具有较高可信度。

诚然，好论文不仅需要有好标题、好论点、好论据，还需要好论证。好的论证讲究条理清晰，有理有据，符合逻辑，理实结合，生动表述。在逻辑上，好的论证具有五大特征：一是层次感，而不是平面感；二是缜密性，而不是一盘散沙；三是科学性，而不是文学性；四是学理性，而不是口语化；五是严谨性，而不是随意性。①

无论是好标题、好论点、好论据还是好论证，都需要有好的专业表达。所谓“好的专业表达”，用《中小学管理》编辑部主任谢凡对于“教育专业表达”的观点来讲，好的专业表达要“三无”“六有”，且立意深远，内容真实，结构完整，线索清晰，表述生动，重视细节。“三无”是指表达无套话、无语病、无匠气；

① 刘莉莉. 形式规范：中小学教师论文写作的专业表达［J］. 教育科学论坛，2020（26）：53-56.

“六有”是指表达言之有境——有格局，言之有理——有观点，言之有物——有内容，言之有序——有逻辑，言之有情——有情感，言之有思——有思想，即表达要指向大家关心的问题、有自己的想法、有具体的实践、有严谨的逻辑、有真实的情感、能传递教学思想。

在指导学员论文写作之策略上，广东省陈洪义名师工作室进行了不少有益、有效的前期实践和探索。比如，他们基于课堂实践指导教师论文写作的经验得到了期刊的刊发及推广。据陈洪义老师介绍，他把基于课堂实践的教学论文写作归纳为：基于教学理念的展示性写作、基于教学经历的串联式写作、基于教学问题的行动性写作、基于教学实录的反思性写作、基于教学案例的解剖性写作。

基于课堂实践的教学论文写作策略①

策略1：基于教学理念的展示性写作

理念的展示性写作即展示教学理念的写作，展示的内容是教学理念，所以写作时先要明确这一堂课或这一个案例背后教师的理念是什么，有什么先进性。凝聚教学理念需要认真对教学内容和教学策略进行鞭辟入里的分析，要寻找教学各环节所蕴含的本质特征，要始终保持敏锐的观察力，注重提炼与升华。

理念内涵敲定之后，就要结合教学实际操作充分阐述课程或案例是如何体现这个理念的。例如，为了展示“假设是历史创新教育的有效切入点”这个教学理念，陈洪义老师以人教版必修二“伟大的历史性转折”一课的情思教学为例，基于教学流程设置四个论点——“开门见山，将历史假设引入课堂”“扩充材料，指导学生研讨历史”“整合知识，诠释验证历史假设”“新的假设，将历史探究引向深入”，由表及里地阐述“假设”如何引导历史教学和创新，将教学操作的进程与理论剖析的过程紧密结合。

① 陈洪义. 例谈基于课堂实践的教师论文写作：以“情思历史”项目系列成果为例［J］. 新课程评论，2018（9）：78-84.

理念展示写作，展示的核心是教学理念，教师重在借助课堂案例来说明理念。在教学实践中，教师可以先根据预先确立的教学理念备课，上完课后，在这个理念的引领下将课堂活动开展情况与对此次课程的思考形成文字；也可以在课后根据本课教学的特点与特色找出贯穿于其中的理念，以理念为线，再串联各个教学环节。

无论是先有理念再有案例操作，还是先有案例操作再寻理念，在写作时一定要将教学理念精准定位，教学操作的叙述与理念阐述也要做到同步深入。

策略2：基于教学经历的串联式写作

教师日常教学中一些很好的教学案例、很有价值的教学经验与思考，零零碎碎，往往都分布在教师教学经历的不同场景之中，它们就像珍珠散落在不同的地方，这些案例和经验大大小小，不成体系，串联式写作就需要教师找到一个合适的主题作为主线，有机地串起这些散落在不同教学场景中的经验与案例，并赋予它们新的理论生命力。

例如，《细节导入，构建高效的历史课堂》一文中的“生活细节导入”“历史细节导入”和“虚拟细节导入”三个不同的导入案例分别来自不同的教学经历。当时用“生活细节”拨动学生学习的情感之弦的教学经历让陈洪义老师意识到细节导入的魅力，于是他开始在自己的教学经历中搜索，寻找类化的细节导入案例，结果发现了一次历史细节导入的经历与案例。接着，他又联想起夏辉辉老师有过一个“虚拟历史细节——帕帕迪的故事”的案例。这些经历与案例散落在不同的时空里，于是，他借助“细节导入，构建高效的历史课堂”这条主线，将这些案例有机地串联起来，通过理论分析与案例展示相结合的方式进行主题阐述。可见，串联式写作的关键是典型经验和案例的寻找，案例是否鲜活，经验是否有思维张力，直接决定了论文的质量。典型经验和案例往往分布在不同场景中，所以，教师在教学中有意识地做好日常的收集和积累工作显得尤为重要。

策略3：基于教学问题的行动性写作

教师在教学过程中总会遇到这样那样的问题，产生这些问题的原因是什么？如何解决这些问题？面对这些问题，教师往往要通过调查、分析、研究等手段，寻找真相与答案。教师把解决问题的整个行动过程用文字展示出来并上升为具有可信度的理论概述，这就是基于教学问题的行动研究及写作。

例如，在《师生评课文化冲突背景下的教师课堂教学研究》一文中，陈洪义老师开篇就直面教学中遇到的问题——“在课堂教学中，经常遇到这样的情况：听课教师认为是好课，听课学生却不认同；或者听课学生认为是好课，但听课教师不认同。导致师生课堂教学评价不一致的原因是什么？”接着点明这个问题解决的方向是“本文以实验课例‘近代工业的兴起’为例，从师生评课文化的差异与冲突角度去探寻其中原因。同时，进一步探讨师生评课文化冲突背景下教师课堂教学的追求”。就文中的问题和解决问题的方向，陈洪义老师通过“一节受争议的实验课”，组织‘一次不完整的调研’，然后根据调查的数据探讨问题根源，再从教育的相关原理出发构建结论。整个问题探索的过程由浅入深，由表及里，过程真实可信，结论有说服力。

可见，基于教学问题的行动研究及写作有三个步骤：明晰问题、分析问题、得出结论。能否写出好的此类论文关键有二：一是提出的问题要有代表性，符合典型性特征，因为只有典型才有较强的吸引力和较高的应用价值；二是问题解决过程的真实性，强调教师所做的行动探究是真实可靠的，结论是可信的，而不是凭空杜撰的。

策略4：基于教学实录的反思性写作

实录反思性写作是教师围绕课堂实录所进行的反思过程和结果的文本再现。实录反思性写作，其中实录是载体，反思是方式、目的，有好的实录，才能发生有意义的反思。所以，反思性写作的关键是把握两个步骤：一是对教学过程的生动再现；二是对教学过程的深刻反思。

例如，刘剑老师的《课堂造境：情思历史的脚手架——以岳麓版“夏商制度和西周封建”一课为例》一文共两大部分：第一部分呈现岳麓版“夏商制度和西周封建”一课的教学实录，第二部分是基于实录对教学中“课堂造境”的思考。

为了突出后面的反思，刘老师在课堂实录的叙述过程中，一是将教学过程基于主题程序化，二是围绕反思主题进行问题的点拨，为后面的剖析做好铺垫。实录的反思性写作的关键是要有值得反思的精彩课例，做得好，才能写得好。

策略5：基于教学案例的解剖性写作

解剖性写作是指教师对教学中的典型案例进行有机剖析的一种文本写作。

教师在长期的教学过程中不乏一些好的，甚至是经典的案例，在这些案例的背后往往隐含着丰富的教育理念、教育艺术和教育智慧，通过深刻的剖析把它们挖掘出来，整理成系统的实践经验和理论观点，能有效促进教师的教学思想和教学能力的提升。例如，陈洪义、唐朋老师的《选择与重构：让历史课堂在思辨中情智共生——陈穗老师“古罗马的政制与法律”一课的再思考》，第一部分作者从“探”“览”“寻”“悟”四个角度高度概括和剖析陈穗老师“古罗马的政制与法律”一课的特点，认为本课是用这四个字作为点睛之笔敲开了历史课堂的素养之门，第二部分作者从“选择与再造”的角度剖析如何才能构建出这种好课。

从文本结构剖析可知，第一部分案例剖析，力求多角度审视与剖析，其所解决的是“课堂是什么”这一问题，第二部分思维聚焦要解决的则是“怎么样”的问题，第一部分的描述是第二部分论述的前提。所以，解剖性写作的关键是对课例进行多维审视，准确地剖析和挖掘出案例背后的理念与思想、方法与策略，最终与同行产生深度的共鸣。

中小学教师教学论文写作是一种基于课堂反思的文本写作，是教师面对教学过程中产生的困惑与问题、萌动的灵感与感动、萌生的兴趣与好奇时，通过“提炼比较”“质疑转换”“研究探索”“挖掘拓展”等方式所进行的实践反思。

有效地把这些反思的过程和结果用文字描述出来，是每一个教师，尤其是年轻教师提高教学能力、增进教学智慧的重要途径。有意义的教学反思需要教师有深厚的学养、专业的教育心理学知识、敏锐的观察力。他山之石可以攻玉，青年教师要在实践中多走进他人的课堂去感受同类型教学是如何操作的，观别人的优点、察自己的不足。读万卷书，掌握最新的历史学科专业知识，把学术型、思辨性内容融进课堂，反思学生创造性思维能力是否在教学动态过程中有效形成。另外，要认真体会最新的课程教学改革要求，反思自己的教学行为是否突出学生核心素养的培育，素养落地是否顺其自然，浑然天成。

“基于实践，基于反思”是教学论文写作最基本的特征，细心收集好案例，加以揣摩，积极反思，总结提升，坚持写作实践是教师写好教学论文的重要途径。

总的来说，教师论文写作有“道”可循，有“法”可依，有“术”可鉴。实践、思考、研究是教师论文写作最重要的秘诀。教师之所以没有找到秘诀，之所以不想写，或害怕写，或不喜欢写，或不擅长写，或不坚持写……主要是因为——做而不思！思而不考！考而不究！

从表面上看，论文写作是写的问题；进入去看，论文写作是做的问题；深入去看，论文写作是想的问题；从本质上看，论文写作是心的问题。换言之，论文写作不仅跟教师的写作能力有关，而且跟教师的教育教学实践和研究素养有关，还跟教师的思维方式和价值取向有关。因此，在指导学员写作论文时，名师工作室主持人要因人而异，对症施策，同时要因文而异，得法为要，且从“道”“法”“术”等层面进行立体指导。

六、遵守论文写作之伦理

伦理是指社会行为规范，是处理人与人、人与社会相互关系时应该遵循的行为准则。在论文写作或发表中，教师不仅要遵照论文写作的学术规范，还要遵守论文写作的学术伦理。名师工作室主持人在指导学员写作论文过程中应加上这一课。

首先，教师论文写作要做到实事求是，立足真实的教育教学实践，不能杜撰虚假的案例或其他佐证材料，不能篡改实验数据、实验结果或实验结论。但是，在撰写德育论文时，要注意未成年人学生个人信息的保护，尤其是姓名等信息应进行化名处理。

其次，教师写成的论文要求原创，不存在如下学术不端行为：抄袭、剽窃、侵吞他人学术成果；篡改他人学术成果；伪造或者篡改数据、文献，捏造事实；伪造注释；未参加创作，在他人学术成果上署名；未经他人许可，不当使用他人署名；其他学术不端行为。

最后，引用他人研究成果要在论文中标明，或注释或作为参考文献。一篇论文引用的内容不能超过一定标准，即论文查重率不能超过某个范围。目前，多数核心期刊要求论文查重率在15%以内。

此外，论文投稿发表时不能一稿多投，也不能一稿多发。通常，如果论文已投稿给某期刊，如果三个月内（通常期刊论文审稿要过三审，每一审约需一个月）没有收到录用通知，那么就可以另投他刊。如果教师想在原投稿期刊审稿期内改投他刊，就应通过邮箱或其他有效方式告知原来投稿的期刊，以避免一稿多投。

如果遇到原投稿期刊没有发录用通知，三个月后发现自己的论文已被录用或已发表，但论文又改投了其他刊物，那么，教师应如何做才不违背学术伦理呢？这个时候，教师最好第一时间联系改投的期刊，一般可通过投稿邮箱如实反映情况，通知对方撤稿。

活动与思考

一、学员分享优秀论文

工作室全体学员每人推荐1~2篇有关教育教学的优秀论文，根据论文的结构与功能等，谈一谈：这些论文究竟好在哪里？自己从中得到哪些启发？

二、拟定准备撰写论文的题目

以工作室订阅的某期刊某一期发表的论文题目为例，尝试对这些论文题目进行分类，看看哪些是主题型题目，哪些是论点型题目，哪些是问题型题目。然后，每位学员为自己计划撰写的论文拟定一个相应类型的题目。最后，通过集思广益，选定自己论文的题目。

三、设计准备撰写论文的提纲

对通过活动二拟定好的论文题目进行构思并设计论文的提纲，或采用并列式列提纲法，或运用递进式列提纲法，或通过综合式列提纲法，或使用问题式列提纲法，还可以使用其他列提纲法，尝试构设自己准备撰写论文的框架。

四、说说自己论文写作的困惑

工作室学员进行集体交流，对活动三构设的论文框架进行研判和自我诊断，说说撰写此论文可能存在哪些困惑，需要怎样的帮助或支持，或者还有什么其他想法。

专题十

如何指导学生活动

学生活动是学校校园文化建设的重要载体，也是青少年学生课余生活的重要内容，在推动校园文化建设、促进人才培养、提高教师专业能力等方面起着十分重要的作用。但现实是，很多工作室教师不知道可以开展哪些学生活动、具体如何指导学生活动。相信通过本专题的学习，工作室教师在指导学生活动方面会有诸多收获。本专题主要介绍学生活动的类型，以及工作室教师具体如何指导学生开展学术科技与创新类活动、社会实践与志愿服务类活动、文化艺术与身心发展类活动等，并介绍了全国优秀作品供工作室教师借鉴参考，具有很强的实操性和指导性。工作室教师通过本专题的学习可以更好地指导学生开展活动，丰富工作室成果。

“双减”政策的出台，为学有余力的学生拓展了学习空间，有利于开展丰富多彩的科普、文体、艺术、劳动、阅读等学生活动。学生活动的开设，能提升学生的成长空间，发展学生的科学思维和探究实践等能力。在活动中，学生通过动手实践，培养手工制作或者创作的能力；学会设计并创作有创意的作品；掌握一些研究方法，研究身边发生的事情等。作为名师工作室的一员，我们应该学会指导学生开展活动，丰富工作室的成果。指导学生运用常见简单的技术、方法解决一些身边的实际问题，这样有利于丰富学生的学习生活，开拓学生的思维，培养学生的问题意识。指导学生开展活动，其科学思维得以拓展，解决问题的方法也会多样化、综合化，也使得一些问题的解决更加具体化、形象化，这样能更好地培养学生的核心素养，符合新课标的要求。学生活动种类很多，工作室教师需要掌握不同活动的具体指导方法与指导策略，以便更好地指导学生参加不同种类的活动。学生活动的类型丰富，按照活动的内容以及对学生能力素质的培养作用不同，可以分为学术科技与创新类、社会实践与志愿服务类、文化艺术与身心发展类、思想政治与道德素养类、社团活动与学科类5大类。①

一、学术科技与创新类活动

学术科技与创新类活动为学生在课堂教学任务之外所从事的各类学术科技和创新创业活动以及参加的各级各类科技创新类竞赛活动，主要包括：

（1）结合学科学习开展的科学研究、发明创造及科技创新类活动，新产品、新工艺设计及撰写科学论文、研究报告类活动。

（2）有关课题的科学研究、科技开发及科技服务类活动。

（3）在科普推广活动过程中开展的科普宣传、科普咨询、科普服务类活动，如

① 敬菊华，张珂. 关于学生课外活动的类型及其作用分析［J］. 重庆工学院学报（自然科学版），2007（3）：122-124.

科技创新成才论坛、学术报告会、科技博览会等。

（4）相关部门组织的科技竞赛及成果鉴定评选类活动，如青少年科技创新大赛等。

（5）校内外的其他学术活动和科技类活动，如校科技节、校外科普展示活动等。

工作室教师组织指导学生参加相应活动时应注意，要参加教育部门公布的“白名单”中的活动或者教育部门认可的活动。学术科技与创新类活动有多种具体活动类型，在学校最常开展的是发明创造类活动和科学论文类活动。下面，笔者就以发明创造类活动和科学论文类活动为例，谈谈工作室教师如何指导学生开展学术科技与创新类活动。

（一）发明创造类活动指导策略

发明创造类活动体现跨学科融合，符合新课标要求，工作室教师指导该类活动需要掌握一定的策略。发明创造类活动指导流程包括发现问题、确定课题、分析资料、制订方案、制作模型、验证试验、修正作品、完成作品8个环节。

（1）发现问题。

发现问题和提出问题是开展发明创造类活动的第一步。工作室教师要善于引导学生发现问题（问题可来源于生活、生产实际和社会新闻热点等），为学生提供探究实践的机会和解决问题的支架。选题要积极向上，但要注意避免误区，要充分关注社会热点问题，但不是越时髦越好，有时热中求冷、同中求异、小题大做也能发现好课题。另外，学生提出的问题可能会超出自身能力范围，教师要注意把控方向和提供必要指导。

（2）确定课题。

学生只有明确知道自己需要解决的问题，才能突出研究的重点，最终确定课题，确立自己研究的阶段性目标以及最终目标。工作室教师指导时应注意，学生作品的选题一定要符合青少年学生认知能力与成长特点，表达积极向上的思想，研究方法和研究技术合理可行，所使用的实验材料和仪器设备较易获取。

（3）分析资料。

这部分工作包括阅读书籍、查阅文献等间接获得的研究资料，以及实地调研、访谈等直接获得的研究资料。工作室教师要指导学生用好各大学术平台，懂得如何查找需要的文献等研究资料，指导学生对研究资料进行整理分析，为下一步研究做好充分准备。

（4）制订方案。

发明创造类活动的研究方案包括：确立想解决问题的发明设计构思，绘制示意图、路线图，选择材料种类及比较各种材料的参数，选择加工方法与设备等。由于这些方面学生之前没有接触过，工作室教师可以把往届学生做过的一些优秀方案和作品给学生参考，以此开拓学生的思路。

（5）制作模型。

工作室教师应指导学生根据制订的方案，制作演示的模型，用于考查自己的设计是否成立。很多时候模型要经过多代改进才能成型，教师要鼓励学生坚持到底。

（6）验证试验。

完成模型后，工作室教师可以指导学生先进行局部的验证试验，考查模型是否实现了自己原来的设想、与自己原先的设计是否还有差距等。另外，教师要提醒学生把验证试验出现的问题记录下来。

（7）修正作品。

发明创造类研究较难一步到位。工作室教师指导学生在上述步骤基础上，把验证发现的问题和需要改进的部分，进行再设计、再修正和再研制。作品可能还要经历多次修正，教师要多鼓励学生，跟学生一同克服困难。

（8）完成作品。

工作室教师要充分认识作品总结的重要性。整理和总结是最后一个阶段，是师生对自己发明创造研究全面回顾的过程，师生通过整理、归纳、提炼，进一步深化研究并完成最终的作品。另外，教师要指导学生撰写研制报告，把课题、研究背景、创意来源、研究目标、研究方案或设计思路、研究过程、研究结论、创新意义、应用前景、参考文献等图文并茂地用正确精练的语言表达出来。学生对研制报告比较陌生，教师可以把往届优秀作品的研制报告给学生参考。

（二）发明创造类活动优秀作品评析

独居老人的机器伴侣①

中国人民大学附属中学 许鹤瀛

指导教师：李作林

第三十三届全国青少年科技创新大赛一等奖

1. 研究背景

我国是全球老龄化发展最快、绝对老龄人口最多的国家，独居老人的健康和生活服务需求迫切且巨大。这些需求主要包括：有突发情况时的快速发现和救助，与亲友之间的交流及娱乐等。近年来人们针对独居老人的生活和健康服务，开展了基于传统视频系统、可穿戴设备的老年人健康监控系统研究，基于老年人动作识别以及通用医疗监控的机器人系统研究等。这些研究均能在一定程度上或在某一个方面为老人提供健康服务。本设计集成了深度图像采集、视频与语音交互，可为独居老人提供全面的生活与健康综合服务（未来还将实现跟随老人的自适应运动）。随着我国老龄化的加剧，这种伴侣机器人应该有较大的应用价值和市场潜力。

2. 研究方案

将深度图像摄像头安装在一个可随老人进行自适应运动的机器人上，在此基础上，进一步附加网络、通信、语音交互、物联网等功能。依据独居老人的健康和生活需求，将这个机器人打造成可陪伴独居老人的生活伴侣。

---

① 中国科协青少年科技中心. 第三十三届全国青少年科技创新大赛获奖作品集［M］. 北京：科学普及出版社，2019：90-94.

机器人主要由数据控制中心、深度摄像头、普通彩色摄像头、语音交互单元、网络与通信单元、自适应行走单元等构成，具有图像语音数据采集处理识别、人机交互、远距交互与通信等技术，从而实现如下功能：①及时处理老人生活中发生的突发危险；②可帮助老人便捷地与亲朋好友通过视频和语音交流，可人机交流；③与电视、音响等物联，通过深度学习，为老人选择喜欢的小说、小品、相声以及影视作品；④日常生活协助，以及机器人能力可不断升级。

3. 研究过程

（1）机器人伴侣功能分析。

① 突发意外的紧急救助的需求。

机器人伴侣需要根据突发情况做出相应的应对决策。为此可将各种情况归纳为三个危险级别以设计机器人的应对策略：第一等级，危急且需要紧急救助；第二等级，严重且需要送医院治疗；第三等级，不严重可自行解决。

② 精神生活需求。

独居老人精神层面的健康生活服务需求主要包括：与机器人交流，与亲朋好友交流；新闻、影视等娱乐。

③ 日常生活协助需求。

将独居老人机器伴侣设成家庭的物联中心，为老人提供日常安全管理服务，为老人提供日常生活、家务与外事提醒服务等。除此之外，还需要安全监控协助老人购物、缴费和使用家电等。

④ 系统功能流程图。

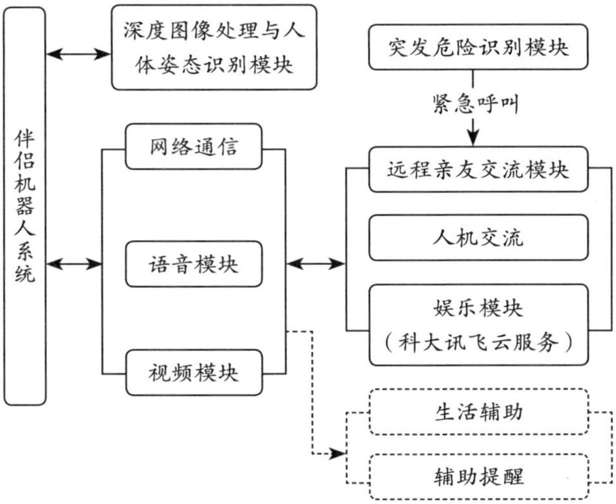

系统功能框图

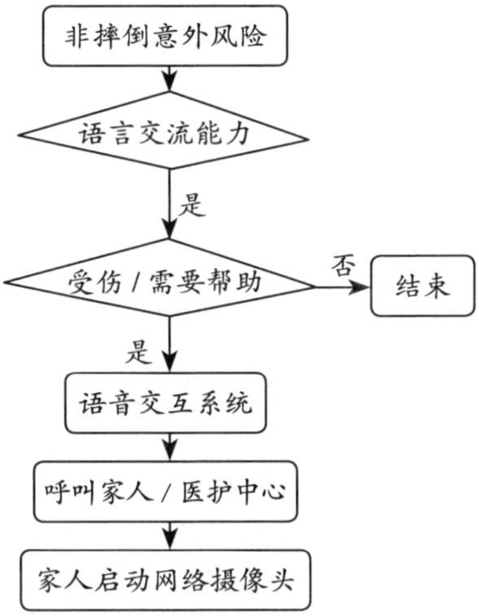

突发意外应对策略示意流程图

（2）人体姿态识别算法。

① 深度图像处理与人体轮廓优化。

本模块的作用是采集深度图像信息，通过图像处理和识别技术获得人体节点轮廓图像数据，并对其进行识别运算，实现人体姿态的跟踪，根据人体姿态结果判断人是否摔倒。采用传感器Xtion PRO采集深度图像数据，以检测人体为目标进行背景分割和人体轮廓结构的优化。

② 人体姿态识别。

获得人体节点轮廓图后，可对人体姿态进行识别，姿态识别算法是通过fine-tuning神经网络实现。本研究采用Caffe-SSD框架，SSD采用VGG16的基础网络结构，使用前5层，然后利用astrous算法将fc6和fc7层转化成两个卷积层。再格外增加了3个卷积层和一个average pool层。不同层次的feature map分别用于default box的偏移以及不同类别得分的预测，最后通过非极大值抑制得到带有bounding box的检测结果。

（3）机器人系统设计。

① 图像采集与处理系统。

硬件系统主要由基于微机主板的数据处理控制中心（NUC）、深度摄像头（Xtion）、网络摄像头、语音处理板与MIC阵列、WIFI单元、LCD、触摸屏、电源等组成。

② 智能语音系统。

智能语音模块解析语法并调用相应的功能模块进行功能实现，根据目前对老人看护和陪伴的需求，本模块具有如下功能。

a. 电话求救：当老人出现紧急情况时，系统自动拨打电话给紧急联系人。

b. 多媒体功能：实现语音控制播放多媒体内容，搜索多媒体资讯，起到日常陪伴的作用。

c. 语音交互：能与老人进行言语层面的交流；实现个性化阅读、音乐等娱乐节目推荐；可以定义关键词，如“我心脏很难受”“我摔倒了，起不来”“我需要抢救”“救命”等老人在遭遇危险时可能会提及的词汇，进而触发报警。语音识别采用科大讯飞的AIUI的智能交互解决方案。

③ 网络总控系统。

系统网络由4G网卡提供网络连接支持，网卡对SmartAI、网络摄像头、SLAMWARESDP和AIUI提供WIFI支持。AIUI、SmartAI和网络摄像头采集到的信息流通过网络在系统间以HTTP协议的形式进行传递，以完成机器人系统的功能和功能模块的触发。

④ 机器人自行走系统。

机器人的底座具有避障和主动规划路径功能，并且可以与视觉模块进行通信，实现对老人的跟踪。为实现该部分功能，我们购买了思岚科技的SLAM方案，通过SDK对开发板进行二次开发，最终与视觉系统进行系统集成。

自行走功能包括上位机控制单元和下位机运动单元，上位机控制单元采购了思岚科技的SLAMWARE开发套件，下位机运动单元采用SLAMWARESDP，系统支持WIFI链接。该平台提供了一套友好的API供给视觉模块调用，利用API向机器人下达运动指令，让它自动移动到指定位置。

⑤ 结构设计。

选购一款机器人外壳并对其进行了重新组装。该结构高112cm，底盘直径42cm，净重10kg，总体上满足了我们功能的实现以及轻便、稳定的需求。

（4）功能实现。

① 姿态识别。

在有光和无光两种条件下进行了系统测试。测试结果显示机器人系统能够准确地判断监测对象站立和躺下的姿态。

② 突发危险监测。

摔倒有危险：此时机器人会自动启动语音系统，并询问：“请问需要帮助吗？”如果老人回答“需要”，或老人躺在地上没有起来，并没有回答，系统马上拨打电话给家人。收到电话后家人可以从自己的手机端启动监控视频，获取老人的实时状态图像以便做出判断和决策。经过测试，所有的功能均能够实现。

摔倒没危险：此时机器人会通过语音询问是否需要帮助，这时候老人只需要回答“不需要”，机器人就不会拨叫紧急电话，而回归至普通监控状态。

③ 语音交互。

经过测试，机器人系统可以实现一些基本的语音交互功能，包括呼叫求救、启动电话联络报警；此外，老人可以通过与机器人对话，获取日期、天气等基本生活信息，还可以通过对话启动娱乐资源包，获得生活娱乐帮助。

④ 自适应跟随。

机器人采用了具备自适应跟随功能的底盘。机器人可以识别老人姿态，并根据老人的行动进行定位跟随，根据老人的身高和行动速度设定具体的距离参数和选定跟随速度。机器人可以顺利通过较低的门槛，并且可以实现避障功能。

4. 研究结论与展望

（1）研究结论。

① 通过调研归纳出独居老人健康与生活服务需求主要表现在以下两方面：一是遇到突发心梗脑梗等疾病或由于机能减退导致摔跤致伤等突发危险时需要及时发现和快速救助；二是独居老人需要更多的交流、娱乐和生活协助，以降低孤独感，提高生活质量。满足第一个需求可以挽救老人生命，满足第二个需求可以延长老人寿命，具有显著的社会意义和应用价值。

② 利用深度图像技术和数学算法实现了人体识别和体态识别。集成图像处理与识别、语音识别、网络通信等技术，设计出独居老人伴侣机器人。

③ 初步试验验证结果显示，机器人可以实现老人突发危险时的及时发现和快速救助，可以实现老人与机器人的语音交流并可通过视频或语音与亲朋好友远程交流。

（2）展望。

独居老人伴侣机器人还是一个初级版本，在设计中考虑了后续的完善和升级，未来将升级机器人对独居老人日常生活的协助功能，还要进一步丰富老人的日常娱乐功能，同时升级机器人的运动系统，完善自适应跟随系统。

5. 作品点评

“独居老人的机器伴侣”作品对独居老人的需求进行针对性开发，对人体的识别采用随机训练等当前比较小众的训练方法，识别率很高；底盘行走扫码系统，可以实现自我避障。该作品选题关爱独居老人，作品具有很好的现实意义，系统功能强大，针对性强，效果显著，值得称赞。（张伟华）

（三）科学论文类活动指导策略

科学论文类活动同样体现跨学科融合，符合新课标要求，工作室教师指导该活动也需要掌握一定的策略。科学论文类活动指导流程包括：确定选题、设计方案、实施研究、撰写论文等四个环节。

1. 确定选题

确定选题相当重要，一个好的选题是成功研究的一半。在选题时，工作室教师需要指导学生选择合适的研究方向、研究领域以及具体的研究内容。教师可指导学生从下面几个方向寻找课题：自然界中的生物、社会生产生活中的各个领域、社会新闻热点、各学科学习中遇到的困难等。教师还需要指导学生注意将选题与自身的能力、兴趣、个性与特长等相结合，表达积极向上的思想。学生容易选择超出自身能力的课题，教师需及时指导学生调整研究方向，甚至更换选题。教师要注意指导学生使用各大学术平台查阅文献，让学生通过文献查阅拓宽知识面和思路，了解前人已进行过的研究，站在“巨人”肩膀上继续深入研究。同时注意师生交流，通过师生讨论激发学生创新思维，寻找新的研究思路。教师需要注意培育学生的科学思维、科学兴趣以及态度责任，以此激发学生成才的学习动机。

2. 设计方案

工作室教师应该指导学生根据不同的选题选用合适的研究方法，并设计制订合适的研究方案。研究方案是研究工作的行动大纲。教师在指导学生制订研究方案时，注意指导学生关注研究方案的科学性、创新性、实用性与可操作性等。教师一定要指导学生注意提前做好预案来突破研究的重点，设计多种实验方案来突破研究的难点。如果重难点无法突破，最好还要有备用研究方案，避免学生中途更换课题。教师要重点培养学生的统筹规划能力。教师可以让学生自己动手设计方案，并及时捕捉学生的亮点，多给予鼓励，补充学生研究方案中的不足。教师应该特别注意方案中的实验条件、材料和仪器设备、安全限制等容易被学生忽视的细节问题，有些课题还要指导学生设计观察表、调查问卷和访谈表等。笔者的做法是把以前学生做过的一些优秀方案，以及优秀的观察表、调查问卷和访谈表给学生参考，往往可以达到事半功倍的效果。

3. 实施研究

实施研究是学生研究的关键环节，在研究过程中要解决具体的问题，需要学生按照设计好的研究方案，实施科学和严谨的研究工作，并且克服研究时可能出现的实验失败、挫折，从实验现象中进行总结分析，得出相应的结果和结论。在这一环节，教师需要帮助学生突破研究工作中遇到的难点，坚持完成研究工作。教师指导学生学习相应的研究方法、实验技能、特定知识和理论，并在研究过程中使用这些理论来指导具体的研究工作。教师要指导学生正确面对失败，引导学生认真分析失败的原因，帮助学生找到成功的路径。笔者曾带学生外出进行问卷调查，刚开始学生到处碰壁，有的学生不敢开口，有的学生被路人拒绝。这时，教师可多鼓励学生，也可教学生一些小技巧，如找走路相对慢一些的路人，或者带着孩子的家长等，会容易成功一些。在实施研究的过程中，教师要求学生穿校服、戴校卡，还要把整个研究的各个环节拍照记录，保留研究的原始数据等。教师还要指导学生使用Excel等软件进行数据的统计分析、图表构建等，给学生研究搭建一定的支架，便于学生实施研究。

4. 撰写论文

科学论文撰写是研究的重要环节，这个环节可以梳理整个研究过程的每个细节，也可以发现研究中的问题，有时甚至需要再次研究。论文撰写前，工作室教师一定要先指导学生完成数据的统计分析等前期准备工作。在撰写论文环节，教师不仅要辅导学生撰写科学论文，更要培育学生的科学思维等核心素养。学生在这个环节需要学会用真实、客观的语言描述科学研究的过程及结果、结论，用理性、严谨的科学思维来分析研究的问题。需要注意的是，论文撰写与学生的作文是完全不同的，科学论文一般包括课题名称、研究背景、研究过程、讨论分析、研究结论、参考文献等几个部分。学生对科学论文相当陌生，撰写难度较大。笔者的做法是把以前学生的一些优秀科学论文给学生参考，特别是参考格式和写法，往往可以收到不错的效果。

二、社会实践与志愿服务类活动

社会实践与志愿服务类活动是指在课堂教学任务之外青少年学生运用所学知识参加的校内外实践与各种志愿服务类活动。

社会实践与志愿服务类活动是青少年学生运用所学知识施展才华、服务社会的大课堂；是加强学生思政工作、引导学生健康成长的重要举措；是学生深入了解社会，检验自我、锻炼自我的最佳途径；是培养学生核心素养、综合素质，帮助学生积累社会经验的有效形式；是帮助学生进行探究实践、增强责任感和使命感，有效实施学生素质教育的重要途径。具体有服务社会、社会实践活动、社会调查、咨询服务、青少年志愿者活动、社区援助、支教扶贫、助残济困、环保宣传、尊老爱幼、创建校园文明活动、科技实践活动等。

社会实践与志愿服务类活动有多种类型，在学校最常开展的是科技实践类活动。下面，笔者就以科技实践类活动为例，谈谈工作室教师如何指导学生开展社会实践与志愿服务类活动。

科技实践类活动同样体现跨学科融合，符合新课标要求，工作室教师指导该活动需要掌握一定的策略。科技实践类活动指导流程包括：确定活动主题、设计活动方案、实施活动方案、撰写活动报告四个环节。科技实践类活动一般参与学生人数较多，指导难度会增大，因此需要指导教师掌握较高程度的指导策略以指导学生开展这类活动。

1. 确定活动主题

确定活动主题，是开展这类活动关键的第一步。科技实践类活动的主题非常广泛，既可以是自然科学方面的，也可以是社会科学方面的。例如，垃圾分类、生态校园、节水节能、爱鸟护鸟、人工智能、减灾防灾、低碳生活等，主题思想积极向上，都是值得选择的活动主题。工作室教师指导学生时要注意，由于科技实践类活动主题的内容比较宽泛，所以需要对活动主题进一步提炼，才能明确具体的活动内容，形成具有可操作性的特定活动主题。

2. 设计活动方案

确定了活动主题，明确了具体的活动内容，接下来是制订一份较为详细的活动实施方案。科技实践类活动方案是指为组织开展某项科技实践类活动而设计制订的具体实施计划。有的时候除了总活动方案，还需要设计主题下各个具体的活动方案。工作室教师指导时要注意，完成活动方案的撰写后，还需要讨论、修改和审核。一般来说，开展活动要经过学校领导的支持和同意，因此活动方案的具体内容需要经过学校领导的讨论与审核。在校级层面经过讨论、修改、审核、确认等流程后，活动的方案确定下来，学校相关工作人员的认识也得到了统一，至此也就完成了活动方案的设计。

3. 实施活动方案

制订了科技实践类活动方案后，接下来的工作就是第三步具体实施方案了。对于工作室教师指导来说，科技实践类活动的实施按照方案还要经历宣传发动、组织实施和总结表彰三个阶段。

（1）宣传发动阶段。

做好宣传发动是科技实践类活动取得成功的首要条件。宣传发动，就是指通过多种形式和途径对活动的主题、内容和形式等进行广泛宣传，让广大师生能知晓活动概况、了解活动内容、领会活动意义，并能在思想意识上认同活动的价值和意义，做好积极参与的准备。宣传发动的常见方式与途径有：班级通知、宣传海报、校内公告、主题班会、倡议书、校园广播、国旗下讲话等。对于特别重大的活动，还可以举行一些仪式，如开幕式、启动式和揭幕式等。

（2）组织实施阶段。

组织实施，就是指按照预先制订的活动方案，做好组织、指导和协调工作，把各项活动任务逐步完成。为确保能顺利实现活动方案制定的目标和任务，一定要重视并做好以下五个方面的准备：一是要组织成立一支领导团队；二是要组织培训好参与辅导的教师团队；三是要组织管理好参与活动的学生队伍；四是要组织开展好主题下具体的各项科技实践活动；五是要组织协调好与活动保障相关的各类事务等。工作室教师要对照这五个方面，做好充分的准备，以更好地组织实施活动。

（3）总结表彰阶段。

总结表彰是科技实践类活动实施过程的收尾阶段，这也是非常重要的一个阶段。总结表彰是要把活动实施过程中取得的活动成果和收获体会予以提炼、总结和归纳，对在活动中涌现出来的先进集体和先进个人以及优秀作品予以奖励和展示，以达到总结经验、激励先进、营造氛围的目的。常见的总结表彰方式与途径有：成果汇报会、闭幕式、表彰大会、校会、级会、主题班会等。认真做好科技实践类活动的总结表彰，不仅体现了活动的示范性和教育性，也体现了活动的规范性和完整性，这对总结工作室的青少年科技教育活动经验，推进工作室科技教育工作向更高目标发展具有十分重要的意义。

4. 撰写活动报告

撰写活动报告是科技实践类活动的最后一步。活动报告是组织开展科技实践类活动的书面总结，是参加各级各类科技赛事交流的重要材料。要写好活动报告，工作室教师首先要指导学生收集好科技实践类活动的原始材料，包括实物作品、文字、照片、视频等，并对这些材料进行归类整理，然后开始撰写活动报告。完整的活动报告应包括活动标题、活动背景、活动目的、活动过程、活动成果与活动收获体会等几个方面的内容。学生撰写活动报告难度较大，教师可以把往届学生的优秀活动报告给学生参考，这样能有效降低撰写活动报告的难度。

三、文化艺术与身心发展类活动

文化艺术与身心发展类活动是指在课堂教学任务之外青少年学生参与的校园文化活动、文体艺术活动以及有益于身心健康发展的各项活动。

文化艺术与身心发展类活动主要包括围绕加强青少年学生人文社会科学、文化艺术与身心健康等方面的知识积累和素质能力培养，不断增强学生的文化底蕴、艺术修养、审美情趣、人文精神，五育并举，以提高学生的身体素质和心理素质等所开展的活动。例如，校体育节、校艺术节、篮球赛、足球赛、拔河比赛、合唱比赛、舞蹈大赛、文艺晚会、学生心理健康节、科学幻想绘画活动等。

文化艺术与身心发展类活动有多种类型，在学校最常开展的是科学幻想绘画类活动。下面，笔者就以科学幻想绘画类活动为例，谈谈工作室教师如何指导学生开展文化艺术与身心发展类活动，并以“智能健康环保厨房”为例进行优秀作品评析。

（一）科学幻想绘画类活动指导策略

科学幻想绘画类活动，是指青少年儿童通过对未来科学发展的畅想与展望，利用绘画形式，描绘出未来人类生产和生活情景的绘画作品。科学幻想绘画类活动同样体现跨学科融合，符合新课标要求，工作室教师指导该活动需要掌握一定的策略。科学幻想绘画类活动指导流程包括：确定选题、创作过程、修订完成三个环节。

1. 确定选题

一个好的选题可以使科学幻想绘画成功一半。在选题环节，工作室教师需要指导学生选择合适的绘画方向及具体的绘画内容。一般需要辅导学生在多个领域中寻找感兴趣的问题，而且选题思想要积极向上。科学幻想绘画可以天马行空，如从天到地、从陆地到海洋，从人类日常生活、环境变迁、城市建设到动植物演变与发展等等。具体可以围绕宇宙航行、月球生活、太空世界、星际旅行、海底世界、未来居住、地球环保、生态平衡、新型能源、未来交通、人工气候、生物工程、太阳能利用、废品利用、人类生存、信息传递、未来工具、未来食品等诸多方面选题。[①] 在选题时教师还需要指导学生注意将自身兴趣爱好与个性特长相结合、学生查阅文献与师生讨论相结合。通过文献查阅拓展学生的知识面，通过师生讨论激发学生的思维，以此寻找新的绘画思路。教师需要指导学生学会利用各大学术平台查找文献，也可以购买全国青少年科技创新大赛获奖作品集，把往届优秀的作品给学生参考，激发学生的灵感，这样往往可以收到事半功倍的效果。

2. 创作过程

创作过程可以分为构思起稿、细节刻画、色彩搭配等三个阶段。工作室教师要给予学生充分的自由，但同时注意及时给予学生必要的指导。

（1）构思起稿。

工作室教师指导学生构思主题，根据画面的内容特点和自己所擅长的创作形式，选择一种恰当的表现形式。如儿童画、线描画、水粉画、铅笔淡彩、钢笔画、版画、剪贴画等，并选定相应的绘画工具。学生经过思考后，在画纸上起稿。教师

---

① 赵际平. 青少年科技创新大赛和创意设计评选实用辅导手册［M］. 上海：上海教育出版社，2021：124.

指导学生注意线条流畅、构图美观、主体物突出、主次安排得当、画面错落有致、有一定的创新性等。

（2）细节刻画。

工作室教师指导学生在刻画画面的重点部分时，要仔细描绘主体物的细节，包括其基本形状、基本构造、各种部件功能的表达、功能区域的划分等，要注重其科学性，使人看了一目了然。

（3）色彩搭配。

工作室教师指导学生注意色彩搭配。有的用线描画，考验的是学生对画面黑、白、灰的处理能力。有的画面需要上色，要注意把握画面的色调感。另外，颜料在画面中使用的比例不同，也会产生不同的效果。随性的油画棒、水灵的水彩、厚重的水火粉、概括的版画等不同的创作形式，加之色彩的搭配，都会给人带来不同的视觉感受。教师要指导学生注意版面色彩搭配的美观性。

3. 修订完成

画面初步完成后，工作室教师指导学生从整体看画面的创新性、科学性和美观性，以及构图大小、主次关系、色彩搭配等，再回到局部看画面的细节，看是否还需要做进一步的刻画与调整。经过“整体—局部—整体”的不断修整，使画面的整体效果更加优化，局部细节更加耐看。这个过程有时需要学生经过几版的修改才能完成，甚至需要重画，教师要鼓励学生坚持到底。另外，需要准备一台比较好的扫描仪或者单反相机，以“原汁原味”地保留学生作品的电子版。最后，还要指导学生撰写一段创意说明。创意说明字数不用太多，要着重表现所构思画面表达出来的信息，传播积极向上的思想，让评委理解画面的真正含义。

（二）科学幻想绘画类活动优秀作品评析

智能健康环保厨房

广州市第五中学　李嘉瑜

指导教师：谢冬晓

第33届全国青少年科技创新大赛科学幻想绘画一等奖

智能健康环保厨房

1. 创意说明

随着人们生活水平的提高，温饱不再是问题，而膳食健康成了人们面临的难题。因此我设计了一个智能健康环保厨房，它能合理搭配食材，达到膳食健康，且烹饪过程采用新型技术，既不会产生污染的油烟，又能最大限度地保留食材的营养，做到色香味俱全。智能健康环保厨房能让人们不费吹灰之力就吃上又健康营养又美味的食物，是上班族的一大福音。（杜锐玲）

2. 作品点评

从创意上来说，立意新颖，且有针对性。作者针对人们现在生活中面临的膳食健康这一难题，设计了智能健康环保厨房。有了这个厨房，人们能吃得健康、吃得过瘾，最关键的是不需要自己烹饪，毫不费力，让人看了都想拥有。从画面效果上来说，造型美观、透视准确、色彩搭配合理，给人舒适的感觉，并能形象清晰地表达创意，是一幅不可多得的优秀作品。（杜锐玲）

四、思想政治与道德素养类活动

思想政治与道德素养类活动是指在课堂教学任务之外，围绕一定的主题，通过理论学习、系列讲座、报告会、演讲或者辩论等形式，以各级党团组织、少先队组织为载体来开展的提高青少年学生的思想认识、政治觉悟，增强其理论素养和道德素养的活动。

思想政治与道德素养类活动主要包括：

（1）围绕引导青少年学生树立正确的世界观、人生观、价值观等开展的理想信念教育类活动，如“习近平谈治国理政”重要思想宣讲活动、畅想成长主题演讲比赛等。

（2）围绕增强青少年学生的历史使命感、责任感和紧迫感开展的责任教育类活动，如感恩教育活动等。

（3）围绕弘扬爱国主义精神，以为人民服务为核心，以集体主义为原则，以诚实守信为重点，加强社会公德、职业道德和家庭美德教育，培养青少年学生良好的道德品质与行为习惯，引导他们树立体现中华民族特色与赋予新时代精神的社会主义道德观，提升其精神境界、培养其健全人格的思想政治教育类活动，如“感动中国十大人物”主题教育活动等。

工作室教师可以从政治认同、家国情怀、科学精神、文化自信、法治意识、公民品格、生态文明、全球视野八个维度设计思想政治与道德素养类活动。

五、社团活动与学科类活动

社团活动与学科类活动主要是指在课堂教学任务之外青少年学生参加的各种学生社团活动与旨在培养学科核心素养的学科类特色活动。

社团活动在推动校园文化建设、促进青少年学生发展等方面起着十分重要的作用；学科类活动能进一步提升青少年学生的学科专业水平，也能增加学生的学习兴趣。各学科工作室教师可开展基于本学科特色的活动，如语文学科的中华古典诗词鉴赏活动、数学学科的古文明数学文化之旅活动、英语学科的畅游英语世界活动以及生物学学科的显微看世界活动等。

活动与思考

一、请跟我们分享一下，你学会了哪些指导学生活动的策略呢？请跟大家谈谈你的学习心得体会。

二、根据自己任教学校的实际选择一项学生活动进行方案设计，并与工作室其他教师一起讨论，让大家帮助你完善活动方案。

三、尝试指导学生开展本专题介绍的一项活动，争取获得市级奖励，丰富工作室的成果。

专题十一

如何组织成果申报

中小学教师是基础教育课程的主要实施者，其工作的一个显著特性就是课程育人的实践性。中小学教师教育教学研究的核心目的是更好地进行课程育人的实践，以取得更好的育人成效。名师工作室的建设需要聚焦教师的教育教学工作，以实践和研究托举工作室教师的专业成长。所以，“基于实践、围绕实践和为了实践”是名师工作室引领一线教师的教育教学改革和研究的核心定位，“以实践为特征”也就成为名师工作室的教育教学成果培育和凝练的本质特点。具有教学成果意识的名师工作室，需要有方向地引领工作室的各项教育教学实践和探索，让分散的、碎片的、浅表的工作室建设实践走向系统化、系列化、主题化、课程化，还要在具体的实践过程中主动、及时凝练实践成果，力求在教育教学的规律探索上有所建树，以更好地引领教师的成长。所以，在教学成果申报过程和成果形成过程中的成长体验价值和成果形成后的实践引领价值，是名师工作室追寻教学成果的意义所在。

名师工作室要有成果意识，组织工作室成员进行教学成果的凝练与申报是工作室的重要职责。教学成果奖是我国教学领域的最高奖项，包括基础教育、高等教育和职业教育三大系列，分为国家级、省级、地市级等。教学成果由“教学”和“成果”两个词组合而成。基础教育的教学成果既要从扎实有效的教与学的实践中来，又要有利于后续的教与学的实践发展。形成于教学、服务于教学，是基础教育的教学成果的本质属性。本专题以基础教育为例，但其教学成果凝练与申报的原则、要求、策略与方法等，同样适用于高等教育和职业教育。

一、教学成果的定义：方案

2014年基础教育国家级教学成果奖首次评奖以来，教学成果的培育与凝练就成为引领基础教育教学改革和创新的一个重要的航向标。什么是教学成果呢？1994年《教学成果奖励条例》指出：基础教育教学成果是指反映教育教学规律，具有独创性、新颖性、实用性，对提高教学水平和教育质量、实现培养目标产生明显效果的教育教学方案。[①]

从教学成果的专门定义可知，教学成果并不是我们传统印象中的一篇论文或一本专著，也不是一篇报告。教学成果定义的最综合的概括是：教学成果是一个可行的教育教学方案。方案的可行性表现在：这个教育教学方案是成熟的，它具有独创性、新颖性、实用性等特点，是能提高教育教学质量和效果的教育教学方案，是反映教育教学规律的教育教学方案。所以，教学获奖、师生发展、教学论文、著作等，都只是这个教育方案中的一个维度或方向的证明性材料，是用以托举这项教学成果的实证性材料。教师在教学成果描述时，不能列举材料，要围绕成果的教育教学方案进行本质的、规律的、系列的、逻辑性阐述。也就是说，教学成果凝练和申报就是要实现规律地、本质地、深刻地、生动地说明这个教育教学方案的运用和创

① 海向梅.略论高等学校教学成果的界定和评价［J］.社科纵横，2000（5）：81-82.

新、价值和意义。

从定义可知，基础教育教学成果的本质是一个反映教育教学规律的教育教学方案，方案的“独创性、新颖性、实用性”等品质特征中，蕴含着成果方案形成的三项基础性的过程特征：一是方案的实践性。教学成果所指的方案是指教育教学实践方案，而不是教育科研方案。“基于实践、围绕实践和为了实践”是实践型教学成果的基本特征。但是，从实践问题的提出到问题解决，最后到成果方案的形成，有赖于教师深入的教育科研行动。二是成果的可验性。成果方案的运用价值是可验证的，且是经过充分时间的实践验证的。这也是检验成果方案是否成熟的重要标准。三是成果的可释性。成果的成熟性除了体现在成果经过了充分的实践检验，还体现在对成果方案的原理、原则、模型、路径和策略等进行了系统化的学理解释，而不是纯粹的主观判断和盲目臆测。

教学成果必须是成熟的。一项成果是来源于几个（或一个）项目成果的有机融合；这种融合有其必然的内在联系和逻辑关系；这种工艺须是经过凝练、提升、实验、总结且证明有效的过程（成果报告）。这几点认识概括成三点：成果是做出来的，成果是凝炼出来的，成果是述出来的。做越扎实，凝练就越有基础；凝练越深刻，阐述就越有深度和效度。

与基础教育教学成果的实践性特点相适应，“以实践为特征”的教学成果培育、凝练和申报，需要历经从教育实践的问题出发，到问题解决和成果方案形成，再到实践验证，最后完成系统化的学理解释。综观成果培育和凝练的整个过程，在基于“聚焦实践，高于实践”的适切性凝练过程中，突显出假说、叙说、界说和释说的四个关键环节。

二、教学成果的培育：假说

（一）假说的内涵与特点

教学成果培育的假说，是基于教学问题构建的一种因果解释和结论预设，即项目的研究假设。假，是假定和预设之意。“研究假设是研究者根据经验事实和科学理论对所研究的问题的规律或原因做出的一种推测性论断和假定性解释，是在进行研究之前预先设想的、暂定的理论。”①任何科学理论或结论在未得到实践或实验的确证之前，往往都表现为一种问题的目标假设。因此，研究假设本质上可以理解为研究问题的暂时解释和暂定答案。“以实践为特征”的教学成果培育，形成假设要在教学实践中，基于教师对教学问题的原生理解，预先确立对教学问题的因果解释和结论的暂设。假说，不是毫无目的、毫无章法的胡思乱想，而是把教师的教学探索和实践思考范围固定在已获得的部分理解和价值认同的问题方向上，让后续的教学实践与研究更加有的放矢。

以2017年获广东省教学成果特等奖的“情思历史”项目为例（表1）。项目组从2010年“高中历史情境探究式教学”的研究假设的提出，到2016年“情思历史”成果界定，成果培育不断深入，重要原因之一就是较好地完成了假设科学性、明确性和方向性的几个特点在研究方案中的准确植入：其一，科学性。即假设的提出须有相应的教学实践基础，符合规律，合乎逻辑。“高中历史情境探究式教学”的假设提出前，项目组经过了为时1年，300多次的课堂教学实践，在实践基础上加深了对教学的认识，在这种认识基础上形成的研究假设，其合理性与科学性更为可靠。其二，明确性。即研究假设的陈述要言简意赅，用语准确，清晰勾画出教学假设中的问题变量间的逻辑关系。“高中历史情境探究式教学”的假设内容中包含的教学问题变量逻辑非常清晰，主要有两个变量：一是情境教学；二是探究教学。这两者之间如何有效融通，成为研究假设中一个重要的实践支点和作用点。其三，方向性。强调研究假设是基于教育现象间的某种期望关系而形成的一种待验证、可验证的方向性认识，它具有教学实践的引领价值。从假设中“情境教学”和“探究教学”两个变量关系可以明确，“高中历史情境探究式教学”实践和验证的方向是在

① 王芳，吴星. 运用化学史料提高学生的科学探究能力［J］. 化学教育，2005（5）：63-64.

“情境教学”和“探究教学”的实践研究基础上，深入探索两者之间融通的有效路径与方式。

表1 “情思历史”成果培育假说的提出

方向	假设	科学性	明确性	方向性	界定
项目内容	高中历史情境探究式教学	课堂实践	情境教学	情境教学；探究教学	情思历史
		研讨交流	探究教学	两者相融的方式、路径	
目标方向	2010年10月提出研究假设	2009年9月—2010年9月一年实践基础	逻辑联系：相互融合	可验证的实践方向	2016年6月界定成果本质

（二）假说的原则和路径

科学性、明确性和方向性几个特点是形成科学假说的重要条件。从有助于教学成果培育的角度来说，研究假说在具体运用中必须坚持以下原则。

1. 意行

意，即意向，意之所在，即内心所倾。意行，强调研究预设的目标不是无中生有、凭空想象，而是教学实践中的教师内心意向体现，即要与实践中的教学内在兴趣点或困惑点紧密联系。所以，假设的合理提出，要关注教学问题前期的教学实践性和教师问题解决的内在动机的生长性。为此，教师从教学问题的提出到目标预设，需要掌握好几项“距离意识”：一是量实与日常教学的距离。距离越短，行动研究就有可能扎实和深入，研究实证就越能厚实可靠。二是量实与学生课堂学习的距离。距离越短，育人实践效果就越能显现出来。三是量实与社会发展变化的距离。与社会发展良性接轨，时代性越强，研究潜在的创新价值就越强。众多距离中，研究与日常教学和日常学习结合越密切，就越能与教学成为同一张皮，行动研究时，就越有可能以常态性的实践，保证教学实践和研究的同步深入，以取得和美的效果。

2. 慎行

慎，是认真和仔细之意。教学成果培育要围绕假定的问题和预设的研究目标，教师应认真厘清研究的行动思路，以“基于实践，高于实践”的适切方案引领教学实践研究。由于研究假设与科学结论之间固有的距离，实践中有些具体问题的衍生是无法完整预见的，只能在具体的教学实践中以渐进方式求突破和解决。所以，形成操作性强、简约而不简单的研究行动方案，是“以实践为特征”的教学成果培育得以深入的行动保障。

成果培育方案的慎行特征集中表现在：成员都能基于适切性的研究理念，清晰地知道各自在什么时间节点要用什么研究方法，具体研究和解决什么问题，并要达成什么目标和形成什么样的成果。对“以实践为特征”的研究行动而言，宏观和粗线条的研究思路对实践研究路径的勾画不清晰，可操作性不足，往往难于真正在行动中精准落实。慎行方案要把握的关键是：以研究假设中的相关概念的内涵和外延的界定为基准，厘清关键问题的内在联系，找出逻辑中的实践突破点，并以此为起点，系统地将研究内容、研究目标、研究方法、研究步骤、阶段成果和研究分工等统整设计，强化板块间的内在逻辑，最终实现研究内容节点化、研究目标明确化、研究方法具体化、研究步骤程序化、研究成果条理化、研究分工明细化。

3. 省行

省，是省问和反省之意，强调研究实践中及时诊断和即时总结的价值和意义。“以实践为特征”的研究假设要依靠扎实的教学实践来完成假设验证，从而完成暂定结论向科学结论的转化。所以，只有对实践探索中的新情况、新问题及时总结、完善和调整，才能保证实践行动不断深入，最后顺利孵化出科学结论。从研究方案形成，到实践行动和实践反思，再到研究方案的再设计、实践再行动和再反思，若干个以教学假设的解决为中心的实践研究循环，并不是没有意义的简单的机械重复，而是螺旋式上升的实践认识的过程。在研究的省行实践中，要把握住两个行动主轴：一是研究行动的针对性。研究循环要始终围绕研究假设中的具体问题来进行，不离不弃。二是研究行动的实践性。研究问题的解决必须通过教学实践的反复验证，这样才能完成研究问题的科学结论的建构。

“经历即成长，实践即成果。”对教学成果培育来说，研究的问题方向越明确，研究实践越有针对性；研究过程中省行实践越深入，成果凝练的内容基础越厚实。

三、教学成果的梳理：叙说

（一）叙说的内涵与特点

对于“以实践为特征”的教学成果凝练来说，每一次针对性的实践探索，都存在不同程度的教师成长意义和成果凝练价值。所以，实践留痕是“以实践为特征”的教学成果培育过程性的成果体现。实践行动越扎实，实践耕犁越深厚，实践留痕越丰富，凝练成果的基石就越厚实。基于材料的收集、整理和分析的重要性，教师应过好研究的材料积累关，在研究实践中建立起“研究档案袋”。[①]教学成果梳理的叙说，就是教学实践探索全过程的叙述和说明的意思。在教学成果的培育和凝练中，材料叙说是对研究全过程的系统回顾、材料梳理和实践总结。成果培育和凝练中的教学研究叙说，是教学成果凝练中一项非常重要的基础性工作，即要细致，又要形成条理和逻辑。以研究的叙说为基础，可以有效完成成果申报时“解决的主要问题、解决问题的过程与方法（800字以内）”这部分内容。例如：2021年获广东省教育教学成果一等奖的“情思教育二十年实践探索与理论研究”，在成果申报时“解决的主要问题、解决问题的过程与方法（800字以内）”这部分的叙述如下：

为了解决系列问题（包括情思教育实施、融通和课程融构等问题），21年聚焦实践，攀行六个阶梯：

第一阶梯：探索情思德育的实施路径。2000年起，在德育中探寻育人、育

① 叶文生.教师应过好课题研究的“材料积累关”［J］.中小学教师培训，2003（2）：23-24.

分融通路径。依据情思行合一原则，基于大量成功案例，凝练出言教正行、身教正行和行教正行的德育组合拳，情思德育春风化雨。

第二阶梯：探索情思历史的教学模型。2009年起，乘课改东风，探寻学生升学和德育成长兼得的教改之路，通过近千次实践，重构课堂结构、要素，以情思四境使填鸭式单向传输转变为情思交融双向循环，2017年获省教学成果特等奖。

第三阶梯：探索情思教学中突破学情界限的路径。2017年起，基于学生心智发展特点，探索不同学段适切性教学模型，分别建构了初中情趣和高中创生教育模型。2018年起，吸纳不同学科、学段教师，探索学段、学科差异的融通点，提炼出适性教学理论，各美其美。

第四阶梯：探寻情思教学与情思德育的融通路径。德育和教学两张皮的课堂，难以承载课程育人重任。2014年，《重回课改现场　探寻教育智慧》建构教学与德育融通模型。情思教学强调适性，情思德育追求柔性，共同轨迹是情思行合一。实践检验发现情思行合一缩短知行距离的典型意义，据此，2018年有效完善情思教育因脑而教的原理模型。

第五阶梯：探寻情思教育的科学原理和学理依据。为实现理论创新与实践创新的良性互动，借助省“百千万名师”平台，2013年起，加强理论研究，加强成果的抽象化、概念化、逻辑化和体系化表达。我们发现“三重脑”理论、神经传递原理和心理学认知学习理论融通，能为情思行合一原理提供科学解释。建构主义理论则为情思行合一运行机理提供方法论支架。以上突破为情思教育理论体系形成奠定了理论原点和支点。

第六阶梯：开发情思课程，拓宽情思育人的渠道。课内、课外衔接是情思课程融构的落笔处。编写的《乡土湛江》地方教材于2019年由教育厅审定通过，供全市八年级学生使用。新冠疫情防控期间，融课为团队线上课程样态，团队挖掘本土战疫的人文元素，融通教学内容，开发情思课程600多个，出版《情思课程的操作与案例》。

（二）叙说的原则

“以实践为特征”的教学“研究档案袋”在材料叙说中须遵循材料梳理的三点原则。

1. 完整性

“在课题研究过程中，材料的占有量及材料的客观性和真实性，决定了课题研究成果的质量。因此，全面地收集、整理和保存课题研究材料，是课题研究中的一项重要工作。”[①]材料收集的完整性主要体现在几个“是与否”的问题的把握程度上：

一是不同形态的实践留痕材料是否收集齐全。教学改革和研究过程中实践留痕的材料形态多种多样，有文字、声音、视频、图片等，无论何种形态的材料都是教学成果凝练时的重要基石，要及时地收集齐全。二是不同层次的实践留痕材料是否收集齐全。在教学研究相关主题和相应问题的实践探索过程中，过程性的原始材料和关键性实践后经思维加工的品质性材料，都是教学成果凝练的重要基础。形式和层次不同的实践留痕对教学成果的培育同样具有凝练价值。

2. 统整性

材料统整性主要表现在各项材料与成果主题间的关联性上，即集中表现为成果材料与成果主题之间联系的紧密程度。统整关联主要有两种形式：一是内关联。内关联的材料与成果主题之间表现为论据与论点间的四维逻辑联系，材料的凝练价值与意义侧重于为成果主题提供丰富的内涵说明或原则、路径、策略、成效等四个维度的逻辑论证和说明。二是外关联。外关联的材料与成果主题之间的逻辑联系主要表现为论据与论点的发展论证联系。所谓发展论证，即研究材料能有效为成果主题提供内涵拓展和原则、路径、策略等维度的内容延伸发展。

---

① 夏荣，刘丽．专业化视野下提高外语教师课题研究水平的有效策略［J］．大学英语教学与研究，2011（1）：29-31.

材料的统整关联逻辑在教学成果培育中的凝练价值，集中体现在相关材料可以在成果主题的哪个维度和多高程度上为成果论证提供实质性的佐证和价值支撑。内关联和外关联的关联性越强，材料的凝练价值就越大。材料整理要避免无关材料的盲目堆砌。不同形态和层次的实践材料的逻辑统整，要求凝练者在对研究材料进行梳理分析时，以确切的文字清晰勾勒出材料间的内在逻辑和联系，从而为成果内容的逻辑描述提供可靠的思维支架。

3. 层次性

材料梳理的层次性主要表现在材料之间的逻辑联系上。材料之间因某种逻辑而建立起链条式的论据连接，这是成果论据最有论证力的形态和表现。材料间的逻辑连接主要有两种层次和方式：其一是并列连接。并列连接中材料之间是以平等关系并列存在的，对成果主题的论据价值与论证意义主要体现在论证宽度和广度上。其二是递进连接。递进连接中，材料之间是一种递进深入关系。这种递进既可以表现为基于相同主题的论据量的递增，也可以是基于相同主题的论证程度的深入。在材料统整的基础上，处理好材料的层次性，建立起材料论据链，实质意义是让研究材料外显为成果逻辑的有序和条理，从而强化论据与主题之间的论证严密性。

材料叙说的关键任务有二：一是完整收集各种样态的研究材料；二是明晰材料与材料、材料与主题之间的逻辑联系，为成果的内容逻辑构筑实证链条。在收集和整理材料时，既要用文字描述材料“是什么”的问题，也要揭示材料“怎么样”的问题。基于材料“是什么”的问题，要把材料的完整性解决到位，尽可能全面完整地收集各种研究材料。在解决“怎么样”的问题时，要把研究材料的统整性和层次性勾画清晰和到位，确保研究材料的呈现更为有序、有理、有力。

四、教学成果的锤炼：界说

（一）界说的内涵与特点

教学成果锤炼的界说，就是对问题本质的界定和说明，强调对研究结果和结论进行本质界定和理性说明。教学成果培育时，基于研究假说和材料叙说初步培育完成的成果，其粗糙性表现在成果仅停留在经验梳理和过程总结上。经验性成果的主观和感性成分居多，成果主体因缺少学理高度而品质不高。所以，通过假说和叙说两个环节培育初步成果后，后续的理性维度的学理锤炼，往往成为提升成果品质的关键一步。成果的学理品质和理性价值的锤炼，要基于实践经验，更要跳出实践经验、高于实践经验，实现由感性向理性突破。其中关键的方法是要完成对研究结果和结论的学理界说，对研究过程达成本质性的理性认识，即要从本质维度理性认识和回答“成果是什么”的问题。对事物本质的理性认识中，抽象思维“凭借科学的抽象概念对事物的本质和客观世界发展的深远过程进行反映，使人们通过认识活动获得远远超出靠感觉器官直接感知的知识。科学的抽象是在概念中反映自然界或社会物质过程的内在本质的思想”①。研究结论的界说属于理性认识的范畴，需要对研究结论进行抽象化的宏观概括和完成成果概念的确切生成。下面以情思教育为例，说明成果界说从抽象化到概念化的实施路径。

表2　情思教育成果培育的界说

<table>
<tr><th rowspan="2">阶段</th><th rowspan="2">假说</th><th colspan="2">叙说</th><th colspan="3">界说</th></tr>
<tr><th>单一方向</th><th>融合方向</th><th colspan="2">抽象化</th><th>概念化</th></tr>
<tr><td rowspan="2">内容</td><td>情思教学</td><td>情思教学</td><td rowspan="2">情思课程</td><td>适性</td><td rowspan="2">情思行合一</td><td rowspan="2">情思教育</td></tr>
<tr><td>情思德育</td><td>情思德育</td><td>柔性</td></tr>
<tr><td>目标</td><td>研究假设明确清晰</td><td colspan="2">三维两向材料的完整梳理</td><td>不同特点概括</td><td>共同特点概括</td><td>本质界定</td></tr>
</table>

（二）界说的原则与路径

首先，抽象化。抽象化是对事物形成科学认识的一个过程，其思维方式特点是通过对事理的分析、综合、概括、比较、具体化和系统化等系列思维活动，抛开事

① 姜美玲，郭玉华. 在高中生物学教学中培养学生抽象思维能力的初探［J］. 中学生物学，2019，35（3）：32-34.

物客体的非本质方面的内容，抽取其本质方面的内容的选择性思维的演绎过程。其核心目的是对感性材料进行学理锤炼，从而将感性认识转化为对事物的理性认识，以解决教育实践的根本性认识的问题。在情思教育界说抽象过程中，很重要的一点就是通过对情思教学和情思德育两个实践板块的实践认识进行共性和个性特点分析，基于教学适性和德育柔性的不同特点，将其嫁接在情思行合一共同特点上，从而完成其教育本质的抽象，形成情思行合一的因脑而教的育人理念。一般而言，教学成果凝练的学理抽象主要有两种方式：一是聚合抽象。聚合抽象的思维特点是一种概括思维，要求以预定的主题或标准，对研究材料进行“聚合化”的处理：基于教学研究实践过程和形成的实践认识，建立起整体性的认识轮廓，然后挖掘共性，运用相关的教学原理对其特点进行本质性的认识概括。二是模型抽象。模型抽象的类型特征是一种类比思维，借助一个相对完整的成果模型，以研究中的感性材料作为认知原型，运用原型与模型之间的相似性关系，在原型的功能、结构、样式等方面舍去其中表象、非本质的部分，保留与模型相似且与成果主题密切相关的本质部分，完成原型的抽象表达。在形成科学认识的过程中，原型的抽象要具有清晰的表达性、简捷的可理解性。

其次，概念化。感性认识是认识的低级阶段，理性认识是认识的高级阶段。从事物认识的发展过程来说，认识深化一般要经由感性认识上升到理性认识，而催化这种认识升格的关键是对事物的本质和规律的把握程度。教学成果凝练中概念化的意义在于，以简明的名称或术语对成果的本质特征和核心内容进行清晰和确切的表达。在研究抽象化的基础上完成成果的概念化，实际上是要对教学成果做出本质上的定义。

成果概念化的路径：一是理论视角的学理定义。教学是一门艺术，也是一门科学，从其作为科学的视角，“以实践为特征”的教学成果锤炼，理应借助相关的科学理论，包括脑科学、教育学、心理学等，在实践抽象的基础上进行“基于实践，高于实践”的教育理论拷问，深化对成果问题的本质认识和规律把握。情思教育在概念化过程中明显对接和融合了核心素养的体系元素，对接和融合了大脑科学和心理学等理论视角的元素，从而使得概念化过程更有学理的思想高度和学术高度。二是确切的词语表达。事物都有自己特殊的运动形式，只有透过事物的现象抓住其本质，才能真正把握事物的发展规律。教学成果凝练中概念定义的关键，就是要将在研究过程中获得的教学本质和规律理解，通过词语标识赋予其理性的表达意义。这就要我们通过进一步解构教学现象和问题，通过对矛盾双方各自内容的特点和地位及其联结逻辑的分析，找出处于支配地位的主要矛盾，并用最贴切和准确的词语进行成果内涵标识。

界说的完成，有利于成果申报时的500字以内的成果概述的撰写。成果申报表中的成果概述，实质就是要简述成果内容。此项内容的撰写一定要抓住成果内涵和本质性内容进行表达。例如，“情思教育十二年与实践探索理论研究”在成果界说中做如下描述：

本成果针对教师中重育分、轻育人，课程育人功能发挥不足而提出教育主张。它以立德树人为标，以课程育人为径，融通教学、德育体系，探索形成育人、育分同线接力的课程综合化实施方案。它坚持核心素养下因脑而教的教育理念，以“三重脑”理论为学理依据，教育活动强调融通情感、思维、行为之间的意义链接，建构情思行合一学习场境，多维激活学生大脑正面与正向功能，助学生活化认知，形成经验，催生素养。

本成果秉持理论创新根植教育实践理念。21年实践探索，融创五大成果体系：情思行合一和因脑而教融通的学理体系；情思深度学习、情思三元场境和情思课程融通的理论体系；以适性为特点的情思四境和以柔性为特点的德育正行融通的操作体系；个体实践与课题、工作室、联盟、基地等点线面融通的实践体系；情感、思维和行为综合素养融通的立体化目标体系。

本成果有效促进了教师理念转变、学生综合素养提升和学校管理变革，曾获全国特色教育奖、李吉林卓越教师奖、省市教学成果最高奖，辐射6省15市近200所学校，受益学生37.4万人，教师1750人。完成系列化著作13部，论文162

篇，核心期刊20篇，复印转载或报刊索引28篇，《教育报》《教育文摘周报》《广东教育》等多次报道。

五、教学成果的表达：释说

（一）释说的内涵与特点

释，有解释之意。教学成果的表达要以思维演绎的方式，对研究结论界说的质性化和概念化内容进行多向度的学理解说，从而完成具有科学性、创新性、操作性和实效性等特点的成果内容的逻辑阐述，严密建立起成果的论证体系。如建筑楼房，既要形成牢固的主体框架，又要有条理的墙体。以情思教育成果的释说为例（表3），基于情思教育内容的“理论创新、实践运用、成效验证”等体系维度，通过“理论化、程式化、体系化”的内容锤炼，进一步强化和牢固情思教育成果的学理基础、创新价值和运用价值。

表3　情思教育成果培育的学理释说

体系	理论创新体系		实践运用体系		成效验证体系	
维度	理论基础	理论创新	实践操作	实践运用	素养测评	成效验证
内容	脑科学：三重脑理论；心理学：学习认知理论；教育学：建构主义理论	情思深度学习，情思三元场境，情思融润课程	情思教学四境，情思德育正行，情思课程融构	课题研究项目情思教育研究联盟；情思教育实验基地	情思素养测评报告	学生成长 教师成长 学校转型
目标	科学性	创新性	操作性	运用性	可验性与有效性	

（二）释说的原则与路径

一是理论化。理论化强调成果理论体系的完整建立，理论体系是教学成果在学理高度上的重要体现。成果的理论体系包括两个部分：一是形成了什么理论。国家教学成果评审标准对理论内容有明确的要求：“一等奖成果评审标准：要求成果在理论上有较大突破；特等奖成果评审标准：特等奖要求理论上有重大突破。”这里的理论突破，对接的是理论体系中“研究形成了什么理论”的部分。在教学成果凝练时，要对成果理论的内涵、内容做清晰的、理性的系列化凝练和概括。二是依据了哪些理论。成果中各项内容的提出和界定符合哪些相关教育原理，依据哪些教育理论，凝练时要寻找成果理论与理论依据之间的内在联系，建立起因果连接。以上两部分理性成果共同成为教学成果的理论基础。成果的理论化的本质是解决成果的科学性和学理性问题。

二是程式化。程式化就是把实践做法变成一项操作公式和程序模型。教学成果培育的程式化是指将教育教学改革实践的关键节点凝练成一套比较稳定和成熟的操作程式，并有序固定程式实施过程相应的原则、路径和策略、各项保障机制和条件。从定义可知，教学成果培育程式化所要解决的关键问题是教学成果的实践可操作性的问题。以“基于实践，为了实践”为特征的教学成果，其归宿点就是“为了实践”，也就是说成果的终极价值体现在育人成效的有效性和可推广的操作性上。要提高教学成果的推广价值，就必须重视教学成果实践程式的凝练。实践程式凝练的关键两步如下：一是实践建模。凝练者要从入到出地基于对教育实践的完整流程的精准划段，清晰勾画出每一段的操作目标、内容、要求，基于这种不同的操作目标追求，凝练形成适合的、精练的词语，并赋予其相应的实践内涵和意义。二是流程定规。实践建模将整个实践过程节点化，并将若干关键节点连接，形成操作流程。定规就是要围绕这些操作节点，抽象形成相关的运行原则与注意事项，以确保实践操作顺利运行。

三是体系化。体系和系统是两个不同的科学术语，体系泛指一定范围内把若干有关事物按照一定的秩序和联系组合的整体。体系化就是使事物成为体系的过程。系统泛指同类事物按一定的关系联合起来，成为一个有组织的整体。系统化就是使事物成为系统的过程。从两个术语的内涵可知，两者都强调事物内在逻辑和联系的存在，挖掘这种联系是成果体系化和系统化实现的关键。不同的是系统化事物范围更多趋于相同的类型种类，而体系化事物范围的类型种类更加宽泛和多样，也可以是不同类型事物互相联系而构成一个整体。对于教学成果凝练和培育来说，可以把成果系统化作为成果体系化的凝练基础。系统化从实践纵向出发，基于实践操作和成果运用，建立起操作系统和运用系统。体系化从实践横向出发，基于成果的理论、内涵、创新、成效等，建构起理论体系、课程体系、实践体系和素养体系。成果系统化基础上的体系化，实际上是从成果的整体视角系统解决成果学理性基础的逻辑性和严密性。

基础教学成果培育和凝练，实际上是将教学研究方向性的教学实践的隐性成果转化为显性成果的过程。名师工作室在培育和凝练以实践为特征的教学成果时，需要适应基础教育工作实践性的特征，遵循“基于实践，高于实践”的原则，抓住理论、实践、效果三个关键要素，以假说、叙说、界说和释说的层递深入，精锤成果内容的理论体系、操作体系、课程体系、实践体系、素养体系等核心内容，把教学成果锤炼成理论性、思想性、科学性、实用性、独创性和新颖性兼具的品质性教学成果。

六、成果申报的文本撰写

教学成果申报的文本撰写主要体现在：一是教学成果申报表填写；二是成果报告撰写。这两个文本内容结构有很多的联系，两者之间的内容必须一致，不能相互矛盾。可以先填写申报表，然后在申报表内容基础上扩充和完善成果报告文本；也可以先完成成果报告的内容撰写，然后根据成果报告内容，完成申报表中各项内容的填写。两种文本均有具体的文字数量限制，成果报告要求不超过8000字，申报表每一个具体栏目也有明确的字数限制，需要严格按照字数要求进行文字锤炼和撰写。

在填写教学成果的申报表时，在前面“教学成果表达的释说”内容的基础上，着重理解和把握好如下几个内容：①分清什么是成果，什么是效果，什么是工作，什么是成绩；②分清什么是直接成果，什么是间接成果，什么是标志性成果，分清实践成果与理念成果；③搞清到底推广什么，让别人学什么，别人能学到什么；④精准凝练成果简介、创新点，厘清成果的使用价值，厘清成果的推广形式。

在撰写成果报告时，在前面“教学成果表达的释说”的基础上，以成果的名称为出发点，围绕成果主题这一主线，重点阐述成果、论证成果、说明成果，使专家能系统、全面地了解所取得的成果，进而全面评判、接受或应用这个成果。报告中提供的所有理论依据、实践效果、工作成绩、成就等都是为了说明该成果的科学性、创新性、示范性、实用性、可操作性等。要特别注意的是，成果报告与课题的结题报告的区别，成果报告要紧紧围绕成果来进行文本撰写，包括成果是什么、为什么有这样的成果和成果怎么样等。

在完成教学成果的两项文本表达过程中，要重点把握好如下几个关键问题。

1. 成果的概述

成果概述侧重于对成果的缘由、本质、规律、特色、模型、效果、影响等内容的逻辑性描述，要用精练的文字说清成果内容，重要的是把十几个字的成果名称进行500字的内涵性扩写。

2. 问题的提出

教学成果申报文本撰写中的“问题的提出”与课题研究中的“问题的提出”并不是一回事，不能混淆。课题研究中的“问题的提出”是一种基于教学问题的研究假设，指向未来，是将来时。而教学成果是结果，是研究与实践的结果，教学成果的“问题的提出”应当是过去时的表达方式。也就是，“问题的提出”要回溯教学成果的形成过程，找到成果形成过程中所面对的最关键的几个焦点或矛盾，再将它们以问题方式进行逻辑呈现。

3. 问题的解决

教学成果“问题的提出”中的问题是如何有效解决的？教学成果的申报文本需要对解决过程与方法进行阐述。教学成果的“问题的解决”，要统一好两个方面的过程：一是基于时间流程的问题解决过程，也就是说要有清晰的问题解决的阶段划分；二是基于方法运用的问题解决过程，也就是说要有明晰的问题和问题解决方法的运用，并要形成相应的阶段成果。这里的“解决问题的方法”不等于问题的“研究方法”，但包含了“研究方法”。

4. 成果的内容

成果的内容是教学成果申报文本中最核心的部分，是解决教学成果“是什么”问题的主要部分，是教学成果作为教育教学方案的具体体现。成果内容的表达和阐述，重点要阐述此项成果：发现了什么教育教学规律；提出什么教育教学观点；形成什么教育教学理论；建构了什么教育教学模型；探索了什么教学路径；开发了什么教育教学课程；开发了什么教学教育工具；等等。撰写教学成果的内容时，其表达方式是结果或结论性的表达，所以，通常带有一个“了”字。

5. 成果的创新

教学成果的创新，要从成果内容、成果模型、成果运用、形成路径、评价工具等内容中深入挖掘出创新元素，要避免成果的创新内容与成果的上述内容重复。理论或理念创新、模型和路径创新、运用和评价创新等，均是成果申报时常用的创新内容表达方向，为避免和上述内容重复，一般先要搞清楚创新元素针对的内容是什么，然后再凝练它是怎么样创新的。比如，提出“理论创新”，就先要搞清成果内容中提出的理论是什么，然后再凝练这一理论的创新维度和表现。又如，提出“模型创新”，就先要搞清成果内容中建构的模型是什么，然后再凝练这一理论的创新维度和表现。

6. 成果的运用

成果运用与实践的形式与方式有很多，要细心收集、整理、归类。在成果申报的文本撰写中，尤其是成果的申报表填写中，需要有本单位的实践运用和其他单位的成果运用与实践。一般而言，根据成果申报的级别不同，有针对性地考虑成果实践与运用的单位的选择。如果是国家级教学成果申报，要在全国不同地区考虑运用单位；如果是省级成果申报，要在全省不同地区考虑运用单位。不同单位对成果的实践与运用，可以是对成果的全面性实践与运用，也可以选择成果一个方面的内容进行针对性的实践与运用。实践与运用要求实践方向具体，实践运用过程明确，有明显的实践成效。

7. 成果的效果

成果的效果表现，从效果的可见程度分析，有两个方面：一是看得见的结果与变化，如师生获奖、发表论文、出版著作、开发课程，还有成绩提升等；二是看不见的结果与变化，如理念、情感、思维、品质等。从成果的影响对象分析，主要表现为：学生的成长变化、教师的成长变化、学校的发展、区域的带动。教学成果申报时文本撰写中“成果的效果”描述要把这两个角度统整起来，做到有文字概括、有图表、有统计、有案例，丰富多元地进行效果说明。

活动与思考

一、分析获奖教学成果的名称，探寻规律技巧。

组织名师工作室成员收集本学科近两届获得省级或国家级教学成果奖励的成果名称，分析和研究不同成果名称的语言表达的类型、特点，并总结教学成果的成果名称凝练以及表达的规律和技巧。

二、梳理工作室的研究与实践，试拟成果题目。

笔者参加2022年基础教育国家级教学成果奖申报的成果名称是“情思教育：‘学科+德育’课程协同育人的创新实践与探索”，分析此成果名称的表达，呈现以下特点：情思教育——成果主要内容；学科+德育——成果运用领域；课程协同育人——成果的主要创新；创新实践与探索——成果形成的路径。整个成果名称内涵丰富、特色明确、路径清晰。请结合工作室的前期教育教学研究与实践，试为工作室的实践成果凝练一个成果名称，要求突显成果的内容、创新和特色。

专题十二

如何打造特色品牌

工作室的建设既有共性也有个性，目前我国名师工作室建设普遍存在个性不鲜明、特色不够突出等问题。工作室建设的宗旨是创设一种相互支持和相互协作的学习环境，以打造一流的专业团队、创建学科教育的特色和品牌。开展工作室建设要有品牌意识，要根据实际情况挖掘特色项目内容，强化创新发展和特色发展。如何发展工作室自身特色和品牌？特色品牌建设要注意提炼出工作室的标志、发掘具有独特性的内涵。一是可从名师工作室特色的建设方法、建设策略方面思考，包括成果导向的规划设计、凝心聚力的文化建设、问题导向的课题研究、实践体验的活动品牌、诠释高端的发展品牌、可量化评价的研修成果等。二是可以从成功案例中得到启发，本专题重点提供了两个省级名师工作室的特色建设实例。

特色与品牌是相辅相成的关系，做好工作室特色品牌建设，具有极其重要的意义。首先，它是工作室发展的需要。名师工作室特色品牌一旦形成，会更好地在教师专业发展、课堂教学改革和区域教育优质均衡发展方面发挥示范、引领和辐射作用。面对越来越严格的考核指标，工作室主持人及成员需要充分认识到特色品牌的重要性，在特色品牌的打造上下功夫、做文章，为工作室长远发展凝聚力量、提供支撑。没有特色品牌的工作室只会被湮没。其次，打造特色品牌是学员自身发展的需要。学员发展自身的教学风格、教学特色，是名师成长的重要内容和途径。学员挖掘自身的发展潜质和个性特色，有利于在自身专业发展上取得突破，收到实效。

一、名师工作室特色建设现状及其成因

特色是指事物所表现的独特的色彩、风格。名师工作室特色具有独特性、稳定性和先进性。独特性是一个工作室显著区别于其他工作室的风格、形式。稳定性是工作室长期文化积淀的稳定的外在表现。先进性是在先进的培训理念指导下，从工作室的实际出发，经过长期的培训实践，形成了独特的、稳定的、优质的培训风格和优秀的培训成果，得到了业内人员的认可。

（一）我国名师工作室特色建设的现状

名师工作室成为新时期教师专业发展的加油站，为教师搭建了教育、教学、研究和交流的平台，拓展了教师的成长空间，发挥了名师的示范、引领和指导作用，促进了中小学教师的专业成长。目前关于名师工作室建设的研究不少，例如，胡晓玮在《教学名师工作室建设路径和机制研究》一书中，阐述了教师的发展道路以及在新的背景下如何审视名师工作室建设的问题，重点论述了工作室建设的区域整体设计、过程管理、项目研究、研修主张、文化建设、成效提升等方面的内容。[①]

① 胡晓玮.教学名师工作室建设路径和机制研究［M］.北京：中国纺织出版社，2020：113-133.

目前，我国名师工作室建设发展状况良好，对存在问题与解决对策的研究也不少。笔者在《中小学名师工作室建设的问题与建议》一文中指出，我国名师工作室建设仍存在诸如功能不明、职责不清、管理不善、考核不严等问题，并根据名师工作室应具备五个方面的功能（名师展示的舞台、骨干培养的基地、教学示范的窗口、科研兴教的引擎和教育改革的论坛）提出改革建议。[①]李华平教授在《名师工作室建设的问题与对策》一文中指出，我国中小学名师工作室的建设，需要着力解决“四有四无”的问题，即有牌子无组织，有组织无活动，有活动无价值，有价值无方向，并对此提出了改革的建设思路和发展策略。[②]查阅名师工作室建设的文献资料，发现有关名师工作室建设的研究不少，但有关工作室特色建设的研究几乎没有。缺少特色建设主要表现为团队精神文化品牌未形成，活动品牌未凸显，不能因地制宜、因室制宜开发课程资源品牌，工作室辐射效应不明显，等等。而名师工作室特色建设直接影响教师教学风格、学科组特色和学校特色发展，对于建设新时代中国特色社会主义现代化学校具有重大的现实意义和深远的历史意义。对我国中小学名师工作室主持人及学员进行采访调查，发现名师工作室特色建设很少被考虑，很难找到有特色的名师工作室样本。

南京大学教授桑新民更是在一次会议上指出：“名师很热，但当前名师和名师工作室建设却存在很大盲目性。”他认为，名师工作室建设存在的最大问题是“缺少灵魂和智慧”。对此，省级名师工作室主持人陈洪义认为，这实质是一个问题，名师工作室建设的智慧很大程度上体现在工作室名师是否能为名师工作室建设注入灵魂，有灵魂的名师工作室，一定是充满教育和教师智慧的品牌工作室，也一定是具有特色与个性的工作室，反之亦然。[③]

---

① 胡继飞．中小学名师工作室建设的问题与建议［J］．基础教育，2012，9（2）：48-51，56.

② 李华平．名师工作室建设的问题与对策［J］．教育理论与实践，2015，35（2）：29-31.

③ 陈洪义．品牌意识：名师工作室特色建设的智慧选择——以广东省“情思历史工作室”为例［J］．中学历史教学参考，2018（4）：4-7.

（二）名师工作室特色建设问题的成因

凡事必有因，造成工作室无特色的原因既有客观的，也有主观的。根据工作室建设实践和观察，我们认为原因主要包括：

一是客观原因。从组织管理方面来看，我国名师工作室建设要受到上级行政管理部门的领导和高校的指导，还要受到所在学校的管理。由于功能不明、职责不清，导致工作室自身建设要受到很多制约，更多的是为了完成培训任务，没有思考特色建设。从组成人员和培训对象来看，我国中小学教师队伍普遍存在教学风格和教学特色欠缺的问题，有特色和个性的教师缺少，学校学术研究氛围不浓，应试教育思想根深蒂固，造成特色建设缺少生存环境和生长空间。从考核评价来看，考核指标主要包括工作开展和成果，更多的是指向主持人个人和学员的专业发展，主要包括论文发表、获奖等，欠缺对特色和亮点的评价。

二是主观原因。名师工作室主持人虽然个人表现和业绩显著，但普遍存在无鲜明的教育思想和教学风格的问题，导致工作室培训欠缺教育思想引领，只有培训内容和举措；欠缺鲜明的培训定位、特色发展路线和评价体系，随大流现象明显；欠缺工作室特色发展的定位和思路，培训内容和方法大同小异。培训做法几乎就是跟岗培训或网上研讨，跟岗培训大致就是专家的专题讲座或经验介绍、学员的同课异构和讨论；培训结果考核就是填表评先进。这造成了工作室培训运行机制乏力，培训内容简单，培训方法单一，培训路径陈旧，培训特色欠缺，培训效果不理想。

二、名师工作室品牌建设的方法

品牌通常是指品质优异的识别标志，是质量和信誉的保证。名师工作室品牌是名师工作室优异品质的核心体现，是资源、成果、精神、文化等的总和，是名师工作室有别于其他工作室的识别标志，是名师工作室的一种精神象征，也是一种无形的精神财富。工作室应根据自身实际情况，挖掘特色项目内容，强化特色和品牌发展。

（一）从建设对象的角度来看

名师工作室建设要有品牌意识，要在名师工作室建设中融入名师个人的教学思想、理念与追求，并将工作室主持人的梦想和每一个成员的梦想有机融合起来，梦想聚焦理念，以鲜明的教学理念指引工作室的建设与活动开展，使工作室运行的目的性、方向性更加明确与清晰，运行效果更加显著和突出。①

一是主持人发挥表率示范作用。俗话说“喊破嗓子不如做出样子”，主持人要有自己的教育思想和特色品牌，并通过跟岗培训的特色成果分享、课例展示和日常接触，使学员感受到特色的样子和影子，让学员学有榜样、比有标杆。

二是学员开展特色的比学赶超。学员身上蕴含着巨大的智慧和力量，每一个人都具有值得别人学习的优点和特质，工作室可进行“特色课堂教学和特色项目”的评选和探索。这种坚持用身边的人说身边的事，充分发挥典型示范作用的评选机制，可以激发全体学员比学赶超的工作热情，营造出人人争当“特色教师”的良好氛围，也让大家感受到了集体的力量，起到了统一思想、凝心聚力、共谋发展的良好作用。

（二）从建设措施的角度来看

品牌的形成一般包括三个层面，第一层是品牌的标志（名称、图识等），第二层是品牌的形象，第三层是品牌的个性。具体措施如下：

一是武装创新思想——更新思想。用创新思想武装头脑，指导实践，主要包括培训内容、培训方法和培训评价。将创新思想作为学习和行为的指南，探索和破解教育和培训中的新问题，使特色成为工作室培训和发展的重要内容。

二是制订发展规划——绘制蓝图。谋定而后动，名师工作室一定要方案规划在前，要先以名师所强、学校所急、地区所特、国家所需为坐标系，想清楚、弄明

① 陈洪义．品牌意识：名师工作室特色建设的智慧选择——以广东省“情思历史工作室”为例［J］．中学历史教学参考，2018（4）：4-7.

白、做扎实工作室的主攻方向和发展特色，定位要准、特色要显。工作室发展规划要对工作室的定位、目标、职责、管理等方面做出明确规定。

三是开发特色项目——落地生根。实施项目任务责任制，分块负责开发项目，拧紧“责任螺丝”。根据工作室及各学员实际情况，挖掘特色项目内容，强化创新发展和特色发展。在制订个人成长计划、进行阶段性规划和工作总结时，要融入特色发展思想，使特色成为促进教师专业发展的重要内容。

四是开展课题研究——破解难题。工作室要破解教学、教研和专业发展中遇到的难题，当然也要考虑自身发展的特色问题。每个成员都可以根据自身实际情况确定一个研究项目。

五是实施项目评比——催化结果。进行特色项目评比和评价，如课件制作评比、优质课展示评比、课题成果汇报评比、学员考核评价等。对表现优秀和成绩优异的，给予口头表扬、书面表扬和通报表扬，并在工作总结、跟岗简报等公文中给予宣传。可把研修成果用工作室的公众号和微信群进行宣传，或者结集出版。

举例1：上海市中小学班主任带头人吴晓云工作室。主持人吴晓云为上海市共康中学教师，上海市“十佳班主任”，静安区德育学科带头人，曾获上海市园丁奖。该工作室以民族教育为特色，以学习力、研究力和反思力的提升为专业发展支点，以研究性、实践性、创新性和可操作性为原则，构建以“理论学习、实践研究、项目驱动”三大模块为主的课程框架，强调理论学习和实践锻炼相结合；以课题“基于感恩与责任意识的班级活动的设计与组织”为项目驱动，聚焦“家班共育、主题教育、志愿者社会实践”三大核心内容，通过“阅读研讨、专题讲座、学习考察、以赛促研、项目研究”五个系列的活动，进一步加强班主任业务指导，促进班主任队伍的专业成长。

举例2：四川省蒲大勇省级名师工作室。主持人现任南充市嘉陵区教研室主任，正高级教师，特级教师，第二批国培计划专家库专家。该工作室以“塑造高阶思维发展的初中数学内敛课堂”为目标，以“目标导航、资源研发、项目攻坚、成果培育、活动增效和辐射引领”六大工程为抓手，着力教师素质提升、学科质量发展、区域优质均衡，实现“培养一个、带动一批、辐射一片”。

举例3：东莞市苏敏娜名师工作室。主持人现任东莞市谢岗中学生物科组长，市级学科带头人。该工作室以市级立项课题“基于生态教育的自然观察校本课程开发和实践研究”为抓手，以自然观察和生态教育的项目式学习为特色和品牌。工作室利用独特的自然资源，致力于本土自然资源课程化的实践探索，开发出了一系列自然观察与探究实践活动，如观鸟、栽桑养蚕、五谷杂粮种植、楼顶生态蜜蜂养殖、树上石斛种植、长果桑嫁接、玫瑰扦插、生态摄影、叶脉书签、干花压画、自然观察创客DIY等。该校先后获得广东省环境教育基地、全国生态文明教育示范学校、全国生态文明教育特色学校等荣誉，同时学生在自然观察与科学探究实践方面也取得不少突出的成绩，这些也很好地印证了工作室校本课程开发的价值。与此同时，苏敏娜及其团队多次荣获广东省中小学教育创新成果奖和广东省教育教学成果奖等权威奖项。

举例4：广东省林伟名师数学工作室。该工作室本着“立高位、引方向、明目标、搭平台”的基本理念，以“思意数学”为主线，以教学、科研、培训为核心，建设融科学性、实践性、研究性于一体的研修团队，探索由优秀教师走向卓越教师的主体性、体验式、活动型、项目化、创造性培养模式。该工作室确立了建立制度、规范标准，形成机制、攻关难题，立项课题、凝练主张，培养队伍、建设平台，出版专著、形成影响的建设目标。工作中突出了以下四个环节：聚力基础建设，以工作室为基点打造创新高地；聚焦课题研究，以工作室为引领彰显创新能力；聚集团队能量，以工作室为摇篮培养创新人才；聚合信息优势，以工作室为平台扩增创新效应。该工作室确定了名师课堂、名师观点、研修在线、课程引领、课题研究、学术讲座、经典课例、读书感悟、跟岗日志等重点项目。多年来，工作室以发展目标为统领，聚焦教育教学热点和疑难问题；以示范引领为特征，促进学员在名师的引领下发展；以任务驱动为手段，引导学员在解决问题的过程中实现自我突破。

三、名师工作室特色品牌建设策略

品牌对于名师工作室来说更多是做出来的，是鲜明的教学理念指导下以丰富的教学教研实践撑出来的一片美丽天地。所以，品牌理念与品牌实践是名师工作室特色建设中两个不可或缺的关键。①

（一）成果导向的规划设计

规划设计的作用是解决行动目标及其实现目标的方法、路径等问题。教师有规划，才有前行的路线图，可以少走弯路。预见方能遇见，教师在制订个人成长计划、阶段性规划时，要融入特色发展思想，使特色成为促进专业发展的重要内容。要以教师预期的培训成果作为工作室和学员的发展规划目标。活动规划要求工作室主持人和学员思考自身的发展潜质是什么，如何扬长避短实现目标。要把特色内容纳入规划的培训目标、培训内容、研修方式和预期成果等方面中。

（二）凝心聚力的文化建设

名师工作室本质上是一种集教学、研究和培训于一体的专业性组织，“强学术、重研究”是名师工作室的特征之一。“以‘文’化人、以‘文’聚人”是名师工作室文化价值的体现。塑造研究型团队品牌应重视文化的作用、彰显文化的价值。

1. 塑造理念文化

理念是团队发展的核心思想。理念文化是全体成员认同的核心思想和价值观念。理念文化包含了工作室和成员的办事思想、办事风格、发展路径、成长愿景等。名师工作室要善于凝练团队的理念文化，用理念文化来团结成员、感化成员。

2. 确立目标文化

目标是团队发展的指路灯。目标文化是名师工作室为之奋斗的价值体系。名师

① 陈洪义. 品牌意识：名师工作室特色建设的智慧选择——以广东省“情思历史工作室”为例［J］. 中学历史教学参考，2018（4）：4-7.

工作室要用目标文化感召成员，让每位成员都对目标充满期待和信心，愿意为目标实现而努力奋斗。

3. 设计标识文化

标识是团队独有的符号。标识文化是名师工作室独有的精神象征。名师工作室要充分发挥每位成员的智慧，设计出能体现工作室创意的LOGO、口号和歌曲，并诠释意蕴。

4. 建立制度文化

制度是团队成员必须遵守的规则。制度文化是名师工作室促进团队良性发展、持续发展而主动创建的有组织的规范体系。名师工作室要用制度来管理成员。工作室制度包括考勤制度、学习制度、合作制度、研究制度、宣传制度、管理制度和奖惩制度等。如对工作室成员可实施动态管理，对缺勤超过3次的学员，或不利于工作室发展的学员予以劝退，吸纳有学习愿意的教师加入，确保工作室有效运行、高效运行。

（三）问题导向的课题研究

工作室的教育教学研究可根据可利用资源和潜在优势，将破解工作室发展的难点和痛点问题作为研究特色。学员可结合工作室主课题来选择子课题，也可根据自身兴趣爱好和可利用资源等情况选择自己的研究内容。例如，每位学员至少完成一项县（区）级及以上教育科研课题，围绕学科教学或教育中的热点、难点、痛点展开研究，以“出成果、出好成果”为基本理念开展研究。紧紧围绕课题开发示范性课例或案例，撰写教育反思、教育叙事、教育论文和教育案例，出版教育专著等，提升教育科研的学术品位，积极参加各级各类教育科研成果奖和教学成果奖的评选，在自媒体和其他各种媒体进行宣传报道，提高名师工作室的知名度和影响力。

（四）实践体验的活动品牌

活动品牌是名师工作室专业价值的重要标志。以“活动”触动人、以“活动”吸引人是名师工作室专业价值的内涵。工作室进行活动品牌建设要精心设计活动、认真开展活动，以高效的活动彰显专业的价值。

1. 设计多层面活动内容

针对成员的发展水平和愿景设计多层面活动内容，比如，针对“课”，设计“一课三磨”。一磨：教材分析，从教材资源到教学内容；二磨：活动设计，从教学内容到教学活动；三磨：课堂实践，从教学活动到学生素养。针对教学反思，设计“一课三写”。一写“体会”——感知亮点、问题及改进措施；二写“反思”——深度思考成效与问题背后的东西；三写“理论”——建构联系、结构和体系。

2. 创新研训活动方式

根据成员参与方式不同，可设计成员全程参与、体验和感受的体验式研修，如集中研修；也可设计根据成员的实际需要和愿望以自愿选择为特征的参与式研修，如送课下乡。根据研修内容不同，可设计一个主题或系列主题的主题式研修，如课堂教学技能提升主题和创新创客教育主题等；也可针对性地设计对成员具有一定挑战性的项目主题式研修，如笔者曾进行过的以下项目主题的研修：

（1）你认为奋进有为工作室是怎样的（或者说有什么共同特征）？你能为工作室做点儿什么？

（2）你认为名师（或有作为的人）是怎样的（或者说有什么共同特征）？你该如何努力？

（3）工作室主持人创新教育思想的研究对你专业的发展有何启示（或者刘志伟名师的品质特征及对你专业发展的可供借鉴之处）？

（4）幸福家庭是怎样的（或者说有什么共同特征）？你该如何努力？

在学员自愿报名参加哪个组的基础上，进行统筹安排，使每个组均有人参加。每个项目主题的主持人（擂主）组织演讲，其他组可以抢答，然后评审专家进行点评，最后学员和专家进行投票，评选优胜者给予平时表现加分并颁发证书。

3. 扎实开展适切性研修活动

研修活动是否内容丰富、方法灵活、形式多样且富有创意和特色，直接影响研修成效。从培训内容上看，工作室可根据自身理念和实际需要考虑培训内容，内容要有工作室自己的特色和亮点。从培训方法上看，可有听讲座、听课评课、参观考察、特色成果分享等，还可采用线上培训、视频会议，利用互联网技术的培训可打破时间和空间的限制，并且灵活性大。从培训形式上看，可有教学比赛、研讨交流等，如开展“特色+素养”课堂教学大比武，从设计立意、课堂展示等方面进行评比，注重特色化教学，助推成员形成自己的教学风格。又如，开展“套餐+素质”研修活动，为每位成员量身定制研修方案，提升每位成员的素质。

（五）诠释高端的发展品牌

工作室特色品牌建设的宗旨是创设一种相互支持和相互协作的学习环境，以打造一流的专业团队、创建学科教育的特色和品牌。引领教师发展是名师工作室的重要职责，辐射地方教育发展是名师工作室的重要使命，诠释高端发展是提高名师工作室影响力的重要源泉。

1. 建立分享机制

通过开展“好课例、好经验、好成果”分享机制，让名师工作室成员把好课例、好经验、好成果分享给同行，通过分享凝练成员的教学特色或教学主张，提高社会各界对名师工作室的认可度和工作室的知名度。

2. 参加或组织学术活动。

参加国家、省、市、区各级学术活动，展示名师工作室研修成果，以学术活动为载体锻炼人、培育人，扩大名师工作室的社会影响力；组织学术活动，拿出名师工作室的品牌成果，提高名师工作室的知名度。

3. 积极送教送培

有计划、有组织地安排名师工作室成员参加送教送培活动，到乡村学校、薄弱学校和欠发达地区，为促进教育优质均衡发展做出贡献。同时，通过送教送培活动扩大名师工作室的社会影响力。

4. 增强宣传力度

通过微信公众号、抖音等积极宣传名师工作室的工作，展示名师工作室的好成果；通过报刊、电视台等多种媒体宣传名师工作室的成效，扩大名师工作室的社会影响面。

（六）可量化评价的研修成果

工作室培训评价是培训工作的指挥棒，直接影响培训效果，也是培训的重要内容。评价除年度评价、考核评价外，还可采取过程性评价，如平时的互评作业、互评作品和展示作品等。在每一项评价的内容和环节，工作室均可以挖掘自己的特色。笔者根据多届培训经验，设计并实施了学员积分管理，对学员进行表现积分和个人专业发展积分，效果很好。内容如下：

刘志伟名师工作室积分管理办法

1. 个人表现积分项目及分值（满分为100分，超过以100分计）

（1）参加工作室组织的集中培训活动一次记5分。

（2）主持工作室研讨一次记3分。

（3）担任工作室研讨主讲（包括上研讨课、经验介绍等）一次记 3 分。

（4）工作室研讨时有效发言一次记1分，每次研讨主动发言前 3 名的各记 2 分。

（5）在广东省教育资源公共服务平台“名师工作室”推送一篇报道记3分。

（6）主动承担工作室安排的工作，依据情况进行加分。

① 担任工作室组长、副组长或信息宣传，并认真完成所负责的工作，一个考核周期分别记20分、10分。

② 主动承担工作室活动现场的工作，并出色完成任务，一次记10分；主动承担工作室布置的任务（包括小组总结、资料整理和发布等），完成效果好，一次记 3 分。

③ 按时按质完成工作室安排的各项作业，一次记2分。

（7）热爱工作室，主动为集体做好事，为工作室发展做贡献，依据情况进行加分。

① 拥护工作室荣誉，为提高工作室的知名度和影响力做贡献。具体加分为：关心工作室网络信息并第一时间关注（每次前3名的记1分，一个考核周期满分为15分）；对工作室的好人好事、好信息在朋友圈发布宣传每一次记2分（一个考核周期满分为15分）；主动收集、整理和撰写工作室的好人好事在各级媒体宣传每一次记5~20分（在自媒体宣传5分，在区级以上媒体宣传按10、15、20分的级别加分，一个考核周期满分为30分）

② 主动为工作室发展献计献策，被采纳一次记3分。

③ 主动为工作室做好事（如培训中的热心服务、帮助团队成员进步等），一次记3~5分。

④ 主动为工作室发展做贡献（如提供有益信息、分享课程资源等），一次记3~5分。

2. 个人专业发展积分项目及分值（满分为100分，超过以100分计）

（1）参赛获奖/综合荣誉/社会职务/课题/职称提高/职位晋升。

（2）论文发表/获奖或宣读。

（3）专著/国家专利/教学成果。

（4）专题讲座/公开课。

（5）媒体报道。

以上项目量化另定，同类型和内容的记分如有重复，只记最高一项。

3. 积分方法

每个学员自己建立一个电子档案，把积分的项目及相应的佐证材料（能说明问题即可）保存好。工作室统一时间进行收集、审核和公布。

4. 评选优秀

（1）优秀学员评选。

热爱工作室，在工作室中表现好，工作室的个人表现积分（60%）+个人专业发展积分（40%），分数靠前者评为优秀。

（2）优秀工作室干部、优秀项目。

对工作室组长、网络管理员等进行评选，对优秀项目进行评选。

四、名师工作室特色品牌建设的途径

名师工作室特色建设主要通过培训实现。工作室培训可以采用专家引领、同伴互助、自我研修等方式，具体如下。

（一）专家引领

导师要发挥示范、引领作用。导师以身作则，成为学员的表率和偶像，从教育情怀、教育思想、教育智慧和教育特色等方面，全方面引领学员发展。同时要邀请业内知名专家做经验分享和专题讲座。

（二）同伴互助

创设条件让学员相互学习，发挥成员的特色和特长，通过集体备课、双向听课、说课评课等形式，构建温暖的学习共同体，实现共同发展。同时，通过工作室的公众号、微信群和QQ群，构建全天候的线上交流平台。

（三）自我研修

引导学员自我研修，提高教育理论和专业知识水平，同时注重自我反思和总结，寻找、挖掘、强化自己的闪光点、特长和优势潜质，不断形成自己的教学风格和教学特色。

举例：“情思历史教学”是广东省陈洪义名师工作室的特色和品牌，该工作室围绕“情思历史教学”讲好三个故事，寻找发力点，发挥团队的力量共同书写名师工作室的品牌故事。以下是陈洪义老师的经验分享：

其一是要讲好主持人成长的故事。主持人只有不断学习提升自己的教学理念与专业水平，才能更好地指导工作室的运行。主持人的成长经历对名师工作室成员来说也是一种很有吸引力的学习资源，对名师工作室品牌凝聚具有重要意义。所以，名师工作室主持人要努力寻找自己的成长引爆点，引爆自己的专业成长，并将引爆经历开发为名师工作室的品牌故事与案例。2013年，作为“情思历史工作室”主持人，笔者亲自参与了在江苏扬州中学进行的名师同课异构，这次活动让笔者对教学创新的理念有了更深刻的认识，受到了专业成长的一次重要洗礼。活动结束后，笔者将活动经历与思考从不同角度撰写成两篇成长案例，并分别发表在《广东教育》和《现代中小学教育》杂志上。这些真实可感的成长故事，记录下来就是工作室成员学习与探讨教育教学问题的真实而可靠的资源，也是名师工作室的品牌实证素材。

其二是要讲好工作室成员成长的故事。名师工作室成员是工作室的主体，他们的成长案例与故事是名师工作室最核心的成果。所以，名师工作室特色建设的核心任务就是要开拓性地创造成员成长的关键事件，滋养他们的成长。2017年，陕西师范大学《中学历史教学参考》编辑部主办的“学科素养与历史教学”全国学术研讨会在四川成都举行，本次活动一项重要的内容是历史课例评比。陈婷老师是“情思历史工作室”中最年轻的成员，笔者把参加这次课例评比当作引导陈婷老师成长的关键事件，三个多月的时间里，集中全室的力量与智慧，从课题选择到教学主题确立、教学环节设计，再到课堂操作细节悉心打磨，还邀请高校专家现场点评与指导，最终陈婷老师获得了全国特等奖。活动结束后，笔者继续指导陈婷老师从课例中寻找立意撰写论文，并发表在《中学历史教学》杂志上。这样一种经历，在年轻教师成长路上往往起着关键性的唤醒作用，正如2018年荣获广东省首届青年教师初中历史教学技能大赛一等奖的工作室成员王晓焕老师所说：“经历这些过程脱一身皮，但脱皮后的成长蜕变是妙不可言的……让我明了今后的学习方向和行动方向……教研是一条必走的路，时间也许会漫长，但我不愿意只做一个教教材的老师，我要跳出来，让路变宽一些，也许以后的某一天，我也可以走出一条自己的路。”

其三是要讲好工作室团队成长的故事。名师工作室是一个团队，团队成长的故事理应是名师工作室特色建设和品牌塑造的重要部分。“情思历史工作室”通过“情思历史”项目有效整合了工作室成员分散的教学实践与活动，让独立的研究实践，演绎出基于“情思”主题的共同乐章和团队故事。湛江二中刘剑老师基于自己的特长重点对“微课在情思历史中的运用”进行探索，湛江二十一中叶志文老师基于兴趣对“传统文化在情思历史教学中的运用”进行实践，岭师附中杨汉坤老师对“情思历史中情感教育的途径”进行研究……工作室很多年轻教师基于自己的课堂实践，积极开发课例，探索“情思历史”教学模式。仅几年时间，工作室围绕“情思历史”实践积累了上千个情思课例，发表了几十篇研究成果，出版了《“情思历史”教学概论》《梦想与坚持：做一名有信仰的教师》《基于课堂的情景探究式历史教学研究》三部专著，使工作室的品牌理念“情思历史”从理论到实践架构起一个坚实的体系。此项成果在2017年广东省普通教育教学成果奖评审中荣获特等奖。

五、名师工作室特色的建设案例

名师工作室的品牌理念一定要能准确反映工作室主持人的教学个性与特色，能承载名师的教学理念与思想，品牌理念是否准确定位，直接决定着名师工作室建设的方向与追求。这里再提供两个更为完整的案例。

刘志伟名师工作室创客主题特色建设

刘志伟名师工作室成立于2010年，是广东省教育厅授牌的首批广东省中小学名师工作室。工作室成立以来，以“绿色、创新、共赢、发展”为理念，在创新创客品牌的建设方法、建设策略、培训模式等方面努力探索，不断拓展和丰富工作室特色建设内涵，有效解决教师培训中普遍存在的“没有多大实际效果、没有特色项目”的问题，增强了教师培训的实效性，助推了教师专业成长和工作室创客品牌发展。

（一）建设过程

刘志伟名师工作室从只是按上级要求完成跟岗培训任务，到后来的培训工作科学化、制度化、模式化探索，再到后期的工作体系构建和特色品牌建设，不断拓展和丰富工作室建设内涵，助推教师专业成长和工作室创客品牌建设。建设过程列表如下。

起止时间	阶段任务	工作要点
2010年2月—2010年7月	启动阶段：提出问题，分析问题，制订方案	提出问题：如何做好工作室创客品牌建设?
		提出“绿色、创新、共赢、发展”的工作理念和创新驱动的发展策略，进行工作室创客建设的可行性分析
		成立研究小组，制订实施方案和发展规划
2010年9月—2015年7月	实施阶段：开发课程，项目驱动，探索规律	开发培训课程、培训内容，组织活动
		项目驱动，责任管理，制度化管理
		研讨、交流和总结，探索名师发展和特色发展规律
2015年8月—2018年7月	深入实施阶段：完善内容，评价内容，充实内容	构建培训实践模块
		培养行为转化研究，完善运行机制和激励机制
		进行内容评价和效果评价，充实调整内容
2018年9月—现在	总结推广阶段：提炼成果，鉴定成果，推广成果	总结经验，提炼成果，出版成果
		进行成果鉴定，召开成果推广会
		向省内外推广经验和做法，推广和检验项目效果

（二）建设方法

1. 规划谋求发展

制订工作室和学员发展规划，描绘工作室和学员发展的目标、路径和成果等。

2. 责任驱动发展

实施项目任务责任制，分块负责开发项目，拧紧“责任螺丝”。同时，进行项目交流、展示与汇报，分享智慧和成果。

3. 竞争促进发展

进行各种评比和评价，内容包括课件制作评比、优质课展示评比、课题成果汇报评比、学员考核评价等。通过竞争和评比，使工作有评价、大事能落实。

4. 激励调动发展

成员或学员在工作室培训活动表现优秀和取得优异成绩的，给予通报表扬，并在跟岗简报、培训总结中给予肯定和宣传。把研修成果在工作室的公众号和微信群进行宣传，结集出版。

5. 辐射引领发展

从一个名师带动发展到多个名师，从一项活动到整所学校，从一所学校到多所学校，从一个点到一个面，通过辐射影响，带动更多的学校、地区发展。

6. 管理保障发展

（1）组织管理。建立组织管理机构，加强工作室的自我管理，提高培训效能。例如，选举产生学员组长、副组长，协助主持人开展工作，主要负责联络成员、资料整理、网络平台维护和对外宣传等；选举宣传负责人，主要负责工作室的宣传及管理工作室的公众号、微信群、QQ群。

（2）制度管理。工作室要建立管理制度，主要包括考勤制度、研讨制度、档案制度、评比和考核制度等。

以组织管理保证有人管，以制度管理解决如何管。

（三）建设策略

1. 凝练培训理念

以推动教师专业发展为出发点和落脚点，以“绿色、创新、共赢、发展”为理念，以“导师引领、同伴互助、自我研修”为途径，以研究课堂教学的有效性、高效性和创新性为主要抓手，以研究生物科技创新为特色内容，使工作室成为教师专业发展的加油站。

2. 建设培训课程

（1）教学技能培训。瞄准课堂教学改革，探索具有特色的创新课堂教学模式。围绕如何上好一节课进行同课异构、异课同构，并进行讨论、分析与评比，探讨创新高效课堂的实施策略。同时，围绕课堂教学的有效性、高效性和创新性等方面进行研究。就教学内容而言，主要围绕两大板块进行探讨：生物学教学与科技创新创客融合的研究；生物学教学与信息技术的整合研究。

（2）开展专题讲座。选择开展有关“特色”的专题讲座或经验介绍，把特色建设和学科建设、学科辅导等结合起来。主持人核心讲座有：创新点亮人生、青少年科技创新的指导、如何开发特色校本课程、如何构建高效课堂、如何建设特色教研组、如何开展知识产权与创新教育。也可选择优秀学员进行专题经验介绍和交流展示。

3. 提升培训文化

名师工作室是一种专业学习共同体，工作室进行培训需要建立协作共进的社群文化，包括合作性文化、竞争性文化、职业理想文化、专业精神文化。文化建设的推进措施为：构筑共同愿景—推动深度合作—关注共同进步—营造社群文化—打造特色品牌。

4. 开发特色项目

根据工作室及各学员实际情况，挖掘特色项目内容，强化创新发展和特色发展。在制订个人成长计划、阶段性规划时，要融入特色发展思想，使创新创客实践成为促进教师专业发展的重要内容。

5. 设立科研课题

如笔者工作室的研究课题是“创新创客的实践研究”，给学员推荐的子课题主要有“初中生物学创客教育的实践研究”“生物学创新课堂教学模式的研究”“初中创客教育的策略研究”“创客教育的校本课程开发”。各学员在主题下选子课题，也可以根据自己的兴趣特长和可利用资源选择研究课题。

6.打造特色品牌

品牌要有自己的LOGO，广东省刘志伟名师工作室LOGO体现了倡导培训思想的四大元素：绿色、创新、共赢、发展。LOGO的两片叶子，代表绿色，因为绿色为生物生长带来能量，而工作室培训好比是教师的“绿色加油站”，助推教师专业发展；同时，两片叶子也代表主持人和学员的共同成长，因为工作室培训要达到主持人和学员共同发展的培养目标。一个圆点，代表创新，代表生命，因为创新要有创新点，生命要有生长点。而教育改革和创新，是教育发展的永恒主题，科技创新教育是工作室的一大特色和亮点。教师需要成长，成长需要生长点。一个圆圈，代表教师专业发展理想的圆满追求。

刘志伟名师工作室徽标

7.发展培训特色

一个有影响力的名师工作室，必须是一个有品位的、有特色的工作室，有规划特色、做法特色、内容特色、保障特色、研究特色和成果特色等。

（1）培训规划特色。

工作室有特色品牌发展规划：包括品牌建设目标、标志性成果、具体内容、特色亮点、建设路径、建设进度和人员分工等。

学员有自我诊断与发展规划。每个学员来跟岗时必须完成个人专业发展的自我诊断与规划，明白自己的发展优势在哪儿，面对的困难是什么，如何扬长避短以实现自身的教育精彩。

（2）培训做法特色。

培训做法特色主要有：实施竞赛机制、推行激励机制、培训后的发展跟踪。

实施竞赛机制：学员在跟岗期间参加研讨课、案例开发等方面的竞赛，以竞赛提高培训质量，促进成长。

激励机制：①平时的表扬与肯定。对工作室建设做出贡献、研修表现优秀和成绩优秀的，在公众号和微信群给予通报表扬，在跟岗简报上给予宣传。②进行年度和结业的总结和考核，评选优秀学员。③把研修成果择优结集出版。

培训后的发展跟踪：跟岗研修结束后，为了解学员的发展情况，举行一次学员培训后发展情况的成果汇报交流与展示活动，为学员搭建一个汇报发展、展示成果的交流平台，使培训效果得到检验和反馈，也增强了工作室的亲和力和影响力。

（3）培训内容特色。

培训除了有提升学员教学知识、教学技能的内容外，还有教育情怀、教研能力、创新能力和创新创客能力等方面富有现代感和实用性的特色内容。工作室更有跨地区、跨学校培训。通过主持人跨地区、跨学校担任专家顾问、荣誉校长等途径，实现培训走出去，从深入学员学校到跨地区学校，让学员在送课送教中“锻炼自己，成就他人”，实现培训教育效益的最大化。

（4）培训保障特色。

建立和健全工作室的组织保障、制度保障和后勤保障。建立工作室组织架构、团队人员分工，确保工作有序开展。制定完善的工作室制度，包括学员培训和学习的考勤制度、评价制度，以确保工作室正常运行。有专项资金、活动场所和学校支持，以保障工作室建设和活动。

（5）培训研究特色。

工作室是培养名师的摇篮，更是一线教师成长的家园工作室，可通过课题研究、案例分析、教学研讨等方式，解决教育教学实践中的共性问题。工作室有创新教育思想研究课题，学员在生物科技创新创客的内容、方法和途径等方面有自己的研究课题。

（6）培训成果特色。

培训成果除了学员获奖和荣誉获得、专业技能提升外，还有成果成表和获得专利等。

（四）培养模式

经过十二年的探索，工作室逐步探索出了一套行之有效的建设模式，形成了“制订发展规划—确定研究项目—跟岗交流评比—成果提炼展示”的培养模式，这也被称为工作室建设的“四部曲”。具体内容如下。

1. 制订发展规划

工作室在培训前期制订发展规划，主要内容包括工作室的发展背景分析、培训目标、培训内容、培训举措、预期成果和保障措施等。每个学员来跟岗时都要完成个人专业发展的自我诊断与规划，从而胸中有目标，发展有方向，出彩有路径。

2. 确定研究项目

在研修阶段，工作室以名师示范、同伴互助、自我反思为主要学习形式。同时，工作室培训坚持以项目驱动为抓手，大力开展教育改革和创新，努力拧紧“责任螺丝”，要求每个成员根据自身实际情况确定一个研究项目，使科技创新教育成为工作室的一大特色和亮点。

3. 跟岗交流评比

工作室对每期跟岗学员进行各种评比和评价，使工作有评价，大事能落实。评比和评价包括课件制作评比、优质课展示评比、课题成果汇报评价、学员考核评价等。

4. 成果提炼展示

工作室对每期跟岗学员进行成果提炼，宣读、交流和展示成果，在工作室的公众号和微信群进行宣传。定期交流、展示学员的收获和发展成果，激励学员不断向优秀的同伴看齐。

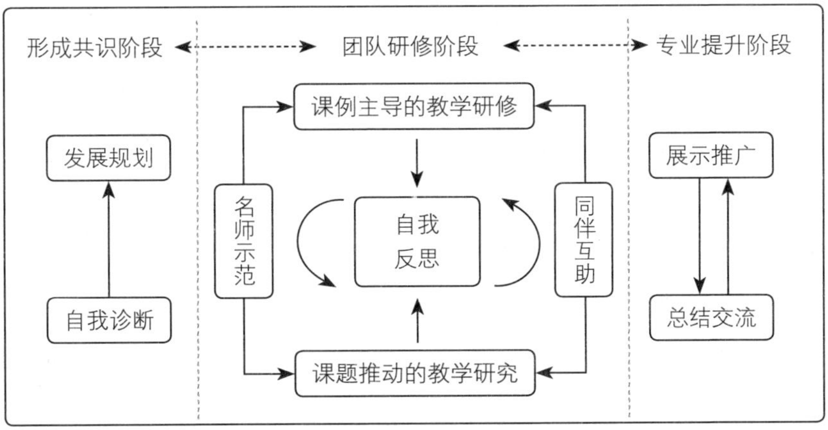

刘志伟名师工作室培养模式

（五）建设成效

刘志伟名师工作室从2010年开始实施创客特色培训实践，在超过100所学校推广，超过20所学校发展为我国和省市科技教育特色学校。实践成果23次在《中国教育报》《中国教师报》《人民日报》等主流媒体报道。

1. 有效推动教师专业发展

工作室培训有很强的实践性、综合性、互动性，通过跟岗培训、线上培训和各项互动学习，有效培养了教师教育情怀、教学和教研能力。刘志伟在2012年、2015年、2017年和2020年广东省名师工作室主持人考核中均获得优秀，刘志伟名师工作室获2020年度全国先进名师工作室。近十年，主持人和学员获省级以上荣誉和奖励超过100人次，一大批工作室成员、学员成长为特级教师和省市名师。2018年，主持人刘志伟获评中共中央组织部国家“万人计划”教学名师。工作室成员、学员获奖或荣誉节选见下表：

序号	时间	指导对象	指导内容	获得奖励或荣誉
1	2014年至今	黄伟胜	创新教育的思想、内容和方法等	广东省特级教师
2	2012年至今	曾庆国	创新教育的思想、内容和方法等	广东省特级教师、正高级教师
3	2019年至今	刘天荣	人工智能方法等	国际发明金牌导师
4	2015年至今	区坤开	创新的内容和方法等	世界头脑奥林匹克冠军教练
5	2016年至今	孙启富	创客研究方法等	全国STEM教育种子教师
6	2017年至今	林杰容	创新的内容和方法等	全国优秀科技辅导员

2. 用心铺就乡村学校创新教育之路

近十年来，刘志伟名师工作室书写了一个乡村学校创新教育改革的传奇。指导的多名学生共获15项国际金奖、75项国家专利，多名学生毕业后就读国际名校。近十年，学校创客教育成绩突出，获“中国当代特色学校”“全国中小学知识产权教育示范学校”等20多项省级以上荣誉。2020年3月30日，《中国教育报》以《乡村学校蝶变科创名校——广东佛山市南海区九江镇初级中学创新驱动发展纪实》为题进行报道；2017年10月，《广东教育》以《追求卓越科技兴校　创新驱动品质育人——佛山市南海区九江镇初级中学“科技教育”特色办学探幽》为题进行报道；2020年12月28日，以《“新时代全国特色学校建设研讨会”在佛山九江举行》为题报道九江镇初级中学承办现场会的情况。西南大学宋乃庆教授赠言：“广东南海九江镇初级中学坚持科创教育，育人效果显著，成效颇丰，是我国农村学校科创教育的示范和榜样。”

同时，刘志伟还发挥名师的示范引领作用，在全国各地乡村学校开展创新创客教育讲座或经验介绍超过100场次。2021年5月14日，《中学生报》以《名师领航乘风劲，精准帮扶助提升——国家教学名师赴旺苍开展教育帮扶活动》为题进行报道。指导顺德李伟强职业技术学校开展知识产权和创新教育的改革成果获国家教学成果一等奖。

3. 研究成果丰硕

近十年，工作室开发了数十个创新教学案例，撰写的教育教学体会和读书笔记超过300篇，在省级以上刊物发表论文超过10篇。研究成果在全国各地师资培训做专题讲座和经验发言超过200场次，超过50次在《人民日报》、《中国教育报》、《中国教师报》、《广东教育》、中国新闻网、新华网、中央电视台等省级以上媒体报道。刘志伟还出版了三本创新创客教育专著——《青少年科技创新实践》《农村初中科技教育创新之路》《中小学知识产权教学指引》，分别由清华大学出版社、吉林大学出版社和知识产权出版社出版。

黄伟胜名师工作室的本土鱼类课程资源开发

广东省黄伟胜名师工作室于2018年成立，主持人黄伟胜系惠州市龙门县龙城第一中学特级教师，学校地处乡村。经过几年努力，开发本土鱼类和水生植物资源服务于教育教学成为黄伟胜工作室的一大特色和品牌。《南方日报》《惠州日报》和惠州电视台等家媒体多次对该工作室的事迹进行报道，在当地中小学校产生较大影响。

（一）开发鱼类资源，丰富课堂教学

我国幅员辽阔，地区差异甚大，课程资源差异也甚大。国家课程的本土化，是落实课程要求的基本措施。例如：学习“共生”概念，课本举的例子是“小丑鱼与海葵”，但这两个物种我县是没有的。在我县“共生”的典型例子是“鳑鲏与河蚌”。鳑鲏与河蚌在我县是常见物种，它们生活在一起是相互有利的共生关系。这种共生关系的宏观表现是在同一河段，鳑鲏与河蚌的数量呈正相关的关系。

此外，家乡原生鱼在生物课堂的应用还有很多，如“水中动物运动器官——鱼鳍”“生物基因多样性——月鳢的多样性”“动物领域行为——虾虎鱼的领域行为”“动物繁殖行为——斗鱼的筑巢行为”等。

（二）开发鱼类资源，开展实践活动

实践出真知。开展实践活动要因地制宜，利用好本土的资源。龙门县地属山区，山清水秀，水体类型多样、质素良好，鱼类资源非常丰富。黄伟胜老师组织学生进行了“拍摄家乡小型原生鱼”的实践活动。活动中，学生依据物理学、生物学原理，亲历了制摄影缸、做遮光罩、布摄影环境、控摄影光线等实践环节，最后得到了一张张精美的家乡原生鱼照片和一个个充满美感的原生鱼视频。

黄伟胜老师围绕“家乡鱼类”这一主题开展的实践活动有很多，如“制作生态瓶”“中国斗鱼人工繁殖初探”“龙门县野生唐鱼哺育繁殖初探”等。一分耕耘，一分收获，这些实践活动项目得到了教育主管部门的赞许，均获得县级青少年科技创新大赛一等奖，其中“拍摄家乡小型原生鱼”项目荣获2021年青少年科技创新大赛市级一等奖。

（三）开发鱼类资源，开展课题研究

教与研就像鸟儿的两只翅膀。以教助研，以研促教，教研相长。鱼的生态、鱼的文化，是龙门县乡土文化的基石，研究鱼的科学、挖掘鱼的文化有着更深层的意义。为了更系统、深入地研究龙门县原生小型观赏鱼的种类、分布、生理及其文化内涵，完善、丰富相关文献记载，工作室课题组以“鱼”为核心开展了课题研究。2019年8月，“龙门县原生小型观赏鱼资源开发及其教学应用研究”获得了市级课题立项，2022年顺利结题。工作室将该课题成果编印成龙门县的乡土教材《鱼跃龙门——龙门县水生生物揽胜》，成为第一部全面记载龙门县水生生物资源的著作，对龙门县教育、科技、旅游、环保等领域的发展都起着积极的推动作用。

课题组在龙门水域的鱼类采点有70余个，采集水生生物进行拍摄、鉴定、归类，共有鱼类104种（分属9个目，26个科）、虾类10种、蟹类6种、螺类10种、蚌类7种、蛙类8种、水草10种和其他水生物4种，还有家乡古老渔具24种。课题组足迹遍布龙门的大河深溪，先后发现了兴凯鱊、唐鱼和东方墨头鱼等地域性濒危物种。随着研究的深入，数量还会不断增加。关于课题组的研究成果的报道如下：《龙门新发现“水中彩虹”兴凯鱊》《龙门发现濒危唐鱼并人工繁殖成功》《龙门发现消失多年的“崩鼻鱼”》。报道引起了社会的广泛关注。6月6日是“全国放鱼日”，课题组举办了“龙门濒危鱼类兴凯鱊增殖放流”活动，为保护家乡鱼类的多样性做出了贡献。

多年来，课题组以现场活动、线上报告等各种方式呼吁广大民众珍惜家乡的物种资源和生态环境，有力地推动了家乡的环保事业。课题研究产生了很好的社会效益。

（四）开发鱼类资源，助力教师发展

1. 助力自身发展

教师发展是落实新课标要求的前提。开发家乡鱼类资源，为黄伟胜老师打开了另一扇窗，窗外风景格外迷人，使他常常流连忘返，在专业、教育、写作等方面的水平取得长足进步。其间黄伟胜老师撰写了大量的报道、论文，如《野生小型鱼采集和拍摄方法介绍》《小型鱼类浸制标本制作工艺改进及制作过程介绍》《乡关何处是　鱼跃龙门中》等。2020年8月为惠州学院师生进行题为“迈步向前，不忘来时路——以龙门鱼资源开发为例”的线上演讲，文章《源清鱼来》发表在省级期刊《师道》2020年11期。

2. 作为师训资源

教师培训是工作室任务之一。黄伟胜名师工作室围绕“龙门家乡鱼”开设的师训课程有《中国原生鱼类概述》《认识龙门原生鱼类》《小型鱼类样品的采集》《小型鱼类的摄影方法》《小型鱼类浸制标本的制作》等。研修成员亲身经历了听鱼、观鱼、采鱼、摄鱼、查鱼、研鱼、制鱼和写鱼的过程，均表示此培训方式新颖实用，让人受益良多。实践性课程为主的师训形式是该工作室的鲜明特色。

六、名师工作室特色品牌建设的再思考

名师工作室建设切忌千篇一律。每一位领衔的名师都有自己的长处和特点，有的擅长课题研究，有的擅长教学创新，有的擅长学校管理，有的擅长文化建设。名师工作室特色品牌建设应该从发展规划、课题研究、教学模式、活动开展、成果产

出等方面进行系统设计。

（一）名师工作室特色建设的有利影响

1. 推动教师专业发展

名师工作室特色建设是教师专业发展的加油站、品牌建设的助推器。工作室培训能有效培养教师的教育情怀，提高教师教学和教研能力，打造“名师孵化器”。名师工作室通过上公开课、成果汇报等方式，引导学员梳理总结经验做法、升华自身教育理念，提高沟通、协调等综合能力。工作室特色建设能使教师成果有特色、有亮点。有特色和亮点的教师、工作室，影响性会更大、生命力会更强。

2. 助推学校特色发展

学校建立一批特色名师工作室作为试验田，以点带面，逐步推进，将工作室打造成教师发展加油站、特色项目攻关站、学校特色发展加速器。名师工作室能发挥好示范带动、聚集力量、整合资源等作用，通过点与面的结合，在学科、学校甚至区域内打造教师专业发展共同体。一个有特色的工作室，能影响和推动学校的特色发展。

（二）名师工作室特色建设的困难与解决对策

目前我国名师工作室普遍存在确立什么特色和如何构建特色的问题与困惑。笔者根据自身多年实践，认为确立工作室的特色可从主持人自身的兴趣爱好、发展潜质和可利用的资源等方面加以考虑。考虑到工作室主要是通过培训教师来实现特色构建，因此可从研修规划、研修内容、课题研究、研修方式、管理制度和研修成果等方面加以考虑。例如，在工作室研修规划中融入特色发展内容。工作室研修内容有教学技能提高、创新特色发展等；工作室课题研究有构建创新型课堂的实践研究、线上教学有效管理学生的策略研究等；工作室研修方式有聚焦课堂、聚焦创新等；工作室管理制度有积分制度、自主管理、目标导向等；工作室研修成果有成果发表、媒体报道、成果获奖和专利等。

活动与思考

一、结合特色建设优化工作室发展规划。

先设计自己工作室的发展规划，主要内容：①目标是什么？有怎样可量化的评价指标？②发展潜质和短板是什么？有哪些可利用的资源？用哪些措施来扬长避短以实现目标？③有哪些可预期的成果？然后，开展工作室发展规划的讲座和研讨。最后，学员制订自己的发展规划。

二、探索工作室文化建设。

对自己工作室团队的文化进行研究思考，尝试探索关于这些文化的如下问题：

1. 做什么：有哪些特色内容？

2. 怎样做：具体操作的措施、路径是什么？

3. 为什么这样做：有什么学理支撑或作为依据？

三、策划工作室实践活动。

先构思自己工作室的实践活动项目，然后尝试回答如下问题：

1. 这些活动项目中哪些具有特色？

2. 如何实施这些活动？

3. 这些活动在哪些方面可以进行创新？

四、打造工作室高端宣传。

先构思自己工作室成功做法和成绩的宣传内容，然后尝试回答如下问题：

1. 是否设立工作室的分享激励机制？

2. 是否有专人负责工作室宣传工作？是否有评价与考核机制？

3. 如何利用自媒体、传统媒体等做好宣传工作？

五、借鉴工作室成功经验。

1．阅读与反思刘志伟名师工作室特色品牌建设的做法，思考：刘志伟名师工作室是如何成为品牌工作室的？刘志伟名师工作室的哪些做法值得借鉴？

2．阅读与反思黄伟胜名师工作室特色品牌建设的做法，思考：黄伟胜名师工作室是如何开发乡土鱼类资源特色的？黄伟胜名师工作室的哪些做法值得借鉴？

六、聚焦本工作室的特色和品牌。

从品牌的标志、形象和内涵三个层面，对自己工作室特色建设进行诊断，思考：你认为自己工作室特色建设存在哪些困难和困惑？可以采取哪些措施来实现特色品牌创建？

资源篇

MINGSHI

附件一

名师工作室管理办法示例

以下示例是根据笔者在2009年起草完成的《广东省名师工作室管理条例（讨论稿）》略做修改而成的。该管理办法具有良好的系统性和适切性，可以作为各地制定名师（名教师、名校长、名班主任等）工作室管理办法的参考模板。

GONGZUOSHI
JIANSHE ZHINAN

某地区名师工作室管理办法

第一章　总则

第一条　名师是社会公共资源，为实现名师的社会效益最大化、加快构筑本地区教育人才高地和规范本地区名师工作室的管理，以中共中央、国务院《关于全面深化新时代教师队伍建设改革的意见》等为指导，特制定本办法。

第二条　名师工作室是由挂牌名师和若干相近学科骨干教师共同组成的教育教学专业机构，是集教学、教科研、培训于一体的教研共同体。

第三条　本条例所指名师工作室，专指××教育局批准和授牌的名师工作室，简称工作室。

第二章　名师工作室的申报与审批

第四条　申报条件。申请成立名师工作室须具备以下条件：

1. 工作室的成立要能够得到所在学校和当地政府部门的大力支持。

2. 挂牌名师应是师德的模范、教学的能手、科研的标兵，应具有较强的组织协调、专业引领和培训指导能力，应具有市级以上教育行政部门授予的荣誉称号，并同时具备以下条件中的至少三项：

（1）具有一定的教育教学理论修养、先进的教育教学理念和较强的改革创新意识。

（2）在本县区范围内是公认的学科带头人，并在全市范围内的本学科领域有较高的知名度。

（3）教学能力强，教学成绩突出。近3年开出县区级以上的公开课或示范课不少于3节，并获好评；或近3年内获得过市级以上教学技能、评优课、创新实践活动等重要比赛的一等奖；或任教科目的教学效果优异，学生素质显著提高，在同行中得到公认。

（4）有较强的教科研能力。近3年内主持过厅级以上的教育教学研究课题，或近3年内在CN刊物发表过至少2篇有一定质量的教育教学研究论文。

（5）已经挂牌主持县（区）级以上教育行政部门批准的名师工作室1年以上，且考核为合格以上。

3. 有合理的骨干教师梯队。在本县区范围内能够组建一支素质优良的合作团队，且工作室成员人数须在5人以上。工作室成员应具有中级以上教师专业技术职称，在教学和教科研方面有一定专长，获得过地市级以上的专业性奖励，是所在学校该学科的教学骨干或教科研骨干，并在本地区有一定知名度。

4. 名师及其合作团队要有团结协作、乐于奉献的精神，愿意为我省教育发展和教学改革出谋划策，愿意承担省、市和县（区）教育部门下达的教师培训、教学指导和课题研究任务。

第五条　审批程序。工作室的布点将就地区、学段、学科的实际和均衡发展的需要予以综合考虑。申报和审批的程序为：各级教育部门做好本条例的宣传，并动员具备条件的学校和个人自愿申报；主持名师填写审批表，并报县（区）教育行政部门审批和推荐；最后报请教育局认定。具体可以参考“名教师工作室审批表”的要求。

第三章　名师工作室的定位和职能

第六条　工作室以3年为一个建设周期，打造一流专业团队，力争成为本地区学科教育的特色和品牌。工作室职能具体包括：

1. 名师展示的舞台。工作室为名师及其合作团队搭建了一个施展才能的舞台，也为名师及其合作团队自身的发展提供实践的机会。挂牌名师及工作室成员应通过自身的不懈努力和彼此的团结协作，提高工作室的社会影响力和社会认同度，让名师更有“名”，让骨干更能“干”。

2. 骨干培养的基地。培训、指导骨干教师培养对象和青年教师是工作室的重要职责，工作室要定期承担各级骨干教师培养对象的培训和指导工作，参与地区教师培训和校本培训工作，真正成为骨干教师培养的实践基地。

3. 教学示范的窗口。工作室要发挥名师的教学示范和辐射作用，要团结一批本学科的精英和骨干，形成教学风格，创建教学模式，对本地区乃至全省范围内的学科教育改革和教学实践起到引领和辐射作用。

4. 科研兴教的引擎。工作室要有自己的研究课题，要组织一批力量开展教育教学研究和专项攻关，形成研究成果，打造课题品牌，积极倡导和营造科研兴教、科研兴校的学术氛围，成为本地区学科教育研究的发动机。

5. 教育改革的论坛。工作室要利用自身的资源优势，积极为学校和地区的教育教学改革建言献策，组织专题探讨，使之成为激发创新思维、评点教育现实的论坛。

第四章　名师工作室的人员与职责

第七条　人员组成。工作室由三部分人员组成：一是挂牌名师，主持工作室的一切工作，通常设1人；二是工作室成员，为任教科目相同、教育旨趣相近的骨干教师，成员不少于5人（其中1人应来自名师任职学校，兼任名师助理），协助名师开展工作；三是学员，临时来工作室进行教育实习和接受培训的各级骨干教师培养对象和青年教师，每期不超过10人。

第八条　名师的主要职责。挂牌名师是工作室的第一责任人，负责工作室的一切日常管理工作和教、研、训等业务工作。具体职责如下：

1. 加强自身师德修养，树立名师形象。注意营造民主与合作的工作环境，维护工作室的内部团结和工作室的社会声誉。注意协调工作室与挂靠学校、上级主管部门的关系。

2. 组织工作室成员共同制定本工作室的管理条例（工作章程），制订本工作室的3年工作规划和年度工作计划。

3. 负责对工作室的运行状态和目标完成情况进行过程性的检查和评估，负责组织工作室成员进行年度总结和终期总结，并定期向上级主管教育部门汇报。

4. 注意发挥教学的示范和引领作用。通过上观摩课、资源共享、送教到校、听课评课、成果展示和学术沙龙等形式，推进本地区学科教学的良性发展，促进学科教师的快速成长。以学年为单位，本人开出县（区）级以上公开课或示范课不少于2节，指导他人开出校级以上公开课或示范课不少于10节，同时听课和评课不少于30节。

5. 组织开展教育教学课题研究。以3年为一个周期，至少主持1项地县区以上教育教学课题的研究，并完成较高质量的研究报告、专业论文或专业著作，其中至少有3篇论文在CN刊物正式发表（含2篇核心期刊论文）或1部著作（主编或独著）完成初稿。

6. 对工作室的成员和学员进行业务指导。负责指导本工作室的成员和学员制订专业发展计划，通过集体备课、双向听课、说课评课、案例分析、课例开发、专题研讨、问题解决、课题研究和名师讲堂等形式，引导成员和学员进行业务提升。同时负责对本工作室的成员和学员进行考核，有权对工作室成员做出解聘的决定。

7. 为区域教育发展献计献策。关心本地和本省的教育发展现状，为学校教育决策、区域教育规划和学科教学改革提供有益的建议和意见。

8. 负责工作室的财务管理和资金使用。有权根据实际需要制订资金使用计划和支配资金，同时对资金使用的合法性负责。

第九条　成员的主要职责。协助名师完成好上述名师岗位职责，同时完成以下具体任务：

1. 制订个人3年期的发展目标和阶段性的工作计划，虚心向名师学习，努力提高自己的教育教学能力和教科研能力，实现自己的发展目标。

2. 在完成所在单位既定教育教学任务的基础上，主动参与工作室的常规工作，为工作室的建设献计献策、出工出力。

3. 以学年为单位，听课和评课不少于20节，开出校级以上公开课不少于4节，开发优秀教学案例不少于3个，完成教学研究论文至少2篇。以3年为周期，开出县（区）级以上公开课或示范课不少于1节，在CN期刊或省级内刊发表较高质量的教学研究论文不少于2篇。

4. 发挥专业指导和带头示范作用。一是为进入工作室实习的学员提供专业支持，协助名师指导学员的教学和科研；二是在本地区起骨干带头作用，传承名师的专业精神和教学技艺，引导更多的同行一起进步和成长。

第十条　学员的主要职责。进入工作室的学员主要是各级教育部门选派的骨干教师培养对象和青年教师，中心任务是跟师学艺，同时协助工作室完成一定的教学和研究任务。学员必须制订学习计划，可以根据实习时间的长短，完成一定量的备课、说课、上课、听课、评课和案例开发等教学任务，以及课题研究、论文撰写等科研任务。

第五章　名师工作室的指导与管理

第十一条　工作室一般应设在挂牌名师所在学校。学校有支持工作室开展工作的职责，也有协助上级教育主管部门对工作室进行日常管理的职责。学校可以指派一名副校长专门负责管理工作室事务，并为名师配备一名工作助理。

第十二条　工作室的行政管理权设在县（区）一级的教育行政部门。教育行政部门可以委托所辖师资管理机构和教师发展中心来专门负责过程管理。应建立名师工作室的专项管理档案。

第十三条　市级主要提供业务指导。市教师继续教育管理部门和相关高等院校联合成立“××市名师工作室建设专家指导组”，负责名师工作室的资格审查、审批和授牌，并为工作室提供业务指导、进行专业评估。同时，市教育局将不定期地组织对名师及其工作室成员的业务培训。

第十四条　工作室统一按照“××市+名师姓名+学段学科名称+工作室”的方式命名和挂牌。牌匾由市教育局委托名师工作室建设专家指导组统一设计和制作。

第十五条　工作室实行名师负责制，工作室成员由挂牌名师自主双向选择，实行动态管理。工作室成员有建议权、参与权和监督权。

第六章　名师工作室的保障措施

第十六条　物质保障。工作室要有合适的办公场所，包括一间挂牌的独立办公室，并具备办公桌椅和照明等最基本的办公条件，主要由工作室挂靠学校提供。地方主管教育部门应为工作室配备信息化办公的设备和系统。

第十七条　制度保障。学校应为名师及其助理更好地开展工作实行政策倾斜，包括减少教学和行政管理的工作量，将工作室工作纳入学校的工作量计算当中，以保证名师及其助理有充足的时间开展工作。地方教育行政部门可以根据本条例制定更详细的实施细则，为名师及其工作室成员的教学与科研提供便利。

第十八条　资金保障。我厅按照每个名师工作室每年×万元的活动经费提供资助，地方教育行政部门原则上也应按照一定比例提供资金资助。这些经费主要用于名师及其工作室成员的工作补贴、图书资料购置、办公设备购置、网站建设和外出参观学习等的开支。工作室学员的生活费补贴另由省负担。

第七章　名师工作室的考核与评价

第十九条　考核原则。考核是加强质量管理的重要手段，必须以公平、公正、公开的原则认真对待。工作室以3年为一个考核周期，注意将过程性评价与终结性评价结合起来，将激励性评价与甄别性评价结合起来，将对工作室整体的考核与对个人的考核结合起来。

第二十条　考核小组。由县（区）级教育局牵头成立专门的考核小组，人员主要由教育部门主管领导、培训专家、挂靠学校的领导和教师，以及其他兄弟学校的教师代表组成。考核小组应深入工作室和教学现场进行综合性的考评，并给出定性评价和等级评定。

第二十一条　考核内容。考核主要针对本条例第三章和第四章所规定的职能和职责，归纳起来主要是三大块的内容：一是工作室自身的建设和发展水平，二是工作室在培训和指导学员方面的贡献，三是工作室在当地教育教学改革中所发挥的示范和引领作用。

第二十二条　考核形式。考核主要采用四种形式：一是查看原始材料，包括备课、听课、评课、上公开课和年度总结等的原始记录，以及科研课题立项和结项、获奖证书、论著等原件；二是听取工作室的汇报，主要是听取挂牌名师和工作室成员就3年来的工作所做的总结；三是听取社会的评价，主要是对兄弟学校、教师、家长、学生和培训学员进行访谈和问卷调查；四是深入教育现场，包括深入课堂听课和参与教研活动进行现场观摩。

第二十三条　考核等级。考核的结果分为优秀、合格和不合格三个等级。考核为“不合格”者将撤销该工作室建制；考核为“合格”以上者将自动进入下一轮的工作室建设，教育部门将继续给予资助；考核达到“优秀”等级者，将予以表彰和奖励。

第八章　附 则

第二十四条　本市名师工作室建设专家指导组办公室设在××市教育局师资管理科（教师发展中心）。

第二十五条　本条例的解释权归××市教育局。

附件二

名师工作室管理制度示例

该示例由广东省名师工作室主持人、中山市东区柏苑中心小学副校长李余仙提供。该系列的名师工作室管理制度制定的时间为2021年9月，包括工作室经费使用制度、工作室主持人管理制度、工作室成员管理制度、工作室学员成长管理制度、工作室档案管理制度、工作室考核奖励管理制度六项，既简洁实用，又具有良好的系统性和示范性，可以作为名师（名教师、名校长、名班主任等）工作室系列管理制度编写的参考模板。

广东省李余仙名师工作室系列管理制度

（2021年9月）

制度一　工作室经费使用制度

一、工作室经费是广东省李余仙名师工作室项目推进、日常运营、对外交流等的投入，主要用于工作室软硬件配置和培训研修活动，具体包括以下五项。

（一）教学设备、图书资料、办公用品购置，网络线上支持以及学习资源建设等费用。

（二）集中研修、跟岗实践、学术交流活动等期间的食宿费用和会务、场地、课酬等其他费用。

（三）外出交流学习、培训研修的培训费、食宿费等。

（四）研究成果的宣传、论文发表和著作出版等费用。

（五）工作室其他运营活动费用。

二、经费的申报和审批。

（一）经费应由工作室成员提出申请，经工作室负责人审查，由工作室财务制作预算，报主持人所在单位领导批准方可使用。

（二）凡未经工作室负责人审查的申请，原则上不予考虑。

三、上级下拨的工作室经费要专款专用，不得支付与批准预算无关的费用，不得随意挂靠。

制度二　工作室主持人管理制度

一、工作室主持人组织成员学习教育理论不少于4次。

二、每年制订工作计划，并撰写工作小结。

三、开展专题或课题活动。专题或课题必须是本学科发展的热点或是亟待解决的主要问题。名师工作室主持人每年参与专题活动不少于4次，参与工作室全员活动不少于8次。主持人听成员上课每学年不得少于20次。

四、每年举办一次工作室的成果交流或展示活动，及时做好研究成果的推广。

五、在一个工作周期内必须完成的科研成果：

（一）在省市级刊物上公开发表论文至少6篇。

（二）撰写或主编教育书籍至少1本。

（三）为学员及基层学校教师做学术讲座不少于10次。

（四）为教育局决策提供咨询报告或学科分析报告至少1篇。

（五）以工作室为依托，指导省内学校的教育教学研究工作。

制度三　工作室成员管理制度

工作室聘请高校导师、教研员各1名，招募助手2名。

一、工作室导师和顾问定期为工作室的发展规划和学员的成长做指导，每学期至少1次。

二、工作室教研员指导、参与工作室开展的教研活动，每学期至少1次。

三、工作室助手协助主持人开展工作室的建设工作，参与工作室开展的所有研修活动，享受工作室学员的同等教育资源。

四、工作室其他成员协助主持人对学员进行示范和指导，包括上示范课、承担课题研究任务等。

制度四　工作室学员成长管理制度

为确保广东省李余仙名师工作室各项工作的有效开展，充分发挥工作室在区域教研中的示范、辐射作用，充分利用工作室平台促进学员专业能力的成长，根据广东省名师工作室管理相关文件的精神，特做如下要求。

一、学员考勤。

（一）本工作室召开会议、集中学习及其他活动实行签到制度。

（二）本工作室召开会议、集中学习及其他活动，不得无故迟到、早退、缺席。

（三）因故不能按时签到和出席的，应提前通知工作室主持人取得同意，并在考勤表中注明缘由。

（四）在活动中无故缺席3次的，按自动退出工作室处理。

（五）考勤结果计入学员的考核评价。

二、学员研修。

（一）工作室例会。

每学期初召开工作计划会，讨论本学期工作计划，确定各小组、学员的阶段工作目标和工作室教育科研项目及专题讲座的主题。

每学期末召开工作总结会，总结工作室本学期工作的完成情况，梳理存在的问题，研究解决办法并讨论下学期的工作计划。

（二）工作室学习。

工作室的学术研究、课例研发、课堂诊断、网络研修四个小组每个学期需各自策划、组织1~2次工作室全体成员参加的研修活动。活动后，运营组进行相关报道，每个学员需提交心得体会。每学年所有学员必须参加不少于15天的集中研修学习。

（三）工作室责任。

1. 提高师德修养，模范履行教师职业道德规范。

2. 制订学员个人年度发展计划，建立规范的工作室学员档案，记录培养过程。

3. 入室学员每年开设公开课、研究课或专题报告等不少于2次。每名学员每年至少开设1节市级及以上优质示范课，在导师的指导下至少承担1次专题讲座，发挥专业引领作用。

4. 学员要聚焦工作室课题，围绕课题扎实开展研究，每名学员争取在省级以上刊物至少发表1篇教育教学论文，每学期撰写1篇教学反思或案例分析，提高理论水平。

5. 工作室成员每年至少开展1次支教活动或送教下乡活动。

6. 入室学员和网络学员参与的集体网络研修活动不少于5次；工作室通过名师工作室公众号及时发布生成性教育教学资源。

7. 入室学员开展教育教学研究，区级以上教学研究课题不少于5项，并形成5项以上成果（含正式刊物公开发表的论文、教学成果奖励和公开出版著作等）。

8. 鼓励个人或合作出版专著，工作室将引领团队发展，注重成果提炼，形成高质量的物化成果。

9. 成立10个工作坊，由工作室学员做坊主，创行性开展工作坊的建设。每个工作坊招募10名以上学员，工作坊坊主带领学员参与工作室的部分活动，促进坊员的成长。

（四）工作室分工。

根据工作室学员的性格、爱好、特长及其他方面的实际情况，进行工作室研训活动的分工，如下表：

工作分工	负责成员	要求
写稿	第1小组：陈洪辉、吴圣楠、沙红岩、何波	各小组轮流承接写稿任务，组长统筹
	第2小组：何一兰、袁晓玲、吴政、林丽敏、周梓欣	
	第3小组：张黎、杨汉兵、杜苑琪、陈超、陈娇珍	

续表

工作分工	负责成员	要求
公众号编辑	沙红岩	文字排好版，图片精选，给到杜苑琪时能直接粘贴插入使用
公众号发布	杜苑琪	公众号版面的模板建立。每次发布临时链接到微信群，三级审稿后，即时对外发布
审稿、改稿	林丽敏	先审稿件文字，无问题再给沙红岩排版
审稿	陈娇珍	公众号一审
审稿、活动方案	张　黎	公众号二审、出活动方案
拍照	杨汉兵	每次活动中在钉钉建好文件夹，照片精选后上传
拍照、录像	陈　超	若杨汉兵临时不在，及时补位。有需要录像的课例做好录制和视频整理收集工作
活动经费管理	袁晓玲	做好收支台账
月行事历、学期计划	吴圣楠	随时留意临时变动。学期初发布学期计划到钉钉群，每月1日截屏当月行事历到微信群
开具各讲座证明、盖章	何　波	从开具到分派的跟进
资料收集	吴　政	在钉钉文件夹建好分类，收集每次活动的资料，督促成员上交资料。保管好电子资料
会议记录	周梓欣	整理好纸质版、电子版会议记录，定期上传到钉钉文件夹
工作室微信群	张文君	每天发布一条好文让大家学习

制度五　工作室档案管理制度

一、工作室制订的工作规划以及活动方案及时归档备案。

二、工作室建立学员培养档案，对学员进行有序规范的培训和考核，学员培养情况将作为工作室考核的重要依据。

三、工作室助手对工作室档案进行管理。工作室成员的计划、总结、听课、评课记录、展示课记录、教案等材料及时归档、存档，为个人成长和工作室发展提供依据。

四、工作室开展的活动需及时上报理论教研室并写好小结，为工作室后期的评选以及奖励提供依据。

制度六　工作室考核奖励管理制度

一、工作室入室学员每年年末要进行工作汇报与展示，工作室需要对每一个入室学员进行考核。考核分两部分，一是入室学员自评，二是工作室进行量化考评。考评内容有日常活动出勤率、成果、影响力等。

二、入室学员考核的结果分为优秀、良好、合格和不合格四个等级，其中考核为优秀等级的入室学员比例不超过本工作室学员人数的30%，发放优秀证书。

附件三

名师工作室建设方案示例

该示例由东莞市名师工作室主持人、东莞市袁崇焕中学副校长刘厚仰提供。该建设方案具有良好的系统性和适切性，可以作为名师（名教师、名校长、名班主任等）工作室制订建设方案（发展规划）的参考模板。

MINGSHI

东莞市刘厚仰初中生物名师工作室建设方案

（2019—2021年）

一、指导思想

以党的十九大精神为指针，认真贯彻落实根据《东莞市中小学名师、名班主任和名校（园）长工作室管理办法》和《东莞市名师、名班主任和名校（园）长工作室工作指南》，结合我市教育改革发展的实际，以工作室的活动为载体，充分发挥工作室全体成员的智慧和教育教学研究能力，发扬开拓创新和团队合作的精神，把先进的教育理念、独特的教学风格、精妙的教学技巧、灵活的教学方法，渗透和辐射到工作室成员和学员的教学中去，让工作室真正起到培养骨干教师的作用，为提升全市初中生物学教师专业水平，提高初中生物教育质量做出新的贡献。

二、建设理念

扎根厚土，仰望星空；博采精华，拓宽视野；扎根课堂，优化教学；搭建平台，引领成长；总结提炼，形成特色。

三、总体目标

首先，要成为初中生物学教育教学改革发展的加速器，着重于教学实践，聚焦于课堂改革。主要探究生物学教学实践中的热点问题，合作解决初中生物学教学实践中的困惑，促进学生科学素养提高。其次，要成为生物学教师成长的助推器，充分发挥名师工作室的示范和引领作用，在课堂教学上出精品，课题研究上出成果，促进我市初中生物学教师专业水平的提升。最后，要把工作室办成优秀生物学教师的孵化器，通过三年的培养，力求使工作室成员师德优良，专业优秀，成长为名师和骨干教师，从而形成名优群体效应。

四、具体任务

1. 带好一支团队。通过三年的培养计划的实施，有效推动工作室成员、学员的专业成长，力求使工作室成员和学员在课堂教学上出精品、在课题研究上出成果，实现工作室成员的专业成长和专业化发展，以引领学科教学发展，培养一批学有专长、术有专攻的骨干教师。

2. 建好一项制度。工作室将以“制度管人、事业促人”作为基本管理理念，制定例会制度、学习制度、研讨制度、档案管理制度和奖惩考核制度等，以促进工作室健康有序发展。

3. 搭好一个平台。为成员和学员搭好网络和实践的平台，有交流、有研讨、有展示、有比赛，引领初中生物学科建设，传播工作室的教育理念和教学方法，充分发挥工作室的带头、示范、辐射作用，从而形成名优群体效应，实现优质教育资源的共享。

4. 抓好一项课题。针对“慧教育”专题，结合教学课堂改革，针对前沿和初中生物学教学实践中的问题做好“基于核心素养的初中生物学生活化教学精品案例的开发与实践研究”的课题研究，打造一批精品教学案例，撰写出一定数量的高质量论文，形成专著，促进学科教学的理论建设。

5. 出好一批成果。工作室的教育教学研究成果将以论文、案例、公开课、讲座、微课、优课等形式在全市范围内介绍、推广，并形成论文集、案例集、光盘、专著等具体成果。

五、组织机构

（一）人员组成

主持人：刘厚仰。

指导专家：胡继飞（广东第二师范学院教授）、黄少旭（东莞市教育局教研员）。

工作室成员：樊景新（东城初级中学教师、市学科带头人）、黄慕娜（东莞外国语学校科组长、市学科带头人）、谭丽丽（东莞中学松山湖学校教师、市学科带头人）。

工作室学员：许怡敏（袁崇焕中学）、张琳（中堂镇实验中学）、钟静（可园中学）、周伟波（万江三中）、黎丽华（低涌中学）、谢东成（谢岗中学）、谢美华（东坑中学）、余佩仪（南城中学）、郑泽曼（石龙二中）、张珊榕（东莞外国语学校）、陈培纯（竹溪中学）、黎楚欣（望牛墩中学）、项永海（大岭山中学）、陈冬梅（松山湖莞美学校）、郭伟博（厚街海月学校）。

（二）人员分工

主持人：刘厚仰，负责工作室的整体规划和指导工作。

活动策划组：由刘厚仰任组长，组员为樊景新、黄慕娜、谭丽丽、黎丽华、谢东成、张琳、许怡敏。

课题研究组：由黄慕娜任组长，组员为陈冬梅等3人。

网络管理组：由黎丽华任组长，组员为张琳等3人。

档案管理组：由谢东成任组长，组员为钟静等3人。

宣传报道组：由张琳任组长，组员为周伟波等3人。

财务管理组：由许怡敏任组长，组员为张珊榕等3人。

业务互助1组：由樊景新任组长，组员为郑泽曼等5人。

业务互助2组：由黄慕娜任组长，组员为陈培纯等5人。

业务互助3组：由谭丽丽任组长，组员为郭伟博等5人。

业务考核组：由樊景新任组长，组员为黄慕娜、谭丽丽、黎丽华、谢东成、张琳、许怡敏。

六、具体规划

第一阶段：2019年1—12月。

各成员根据自身基础和发展潜力，制订个人三年发展规划，明确自身追求目标，并进行合理分解；围绕教师专业发展，争取每学期研读两本教育著作，并写读书笔记或随笔；工作室以同课异构、组织研讨、现场指导、专题研究、课题研究等形式广泛开展活动，营造成员间相互学习、交流、研究、合作的良好环境，促使成员自身专业能力较以前有显著提高。

第二阶段：2020年1—12月。

有成员在省、市级教学展示中展示；有成员在省、市级优质课评比中获奖；建立起工作室成员学科教育教学活动资源库；各成员有明确的学术专题思考，有一定的研究成果，并以论文、学术论坛、网络传播等形式向同行辐射、示范，显现成果，形成一定影响，打造工作室的特色和品牌。论文、案例获奖，并多向生物学教学专业杂志投稿、发表，参加省级、全国性的论文、案例等评比。

第三阶段：2021年1—12月。

不同基础的成员实现不同跨度的发展，争取培养出2名以上学科带头人，8名以上市级教学能手。同时，组织筹备工作室的成果展示与汇报工作，全面总结和整理工作室的研究成果和经验，将3年的工作和成果整理汇编成集，争取出版工作室专著。

七、发展措施

（一）加强队伍建设，营造共同发展的文化氛围

首先，名师工作室一方面要成为骨干教师培养的摇篮，按照“名师1人—学科带头人3人—青年骨干教师15人”的发展思路，充分发挥传、帮、带的作用，不断完善骨干教师队伍建设，壮大骨干教师队伍。

其次，工作室要成为教学的“智囊团”，本着“内强素质，外树形象，内成合力，外显实力”的工作方针，积极营造团结合作、畅所欲言、民主开放的学术氛围，创建敢于创新、勇于实践、善于总结提升的工作作风，使工作室成员能在争论与思辩中贡献智慧、分享智慧，多边共赢，共同发展。

最后，要充分发挥团队中骨干教师的示范、辐射作用，引导骨干教师承担专题讲座、教学点评、课堂示范、结对帮扶等工作，发挥其作用和价值。同时为广大教师提供学习和提高的机会，为全市的教师培训和研修活动提供专业支持，为全市教师树立专业发展的榜样。

（二）加强理论学习，增强发展内驱力

带领工作室成员系统学习教育教学理论与课程改革理论，努力提高道德修养和业务素养，不断提高师德和业务水平。要求成员每人必须订一份以上专业杂志，同时借助学校图书馆和互联网经常性地阅读教育教学类刊物。要求做好读书笔记并定期在工作室网络平台发表读后感言，交流心得体会，以同伴互助的方式实现成员的共同成长。建立读书沙龙，每学期召开两次沙龙活动，交流分享读书体会。每学期必须阅读一本以上的教育类专著，每学期撰写并上交至少一篇读书报告（每篇不少于3000字）。

（三）聘请专家引领，明确发展方向，提升高度

主持人要提升工作室的发展水平，寻求专家学者的引领和支持，通过“走出去，请进来”等途径，聘请专家进行现场指导，开设专题讲座，帮助学员提升教学理念和教学理论修养，加强教法创新等，引领工作室成员的专业成长和专业发展。

（四）深入开展教学研究，促进教学特色的形成

工作室要从关爱生命的高度，通过教学目标的制定、教学内容的处理、教学方法和手段的优化、教学策略选择、教学环境的优化，来实现课堂教学的“减负高效”。同时，通过对教师课堂教学过程的观察、诊断、纠正，不断改进教师的教学行为，提高教师的课堂教学能力。创造和提供教学研讨及实践的合作机会，组织成员参加课例研修活动，让成员通过上课、听课、评课、外出学习考察等多种手段，落实教育理念，改进教学行为。工作室主持人在开展教学行为研究的同时根据本学科的热点问题或自己的研究主题为教师上好研究课、示范课，让自己在与教师的互动中共同成长。

（五）以科研为主要推手，促进研究向纵深方向发展

课题方向——基于核心素养的初中生物学生活化教学精品案例的开发与实

践研究。通过研究、实验、总结、交流、转化等程序，将课题研究与学科教研有机结合，提高学科教学研究的水平，不断优化学科教研工作。每年至少要撰写一篇与课题有关的教学专题论文和一个精品教学案例，并争取获奖，三年内争取有一篇论文发表。

（六）共建博客和微信公众号，扩大工作室的影响力和辐射作用

依托现代信息媒体，建立“刘厚仰工作室”网页和微信公众号，通过名师博客和微信公众号等建立交流平台，以网上教研的形式推广名师工作室、学科带头人和骨干教师的教学思想和经验，优化学科教学资源，节约教研成本，不断开拓“网上教研”新的途径。工作室网站主要收集工作室成员三年中的案例、教学故事、优课、微课、试题、教学反思等教学资料，以及科研成果、学习体会等，形成教学资源库，实现资源共享。

八、预期成果

1. 教育教学能力得到较大提高。在三年内，每位工作室成员都能打造出三节及以上精品课例，并能在市级及以上进行课堂教学展示和获奖。在省、市的知名度和影响力有较大幅度的提高。

2. 科研能力得到较大提高。工作室成员每年内每位学员能撰写一篇及以上的具有一定科研含量的论文，争取在省、市获奖或发表。

3. 培养出名教师：一是把市级学科带头人培养成市名师或名师培养对象；二是培养出2名以上新的市级学科带头人。三是培养出一批市教学能手和青年骨干教师，在省、市级课堂教学、教学论文、教学案例等评比中获奖。

4. 汇编成员的《初中生物微课精品课例集》（DVD）。

5. 汇编成员的《初中生物优课精品课例集》（DVD）。

6. 汇编成员的《初中生物精品教学课例集》（书和DVD）。

7. 汇编《专家与名师的教学专题讲座》（DVD）。

8. 出版一本教学专著。

附件四

学术论文编写规范指要

G8/T 77713.2-2022《学术论文编写规则》于2022年12月发布，从2023年7月1日起实施。学术论文（以下简称论文）是对某个学科领域中的学术问题进行研究后，记录科学研究的过程、方法及结果，用于进行学术交流、讨论、出版发表，或用作其他用途的书面材料。论文一般包括三个组成部分：前置部分、正文部分、附录部分。下面对这三部分编写的规范和要求进行整理和介绍，供读者参考。

学术论文的构成元素见表1。

表1　学术论文的构成元素

组成		必备性	功能
前置部分	题名	必备	提供题名元数据信息
	作者信息	必备	提供作者元数据信息
	摘要	必备	提供摘要元数据信息
	关键词	必备	提供关键词元数据信息
	其他项目	部分必备或可选	提供管理与利用元数据信息
正文部分	引言	必备	内容
	主体	必备	内容
	结论	有则必备	内容
	致谢	可选	内容
	参考文献	必备	结构元数据
附录部分	附录	有则必备	结构元数据

一、前置部分

论文的前置部分包括题名、作者信息、摘要、关键词和其他项目。

（一）关于论文题名

题名是反映论文中重要特定内容的恰当、简明的词语的逻辑组合。题名中的词语应有助于选定关键词和编制题录、索引等二次文献所需的实用信息，应使用标准术语、学名全称，不应使用广义术语、夸张词语等。为便于交流和利用，题名应简明，一般不宜超过25字。

（二）关于论文摘要

摘要是对论文的内容不加注释和评论的简短陈述，应具有独立性和自明性。摘要的内容通常包括研究的目的、方法、结果和结论。宜采用报道性摘要，也可采用报道/指示性摘要、指示性摘要。摘要中可以有数学式、化学式、插图、表格等，但不应含有数学式、化学式、插图、表格、参考文献等的编号，不宜使用非公知公用的符号和术语。对摘要中首次出现非公知公用的简称、外文缩略语和缩写词，应给出全称、中文翻译或解释。中文摘要的字数，原则上应与论文中的成果多少相适应，在一般情况下，报道性摘要以400字左右、报道/指示性摘要以300字左右、指示性摘要以150字左右为宜。中文摘要、外文摘要内容宜对应，为利于国际交流，外文摘要可以比中文摘要包含更多信息。

（三）关于关键词

关键词是为便于文献检索从题名、摘要或正文部分选取出来用以表示论文主题内容的词或词组。关键词要有检索意义，不应使用太泛指的词，例如“方法”“理论”“分析”等。关键词宜从《汉语主题词表》或专业词表中选取。未被词表收录的新学科、新技术中的重要术语以及地区、人物、产品等，可选作关键词。每篇论文以选取3~8个关键词为宜。

（四）关于其他项目

其他项目是论文前置部分要求、建议或允许标注的。例如：基金资助项目产出的论文，应标注该基金名称及项目编号；宜标注收稿日期，可同时标注修回日期；可标注引用本论文的参考文献格式；可标注论文增强出版的元素（二维码、网址链接以及声明等等）。

二、正文部分

论文的正文部分通常包括引言、主体、结论和参考文献等。正文的表述要求科学合理、客观真实、准确完整、层次清晰、逻辑严密、文字顺畅。

（一）关于论文的引言

学术论文一般有引言。引言内容通常包含研究的背景、目的、理由、预期结果及其意义和价值。引言的编写宜做到切合主题、言简意赅，突出重点、创新点，客观评介前人的研究，如实介绍作者自己的成果。

（二）关于主体部分

主体部分是论文的核心，占论文的主要篇幅，论文的论点、论据和论证均在此部分阐述或展示。主体部分应完整描述研究工作的理论、方法、假设、技术、工艺、程序、参数选择等，清晰说明使用的关键设备装置、仪器仪表、材料原料，或者涉及的研究对象等，以便于本专业领域的读者可依据这些描述重复研究过程；应详细陈述研究工作的过程、步骤及结果，提供必要的插图、表格、计算公式、数据资料等信息，并对其进行适当的说明和讨论。

主体部分的结构，一般由具有逻辑关系的多章构成，如理论分析、材料与方法、结果和讨论等内容，均宜独立成章。

（三）关于结论部分

结论是对研究结果和论点的提炼与概括，不是摘要或主体部分中各章、节小结的简单重复，宜做到客观、准确、精练、完整。结论应编章编号。如果推导不出结论，也可没有“结论”而写作“结束语”，进行必要的讨论，在讨论中提出建议或待研究解决的问题等。

（四）关于致谢

致谢是作者对论文的生成做过贡献的组织或个人予以感谢的文字记录，内容应客观、真实，语言宜诚恳、真挚、恰当。致谢内容可用与正文部分相区别的字体，排在结论或结束语之后，一般不编章编号。

（五）关于参考文献

应引用与研究主题密切相关的参考文献。参考文献的著录项目、著录符号、著录格式以及参考文献在正文中的标注法，应符合GB/T-7714的规定。

三、附录部分

附录部分是以附录的形式对正文部分的有关内容进行补充说明。论文一般不设附录，但那些编入正文部分会影响编排的条理性和逻辑性、有碍论文结构的紧凑性、对突出主题有较大价值的材料，以及某些重要的原始数据、数学推导、计算程序、设备、技术等的详细描述，可作为附录编排于论文的末尾。

MINGSHI

附件五

教育专著编写规范指要

著作包括图书类和论文类等不同形式。专著是根据一个学科或专业领域的研究成果撰写而成的学术著作，是专门针对某一个方向进行的系统性研究的文字成果，可以是独著，也可以是合著。这里以“‘名师名校名校长书系’电子稿初稿要求”为例介绍教育专著编写规范。

“名师名校名校长书系”电子稿初稿要求

（2023年）

一、总体要求

（1）内容以“真实”和“扎实”为原则，没有定论的、似是而非的内容不要写入书稿。

（2）书稿不得剽窃和抄袭他人作品，不得侵犯知识产权。当为说明某一问题而引用他人观点、资料、数据、图表时，应以脚注或参考文献等形式加以说明。如有侵权，一切法律责任和经济责任由作者承担。

（3）与国家政治、政策保持一致，符合教育方针和主流思想。

二、技术要求

（1）严禁出现政治错误。

（2）文字精练，层次分明，结构合理，概念表达准确无误。

（3）图表清晰，术语统一，上下文连贯，逻辑关系正确。

（4）各章节结构合理，总体平衡，无过大和过小的章。

（5）无自拟定义，对书中涉及的数据要核实其真实性、可靠性、科学性。

（6）案例选取得当，不涉及真实单位名称、电话、账号等敏感数据。

（7）编著作品要有参考文献。

（8）总字数：稿件统一使用Word编辑，小四号宋体字。Word总字数：文科16万字以内，理科12万字以内。

（9）图片不能直接从网上下载，注意规避国家领导人、地图等敏感图片。图片除插入Word位置之外，原图另外编号打包。一般小图占200~300字符数，大图占500字符数。单图分辨率在300dpi以上，像素不低于1600×1200，格式为jpg或jpeg。

（10）电子书稿包括扉页、序言、前言、目录、正文（含图表）、附录、参考文献、后记。

三、交稿要求

1. 书稿要求做到“齐、清、定”

齐：书稿扉页（包括书名、作者名、编著方式）、内容简介（200字左右，内容+特色+读者对象）、前言（1000字左右，内容包括教学现状、写作目的、写作思路、使用说明、学时安排等）、目录、正文（含图表）、附录、参考文献、后记等完整、齐全。

清：书稿整齐，文字、图、表清楚。

定：经审定修改后的定稿，无重大问题不得修改。

2. 交稿时应做到五个“衔接”、六个“统一”、七个“对应”

“衔接”：章节的序号、表号、图号、公式号、页码要衔接、连续，不应有重号或跳号。

“统一”：格式、层次、名词术语、符号、代号、计量单位要统一、一致。

“对应”：目录与正文标题、标题与内容、正文与插图、正文与表格、脚注与被注释内容、图注代号与图注，以及书中内容前后要对应。

3. 其他

（1）文中数字千分位处可以空半格，不用千分号，即10000不能写成10，000。

（2）计算、表格中的数字必须以个位为准上下对齐。

（3）算式中的分式一般写成$\frac{2}{3}$，文字中的分式写成2/3。

（4）例题按章编写，例题中最好使用实际或虚拟的学校名称，如希望小学、光明中学等；不可使用“××学校”“××中学”等。

（5）数据应尽量接近实际，避免过大或过小。

（6）尽可能引用最新数据，最好为近两三年的数据；不能使用过早的数据，如20世纪90年代的数据。

（7）书稿中的数据全部用阿拉伯数字（个别除外）。

（8）时间采用阿拉伯数字实际表示法，如2004年5月7日，避免使用“××年××月××日”的表示方法。

（9）名词、术语、概念、标准、符号等前后一致。

四、体例要求

（一）辅文

1. 扉页

名师名校名校长书系

×××××（书名）

××× 主编

×× ×× 副主编

××出版社

北京

2. 内容简介（用作选题申报，必需）

用250字以内的简练语言，鲜明概括本书的内容、编写特色、学术价值、读者对象。

3. 序言、前言（由作者撰写）

前言主要说明本书的用意、本书的特点、读者对象、编写原则、编写分工等。

4. 目录

目录仅需标明章、节、小节三级标题，各级标题应规范、简洁、明确，能准确涵盖所述内容。主编在交稿前，务必仔细核对目录标题是否与正文标题完全一致。

5. 主要参考文献

所列文献必须是写作时参考了的或引用了的他人成果（必须是公开出版物）。主要参考文献应编排在书稿末尾，格式见后文。

参考文献的著录执行国家标准GB/T 7714—2015《信息与文献　参考文献著录规则》中的规定，采用“顺序编码制”。对于论文集、会议录中的析出文献，文献类型标识建议采用单字母“G或C”；对于其他各种未定义、未说明类型的文献，建议采用单字母“Z”。个人著者姓在前名在后，名可用缩写字母（欧美著者）。著作方式相同的责任者不超过3个时，全部列出；超过3个时，列出前3个责任者，其后加“，等”（中文）、“，etal”（西文）。[ ]内为文献类型标识/文献载体标识。以下是参考文献类型标示符的书写标准和部分示例。

（1）专著。

个人著作——[序号]主要责任者. 题名：其他题名信息[M]. 其他责任者. 版本项. 出版地：出版者，出版年：引文页码.

示例：郭其俊. 教育人物评传：评21位中小学名校长[M]. 沈阳：辽宁大学出版社，2023：28—38.

集体著作中析出的文献——[序号]析出文献主要责任者. 析出文献题名[M]. 析出文献其他责任者//专著主要责任者. 专著题名：其他题名信息. 版本项. 出版地：出版者，出版年：析出文献的页码.

示例：马克思. 政治经济学批判[M]//马克思，恩格斯. 马克思恩格斯全集：第35卷. 北京：人民出版社，2013：302.

（2）期刊中析出的文献——[序号]析出文献主要责任者. 析出文献题名：其他题名信息[J]. 期刊名，年，卷（期）：页码.

示例：张斌. 谈谈句子的信息量[J]. 湖南广播电视大学学报，2000，9（3）：1-3.

（3）报纸中析出的文献——［序号］主要责任者. 题名：其他题名信息［N］. 报纸名，出版日期（版次）.

示例：朱华. 关于《华岳全集》的一点看法［N］. 光明日报，1962-03-06（8）.

（4）专利文献——［序号］专利申请者或所有者. 专利题名：专利号［P］. 公告日期或公开日期.

示例：姜锡洲. 一种温热外敷药制备方案：881056073［P］. 1989-07-26.

（5）学位论文——［序号］主要责任者. 题名：其他题名信息［D］. 出版地：出版者，出版年.

（6）国际、国家（技术）标准——［序号］标准制定者. 标准名：标准号［S］. 出版地：出版者，出版年：页码.

（7）论文集、会议录——［序号］主要责任者. 题名：其他题名信息［G或C］. 出版地：出版者，出版年.

（8）论文集、会议录中的析出文献——［序号］析出文献主要责任者. 析出文献题名［G或C］//论文集、会议录主要责任者. 论文集、会议录题名. 出版地：出版者，出版年：析出文献的页码.

示例：别林斯基. 论俄国中篇小说和果戈理君的中篇小说［C］//伍蠡甫. 西方论文选：下卷. 上海：上海译文出版社，1979：377-380.

（9）研究报告——［序号］……［R］……

（10）各种未定义类型的文献——［序号］主要责任者. 题名［Z］. 出版地：出版者，出版年.

示例：黄华. 论思维［Z］. 北京：北京大学出版社，1999.

6. 数据

这是最容易出现错误的地方，如小数点、多位数字多一个0少一个0，都将失之毫厘，谬以千里，务必请各位作者再三核实。

7. 计量单位

一律使用法定计量单位（参见《现代汉语词典》附录）。正文和图表中的计量单位既可使用文字表示，又可使用符号表示，应全书统一。

8. 正文内容导向

（1）全书涉及的内容思想要紧跟时代步伐，选取最新的理念观点。重点核实整本书的定位、主题、思想、章节内容是否和谐统一，以确保本书的完整性、可读性。

（2）正文各章的字数不宜相差悬殊，力求整体平衡。多作者作品的书稿应做到全书风格一致，专业术语、符号统一按照最新的标准使用。

（3）书稿内容应符合党的基本路线和国家的方针政策，不得有政治性错误，不得泄露国家机密。不得侵犯他人著作权，严禁剽窃他人著作。在少量引用他人资料、数据、图表时应注明出处。专业技术内容应立论正确，论证严谨，符合规范，文字简练、通顺、准确，避免造成专业性错误的笔误和歧义。

（4）全书不能出现大篇幅重复内容。但类似开题报告、结题报告出现多处重复的，可仅体现结题报告为宜，如确需保留重复内容的，请作者说明理由，再进一步确认是否需要删除。

（5）书稿中禁止出现敏感人物（如明星、主持人、网红等），少用或不用政治人物相关言论，如确需引用相关内容，也需与官方表述或原文保持完全一致。

（6）内容中若涉及教育的游学经历等，其定位必须立足我国教育大局，有选择性地表达对教育改革的声音，避免出现激进语言。杜绝涉台言论，规避宗教问题，并不得有隐含词汇。涉及前任国家领导人及现任国家领导人的言论、诗词、图片等相关内容要规避。

（二）正文

1. 标题与正文

书稿层次不宜过多，各层次标题末尾不加标点。以文科、理科为例，推荐编排体例如下所示：

【文科】

篇：第一篇，第二篇，……

章：第一章，第二章，第三章，……

节：第一节，第二节，……

一、二、三、……

（一）（二）（三）……

1. 2. 3. ……

辑：第一辑，第二辑，……（适用于教师随笔、感悟类）

【理科】

篇：第1篇，第2篇，……

章：第1章，第2章，第3章，……

节：1. 1，1. 2，……

1. 1. 1，1. 1. 2，……

一、二、三、……

（一）（二）（三）……

1. 2. 3. ……

1） 2） 3）……

（1）（2）（3）……

① ② ③……

图：图1−1，图1−1−1，……

图1，图2，……

表：表1−1，表1−1−1，……

表1，表2，……

附　录……

参考文献……

后　记……

2. 插图

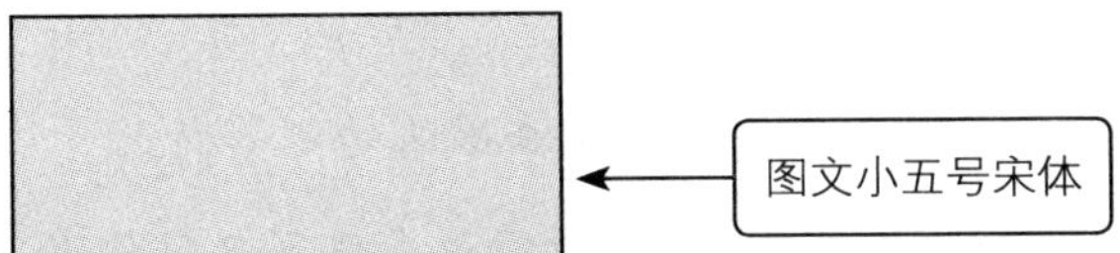

图1.1#□□□□□□……

注意：交稿时请将图和表插入正文适当的位置，并在行文中标明图表的位置。原图另外编号打包供排版用。

3. 表格

表1.1#□□□□□□□ ← 表题小五号黑体，居中

（表内小五号）				

注：1）□□□□□□□。

2）□□□□□□□□□□□□□□□□□□□□□□□。

表注均小五号

4. 公式

公式变量斜体，上下脚标要清楚，居中排：

$$A=B_m+C_n \qquad (1-1)$$

公式按章编号，靠右排

式中：A——□□□□；

B——□□□□□□；

C——□□□□。

五、编著方式的选择

著、编著、主编、编译均为著作权法确认的创作行为，但独创性程度和创作结果不同。无论哪种编著方式，CIP数据最多体现三位作者。

（1）著：独创性最高，是绝对的原创作品。

（2）编著：其原创性介于编和著之间（编译类似于编著，但独创性略低于编著）。

（3）主编：主持编制，编制书籍或其他出版物的主持者、主要负责者。其产生的是演绎作品。（副主编不能上CIP）

（4）编译：表示经过翻译者的微加工，将原作者的意思加以润色、组织再表达出来。

六、质量控制及进度

（1）各位作者务必仔细阅读本要求列出的条款，并严格按照条款准备电子稿初稿，这是保证图书出版质量的首要环节。

（2）整理书稿是“去粗取精、去伪存真”的过程，无价值的、过时的、品位不佳的、拉低全书档次的文章要果断删除。

（3）出版过程中有诸多需要作者核实、修改的环节，请作者务必严格按照编辑的时间节点完成，以免延长出版周期。

（4）书稿顺利送审、顺利获批书号，是出版方与作者共同的愿望。辛苦各位作者把握好时间，准时交付初稿。

［1］杨天平，申屠江平. 教师专业发展概论［M］. 重庆：重庆大学出版社，2012.

［2］胡继飞，古立新. “四主四环”骨干教师培训模式建构［J］. 中国教育学刊，2011（12）：73–75.

［3］徐新民，缪爱明. 名师工作室的长效管理运行机制［J］. 教育理论与实践，2012（26）：18–20.

［4］宋健. 名师工作室管理机制探析：以江苏省海门中等专业学校为例［J］. 江苏教育，2018（60）：49–51.

［5］袁永惠. “乡村名师工作站”有效运行的思考及对策［J］. 教师教育学报，2020（2）：89–94.

［6］蔡亚平. 名师工作室运作机制探析：基于青年教师教学实践能力提升的视角［J］. 教育导刊，2018（2）：70–74.

［7］魏佳佳. 区域名师工作室运行机制建设现状及改进策略探析［J］. 宁波教育学院学报，2018（5）：27–30.

［8］裴玲云. 体育名师工作室建设的有效路径：深圳市裴玲云名师工作室建设理念与实践经验［J］. 中国学校体育，2020（10）：48–50.

［9］白杨，康黎. 名师工作室建设的方法与途径——以广东省深圳市张玉彬教育科研专家工作室为例［J］. 新课程研究（上旬刊），2017（1）：130–132.

［10］邓焰. 综合融通：推进工作室建设的顶层设计［J］. 福建教育，2017（45）：15-16.

［11］魏恒建. 注重项目引领　实施主题教研——名师工作室研修模式和策略探讨［J］. 江苏教育，2017（94）：10-12.

［12］吴剑平，郑洪艳. 同思共研磨专题　团结奋进促成长：小学体育名师工作室活动实施步骤与策略［J］. 中国学校体育，2020（10）：57-58.

［13］尹继东. 课程化主题化课题化理论化：谈名师工作室促进学科建设的策略［J］. 好家长，2022（32）：18-21.

［14］孙鹏鸣，杨静. 打造名师团队发挥辐射作用：东港市小学数学名师工作室发展纪实［J］. 辽宁教育，2012（7）：20-21.

［15］刘友开. 课题研究引领名师工作室走向卓越：江苏省镇江市润州区语文名师工作室实践探索［J］. 江苏教育，2021（57）：103-105，108.

［16］李薇，王凯. 我国名师工作室的特色模式、运行机制及发展反思［J］. 教学月刊·中学版（教学管理），2022（12）：17-22.

［17］宫臣，宋萑. 名师工作室：价值、困境与改进路径［J］. 教学月刊·中学版（教学管理），2022（12）：3-10.

［18］赵呈领，蒋志辉，李红霞. 五要素视角下教师混合式研修模式构建研究［J］. 电化教育研究，2017（3）：110-115，122.

［19］李树培，魏非，李宝敏. 基于工作室的混合式研修：价值、问题与策略［J］. 中小学教师培训，2020（7）：28-32.

［20］王帅. “世界咖啡”：中小学校长培训的有效途径［J］. 上海教育科研，2018（2）：47-50.

［21］钟辉生，谢泽源，张世勇. 名师工作室共同体建设路径探究［J］. 中学化学教学参考，2022（11）：70-73.

［22］陈红，许海卫. 聚焦学科教育素养提升的名师工作室建设［J］. 创新人才教

育，2022（4）：71–74.

［23］中华人民共和国教育部. 普通高中课程方案（2017年版）［M］. 北京：人民教育出版社，2018.

［24］中华人民共和国教育部. 普通高中生物学课程标准（2017年版2020年修订）［M］. 北京：人民教育出版社，2020.

［25］教育部考试中心. 中国高考评价体系说明［M］. 北京：人民教育出版社，2019.

［26］庞维国. 自主学习［M］. 上海：华东师范大学出版社，2003.

［27］余文森. 核心素养导向的课堂教学［M］. 上海：上海教育出版社，2017.

［28］格兰特·威金斯，杰伊·麦克泰格. 追求理解的教学设计［M］. 闫寒冰，宋雪莲，赖平，译. 上海：华东师范大学出版社，2016.

［29］吴成军. 基于生物学核心素养的高考命题研究［J］. 中国考试，2016（10）：25–31.

［30］陈海燕，黄先友. 名师工作室科教融合育拔尖创新人才［N］. 中国教育报，2021–09–24（8）.

［31］唐景莉，刘志敏. 高校转型：重构高教核心价值——访国家教育咨询委员、中山大学原校长黄达人［J］. 中国高等教育，2015（7）：24–35.

［32］广东省教育厅. 广东省中小学、幼儿园教师、校（园）长分层分类培训课程指南［M］. 广州：广东教育出版社，2022.